本書受全國高校古籍整理委員會項目
與黑龍江大學重點學科經費資助

《散木居奏稿》點校

魏影 ◎ 點校

中國社會科學出版社

圖書在版編目（CIP）數據

《散木居奏稿》點校／魏影點校 . —北京：中國社會科學出版社，2016.5
ISBN 978 - 7 - 5161 - 8936 - 8

Ⅰ. ①散… Ⅱ. ①魏… Ⅲ. ①奏議—匯編—中國—清後期
Ⅳ. ①K256.065

中國版本圖書館 CIP 數據核字（2016）第 221722 號

出 版 人	趙劍英
選題策劃	郭　鵬
責任編輯	郭　鵬
責任校對	馮英爽
責任印製	李寡寡

出　　版	中國社會科學出版社
社　　址	北京鼓樓西大街甲 158 號
郵　　編	100720
網　　址	http://www.csspw.cn
發 行 部	010 - 84083685
門 市 部	010 - 84029450
經　　銷	新華書店及其他書店

印　　刷	北京明恒達印務有限公司
裝　　訂	廊坊市廣陽區廣增裝訂廠
版　　次	2016 年 5 月第 1 版
印　　次	2016 年 5 月第 1 次印刷

開　　本	650×960　1/16
印　　張	25.75
字　　數	396 千字
定　　價	89.00 圓

凡購買中國社會科學出版社圖書，如有質量問題請與本社營銷中心聯繫調換
電話：010 - 84083683
版權所有　侵權必究

目　録

凡例 ………………………………………………………………（1）

《散木居奏稿》……………………………………………………（3）

後記 ………………………………………………………………（407）

凡　　例

1. 本書係據 1939 年餐菊軒鉛印本《散木居奏稿》進行點校。

2. 原文豎寫一律改爲横排；原文没有分段者，予以分段。

3. 文字按繁體字録入，通假字、异體字、俗寫字一律保留原樣，生僻的繁體字在不産生歧義的情况下改爲通用繁體字。

4. 正誤和删補、改字用括號表示。加（　）表示誤字或應予删除之字，加［　］表示正字或增補之字。

5. 標點符號一般只用逗號、句號、頓號、分號、冒號、間隔號、括號和書名號，少用問號、引號、嘆號，原則上不用專名號、省略號、破折號、着重號和連接號。同一人所擔任的不同官職之間不加標點符號。

6. 人名缺字空格根據上下文和《清代職官年表》補齊，並用尖括號＜＞標明。

7. 原文爲示尊崇所用抬頭格式，一律取消。

8. 凡文字訛、脱、衍、倒，根據上下文内容，確有實據者，予以更正。

9. 避諱字不作改動，但缺筆字予以補正，爲避諱而改動古代人名、書名及年號者，予以回改。

中華文史叢書之卅四
饕菊軒鉛印本影印
王有立主編

散木居奏稿（全）

瑞洵撰

台灣華文書局印行

據國立台灣大學圖書館藏本影印

散木居奏稿二十五卷

太歲在屠維單閼餐菊軒校印
遼陽楊鍾羲題

天乞老人遺像

宮島彦祥題

弘志寫

圖形麒麟世不遭照影溪壑心不競須眉惆悵惟憂國之為病光武褒節義而東都之士氣一振礪世磨鈍豈不在人

楊鍾義謹贊

（原書）總目

（原書）敘	（11）
科布多參贊大臣瑞洵傳	（12）
卷之一　司業集	（14）
卷之二　學士集	（22）
卷之三　荷戈集	（29）
卷之四　籌筆集	（65）
卷之五　籌筆集	（93）
卷之六　游刃集	（104）
卷之七　斂鋒集	（124）
卷之八　紆轡集	（140）
卷之九　无藥集	（156）
卷之十　強行集	（171）
卷之十一　雷池集	（183）
卷之十二　壺盧集	（211）
卷之十三　勉力集	（224）
卷之十四　歲寒集	（251）
卷之十五　讓賢集	（271）
卷之十六　讓賢集	（281）

卷之十七　維谷集 …………………………………………（289）

卷之十八　棒喝集 …………………………………………（296）

卷之十九　造塔集 …………………………………………（309）

卷之二十　微管集 …………………………………………（325）

卷之二十一　彌節集 ………………………………………（338）

卷之二十二　西征集 ………………………………………（348）

卷之二十三　藏弓集 ………………………………………（367）

卷之二十四　棄肋集 ………………………………………（385）

卷之二十五　熱歇集 ………………………………………（396）

（原書）跋 …………………………………………………（406）

（原書）敘

景蘇先生既逝之三年，吉武重至燕都，得先生所爲《散木居奏稿》，謀付剞劂，（屬）［囑］楊君鑑資專任校勘。六閱月成書，凡二十五卷，吉武乃敬謹爲之敘。

先生以幹難世族，起家詞館，自得講官，忠規讜論，鋭意匡拂，不得久居中，籌邊扞圉，志不稍衰，迄今披讀章疏，得窺其藴蓄之大凡。吉武受教有年，平昔講論，多及時事，忠義憤發，窮老彌堅，向使歴歴臺省，與聞國論，其表襮固不止此。朝廷得剛明任事之大臣，左右啓納，國勢當不致一蹶而不可復振。柳文惠雲："爲問經世心，古人誰盡了。"徒令後人見其已陳之迹，感慨流連，咨嗟歎息而不能已，乃自古歎之矣。

當先生易簀之初，吉武適歸東京，鑑資以通家子實朝夕省視，見稿草散置幾案間，歸白諸尊公雪橋先生，雪橋先生謂："此吉光片羽皆關國故，不可不亟與收拾。"因請諸病榻，盡攜以歸。吉武先此既爲刻詩草，遂不辭賡續爲之，以竟先生之志。先生嘗語鑑資雲："蒙古儗改行省，趙尚書爾巽發其端，朝論多韙其議。"先生審時地，度利害，毅然辨駁。其奏草爲屬籍恆鈞借録，久假不歸，恆鈞亦即不禄，遂無從蹤跡。惜哉！

先生甲午言兵事書，吉武別有福本，異日當編排別行。洹上要人篋北門，時先生在邊，見其行事非純臣，嘗密疏彈劾，折既留中，稿草亦不復存留。此吉武所聞於先生者。

是役梨棗之資，家兄子威壹意玉成。我師宮島詠士先生亦極力從臾，謂孺子可教。惟是，吉武年逾三十，學業無所成就，愧負師門，報顔曷極。回憶十年前，立雪負墙，誨我不倦，吉武於行，已應物間，不致大踰繩準之外，皆先生之賜也。

昭和十四年秋九月，鈴木吉武敘於別府九州大學溫泉治療研究所。

科布多參贊大臣瑞洵傳

遼陽楊鐘義譔

瑞洵，字信夫，號景蘇，晚自號天乞居士。博爾濟吉特氏，元裔巴圖孟克大衍汗之後。天命二年，二世祖恩格德爾額駙尚和碩公主。七年與公主來朝，求居東京，遂擢入滿洲，隸正黃旗。賜鐵券，諡端順。雍正朝追封三等公。祖琦善，世襲一等奉義侯，累官文淵閣大學士，諡文勤。父恭鏜，杭州將軍。

瑞洵年十七，舉光緒元年鄉試戶部筆帖式。十二年，成進士，朝考一等第一名，改翰林院庶吉士。十五年，散館授職編修，遷國子監司業。性伉直，饒榦略，敢言事。二十年三月，奏陳外省濫保積弊，請旨嚴禁，以杜倖進。六月，請清查民人冒入旗籍，以別流品。二十一年二月，奏各省請建專祠，迹涉寬濫。三月，奏各項保舉人員，請申明定例。二十二年二月，奏各衙門保送滿御史，請照漢御史，一體考試。中日之役，具疏痛劾樞要，直聲震朝。右歷詹事府中允庶子、翰林院侍講學士、侍讀學士、日講起居注官，奏大員子弟失教妄為，請飭嚴加約束。二十四年七月，奏徧設報館，實力勸辦；奏南漕改折，有益無損，請飭妥議施行，每年豫提折價，於津通一帶，購米以實倉庾，並衛弁屯田裁併，改由地方官徵租。二十五年九月，奏奉天地方積弊太深，亟宜整頓。臚舉飭吏、安民、練兵、清訟、治盜、開礦、培才、籌防八條及團練辦法。歷充功臣館滿總纂、纂修、國史館協修，會典館漢文總校、詳校，丁酉科順天鄉試同考官，各省駐防繙譯鄉試閱卷，大學堂文案處總辦，致祭科爾沁、杜爾伯特、土爾扈特，與宗室盛昱、他塔拉志銳先後登朝，均以林牙著忠讜，屢奏封章，頗遭忌。華蓋者，甘肅洮州人，智略過人，原名捆噶札拉參，嗣入藏，名嘉穆巴圖多普。同治間，與俄戰於阿爾泰山，有功，錫胡圖克圖名號，西域人稱華蓋爲察罕格根。丙戌，留京師。且二年，英人窺（兩）「西」藏，識者謂華蓋可以制之，瑞洵與之知契。其爲人有肝膽，留意人材，類如此。由侍講學士出爲科布多參贊大臣。召見時，有向來敢言、辦事公正、才學都好之褒名。雖超擢，實疏之外也。受事伊始，即值二十六年妖民肇亂，廷寄詔旨，率皆絕洋人、練拳民。心知其非，不奉行，用安撫政策，壹以約束蒙古、慰諭外人、聯絡鄰境、鞏固邊防爲主。迄和議告成，北路無賠償之案，遊牧晏然。綏疆土，遏禍萌，有合於閫以外將軍主之之義。在軍歷蒙年終頒賞福字、黃瓣、大荷包、小荷包、銀錁、銀錢、食物。三十年奉命往古城，招致哈薩克，索還阿勒臺山，經營年餘，收回逃衆萬餘人，借地亦歸還，聲績甚著。以經手事竣，請解任，得旨俞允。三十一年，因案中傷，革職遣戍，旋被錫恆兩次奏參，交刑部嚴訊，奉旨仍發往軍臺，效力贖罪。宣統二年，由察哈爾戍所賜環「還」。甫年餘，遭辛亥國變，家產亦蕩盡，窮餓拂逆，勵清修不懈。時恭親王溥偉、肅親王善耆相率出京，袁世凱患之，欲招致使還。遣人說，令往緩頰，誘以多金，正辭峻拒。世凱稱帝，立籌安會，主者請爲會員，不可，爲袁所深銜不顧也。寄居淨業湖僧舍，旦晚修白業，有常課。自謂生平以言招尤，爲訟過。日記手自楷書，祕不示人。飲酒微醉，閑爲詩歌自遣。義甯陳三立稱其清超絕俗，情款節概，可一二推而得之。苦志竺行，被濯風雅，爲方密之、杜於皇一輩人。

　　門人鈴木吉武爲刻《犬羊集》一捲，續一捲。所著奏議一官一集，都二十五卷，大題曰《散木居奏稿》。甲戌，鈴木甞爲像讚雲："嶽降神，星應宿。清世臣，元天族。入匡劉，出頗牧。久行邊，終詔獄。勞不償禍，乃速荷戈還。棊局覆，鬆菊荒，宗社屋。束儒書不復讀，歸三寶心西竺。首陽薇，北平鏃。窮益堅，但忍辱。迄今歲七十六，梵網經，傳鐙錄。戒行高，絕貪慾。是菩薛，佛付屬。貞所志，老彌篤。中湛湛，外硦硦。噫吁戯。天使獨。"乙亥，鄉舉重逢，開復原官，賞給"士林雅望"扁額。丙子三月，卒，年七十有八。

卷之一　司業集

幹難　瑞洵

光緒甲午起

1. 請飭禁附保積弊摺
2. 請飭清查旗籍摺
3. 查明捏飾請將保案撤銷摺
4. 請敕徐用儀明白回奏片
5. 神機營當差司員可否酌定額缺由各該衙門保送片
6. 濫保匪人請敕部申明定例片
7. 南漕改折摺
8. 滿御史保送舊例請敕部酌議變通摺

1. 請飭禁附保積弊摺

奏為瀝陳外省附保積弊，請旨嚴禁，以重明器而杜倖進，恭摺仰祈聖鑒事。

竊維文武官員，著有勞績，例得邀獎，所以勸有功也。有在事出力稍次，不得列保者；斷無未曾在事，轉得列保者，乃以臣所聞，則大不然。方各省之查辦保舉也，工於謀幹者，一得消息，即生覬覦，其不能直取者，則懇顯宦至交，轉相乞請，當事者礙於情面，亦遂曲徇其求，私函朝達，薦剡夕登，請屬公行，視同常例，甚有此處出力，方保過班；而他省著績，又請加銜者，寒暑甫易，官已三遷，戶庭未離，人且萬里，已極鑽營之捷徑，鬼蜮之狡謀已夫。爵賞冒濫，則真才扼腕；金壬徼幸，則志士灰心。且封疆大吏恃賞罰，以激厲人材，先涉徇私，何以服眾？

近年正途淹滯，京秩尤艱。或華顛而猶困曹郎；或高第而久沈詞館。而此附保者，徒以一二有力者之推挽，便可坐臻通顯，頡頏清塗。儻竟遂其貪饕，假之權位，不但有妨賢路，並將貽害民生。現當整飭官方、嚴核保舉之時，此種弊端，或為部臣之所不及料。

伏懇嚴旨，申諭各省督撫、將軍、都統及邊疆大臣，遇有保案，秉公嚴辦，不准仍前濫保，以重名器而杜倖進。其實在出力人員，並當事先聲明，勿許隨後補報，以嚴稽核。庶取巧者無敢生心；任事者益思圖報，似於吏治、軍謀不無小補。

愚昧之見，是否有當，謹恭摺上陳，伏祈皇上聖鑒。謹奏。

2. 請飭清查旗籍摺

奏為民人冒入旗籍，宜亟清查，以別流品而除宿弊，恭摺具陳，仰祈聖鑒事。

竊恭查《會典事例》，雍正十三年奏准，民人冒入旗籍者，照過繼民人為嗣例，入於另記檔案內，嗣後永不許民人冒入旗籍，違者除本人治罪外，報保之該管官，一併交部議處等語。厥后屢經奉旨議行。道光初年，復經立限清查，並定另冊章程，通飭遵辦。當時查出官兵以民人而冒入旗籍者，已有兩千三四百員名之多，俱蒙寬免治罪，另冊註明，及身而止。迄今又越多年，成規漸邈，奸偽日以滋厲，清釐幾若不行。議者至謂，八旗官兵半係民人。語雖近激，非過論也。查各旗丁冊，原有編審之例，本為杜絕假冒，今則廝輿之卒，皆蝕錢粮；勳舊之家，亦多乞養，叩以清語而不曉，詢以姓氏而不知，始猶竊名閑散，漸至報捐送考矣。初僅承嗣孤孀，繼且廕官襲爵矣。迨其一旦得志，竟儼然以閥閱世家自託，名種初不計，識者之議其後也。此種弊端，外旗固所不免；內務府利之所在，蒙混尤多。該管參、佐、管、領各官，視為故常，從不舉發，致成積重難返之勢。雖有稽查御史，久等濫竽，各該都統及內務府大臣，職務殷繁，並皆未能兼顧，旗務之壞，殆已非一朝一夕之故矣。近日革員慶寬一案，積久始發。其倖未敗露者，尚未知有凡幾。若不亟行清查，任令良賤混淆，屢亂旗族，何以別流品而除宿弊？

合無請旨，飭下各旗都統、內務府大臣，確切查明，據實具奏。各該冒入旗籍官兵，如係自行呈首，另冊註明，其所得官職、錢糧仍准存支，及身而止。曾經出兵立功者，本身及子孫俱改入各該旗漢軍，以示區別。儻不自首，經該管官查出，或別經發覺，即行斥革銷檔，並查取道光元年，都統英和等會議章程，參酌辦理。至積弊已久，並非始自近年，所有歷任都統、內務府大臣、以次該管各官，應得處分，仰懇天恩，概予免議，以示激勵。庶隱匿自少，察治无難矣。或謂旗務糾紛，整頓不易，欲期廓清錮弊，誠恐窒礙難行，不知所窒礙者，但不利於假旗人耳，刪一（間）「閑」冗，即少一冒支，於國家經費、旗人生計均屬有益。既有所見，即當專達上聞，況以臣累世受恩，尤不敢曲徇時宜，稍存欺飾。

區區愚誠，伏乞皇上聖鑒。謹奏。

3. 查明捏飾請將保案撤銷摺

奏為查明捏飾，請將保案降旨撤銷，以重功名而昭覈實，恭摺仰祈聖鑒事。

竊維軍營章奏，飾勝諱敗，沿習成風，久邀聖明洞鑒，然未有如葉志超之軍報，竟無一字之不虛者。當該革員率軍內渡之時，疊據電稱，路遇日兵攔截，皆經擊退，先後殲斃五千餘人，請將出力文武各員，分別保獎等情，並由北洋大臣李鴻章代為電奏。朝廷閔勞將士，甄敘有加，且以該革員督師禦敵，力挫兇鋒，寵賜多珍，備極優異。在聖主論功行賞，一秉大公。初不料外間之欺罔，一至此也。茲經宋慶查明覆奏，欽奉上諭：葉志超自公州退回平壤，並未接仗，沿途所報戰狀，盡係虛捏等因。欽此。綸音宣示，情偽昭然。律以虛報戰功，玩視軍務，該革員固罪不容誅而償軍將吏並邀謬舉，共肆欺蒙，其咎亦均無可免。若於前次保案不行撤銷，不惟名器私濫，恐開輕爵之端。且恩章特沛，中外共知，垂之国史，傳之四方，更奚足以重詔令而厲天下萬世。可否降旨收回成命,並將葉志超所頒賞件,比照行間獲罪追奪封贈之例?飭令恭繳之處,伏候宸裁。

臣前於戰事初起,敬陳管見,即以明賞罰,首瀆天聽。蓋以用兵之要,全恃此以激厲士氣,震懾人心。功罪不明,即已足以致敗;紀綱虧替,戰事愈益難平。區區愚慮,實在於此,固非敢以操切之說進也。

是否有當,恭摺具陳,伏祈聖鑒訓示施行。謹奏。

4. 請敕徐用儀明白回奏片

再,聞浙江京官上恭親王之書,係出軍機大臣徐用儀授意,先令呈遞封奏,繼以樊恭煦等不以為然,衆多引去,餘十四人遂改為上書,該編修戴兆春、陳昌紳等與徐用儀皆係同鄉,往來狎熟,主使本在意中,而徐用儀權勢絕倫,炙手可熱,亦足能驅遣若輩,聽其指揮。

本月初九日,皇上召見樊恭煦時,李鴻藻、長麟次第進見,樊恭煦尚在候傳,徐用儀竟敢私過直廬,責其不附和議。該大臣近依御闥,渥荷殊恩,苟一意主和,何不可自行陳奏,而顧密屬同鄉於恭親王前,肆為矯誣,煽惑朝政,殊非忠誠事君之道。

應請敕令徐用儀,明白回奏及應如何嚴斥之處,出自聖裁。謹奏。

5. 神機營當差司員可否酌定額缺由各該衙門保送片

再,海軍衙門現已遵議裁撤,奉旨俞允,具仰皇上循名責實之至意,欽服莫名。

臣竊查該衙門當差各員,自總辦以至委員,人數實已甚夥,濫竽所不待言。茲以時勢所迫,暫行議裁,賢者固無怨尤;其不肖者利祿薰心,惟以有事為榮,一旦奪其美差,豈復能安。愚拙勢將別圖進取,必欲得而甘心,請託鑽營,靡所不至。向之借徑神機營以入海軍者,轉復藉口於原衙門人員,希冀回營討取生活,斯固事理之必然者也。現當海宇驛騷，外患未艾，整軍經武，實繫要圖，神機營治兵為先，訓練乃其本務，至於在營文武各員，僅供差遣，何用廣事摻羅？近年風氣所趨，各部院精幹司員每於本職之外，多兼別衙門差使，以為光寵。而神機營例有保獎，尤足歆動人心，似聞踵趾相接，頗有積薪之慨。是非差立，限斷殊無，以防弊端而飭典政。可否倣照總理各國事務衙門考取章京成案，酌定額缺，由各衙門咨送人員，認真考試，隨時傳補，以期整頓而免冗濫。

仰候宸斷施行，謹附片具奏。

6. 濫保匪人請敕部申明定例片

再，濫保匪人，例有常典。近年各項明保、密保人員，冒叨寵榮，猥雜不堪言狀。剡章鋪敘，動援以人事君之義，藉辭論薦，汲引親知。殆至劣蹟敗露，褫革隨加而國民受害已深，懲創實嫌其晚。方今時局孔艱，需賢尤亟，欲為官方籌澄敘之道，必先使臣工絕欺飾之私，自非嚴加處分，恐仍無以戒方來而垂厲禁。

合無請旨敕下部臣，申明定例，通行中外，並擬嗣後遇有此等情弊，一經舉發，即應由該部查取原保大臣職名，具摺奏叅，國法一伸，積習自可稍挽矣。

管見附陳，伏祈聖鑒。謹奏。

7. 南漕改折摺

奏為南漕改折，利益甚多，有裨時局，籲懇敕催疆臣，迅速籌議，及時試行，以破積習而堅眾志，恭摺上陳，仰祈聖鑒事。

竊南漕改折一事，前奉諭旨，敕下兩江總督，江蘇、浙江各巡撫會同籌議，聞督臣張之洞深悉利益，決意請行，大指以民間完本、完折俱仍其舊，由官全行折價解京為主，其與蘇撫往復籌商，皆持此議。乃撫臣趙舒翹電致戶部，以開徵在即，議尚未定，是否照舊起運，抑酌量先行折徵，請部覈示，經部復以照舊起運。旋接張之洞來電，力陳折漕之利，極詫蘇電之非，並縷述擬辦情形，經部又以本年仍運本色，明歲各漕或運或折，由該督撫会籌具奏等语。見覆詳繹，部臣不輕立論之意，固以茲事體大，須候聖裁，未敢率憑臆斷，亦實慮太倉儲峙非充，支放或虞不繼，近畿災荒屢告，採買亦甚為難，而且動款購運，皆須巨赀，尤非一時能辦，此所以遲迴審顧而不敢遽議更張也。然以臣反復推求，碻知其中情事，萬無一可慮者，請為皇上詳悉陳之。

天庾正供，歲有常數。改折若行，明年南漕不來而官俸、甲米依舊，開支有出款無入款，倉場自形支絀，辦理必費躊躇。然官員兵丁領米，能食者少，糶變者多，大約每石可賣銀一兩二三錢。今擬官俸、甲米除向領折色仍照向例辦理外，其官俸應領五成本色、甲米應領二斗本色者，每石折放實銀二兩，較之定價，粳米每石一兩四錢，開放二成實銀，僅折銀四錢二分者，所得何止倍蓰。且官兵可沾實惠，無須領票，轉賣米鋪，一再折耗，此弊之無可慮者也。夫領折買食，可以相安者，仍恃歲有南糧百餘萬石，為之流通耳，若市廛驟闕此米，則米價雜糧，自必一切騰踴，似於民食有妨。然去年順直歉收，海氛不靖，京城粟米麥豆，每石貴至一倍有餘，而商米、包米每包向賣三兩數錢者，不過略貴數錢，至四兩而止，民間多有改食麰為食米者，可見南米之來，源源不絕。官米既少，商米自多，一定之理。今擬請於京師、通州、天津三處，廣招商賈，給予護照，令其購米販運，免征關卡釐稅，務合近年南漕米數。四方商賈占望緩急，輦轂所需，多多益辦，二百萬石米糧似尚無難招運。況順直玉田、豐潤等縣及奉天、牛莊皆係產米之區，不患無米，更能於天津、河間、永平、遵化四府州多水之區，疏通溝洫，營治稻田，墾成萬頃，即足當南漕之數；計其所收，亦足抵南糧之半，億兆所託，無虞乏食。積粟苟多，即奸商亦無能居奇抬價，此又弊之無可慮者也。運費所節，僅就蘇、甯兩屬計之，常年可八十萬，以抵採運經費，不致不敷。如是則南民所完之數，即北人所得之數。國家無纖（豪）「毫」之損；河海節齎送之勞；漕弊亦不禁自除。經國遠猷，似在於此。然使辦理周章，易滋擾累，臣亦不敢為此紛更之請也。

查江蘇藩司所屬，徵收情形雖有不同，終是折多本少，事固輕而易舉。張之洞電致戶部辦法，縷析條分，實已得其要領。議於民間向完本者，絕不強其完折，照舊開徵，並無關涉。其收本解折與收折解折之價，分為兩種，俱照市價而又略寬，確係曲順民情，全無窒礙。至江甯藩司所屬州縣，向來即係全完折色，若將糧道所收折價解部，尤為直截了當，更不費事。夫以漕糧飛輓，涉數千里艱阻；擲數百萬帑項；竭黎民之膏血；招官吏之蟊蠹，經旬累月，始達京師，其究竟乃歸於霉變而不可食，為售銀一兩之用。今議全行改折，一轉移間而重運可改輕齎，省無算之虛糜；除無窮之耗蝕。通計蘇、甯兩屬運需例給等項，無庸開支，所省業已不貲。若白糧及浙江一律仿行兩湖，全停採買，以次擴充，連類而及，則挑河、建閘、修船、簽軍諸費並可全減，甚至漕運總督與所轄之糧道同知、通判、主簿、閘官及三十四衛、十四所諸官、冗兵、倉場侍郎暨坐糧廳監督以下各官皆可裁汰，經費所省，又何止五六百萬？此則刪冗濫而歸大省，杜紛擾而振宏綱，於公有益，亦復於民無害者也。屬茲時事孔艱，司農仰屋，若使歲省千萬，於度支不無裨補，而歐洲各國見我果能自強，亦當悚然改觀，心存敬畏，從此破除錮弊，咸與維新，將孱弱可化盛強；貧窘可變殷實，勃興之機捷於桴鼓，此又理勢自然無待蓍蔡者也。

臣曾於四月初九日，具陳時局孔艱摺內，申明將來律例政事略為修改一語，即已微引其端，近更參酌時勢，諏訪人言，南漕折徵，實屬利國利民、百年不易之至計。事關變法，早辦一日，即立涮漕務積年之弊，亦兼慰天下望治之心。若仍拘守成章，竊恐難期整頓，自強之事何日能行？

合無仰懇敕催該督撫臣張之洞等，和衷籌議，迅速覆陳，冀得早日舉行，以收窮變通久之效。

臣為補救時艱，廓清宿弊起見，是否有當，恭摺上陳，伏祈皇上聖鑒施行。謹奏。

8. 滿御史保送舊例請敕部酌議變通摺

奏為滿御史保送舊例，請敕酌議變通，倣照漢員一體考試，以重言職，恭摺具陳，仰祈聖鑒事。

竊查御史一官滿漢并設，漢御史向以編檢及閣部正途人員保送，滿御史則保送不論正途、異途。詳繹例意，以滿員科甲出身較少，故不必定用正途，非謂此官為無足重輕之官，遂可以目不識丁者，貿然踐其職也。乃各衙門每遇保送之時，多將明幹之員，留署當差；而以不甚得力者，敷衍塞責，以致濫竽備數，倫類不齊，怯懦者緘口結舌而不言；狡詐者蕩檢踰閑而不恤，甚至文義未諳，體例不講，偶有陳奏，傳為笑（譚）「談」。

夫朝廷耳目之司，風憲紀綱之地，即不望其貫通經史，發為讜言，衡量古今，裁成篤論，亦當人才略勝，始入臺班，文字較通，纔塵聖覽，而顧使齷齪凡猥之輩，皆得冒居持祿，竊位於其間，於國家慎重言官之本意，不相剌謬歟？查漢御史保送後，仍俟欽派大臣考試；滿員則不必考試而即與漢員同邀記名。恭讀同治二年上諭：漢員保送御史例須考試，滿員則向不預考，殊非慎簡言官之道，以後保送滿洲御史，著即由各衙門堂官，認真考試，擇其通曉清漢文字、品行端謹者，出具切實考語，保送候簡，以期臺諫得人，力除積習。欽此。果使各堂官恪遵功令，考試綦嚴，未始不可拔真才而清言路。乃近來考送一事，率皆視若具文，儘有未經考試，即行保送者，不才謬舉，泄沓如前，二十年來未聞成效。臣檮昧儳請敕下吏部，將滿御史保送舊例，酌議變通，仿照漢員，一體請簡大臣考試，以昭覈實。如蒙俞允，以後各衙門保送時，應否稍增員數，以備考選之處，應請敕部，一併妥議。臣亦知此事屢經臣工條奏，均以格於成例，未及准行，第思時局艱難，諫垣劇要，用人得失，關繫匪輕，似稍事變通，不為無益。

悾悾之愚，謹繕摺具陳，伏祈皇上聖鑒。謹奏。

《散木居奏稿》卷之一　門人鈴木吉武校字

卷之二　學士集

斡難　瑞洵

光緒己亥訖

1. 南漕改折有益無損請飭疆臣妥議摺
2. 衞弁屯田裁撤歸併片
3. ［南漕改折］提價購米實倉片
4. 劾尚書敬信片
5. 瀝陳下情懇恩賞［給］假［期］摺
6. 叩謝天恩摺

1. 南漕改折有益無損請飭疆臣妥議摺

奏為南漕改折，有益無損，仍請飭下疆臣，妥議施行，毋循故事，以期漸除積弊，裨佐時艱，恭摺仰祈聖鑒事。

竊臣伏惟，人臣以身事主，當時時存苟利國家之念，不可執偏私而誤公朝。大臣奉上竭忠，當事事以和衷共濟為心，不可分畛域而膠成見。向來朝廷有所敷施，外省有所舉動，往往言官以為可行，部議必與之扞格；疆吏以為可辦，廷臣每斥其更張，意見參差，是非紛糾。雖有良法美意，一誤再誤，支吾絆掣，必至廢輟不行而後已。此即在太平全盛晏安無事之時，猶必牽率因循，隱釀異時之患，而況國家多事之秋哉！即如南漕改折一事，張之洞在署兩江總督任內，奉旨籌議，力請全改，可謂公忠體國，獨任其難。部臣明知公議所在，人人以為可行，不能悍然而阻之也，於是試為游移兩可之辭；得過且過之計，藉端推諉，展轉宕延，並無一定切實辦法。及臣續行條陳，奉旨交議，聞初議亦謂可行，已將具摺奏准；嗣以尚書敬信瞻循迴護，力持不可，與同官意見不合，仍復中止。以欽奉上諭，謂應及時舉辦者而尚不能行，朝廷每有變法自強之端，必且多方阻撓，同歸於廢棄敗壞而不為挽救，以此歎易轍改弦之非易易也。嗣張之洞於交卸回鄂時，復以改折有利無弊，專摺覆陳，不知該部如何定議。

夫以國家歲轉南漕百餘萬石，（般）「搬」運至京，關繫數十萬人計口授食之需，向使輪舶未通，臣亦何敢冒昧上陳，力言改折？今則海道暢行，有如衽席，南來包米，盈溢市廛，官運朝更，商販夕湧，顧必苦守舊章，牢不可破，坐令百萬金錢，耗蠹於官吏、戶胥之囊而不思變計，豈不可惜！且自咸豐以來，湖北折漕而官民稱便，湖南、江西、河南、安徽等省折漕而官民亦無不稱便，何於兩江獨不可行？況以蘇屬而論，全完本色者，不過數縣，餘皆統收折色。若松、常、鎮、太等府州，雖有本折兼完之說，而完本者更不及三成。至江甯藩司所屬州縣，向來即係全完折色，是則本色早非定章。河運已無實際，今昔情形迥有不同，部臣職屬大農，豈於河漕利弊茫無所知，殆亦徒恃氣矜，並未平心體察耳。邇者部庫艱難，度支告匱，借用洋欵，費舌敝唇焦之力，猶且金鎊扣頭，折閱巨萬，抵押重息，虧耗多端，何如取數百餘萬中飽而歸諸公家之為愈哉？應請敕下兩江總督、江蘇巡撫，再行妥議，請旨施行，勿以錮習而志在苟安；勿以內重而意存遷就。俾多年積弊漸次可除，或於時艱少補萬一。

愚悃之愚，是否有當，謹具摺瀝陳，伏祈皇上聖鑒。謹奏。

2. 衞弁屯田裁撤歸併片

再，臣正摺所請，改折南漕，如蒙宸衷獨斷，特旨施行，不特監兌、押運各費可裁，即倉、漕、糧、衞等官並可酌汰，每年約可省銀五六百萬兩。米既改折，州縣自無從浮收，所存於民者，其利尤大，固非沾沾守舊、一孔之見者，所能知也。此外尚有衞弁屯田一項，再能裁撤歸併，認真整頓，改由地方官徵租，計一歲所入，又可收回中飽銀七八百萬之數，理財大宗，無逾於此。

如聖明以為可行，臣當再詳悉具奏，謹先附陳大概情形，伏祈聖鑒。謹奏。

3. [南漕改折]提價購米實倉片

再，南漕既議改折，則有漕省分，均應一律辦理，京倉自難任其空虛，應由戶部每年預提折價銀兩，就近於津通一帶，購買好米，以一百萬石為率，逐年收放，以實倉庾。所有採運存儲一切事宜，當留倉場侍郎一員督辦。

又，漕米向有白糧一項，上供玉食，自應循舊，敬謹解京。至王公及三品以上大員俸米，應否酌定若干，着為定額，統由各該省專員齎解，抑或一律改折，應請敕下戶部，一併覈議。

謹附片具陳，伏祈聖鑒。謹奏。

4. 劾尚書敬信片

再，臣正繕摺間，恭讀昨日上諭，知戶部主事吳錫寯條陳亦有請裁衛所之議，並蒙垂詢漕督一缺是否應裁，著兩江總督、江蘇巡撫一併議奏。

伏查臣於光緒二十一年十月間，曾以南漕改折有裨時局，具疏上陳，業將倉、漕、糧、衛等官可裁情形，據實聲明，蒙交戶部議奏，當時若早准行，此三年中，當已節省千數百萬之欸。徒以尚書敬信不悉外情，偏執私見，不顧公家之急，不察庫帑之艱，推諉宕延，因循錮弊，並不殫心區畫，及時試行，遲至今日，仍不能舍臣原議，另籌辦法，真可歎也。

悚悚下情，理合附陳，伏祈聖鑒。謹奏。

5. 瀝陳下情懇恩賞[給]假[期]摺

奏為瀝陳下情，籲懇天恩賞給假期，俾資料理一切，請俟明正起程，冀可努力邊陲，專心圖報，仰祈聖鑒事。

竊臣前承恩命，賞給副都統銜，作為科布多參贊大臣，續奉批旨，兼總理各國事務大臣銜。旬月之間，疊叨殊遇，至渥極優。嗣謁軍機大臣、大學士臣榮祿，復蒙祗述皇太后懿訓，敬悉臣過蒙天語褒嘉，慈懷體諒，荷聖恩之逾格。值時事之多艱，尤臣子竭誠效力之秋，能勿感激馳驅，亟圖報稱於萬一。惟臣此次蒙簡邊缺，未能早日起程者，一由於整裝之不易；一由於清累之尤難，加以嚴冬馳逐，蒙情所憚，亦有不得不量加體恤者。

緣臣雖係勳門世冑，累代將相，並無恆產積蓄。先臣恭鏜歷任又多邊漠之區，清操直節，身後蕭條。臣頻歲供職翰林，惟仗典質借貸，用資敷衍。自以世受國恩，幼承家訓，清白自矢，亦從不妄使一錢，以致臣長年賠累，積欠商家、質庫暨親友銀項已在萬兩之外。京師人情習於涼薄，今見臣外任邊遠缺分，皆來商索欠欸。臣四處張羅，迄無以應。至馳驛赴任，雖荷恩施要，不過僅資人馬之力，究須寬備盤川，至今亦未籌出。又臣尚擬携眷兩子一女，皆須隨任，長途艱遠，科地早寒，均須多備皮衣。舉凡製辦服用、衣物以及跟役、僕婦等安家治裝等項，無不需費，直已無從設措。債累一日不了，一日不能脫身；衣裝一日不齊，一日不能就道。凡此種種艱窘，皆足以亂心曲而阻行期，日夜焦憂，莫可名狀。

竊維臣以庸虛之質，膺特達之知，擢自詞垣，授以邊寄，臣竟不克迅速就道，馳赴新任，早慰宸廑，上負聖慈委寄之殷；下辜邊氓仰望之切。撫躬循省，內疚殊深。再四思維，刻下口外早已大雪封山，台站亦多遷徙禦冬。即使臣勉強前往，車馬、烏拉需用較多。當此墮指裂膚之時，似亦難強令支應，致失蒙心，仍須在張家口駐候度歲，則又不如稍緩行期，猶得近侍闕廷，少伸犬馬依戀之誠矣。

用是萬不得已，據實上陳，合無仰懇天恩，賞給臣假期兩箇月，俾资料理一切，一俟明正，即當請訓起程，加站前進，仍期於限內到任。就此賞假期內，一則臣可將家務、私事通盤料簡清楚，無憂內顧，從此即可努力邊陲，專心辦事，勉圖績效，略副古人盡瘁之義，不敢顧惜微軀，無論年分久暫，公事難易，臣祇供驅策，決不稍有規避；一則臣尚有籌備邊務、請練蒙兵條陳，擬俟呈請軍機大臣、大學士臣榮祿代奏，如奉恩旨准辦，則籲催餉欸、籌定營章、商調人員、安設局處，在在皆宜有所秉承。臣並可在京與樞部諸臣面商布置，請示機宜。其重大之件，仍當隨時奏請諭旨定奪，臣不敢藉耽安逸。至臣如蒙賞假，未到任以前，應否請派大員署理，均出自高厚鴻施。

臣以上所陳，皆係實在情形。惟以臣子苦衷，上求諒於君父，冒瀆至此，歉悚難安。第聖明既已特鑒愚誠，而臣子何敢稍存欺罔。臣粗明大義，遇事直言，豈移任邊方，頓易初志，躊躇往復，與其沿襲舊套，蹈揑飾之愆，不如披瀝實陳，受冒昧之罪。

謹將縷縷下情，繕摺敬陳，不勝感愧恐懼，待命之至。

再，臣現在請假，此後遇有應行奏請之事，仍擬隨時具摺請旨，自行呈遞，合併聲明，伏祈皇太后、皇上聖鑒訓示。謹奏。

6. 叩謝天恩摺

奏為叩謝天恩事。

臣昨日具摺瀝陳下情，奉上諭：瑞洵賞假兩箇月，假滿即行起程。欽此。鴻施逾格，感激難名。伏念臣冒昧陳情，措辭失當，正深惶懼，乃荷天恩寬恕，不加嚴譴，仍賞假期，並命傳旨申飭，仰見聖慈訓誡之中，仍寓成全之意。臣跪聆之下，悚愧尤殷。臣惟有趕緊治裝，俟有就緒，即當跪請宸訓，迅速起程，力贖愆尤，勉圖報效，冀稍仰副高厚生成於萬一。

為此，具摺叩謝皇太后、皇上天恩。謹奏。

《散木居奏稿》卷之二 門人鈴木吉武校字

荷戈集

信卿表弟屬題

伯愚書

科布多奏稿

歲庚子六月有伊
之行道出科城因住
旅邸特記

卷之三　荷戈集

斡難　瑞洵

光緒庚子六月起，八月訖

1. 具報抵任接印日期叩謝天恩摺
2. 揀補筆帖式員缺摺
3. 馳驛赴任台站支應情形暨科布多得雨片
4. 請頒御筆押封片
5. 請敕總理衙門頒發書圖片
6. 請敕部院各發則例各書片
7. 更定補缺辦法片
8. 台站遭災亟籌賑濟以恤蒙古摺
9. 請准撥款修理倉廠摺
10. 餘糧收放仍循舊章辦理片
11. 調補蒙古印務兩處承辦章京片
12. 請補印務處幫辦章京片
13. 到任盤查倉糧摺
14. 盤查銀庫軍器庫片
15. 接讀電旨懇請回京報效摺
16. 密奏擬調旗兵暨辦理蒙團請撥餉項片
17. 籌辦蒙團請留大員相助摺
18. 更正筆誤片
19. 請領火藥辦理清野情形片
20. 密奏遵旨妥籌布置並陳管見摺
21. 請挪借商欵辦理蒙團暨擬招勇營片

22. 邊防喫緊差委需人請添設額缺摺
23. 辦理保甲情形片
24. 大臣籌運糧石勞費太甚先行覆陳摺
25. 請移駐古城督辦糧運片
26. 密陳慮及敵人進兵情形片
27. 保舉將才片
28. 蒙團辦齊請撥專欵摺
29. 科布多辦團與烏里雅蘇台情形不同片
30. 挑練蒙兵應支餉需情形片
31. 密陳邊防喫重辦事為難片
32. 遴派籌防處委員及開支津貼各項片
33. 遵查科布多礦①務難舉請緩開辦摺
34. 免繳勘合烏拉票糧單照驗各件片
35. 請宥釋戍員榮和片
36. 滿營兵額先期調補摺
37. 嚴參革員請旨辦理摺
38. 請將糧餉章京榮泰留營差委片
39. 仍懇馳赴行在跪請聖安摺
40. 籌（備）［辦］防務大概並墊費各情片

1. 具報抵任接印日期叩謝天恩摺

奏為恭報臣抵任接印日期，叩謝天恩，仰祈聖鑒事。

竊臣於光緒二十五年九月初七日奉旨：瑞洵著賞給副都統銜，作為科布多參贊大臣，照例馳驛前往。欽此。嗣於是月二十八日，又奉恩旨：瑞洵著兼總理各國事務大臣銜。欽此。當於光緒二十六年正月初六日請訓，仰蒙召見，誨諭周詳，勗勉殷切，跪聆之下，欽感莫名。陛辭後，遵即束裝啓程，至張家口整理車輛、添備行糧，旋復進

---

① "礦"在後文也做"鑛"。

發，風雪無阻。四月二十九日，至烏里雅蘇台，晤將軍連順，會商一切。茲於五月二十一日，馳抵科布多城。六月初二日，准暫護參贊印務、幫辦大臣祿祥將參贊大臣銀印一顆暨報匣、令箭等件，派委承辦印務章京主事職銜英秀齎交前來。臣當即恭設香案，望闕叩頭謝恩，祗領任事。

伏維科布多為朔漠嚴疆，錯列蒙旗，袤連哈部，方域遼廓，兵備空虛，加以界接俄鄰，交涉尤關緊要。臣久叨侍從，初領邊（垂）[陲]，任鉅才輇，懼難勝任，惟有恪遵宸訓，任怨任勞，將一切公事認真整頓並隨時與幫办大臣祿祥妥慎籌商，和衷共濟，固不容過形操切，亦不敢稍涉因循，期仰酬高厚鴻慈於萬一。

所有臣抵任接印日期並叩謝天恩緣由，理合恭摺具陳，伏祈皇太后、皇上聖鑒。

再，臣因覼辦交代，是以接印較遲，合併聲明。謹奏。

光緒二十六年七月十六日奉到回摺。

硃批：知道了。欽此。

六月二十九日

2. 揀補筆帖式員缺摺

奏為揀補筆帖式員缺，以資辦公，恭摺仰祈聖鑒事。

竊查科布多糧餉事物處筆帖式松祥前於查辦案內，經烏里雅蘇台將軍連順奏參。奉上諭：筆帖式松祥行賄招議，著革職，咨回原旗。欽此。所遺員缺亟宜揀員擬補，惟臣瑞洵甫經受任，於各衙門當差人員賢否尚未周知，未便率擬出奏，當經商由臣祿祥秉公遴選，查有補用驍騎校候補筆帖式春普，通曉滿蒙，差使勤奮，堪以擬補。如蒙俞允，應俟該員五年期滿，如願就武，回城後，循例俟補驍騎校後，以防禦補用，先換頂戴。其該員應找支銀糧，俟奉旨之日，照例開支報部。遇有差便，給咨該員赴部帶領引見，至遞遺候補筆帖式一缺，應由臣等揀員充補，照例咨部。

所有揀員請補筆帖式緣由，理合恭摺具陳，伏祈皇太后、皇上聖鑒。謹奏。

光緒二十六年七月十六日奉到回摺。

硃批：著照所請，該部知道。欽此。

3. 馳驛赴任台站支應情形暨科布多得雨片

再，臣瑞洵遵旨馳驛赴任，道經察哈爾、烏里雅蘇台、內外盟蒙古，各台站烏拉支應無誤，蒙情亦均安謐。迨入科布多境，所屬阿勒噶拉圖至哈喇烏蘇七台臣就便留心察查，該官兵等奉差馴謹，駝馬、氈房等項，均無缺乏。青草自入四月始漸滋長，臣每至一台，必嚴禁差弁、跟役索擾，該弁等尚知遵奉，蒙情無所疑懼，用得遄行無滯。臣到科布多時，正值地方苦旱，經祿祥與臣商酌，於五月二十八日設壇三日，虔誠祈禱，仰托聖主鴻福，旋即渥沛甘霖，農田游牧均獲霑足，衆情歡抃，差堪上慰宸廑。

謹附片陳明，伏祈聖鑒。謹奏。

硃批：知道了。欽此。

4. 請頒御筆押封片

再，謹查科布多陳奏事件，向用內頒報匣馳遞。奉有御筆押封三分，嗣經軍機處存留一分，其臣衙門刻止敬存二分，而奉頒報匣則仍存四分。近年科布多公事較繁，均須隨時敷奏，且臣瑞洵復有面奉諭旨，飭令詳察具奏各要件，俟將情形體察明白，即當分晰覆陳，不敢延緩。

合無仰懇天恩，即予賞頒押封二分，臣等當敬謹祇領備用，實深感荷，謹附片陳請，伏祈聖鑒。謹奏。

硃批：著照所請。欽此。

5. 請敕總理衙門頒發書圖片

再，辦理交涉，自須熟悉約章成案，然要非考覽於平時，亦斷難取辦於臨事。總理衙門排印洋務各書，如《公法約章》之類，皆所必需。至《中俄分界通商條欵》及《新舊中俄連界地圖》，尤有關係，均須各存一（分）［份］，以便稽考。科布多僅有《通商約章類纂》一部，此外皆無，以致遇事無所折中，動形棘手。

相應懇恩，敕下總理衙門，將應用書圖，飭檢齊全，俟交科布多差弁承領，齎回備用，實於辦理洋務有裨。

除咨呈總理衙門查照外，謹附片陳請，伏祈聖鑒。謹奏。

硃批：該衙門知道。欽此。

6. 請敕部院各發則例各書片

再，臣衙門所存官書，如則例、章程之類，僅有《中樞政考》及早年《戶部則例》，此外概屬闕如，以至遇事茫然，無所查考，頗覺掣肘。查戶、兵兩部《續修則例》及《軍需則例》、《理藩院续修則例》均為地方軍營辦事所必需，臣等現擬遇有便員晉京，即飭赴各衙門請領。

合無仰懇天恩，敕下該衙門，將應用則例各書各發一部，俟交該委員領齎回營，以資遵守。

除分咨查照外，理合附片籲陳，伏祈聖鑒。謹奏。

硃批：該衙門知道。欽此。

7. 更定補缺辦法片

再，科布多糧餉處、印務處、辦理蒙古事務處暨续設稽察俄商局承辦章京、幫辦章京之外，均各設有筆帖式員缺，遇有缺出，向係於綏遠城滿營換防應升、應補人員內酌量揀補。在未補缺之先，原可量材器使，若既經補缺，補何衙門之缺，即應辦何衙門之事。其才具有餘者或兼別衙門行走，邊地軍營原無不可，官缺固不容紊亂也。乃臣等近日揀選擬補筆帖式松祥參革遺缺，因未聲明缺分，詳加察詢，始知近年辦法，奏補摺內多不聲明何處遺缺，且往往補此衙門之缺，轉調當別衙門之差。如松祥當初所補，係糧餉處之缺，而奏補後，又令在印務處當差，顛倒錯亂，紛然無主，竟有問之本人，亦但知為筆帖式而不知為何衙門之缺者。雖係前大臣寶昌通融辦理，但究嫌迹涉紛更，自應即行改正。擬請嗣後凡係揀補官缺，均應奏明何衙門所出之缺，以何項人員擬補，不得稍涉籠統，以昭核實而杜流弊。至另摺請補筆帖式，原係松祥糧餉處之缺，揀補之春普即應令歸糧餉處當差，以後再有別項補缺，即照此辦理。

臣瑞洵體察此處人情，習於便安，憚於振作。公事廢弛，錮弊因仍，已成積重難返之勢，若不破除情面，隨事釐整，以冀挽回，科布多之事局將不可問。臣瑞洵奉命整頓，責無旁貸，是以與臣祿祥商定，此後無論大小事件，均當切實辦理，嫌怨所不敢避。

所有更定補缺辦法及臣等會商整頓緣由，理合一併附陳，伏祈聖鑒訓示。謹奏。

硃批：知道了。欽此。

8. 台站遭灾亟籌賑濟以恤蒙古摺

奏爲台站遭灾，亟籌賑濟，以恤蒙古而廣皇仁，恭摺仰祈聖鑒事。

竊查科布多所屬扎哈沁二旗向例支應南八台差使，西接新疆古城之漢三塘地方。軍興之時，轉運不誤，每台人戶不多，所領錢糧有限。上年冬令，風雪過大，牲畜受傷，甫及今春，雪化草生，又復亢旱無雨，赤地千里，草枯泉竭，疊據該旗稟求賑濟前來，臣等派員往查屬實，並細詢和碩貿易商人，僉稱被灾甚重，牲畜倒斃疲瘦者不堪寓目。

查扎哈沁八台接送新疆來往文報，支應伊犁塔爾巴哈台貢馬，差使繁重，旣係被災屬實，自應即時賑撫，並令添補四項牲畜，庶該旗養贍有賴，兼可不誤台差。惟是科布多庫存常年經費僅敷例支，斷難挪借他用。茲查倉儲糧石除正額應存之外，尚爲有餘，且臣等查閱舊卷，戶部來文曾有令將餘糧變價抵餉之案。彼時各旗無災旣可變價抵餉，今日各旗求賑即可變價救災。況本年古城一帶雨澤稀少，現在禁糧出境，科布多向恃西路來糧，來路旣阻，此間糧價遂亦大昂，若將餘糧出糶變價，旣可免科商居奇之虞，又可救蒙古被災之急，實爲一舉兩得。惟若俟奏請明旨，再行辦理，未免緩不濟急。現擬將存儲年代稍遠之糧石出糶千石，可得銀二千餘兩，由臣等遴委妥員，前往該旗，分別被災輕重，沿台散放，務使實惠均霑，以仰副朝廷優恤蒙古之至意。一俟放竣，再行據實開單具奏。

所有台站遭災亟籌賑濟緣由，理合具摺馳陳，伏乞皇太后、皇上聖鑒。謹奏。

光緒二十六年閏八月初九日，奉軍機處知會。

旨：該衙門知道。

七月二十四日 旨

9. 請准撥款修理倉廠摺

奏爲科布多倉廠年久失修，情形較重，籲懇天恩，准予撥款修理並擬添廠座以重積儲而備擴充，恭摺仰祈聖鑒事。

竊查科布多城倉共計十五廠，每廠五間。自光緒十年奏准由戶部撥款興修後，迄今十六年之久，因未籌辦歲修，致多傾圮滲漏。臣赴倉盤查時，親見該倉椽望不全、檁柱欹斜，露明處所太多，實屬難蔽雨雪，並有數間全無地板，尤虞潮溼，殊非慎重積儲之道，亟應趕緊繕修。現飭蒙古事務處承辦章京英秀，會同糧餉章京榮泰詳細查勘，應修舊七廠共三十五間，再添修三廠，共十五間，以備將來廣屯儲峙之用，應需錢糧若干，令即切實查估去後。茲據該章京等稟稱，遵帶匠役，連日赴倉查勘，估算除舊料尚有可用外，撙節核計，應需工料一切實銀五千八百七十六兩零，並聲明儘此辦理，不再續請估撥等情。開具辦法清摺，呈核前來。

查科布多地屬邊陲，工料、運價異常昂貴，迥與內地不同，今該章京等所估銀數尚屬核實。惟科城無款可籌，而要工又不可緩，再四籌思，查有已革理藩院主事麟鎬有應交銀四千兩，係奉上諭飭交該旗追繳之款，若以此項撥作修倉之用，尚非無著。合無仰懇天恩俯准賞給，俾濟工需，並乞敕下正藍旗蒙古都統，嚴追該革員，勒限措繳，無任飾詞延宕。臣等一面派員晉京，赴正藍旗都統衙門，領解回營應用，尚欠銀一千八百七十六兩零，即請動用餘糧變價抵補。

除咨明部旗查照外，所有科布多倉廠請款修理並擬添廠座各緣由，謹恭摺具陳，伏祈皇太后、皇上聖鑒。謹奏。

同日，奉軍機處知會，奉旨：著照所請，該衙門知道。

10. 餘糧收放仍循舊章辦理片

再，科布多倉儲每年屯田收數在七千石上下，每石向交餘糧六升，統計一年除正額外，可收餘糧四百餘石。除去烏里雅蘇台每年領去餘糧一百餘石外，尚存三百石上下。緣科布多所領經費毫無盈餘，故數十年來，凡歲修城垣、廟宇以及貼餧貢馬，無不取給於此，甚至隨時抖晾糧石、僱用蒙人，均係以此餘糧發給工資，雖有屯田兵丁應當此差，然每遇倉廠蒸鬱起火之時，多在屯田播種收穫之際，其勢斷難舍彼顧此。歷任大臣皆以此公存餘糧辦此公事，故科布多一城甚少因修工請款之案。況所收正糧每年放項尚屬有盈無絀，所餘之糧照例收倉，年復一年，存儲愈多，不過積壓霉爛，雖辦公偶一動用，而積存仍復不少。臣等此次奏請變價千石，賑濟札哈沁者職是故也。自前大臣寶昌貪取一時之利，舉十餘年所存，一旦欲據為己有，奏明祇存四百餘石，經臣祿祥參奏，始經查悉實存糧數，但自清查後，糧石固不敢提用，而辦公則已無項可指矣。夫以本地餘款辦理本地公事，各省皆是如此，必為朝廷所許，但使不入私橐，即不失以公濟公之意，若必因噎廢食，將致一籌莫展，如遇歲修城垣、廟宇、一切工程及貼餧貢馬，均須逐項另行請款，不僅煩瀆聖聰，司農恐亦不暇及此。

查烏里雅蘇台每年所領餘糧一百餘石，前大臣寶昌奏請，作正開銷，旋經烏里雅蘇台將軍奏明下情，仍照歷年辦法，已蒙俞允。嗣准戶部咨開：科布多歷年收放糧石，所加餘糧六升之數，向不造入報銷冊內，今既將放數造入開除項下，亦應將收數造入新收項下，出入方足相抵。今將現存餘糧四百餘石作為舊管，以後按年收放，照數出入等語。自應照辦。惟查餘糧放數不止烏城每年所領之一百餘石，舉以上指稱各項，皆所必需，事悉因公，勢難責以賠墊，自須一一列入放數，似屬徒添具文，無裨實際，且每年餘糧為數無多，又有各項待支，初非該管人員入己。臣等愚見，百餘年舊章不必更改，仍以循照辦理，又益公務為便。臣等受恩深重，具有天良，亦斷不任屬員蒙蔽，自干咎戾。

所有科布多餘糧收放，仍請循舊辦理下情，理合附片陳明，伏乞聖鑒訓示。謹奏。

旨：該部知道。

11. 調補蒙古印務兩處承辦章京片

再，辦理蒙古事務章京一缺承辦各部落蒙古暨各卡倫、台站一切事件，責任既重，事務尤繁，非熟悉情形，通曉滿蒙，有守有為之員，難期措理裕如，眾情允洽。自革員麟鏞委充章京以來，遇事紛擾，百計婪索，科布多所管各和碩本非富足，自經麟鏞朘削，生計益形枯窘，且教誘蒙古請託鑽營，習於行賄，敗壞風氣，尤為可惡，亟應設法挽回，用心培養，俾還渾樸之舊。此缺自應仍請由外揀補，以期得力。查有現充印務處承辦章京主事職銜英秀，明白老練，滿蒙皆優，在營二十餘年，邊情極為透徹，遇事尚知持重，擬請調補蒙古事務處章京，以資整頓。所遺印務處承辦章京，查有該處幫辦章京主事職銜玉善，心地尚好，資序亦深，堪以充補。又蒙古事務處幫辦章京主事職銜全安，請假回旗，員缺亦難虛懸，查有委署主事鍾祥，人尚明晰，才堪造就，堪以充補。如蒙俞允，該三員均俟年滿，如願就武，回城後仍如原保補用，俟遇有差便，即給咨該員等赴部帶領引見。其鍾祥所遺委署主事一缺應俟遴選得人，再行請補。

又，臣瑞洵到任未久，仍由臣祿祥出考，謹附片具陳，伏乞聖鑒。

謹奏。

旨：著照所請，該衙門知道。

12. 請補印務處幫辦章京片

再，印務處幫辦章京玉善升補印務處承辦章京，所遺幫辦章京主事職銜一缺，查有補用防禦印務處筆帖式崇文，公事明白，人亦向上，堪以充補，應俟該員七年期滿，如願就武，回城後循例俟補防禦後，以佐領補用，先換頂戴，俟遇有差便，即給咨該員赴部帶領引見。其所遺印務處筆帖式一缺，應俟遴選得人，再行請補。

為此附片具陳，伏乞聖鑒。

再，臣瑞洵到任未久，仍由臣祿祥出考，合併聲明。謹奏。

旨：著照所請，該衙門知道。

13. 到任盤查倉糧摺

奏為到任盤查倉糧，恭摺具陳，仰祈聖鑒事。

竊臣到任應行盤查倉糧。查定邊左副將軍連順覆奏，查辦寶昌等參案摺內聲明：科城倉儲多年未經冊報，光緒二十三年寶昌附奏，倉存餘糧四百餘石，數目是盈是絀，應俟臣到任覈辦交代，再行清理等語。自應遵照原奏辦理。比經諭飭該管糧餉章京榮泰造呈實在數目清冊，以憑查奏，毋稍蒙混去後。嗣據該章京造冊請查前來。臣當於六月二十二日率同司員赴倉，認真盤查，計自烏城派員清查，截至光緒二十五年十二月止，實存正餘糧石一萬五千二百三十五石，除去本年春夏兩季支放，應存正額無虧，尚存餘糧一千餘石，覈與將軍連順原查數目相符。

除飭該章京實心經理，慎重收發暨咨戶部查照外，所有臣盤查倉糧緣由，理合繕摺具陳，伏祈皇太后、皇上聖鑒。謹奏。

旨：知道了。

14. 盤查銀庫軍器庫片

再，臣到任應將庫存銀兩暨庫儲軍器盤查。茲據糧餉章京榮泰、印務章京玉善分造細冊请查前來，臣率同司員前往，逐細盤查，所有庫存正款暨軍器各件，均與冊造相符，尚無虧短。

除飭該章京等認真經理，並咨部查照外，理合附陳，伏祈聖鑒。謹奏。

［旨］：知道了。

15. 接讀電旨懇請回京報效摺

奏為接讀電旨，擬請恩准回京，勉圖報效，恭摺仰祈聖鑒事。

竊臣自接科布多參贊之任業已四旬有餘，邸鈔既不得見，文報亦復罕通，京師消息毫無聞知，遙企闕廷，彌殷瞻戀。茲於七月初二日接准塔爾巴哈台參贊春滿來咨，恭錄五月電旨四道，乃知中外開釁，相見兵戎，並悉變由拳民仇教，俄以代剿為辭，各國風從，洋兵續集，礟台盡失，畿輔戒嚴，五內摧傷，憂憤欲死。現又荏苒月餘，尚不知軍情何若，臣身羈絕域，心系朝廷，自維雖乏才能，惟此一片血誠，期報國恩而匡時局，赴湯蹈火，在所不辭。惟是處茲裔塞瘠區，無兵無餉，徒喚奈何。然遇君父之急，自應奔赴以圖報效。科布多雖為邊要，較之東三省，尚為外國緩圖。擬請旨俯准臣回京祗候任使，細流土壤，稍補萬一。此臣夙夜焦急，禱祀以求者也。

所有接讀電旨，自請回京報效下情，不揣冒昧，謹繕摺馳陳，伏祈皇太后、皇上聖鑒，俯允施行，不勝迫切，待命之至。謹奏。

旨：毋庸來京。

七月二十四日

16. 密奏擬調旗兵暨辦理蒙團請撥餉項片

再密陳者，臣自聞洋人搆釁、中外交綏之耗，當以兵端既啓，邊境宜防。科布多迤北一帶，處處與俄界毗連，亟應妥籌扼守。節經密飭沿邊卡倫、侍衛等嚴密偵探，切實防範，並於所屬各蒙古王公、盟長、札薩克等來謁時，面諭簡練隊伍，各為守禦，勿稍大意，以重邊防。

惟科布多公事廢弛已久，雖有卡倫，額設官兵本屬有限，早成具文，至滿綠換防連官帶兵統共不過二百七十餘員名，皆各有專差，向無操演，人數寥寥，雖現已督飭練技，尚不及北洋諸軍萬分之一，毫不足恃。此外蒙古各部落雖可挑拔兵丁，奈餉械兩缺，亦難空言選練，更不能倉猝成軍。竭蹶情形，臣到任以來，目擊心傷，殊增浩歎，此皆歷任大臣不肯認真辦事，惟知因循敷衍，致成今日局面。憤憾何極，即使臣殫竭血誠，趕緊整頓，已有不及之勢矣。臣五中焦慮，枕戈待旦，恆至夜不成寐。自念世受國恩，忝膺重寄，儻使地方若有疏失，何以仰副委任？臣既具天良，即不敢以無兵無餉藉辭諉卸，自不能不於無可設法之中勉圖布置。查科布多距新疆古城不過千數百里，該處滿兵尚有數千餘人，且離彼界尚遠，官兵閒置非宜。值此緩急之時，該滿兵渥受朝廷豢養深恩，尤當奮圖報效。若以暫行移駐科布多，便可化無用為有用，且可仍帶原食餉項，不必另籌。惟若俟奏明奉旨再辦，實已緩不濟急，事關大局，不敢拘泥。臣現已咨商新疆撫臣饒應祺，切懇轉飭該城守尉挑撥精壯二千名，迅派曾經戰陣之官弁，管帶前來科布多。由臣酌量飭令，分防要隘。至該旗兵既經移戍，營力較單，應由該撫酌量地方情形，增調漢隊填紮，以新疆尚可就地募兵籌餉，與科布多枯窘為難情形不同也。臣非不知新疆界連英俄，防務同形喫重，無如科布多兵餉兩缺，一時猝難籌備，若不借助鄰封，實屬難以自立。況北路若將有警，即古城亦難保無虞，尤宜未雨綢繆，並籌兼顧。刻下強敵在邇，大局甚危，值此主憂臣辱之時，何可尚存此疆爾界之見？允宜各據忠義，共濟時艱。然臣借兵之舉，不過暫顧眉急，仍當自謀召募，加意操練，為日後振奮自強之基。

　合無請旨，迅飭撫臣饒應祺，不分畛域，速行派撥兵隊前來科布多，以資防守，一俟邊務稍鬆，即飭各回營旗。若科布多再不增兵置戍，赤手空拳，臣何能抵禦？萬一有失，臣惟有一死塞責，不能再報國恩矣。並求准將所調官兵，暫聽臣節制調遣，俾免呼應不靈。至臣現仍擬一面挑選蒙兵，辦理團練，不得不量請欵項，以資津帖而期飽騰。惟有仰懇天恩，敕下戶部，無論何欵，即行撥給銀三十萬兩，飛速轉電塔爾巴哈台知照科布多，以便迅派幹員馳赴請領，解營濟用，聊為接濟。邊事幸甚！臣幸甚！

　口外人心浮動，風謠易起。臣現惟諄飭所屬處以鎮靜，切戒張皇，（祇）[祇] 可暗中籌布，不動聲色。故現在北路雖風鶴時聞而尚未十分震動，請釋慈廑。

　所有擬調兵丁暨一面辦理蒙團，請撥餉項緣由，謹附片據實密陳，伏祈聖鑒訓示。謹奏。

旨：即著就地籌欵，挑練蒙兵，自固邊防，咨商鄰省，徒誤事機。

七月二十四日

以上各摺件皆七月初六日拜發。

17. 籌辦蒙團請留大員相助摺

　奏為籌辦蒙團調隊防守，請留大員相助，以固邊圉，恭摺仰祈聖鑒事。

　竊自中外開釁，臣等欽遵諭旨，布置防守，所有辦團、守卡、請餉、借兵諸事，均已隨時馳奏。惟臣瑞洵甫經到任，情形未熟，所有籌備各事宜深虞疏誤，幸賴有調補索倫領隊大臣志銳赴任過此暫住，相助為理。該大臣五月到科，彼時即因札哈沁被災，駝馬倒斃，未能行走，留滯至今。臣瑞洵到任後，與臣祿祥商定，奏請籌欵賑撫，現始派人前往放賑設台，又因中外釁啓，臣等飭令各旗仿行清野之法，期斷俄人來路。蒙人皆遷避入山，一時亦實難湊集，該大臣祇「祇」得在此守候。又值臣瑞洵憂勞多病，不得不幫同辦理一切。查該大臣久任烏里雅蘇台參贊，官聲甚好，三札、兩盟蒙衆無不信服，當此緩急需人之際，若令幫同籌辦蒙團，情形既熟，呼應亦便。況臣瑞洵曾經奏請咨調古城旗兵，如果前來，亦乏統率。該大臣世受國恩，在任、在科同一報效，伊犁防營較多，亦不少該大臣一人，與其一時不能到任，不如在此隨地效忠。可否擬懇天恩，暫留該大臣幫辦團務，並可由臣等咨調索倫防兵五百名自備駝馬趲程前來，協同守禦，以厚兵力。索倫兵隊係該大臣專責，必能助防得力，一俟軍事大定，再令馳赴任所。臣等忝膺疆寄，值此時艱，集益維持，何敢自惜以人事君之義？理所當為，故敢不避冒昧，總期有益事機。現在辦理蒙團，得與該大臣悉心籌畫，臣等深資勷助。

所有請留大員幫辦團務緣由，理合恭摺具陳，伏祈皇太后、皇上聖鑒，俯允施行。

再，臣等具陳摺件因報匣未回，此次係用夾板由驛馳遞。現在軍事甚迫，似未便稍涉拘泥，或致貽誤事機。擬懇天恩，嗣後遇有陳奏事件，如遇報匣未回，即用夾板封遞，以免遲延。一俟軍事大定，再行照舊專用報匣。

合併陳明。謹奏。

光緒二十六年閏八月初九日，奉軍機處知會，奉旨：著不准留。

七月二十八日 旨

18. 更正筆誤片

再，前因科布多倉廠呕（須）[需] 修理，擬將革員麟鎬應交銀四千兩懇恩撥給，俾濟工需，請敕該旗勒追措繳等情，於七月初六日具摺馳陳在案。

惟查該革員麟鎬係鑲藍旗蒙古人，繕摺誤為正藍旗蒙古。昨查該革員履歷，始悉筆誤，殊屬疏忽，自應俞允，應再請敕下鑲藍旗蒙古都統衙門嚴行追繳，以便赴領解回應用。

除再咨部旗查照外，所有更正筆誤緣由，理合附片具陳，伏祈聖鑒。謹奏。

［旨:］該衙門知道。

19. 請領火藥辦理清野情形片

再,現在辦理蒙古團練,必須發給軍火。科布多庫存火藥無多,且早受潮,過半不甚適用。若由京部請領,殊覺不及,聞烏里雅蘇台存儲尚多,臣等已派員持咨往領一萬觔備用,至屢奉諭旨:嚴加防守,斷其接濟。查蒙地遼闊,居人散處,路路可通,到處能掠,雖經札飭,亦屬具文,惟有清野之法,光緒二十一年,玉門賊竄出關,烏里雅蘇台於三札、兩盟行之有效。現在臣等業已做照辦理,派員前赴沿路各旗,督令將四項牲畜收放僻路深山,人戶亦隨之遠避。況西北一帶本年亢旱異常,如此挪移,不啻赤地千里,料其行軍當不出此。團練之法亦與內地不同,並無村鎮可守。現惟每旗各辦一團,除操演槍械外,專令督催各旗人戶、牲畜遠避,以補辦理清野委員之不及,邊遠瘠區,兵餉兩缺,亦（祗）［祗］得如此布置,藉固邊防。

所有請領火藥,辦理清野各緣由,理合附片具陳,伏祈聖鑒。謹奏。

［旨］:知道了。

20. 密奏遵旨妥籌布置並陳管見摺

奏為遵旨妥籌布置並陳管見,恭摺密陳,仰祈聖鑒事。

竊臣於光緒二十六年七月初六日申刻,承准軍機大臣字寄,六月十七日奉上諭:現在外國業已開釁,西北邊界一帶均與俄人接壤,亟應嚴加防守,著饒應祺、長庚、春滿、瑞洵等各就所轄地方妥籌布置,總期聯絡一氣,扼要嚴防,以阻敵人進兵之路。如能以精兵攻其後路,藉資牽掣,尤為上策。將此由六百里加緊,各諭令知之。欽此。遵旨寄信前來。臣伏維時局軍情,如此喫緊,自應妥籌防守,上慰宸廑。是以於七月初二日接准塔城來咨,恭讀五月電旨,即以外釁既開,邊防宜固,已經密飭各卡倫侍衞隨時偵探馳報，並咨商新疆撫臣選撥古城旗兵二千名，前來助守。仍一面辦理蒙團，並懇天恩飭部，撥給餉項，均於七月初六日附片密奏在案。

旋於初九日奉到督辦處札文，知已奉旨設立督辦處，具見朝廷慎重兵事至意，臣敢不仰體宵旰憂勤，勉竭愚誠，殫心規畫，現已設立籌防處，揀派人員，專辦防守事宜暨一切摺報文件，仍由臣督率，並於所管卡倫八處加派弁兵，嚴為防探。其歸烏里雅蘇台所轄卡倫亦經咨請該將軍派兵照辦，以期聯絡。蒙旗均已嚴飭禁催牲畜，不准攬載，尚恐蒙古貪利，陽奉陰違，復又曉以恩義，許給津貼。臣仍當不時派人巡查，總期斷絕接濟，免滋他虞。惟查俄人進兵捷徑，當在恰克圖、庫倫之間，蓋俄人東悉畢里亞鐵路，距恰克圖（袛）［祗］百餘里，該處設有車棧，其迤東之第二十六卡倫名齊克代，距直隸多倫廳，僅止六站，道路平衍，向無人煙，逆料俄人若由北路進兵，要以此二處最為近便。臣愚見，此時庫倫實係兵衝，最為喫重，似（須）［需］特派知兵重臣，多撥得力勁兵，認真堵禦，方為上著。至科布多邊界處處與俄毗連，俄人疑兵散隊四出游弋，事必有之。其大股正兵恐未必取道於此，然臣職在守土，亦應防其侵軼，斷不敢恃其未來，稍涉大意。俟將蒙兵挑選精壯，必即分撥各要隘，嚴加防範，惟當激勵衆心，合成城之志，為固圍之謀，縱兵餉兩缺，情見勢絀，臣止憑此一片血誠，以忠義感動人心，誓以死守，絕不（少）［稍］有退縮，或冀仰托朝廷威福，危疆可保無恙。此臣夙夜焦急禱祀以求者也。尚求我皇太后，皇上俯察，臣甫經到任，為難苦衷，垂念科布多空虛竭蹶，與烏魯木齊、伊犁、塔爾巴哈台等處兵食均足情形不同，逾格施恩，飭督辦處統籌接濟，以免貽誤戎機，有礙邊局。臣幸甚！地方幸甚！

所有遵旨妥籌布置各情形，謹繕摺密陳，是否有當，伏祈皇太后、皇上聖鑒訓示。謹奏。

［旨］：知道了。仍著嚴防，隨時具奏。

七月二十八日

21. 請挪借商欵辦理蒙團暨擬招勇營片

再，臣瑞洵昨於七月初六日已將科布多無兵無餉暨擬就地辦理蒙古團練，以圖自守各情，附片密陳，自應敬候諭旨，再為遵辦。惟馳遞摺報，往返總在四十日內外，刻下邊情喫緊，實恐緩不濟急，雖餉項缺乏亦不宜稍涉停待，事關大局，何敢拘牽？臣現已向此處商鋪面議，暫行挪借銀兩，以資支放。誠以蒙兵窮苦，縱先不必給餉若干，亦實無令其枵腹荷戈之理，不能不量予津帖也。

又，昨向新疆撫臣饒應祺借撥旗兵一節，如該撫或不允行，臣亦惟有於烏魯木齊古城一帶自行招募兩三營，為保衛地方之計，即為日後添練兵隊之漸，亦擬借挪商欵，多固難籌，三四萬金尚可辦到。惟（須）[需]臣予以印據，許俟請欵一到，即行撥還，方可相信。至臣面奉諭旨，飭令體察情形，籌辦練兵一節。現值外患突起，兵端已開，不知宵旰如何憂勞，臣實不敢以之瑣瀆聖聰，請俟軍事大定，當再詳悉覆陳。此時權宜辦法，一面選練蒙團，一面略募漢隊，先顧眉急，似尚不至大費餉力，重煩度支而於防務亦無虞偏廢。總之辦事不宜鋪張，亦不宜廢弛。若中外臣工早能激發天良，肯於任事，力維大局，何至京師戒嚴如此之急？臣既膺重寄，即當首顧責成，雖不能立功，又豈可為國家貽患。臣現在事事認真，處處核實，不過勉圖報稱，盡職分所當為，其知者以為效忠，不知者以為多事，臣亦不暇顧及矣。

區區下情，理合附片陳明，伏祈聖鑒訓示。謹奏。

［旨］：即著就餉辦防，力求覈實，無稍虛糜。

七月廿八日

以上各摺片皆七月十二日拜發。

22. 邊防喫緊差委需人請添設額缺摺

奏為邊防喫緊，差委需人，援案請添額缺，以資辦公，恭摺仰祈聖鑒事。

竊查科布多前因邊務較繁，經前大臣清安等於光緒六年四月間專摺奏請，於額設各處章京、筆帖式之外，添設糧餉處幫辦章京一缺、筆帖式一缺、候補筆帖式一缺，印務處添設筆帖式一缺、候補筆帖式一缺，蒙古事務處添設幫（辨）[辦]章京一缺、筆帖式一缺、候補筆帖式一缺以資辦公等因。當經吏部議准覆奏，奉旨：依議。欽此欽遵。嗣於光緒十一年間復經遵照部咨，以軍務已鬆，陸續奏明裁撤在案。臣瑞洵到任以來，體察此處公事，較昔殷繁，不啻倍蓰，邊地本屬乏才，軍營又當用武，不但差遣缺人，即遇辦理尋常公事亦復動形竭蹷，左支右絀，難期妥速。況兼臣等現籌整頓，尤虞寡助，雖經臣瑞洵遇事親裁，奏咨公牘，皆自定稿，然亦係擇其要端，未能兼及瑣務，且如遇查辦邊界地方及台卡事宜亦萬不能皆由臣等自行前往。矧值外釁既啓，時局孔艱，邊備軍籌，尤宜隨時策畫，不容疎懈。凡此種種情形，皆關緊要，斷非添設額缺，難資分任。既有舊案可援，又係暫設之舉，實不得不權宜辦理。

茲擬除印務、蒙古兩處業經續設幫辦章京無庸再議外，應懇天恩俯准，仍將糧餉處添設幫辦章京一員，正缺、候缺筆帖式[各]一員，印務處添設正缺、候缺筆帖式各一員，蒙古事務處添設正缺、候缺筆帖式各一員，以資辦公。如蒙俞允，仍於三處應升、應補人員內遴選補充，並當咨行綏遠城將軍，將明年應行調補換防新兵先期揀選，飭令早日來營，俾期差委有人，無虞廢弛。至所添各員應支鹽菜等項，查科布多加增一項，尚有盈餘，向係另外存儲歸入年底報銷之欵，擬即由此項暫行墊發。

臣等為慎重邊防，差委需人起見，是否有當，理合恭摺具陳，伏祈皇太后、皇上聖鑒訓示。謹奏。

閏八月十三日，接軍機處知會。八月十五日旨：著照所請，該衙門知道。

七月廿二日拜發。

23. 辦理保甲情形片

再，科布多所屬雖多蒙古部落，而附城內外哈夷纏回人類紛雜，山西商賈又多托足於斯，向未辦過保甲，似於詰姦禁蠢有所未盡，且現值外夷搆兵，敵情叵測，稽查奸細尤為要務。臣等現飭該管印務處章京等將所有戶口，逐細編查，按家填寫門牌，註明姓名、丁口數目，以便察覈。其蒙古各旗則飭速將丁戶造具清冊，藉以挑選精壯，總期奸宄不致溷跡，庶免他虞。

所有辦理情形，謹附片陳明，伏祈聖鑒訓示。謹奏。

旨：知道了。

24. 大臣籌運糧石勞費太甚先行覆陳摺

奏為大臣籌運糧石，體察情形，勞費太甚，先行據實覆陳，恭摺仰祈聖鑒事。

竊臣瑞洵具奏到任日期摺件報匣於本年七月十六日遞回。承准軍機大臣字寄，光緒二十六年七月初一日奉上諭：毓賢奏新疆、甘肅倉存糧石甚多，請飭運京，以濟軍食。端方奏撥欵派員，前往甯夏購米，並先請由甯夏倉廠提借備用各摺片。用兵以足食為先，果能迅速運京，接濟軍食，自屬目前至要之務。惟道途遙遠，全恃人力周轉，總須不至貽累民間方為妥善。所有一切解運等費，亦須預為籌計。著永德等體察情形，趕即會商，切實妥籌，迅速辦理。端方所奏，應取道阿拉善部轉運之處，該王向來急公，即著該護撫咨明該王，遵照妥速奮勉籌辦。原摺片均著分別鈔給閱看，將此由六百里加緊，各諭令知之。欽此。遵旨寄信前來。伏讀之下，仰見聖謨廣運，籌備精詳，曷勝欽佩。鈔示山西撫臣毓賢摺片，均已詳細閱悉。值此時艱，臣具有天良，敢不竭力籌辦。惟查毓賢原奏，籌慮固為公忠，情形未免隔膜。既欲責以辦理，即不得不詳細直陳。且哈拉、烏蘇、搜吉東南各台皆係臣所轄，為轉運必由之路，鄂隆布拉克又接古城漢三塘地方，係通西路首站，責任關重，尤不能不審慎圖維，期免貽誤。查原奏謂古城至張家口六千餘里，每駝腳價二兩五錢，一駝可運糧二石。查由古城至科布多，商家駝載每隻腳價約五六兩，由科布多至口約二十五兩，無論載糧運貨，歷來定價如此，是一駝腳價非三十兩不可。況遠道馱載，取其輕便，一駝祇馱二百觔，新疆糧石較京斛倍蓰，一石可至三百餘觔，運糧二石勢須三駝分載，若僱三駝，即需價九十兩。而由新疆至古城，由張家口至京，運費尚不與焉。再將解費算入，大約運糧二石即費百金。原奏謂由口至京四百餘里，每石運價一兩，自古城至口六千七八百里，每石乃以二兩五錢（該）〔覈〕之，未免懸殊太甚，恐係覈算錯誤。即以原價而論，每糧二石分載三駝，亦必（須）〔需〕七兩五錢方能敷用。又況以台站道里計之，自古城至科布多實係一千三百六十里，自科布多至口實係五千八百五十里，已逾七千餘里之程，原奏亦未覈實。此情形隔膜運費懸殊者一也；況近年蒙古牲畜不蕃，駝戶稀少，古城迳達山西包頭鎮本為通商大路，科布多在古城之北，僱駝繞遠，半不肯來。本年札哈沁因旱成災，沿路水草並缺，亦難暢行無阻。即使加價僱覓，極力催辦，轉運至口，亦（須）〔需〕仲冬。此又緩不濟急者一也；至於腳價一項，每駝以三十兩計之，如運萬石，需駝五千，即需銀十五萬兩，亦祇可運一次，再運即（須）〔需〕另換駝隻，調其勞逸，如遇駝難僱覓，尚恐不能如數運齊。臣既經奉旨飭籌，敢不悉心策畫，既濟軍食，又圖報稱。無如情見勢絀，緩不濟急，徒費鉅帑，無益軍需。古云：千里饋糧，士有飢色。況此萬里之外，費十數万金，運此區區萬石之糧，京師人海，大兵雲集，不過太倉一粟之微。臣實未見其可也。查近年新疆商賈流通，自山西包頭達古城係屬通衢，駝車絡繹。臣愚見新疆存糧應於古城、包頭兩處設局轉運，半資民力，發給津帖，庶能陸續接濟，且係腹地，沿路應有營隊，亦可照料。蒙古地方遼闊，現辦清野，期斷俄人接濟，益覺人戶稀少，馱載糧石，行此綿亙無垠之地，無兵護送，設遇敵兵散隊，難免轉資寇糧。此又不可不預為慮及者也；至台站例設駝隻為數甚少，前此西路用兵，轉運軍械，派令各盟協助，始能勉強供應，糧石需駝較多，能藉資台力，亦係實在情形。可否請飭督辦軍務處妥慎會商，別籌辦法？如果不嫌遲緩，勢在必行，邊徼瘠區，無從籌費，尚乞天恩，飭部速撥專欵，以濟要需。每次運解局薪各費至少須二十萬兩，臣再當竭力辦理，為細流土壤之助，斷不敢憚苦繁難，稍涉諉卸。

除一面咨商綏遠城將軍永德等切實妥籌外，謹將籌運糧石勞費太甚情形，先行恭摺據實覆陳，是否有當，伏乞皇太后、皇上聖鑒訓示。

再，此摺係奉旨飭令臣商籌之件，是以幫辦大臣祿祥未經列銜，合併聲明。謹奏。

旨：前項起運倉米已有旨，改解山西矣。

八月十五日

25. 請移駐古城督辦糧運片

再，臣正摺所陳運糧不易情形，實因所費太多，所運過少，雖軍食所關甚急，而帑項亦不可濫支，非臣憚此煩勞，故為搪塞。在喜事者必且一力擔承，藉此為報銷之地，開保舉之門，值此時艱，苟有天良，何忍出此？然京師根本，籌備宜寬，多盡一分人力，即多濟一分軍需，杯水車薪，究有涓滴之益。擬請飭下督辦軍事諸臣通盤籌畫，但能別籌辦法，有裨軍食，自當舍難就易。如果勢必需此，臣瑞洵必當竭盡血誠，設法辦理，運費必力求其省，糧石惟不厭其多，多方催覓駝隻，極力繞避敵路，得運且運，為衆擎易舉之謀，收得尺得寸之效。若蒙議准，一俟撥欵到營，臣瑞洵即當移駐古城，盡力督催辦理。雖台路現在不易行走，臣當酌帶數人，隻身匹馬，奮勉從事，以期稍效微勞。

是否有當，謹附片陳明，伏乞聖鑒訓示。謹奏。

旨：覽。

26. 密陳慮及敵人進兵情形片

再，臣瑞洵前奏妥籌布置並陳管見一摺，論及俄人北來，當以恰克圖、庫倫兩處為最便捷之路，請派知兵重臣嚴守庫倫。現聞天津地方有為各國占踞之說，如果屬實，恐海口礟台亦難固守。又聞各國均已調派水陸重兵，必均取道於海。外國用兵，向來最爭先著，力戒遲緩。逆料俄兵如不由北路前來，必將取道悉畢里亞鐵路，直達東海之濱，以戰艦運兵，屯聚海參崴、威海等處。我無水師，海上必任各國暢行無阻，南路接濟，直無妙法可斷。兵貴神速，此時似必須急攻天津，驅之使去，我能扼守，斯為上著。若因其無甚蠢動，稍涉輕忽，各國軍隊到齊勦之，恐不甚易。此次軍事關繫安危，較之甲午日本一國，衆寡勢異，倖勝恐不足恃，全局必須統籌，伏願皇太后、皇上力誡統兵諸臣，捏飾積習，熟審機宜，慎重出之，則大局幸甚！

值此時艱，臣苟有一知，雖處邊隅，未忍緘默，謹將慮及敵人進兵情形附片具陳，伏乞聖鑒。謹奏。

旨：留中。

27. 保舉將才片

再，現在外釁既開，兵事方啓，折衝禦侮，亟須廣儲將才。臣苟有所知，不敢不專達上聞，冀副以人事君之義。茲查有前任伊犂鎮總兵王鳳鳴，安徽人，威重果敢，韜略優嫻。曩在卓勝軍頗著戰功，嗣復統兵駐紮烏魯木齊瑪納斯晶河一帶地方，軍律嚴整，壁壘一新。臣從前隨侍先臣恭鏜新疆任所，深知其人。又查有副將銜直隸補用參將丁春喜，直隸人，樸實勇往，能耐苦勞，歷在奉天、吉林、黑龍江帶隊著績。甲午之役該員隨同將軍長順率皆身臨前敵，未聞却步，臣竊敬之。臣去年八月十六日仰蒙召見，猥荷垂問，臣曾舉其人。以上兩員皆屬有用之才。現當時局多艱，軍務喫緊，如蒙天恩，加以任使，俾統一軍，當能奮力前驅，臣可保其必不退縮。聞王鳳鳴現在浙江臬司陳澤霖防營，丁春喜在奉天將軍增祺處差委，合無請旨敕下部臣，行催該兩員迅速入都預備召見，其應如何驅策之處，伏候聖裁。

謹此附片奏保，伏祈聖鑒。

再，臣向來最惡濫舉之習，從未保過一人。茲因戎機緊要，正在用人之際，用敢上陳，區區愚悃，合併聲明。謹奏。

旨：留中。

28. 蒙團辦齊請撥專欵摺

奏為蒙團現已辦齊，籌墊添補馬匹、軍械各項經費，發給津貼，籲懇天恩敕部，速撥專欵，以濟軍需而固邊防，恭摺仰祈聖鑒事。

竊臣瑞洵前於七月初六日具奏懇請回京報效一摺附片密陳籌辦蒙團，請撥部欵。又於是月十二日具奏妥籌布置一具附摺片陳借墊津帖辦理清野各情形，計當均邀御覽。查蒙團辦法與內地情形不同，臣等前曾附陳，令其每旗各辦一團，平時操演槍箭，一遇敵來，即以此團之人保護一旗，將人口、牲畜、氊房向內挪移，使其野無所獲，庶期可斷夷蹤。現查科布多所屬共三十旗，以杜爾伯特、烏梁海二處最為偪近俄壤。烏蘭古木、布倫托海實當其衝，其新土爾扈特、和碩特、額魯特、明阿特、札哈沁五處僅有七旗不連邊界而可扼要隘，如洪果爾、鄂隆、烏蘭、大壩、沙札蓋、察罕淖爾等當年屯紮重兵之處則皆在額魯特、札哈沁等旗地方，雖非交戰兵衝，實為扼守退步。臣等通飭各該處按旗分辦，每旗一團以二百人為率。杜爾伯特左右兩翼共十六旗已選練三千二百名；烏梁海左右兩翼共七旗已選練一千四百名；新土爾扈特等共七旗已選練一千四百名，統三十旗共得旗團六千名。現據各旗呈報，均已先後挑齊，統令於八月初一日起算成軍。軍火則一旗鳥槍百桿、弓箭百副，復由城酌發刀矛，但嫌為數太少，不能徧給至各團，即以本旗盟長、札薩克總管等暫統，以俟悉心遴選，再行奏明派充，并飭知如遇俄夷越界，一面清野，一面節節堅守，總以洪果爾、鄂隆、烏蘭、大壩、沙札蓋、察罕淖爾為各旗彙齊之所，原為散練散防，漸退漸集，聲勢聯絡，首尾相應，其無敵之旗尚可專候調遣，為後路包抄之用。此布置蒙團已有頭緒之實在情形也。惟是蒙兵多年不用，器械強半無存，由城發給既少不敷用，由京請領又緩不濟急。現惟令各旗將打牲鳥槍極力修理添置，每旗尚可敷百桿之數，弓矢則人人所有，尚不缺乏。不過蒙古大半赤貧，所有添置槍械、鞍轡、馬匹各項必須預先籌墊經費，方可無虞贻误。核实估计，截长补短，益寡衰多，每旗至少非五百金不能望其整齐适用。至各团虽未聚集一处，而操练、巡防事同一律。既责以同心御侮，即难令枵腹从戎。查光绪六年奉旨选派札萨克图汗兵丁二千名来科布多，驻防回匪，户部咨行所定津帖，每兵祗给三两，其带队各官弁自百两至十余两、数两不等，至军火、器械则由神机营拨运，并派员弁前来教演，计驻蒙兵二千，每月发给六千五百两，声明如有征调，再当酌量增加。现在各团办齐，亦与当年驻守无异，自应照依前案发给，兵数已足六千，每月应发津贴银一万九千五百两。至带队官弁，当年名目甚多，故驻兵二千官弁薪公口分每月即（须）[需]五百两。兹查团在各旗，无庸许多官弁，应请减去五百两，计（须）[需]再给银一千两即可敷用，共合每月需银一万九千两。又团既办齐，即当督饬练技，并各旗添补马匹、器械，经费每旗以五百两计之，三十旗共应需银一万五千两，再并入一月津帖暨带队官弁薪公口分每月之一万九千两，开办之始，一月内即需银三万四千两。此外尚有臣等饬令挑选杜尔伯特、额鲁特、明阿特三旗精壮兵丁二千名听候调遣，尚未报齐，将来到城，尤（须）[需]发给津帖，其办理蒙团添补马械之三万四千两实属刻不容缓。臣等前曾奏恳天恩，准由臣等出用印据，向商号借垫银两，缘蒙情近年颇形艰苦，又当用兵之时，未便令其觖望，且俄夷见闻较近，尤难示以贫弱，斟酌再三，只得冒昧当由各商借筹银三万四千两，业饬交由各旗按团发给，尚求敕部速为拨还，以昭大信。至臣瑞洵前陈密片曾有吁恳敕下户部拨银请三十万之请，实因当时骤闻京师戒严之耗，方寸已乱，且目击严疆无备，焦急万分，私心逆料部中必驳一半或多半不定，不得不宽为筹计，以资敷衍，暂顾眉急。傥竟蒙特恩全拨，臣等即就此三十万金将防务妥为布置。如饷力有余，并可添募汉勇，所有军装、军械、马匹、锅帐、营务、文案，支发各处薪公，在在需费，是所请三十万两合并则见其多，分用尚形其少。即以目下布置情形而论，初办一月之三万四千两，嗣后每月之一万九千两，如前请饷银三十万两业经奉部准拨，自当就此欵内撙节支用，否则亦必须仰恳天恩，敕部拨给专欵，由臣等派员赴部，并次请领，方可不误事机，藉筹边备。

　　至臣瑞洵面奉谕旨体察情形，筹办练兵，原为经久防边之计，刻因宵旰焦勞，未敢瑣瀆。然臣瑞洵悉心默籌，已有大概辦法，因地制宜，不外民蒙相間為用，將來挑選蒙古精壯，即擬由此次團兵內拔尤充補。是蒙團之練不惟暫時可固邊防，已留將來練兵地步。邊遠瘠區亦只得如此辦理，上釋宸廑，下盡臣職而已。合無仰懇聖慈，俯念邊要窮荒為難之處，特恩允準敕撥餉項，庶足以濟軍需而固邊防。大局幸甚！臣等幸甚！如果前請三十萬餉銀得以陸續請領，臣等自當竭力辦理，既顧邊局，兼圖久遠。將漢隊次第招練，總期實事求是，力任其難，以冀仰答聖恩，不敢稍負委任。

所有蒙團現已辦齊，請旨撥欵各情形，理合恭摺詳悉馳陳，並一面咨呈督辦軍務處查照，是否有當，伏祈皇太后、皇上聖鑒訓示遵行。

再，蒙團尚須製辦號衣、號帽、氈房、旗幟、金鼓、軍樂各項以及戰靴、皮衣等件，現飭該旗從省估計，需項若干，容再據實奏報，合併聲明謹奏。

硃批：另有旨。

光緒二十六年九月初七日承准軍機大臣字寄，光緒二十六年閏八月初三日奉上諭：瑞洵等奏蒙團辦齊請飭部速撥專欵及將連順所辦蒙團停止，並調練蒙兵應需月餉暨自陳才不勝任各摺片，覽奏均悉。從來辦理地方事件必（須）[需]詳細籌畫，經費有著，方可舉行。現在國事如此，戶部支絀萬狀，斷無鉅欵可以撥給。科布多防務事宜，該大臣等但當視力所能為，悉心妥辦，得寸得尺，務求實際，慎勿徒多紛擾也。將此諭令知之。欽此。遵旨寄信前來。

29. 科布多辦團與烏里雅蘇台情形不同片

再，臣等正繕摺間，接准烏里雅蘇台將軍連順咨開該處現亦辦理蒙團，行知前來，至其如何辦法未經詳悉知照。查辦團之法不外因地制宜，烏里雅蘇台、科布多雖云同屬邊陲，情形迥異。科布多所屬三十旗散漫無統，地勢犬牙相錯，非每旗各辦一團由臣等統為稽查調度不能得力，非如烏里雅蘇台三扎、兩盟有正副盟長，事權歸一。且科布多蒙旗半皆窮苦，又非三扎、兩盟富足可比。此次辦法幾乎半賑半團，處此時艱，臣等具有天良，萬不容經手官弁任意開報，總期事有實濟，欽不虛糜，特恐如蒙交議，諸臣未曾親歷邊疆，必謂烏科事同一律，所請當被斥駁，則此蒙團必為紙上空談，虛應故事。邊備稍疏萬一，外患猝乘，有礙大局，臣等雖死不能塞責矣。伏求聖明作主，如謂邊塞寥遠，無須如此布置，則乞速降綸音，即行停止，以免日久難於收束。

臣等為難下情，理合附片直陳，伏祈聖鑒訓示。謹奏。

硃批：覽。

30. 挑練蒙兵應支餉需情形片

再，七月初間，接准理藩院飛咨：恭錄諭旨，飭令蒙古王公簡練隊伍，辦理邊防，嗣復欽奉嚴加防守寄諭。臣等欽遵之下，再四籌商，當查科布多轄境遼（廓）［闊］，兵備太虛，本屬可慮，現值外釁猝啟，邊界毗連，尤宜倍加防範。加以新疆回匪近歲頗多反側，今年烏魯木齊古城一帶亢旱異常，居民艱食，飢驅為盜，亦在意中，更不可無以（鎮）［震］懾，俾期彈壓邊釁，綏靖地方，體察情形，兵威萬不可少，前雖咨商新疆撫臣饒應祺借撥旗兵，業經奏明，該撫能否照辦，尚不可定，即所辦蒙團亦須酌量責令分駐本旗，未便全行調動，漢勇固較可恃而餉需不能指准，亦不敢率議開招，臣等職在守土，責任（匪）［非］輕，萬不得已，遂已密扎杜爾伯特、額魯特、明阿特等三部落，飭令挑選精壯兵丁二千，各備齊馬匹器械以備操防之用。惟查同治十一年間前大臣長順等因回匪竄擾防剿喫緊，曾於戰守各兵外奏明挑選蒙古兵丁二三百名，認真教練，續經前大臣托倫布等奏稱，此項蒙丁向無坐餉，必須酌給口分，每名三兩，且晝夜巡防，不妨稍為增益，請額外酌加一兩，又恐該蒙兵視為常例，並擬變通辦理，改為犒賞，於軍需（十）［項］下每月提銀三四百兩，擇其差操勤奮，技藝優長者分別給獎，期收速效，先後奉旨允准，欽遵在案。茲臣等挑練蒙兵事同一律，已先令該旗暫行墊發銀茶，少資津貼，靜候部欽一到，即可按月發給口分，切實督操，並當由臣等調集附城駐紮，隨時校閱，分別優劣，明示勸懲，照依前案辦理，以期鼓勵而資倡率，統計二千人，月費不逾二千金，所有無幾而得力較多，如蒙天恩，准其調練，其所需月餉以及賞需各項，尚須另請估撥，不在團練經費之內，謹將挑練蒙兵應支餉需實在情形附片詳陳，請旨遵行。

伏祈聖鑒訓示。謹奏。

硃批：覽

31. 密陳邊防喫重辦事為難片

再密陳者，科布多與俄接壤，洋人在各旗貿易者較他處為多，利餌貨誘，非止一日，兼之歷任不能顧惜蒙古，訛詐剝削，致失蒙心，如奉旨查辦張子全命案，竟向杜爾伯特索賄之事，此一證也。邊鄙窮蒙，現在可內可外之心不能保其必無。所以臣等辦團不惜發給津帖、籌墊各費者，原以堅其依附之誠，使之不能不為我用，若空諭以嚴斷接濟，整隊守邊，此猶官面文章，非必能奉行維謹也。內地商民每謂洋人尚不擾商，特恐蒙人乘機為亂，＜為＞保其財貨，紛紛有遷避之謀。臣等若任商賈遠遷此地，直無人烟，何以為守聚之策？再三開導，諭以各旗，辦蒙古團者以防俄也；調蒙兵來科者以守城也。蒙古既已成隊守城，斷無乘機擾商之舉，唇焦舌敝，近始安靜如常。然俄情叵測，果於卡倫之外時有散隊窺伺，偵探情形，似係俄人守邊之兵，時出遊弋自守，兼擾我者。臣等已飭辦各旗不可妄動，靜以俟之。彼若真來，仍用清野包抄之法。此辦理蒙團、安頓商民、籌墊經費為難之下情，不敢［不］據實陳明者也。至臣等忝膺重［寄］，同守危疆，又復世受國恩，曷敢規避？然視手握重兵、財力足以自給者，籌布精嚴，相去何啻霄壤？晝夜祇懼，靡有已時。惟祈聖慈垂諒而已。

所有邊防喫重、辦事為難、才不勝任各緣由，惟有附片密陳，籲求訓誨。臣等不勝悚惶迫切之至。謹奏。

硃批：覽。

32. 遴派籌防處委員及開支津貼各項片

　　再，現因籌布邊防，挑選蒙兵，辦理團練，責重務殷，日不遐給，當經設立籌防處，遴員經理，專辦防守一切事宜，以昭慎重，業於七月十二日遵籌布置摺內奏明在案。
　　查科布多所設俄商局，現因開衅無事，其承辦章京穆騰武即委總辦籌防處事務，而以糧餉、印務、蒙古三處章京榮泰、玉善、英秀佐之，蓋皆有分任之事，必須會同辦理也。該章京等均係滿蒙世僕，渥受國恩，值此時艱，義應報效，已據聲稱不敢支薪水。至筆帖式等差使清苦，自應量加體恤，計七員每員給予津帖六兩，書識六名、兵役二十（各）[名]，每名給予口分四兩，其應需心紅、紙張、薪燭各費，每月酌給銀二十四兩。科布多尚有存候部撥扣減六分平一歀，即於此項內暫行動支，統俟軍事大定，一併報部核銷。
　　除咨戶部查照外，理合先行附片具陳，伏祈聖鑒。謹奏。
　　硃批：該部知道。

33. 遵查科布多礦①務難舉請緩開辦摺

　　奏為遵查科布多礦產不豐，大工難舉，擬請暫緩開辦，據實覆陳，恭摺仰祈聖鑒事。
　　竊臣前於正月陛辭時面奉諭旨：敕令到任後，將科布多礦務認真籌辦，據實奏聞。欽此。臣欽遵之下，時刻在心，值此時艱，但能有利可興，敢不竭力開辦。惟到任以來，訪悉科布多新舊礦產祇有三處：一名胡圖斯拉，在土爾扈特游牧；一名都蘭哈喇，一名寶爾吉，均在（扎）[札]哈沁游牧。查胡圖斯拉傳聞最久，現在金苗無；都蘭哈喇向產鉛砂，嘉慶年間即經封禁；惟寶爾吉一礦產鉛兼可提銀，已經新疆巡撫派

---

① "礦"在後文也做"礦"。

員開採，會同前參贊大臣寶昌奏明有案。既係該撫主政，臣即未便攙越。此外徧查科布多所屬，並無礦產，伏思天地自然之利，順勢取之自可廣開利源，但值外患頻仍，往往一經洋人遂致非徒無益。查黑龍江漠河金廠開採有年，獲利亦厚，即係先臣恭鏜創辦。臣隨任在彼，於一切情形尚為熟悉。惟科布多與黑龍江情事迥殊，集股則無商可招；覓工則無人可僱；若用機器，必有洋人後患，亦殊可慮。現因庫倫開礦甫停，蒙古復多疑懼，如果查有美礦，自須純用土法開採，一切經費，實屬不貲，本重息微，總覺害多利少。第聞塔爾巴哈台前借阿爾泰山，本係有名之區，礦苗所在多有。彼處距塔城較近，內地民人亦多，本係科布多所轄，烏梁海游牧地方將來如能遵旨將該地索還，或可勘察情形，設法辦理。

所有臣遵查科布多礦產不豐，大工難舉，擬請暫緩開辦緣由，理合繕摺據實覆陳，伏祈皇太后、皇上聖鑒訓示。謹奏。

硃批：著照所請，該部知道。

34. 免繳勘合烏拉票糧單照驗各件片

再，臣前在途次，於四月十五日行至烏里雅蘇台所管之翁音台住宿，夜臥看書，忘未息燭，以至不戒於火，衾枕箱篋悉被焚，如維時臣已經沈睡，又加煙氣熏迷，竟至不省人事。因在蒙古包內，並無窗櫺，故人亦無由知覺。次晨巡捕、家人等因臣遲遲未起，當進氈房催請，驚悉烈焰猶然，臣半身盡在火中，趕即撲滅。一面將臣救醒，察檢裝盛公牘什物之小篋，已化灰燼。所幸臣仰託聖主福庇，身體尚屬無恙，僅將髮辮燒落大半，亦未延及蒙古包。惟查臣原領戶部糧單、照驗兵部期票勘合、理藩院烏拉票各件盡皆被燬，不成片段，將來回京無從繳銷。合無仰懇天恩，俯念事出不意，敕下部院查照，准予免繳，出自鴻慈。至各台取具、跟役人等並無需索甘結，因另在他處，尚皆完全，應另行送部備查。

除分咨各衙門查照外，謹附片據實陳明，伏祈聖鑒訓示。謹奏。

硃批：該衙門知道。

35. 請宥釋戌員榮和片

再，臣瑞洵接閱邸鈔，伏讀本年六月初二日上諭：已革副都統壽長加恩，著准其釋回。欽此。仰見聖明垂念勳勞，不忘忠裔至意。查壽長與已革副都統榮和皆因營務不整，為御史黃桂鋆奏參，經李秉衡查明覆奏，奉旨懲處。臣去年八月三十日具奏奉天積弊一摺，曾於練兵條內論及，並未專疏特劾，誠以該革員等練兵無效，自屬咎有應得，但皆係勳臣後裔，年力方強，若使督率有人，固非竟不可用。故臣去秋仰蒙召見，並以此意面陳，此臣憂國憐才之苦心，該革員等固不得而知也。茲值時局多難用人之際，壽長、榮和同事獲咎，榮和遣戌新疆，現當邊防戒嚴，如榮和者擬懇天恩宥釋，即交伊犁將軍長庚差遣，俾其立功自贖，以蓋前愆。該革員世受國恩，自當感激圖報。

臣為急切需人起見，可否之處，仍出自逾格鴻慈，不揣冒昧，謹附片上陳，伏祈聖鑒訓示。謹奏。

硃批：著不准行。

36. 滿營兵額先期調補摺

奏為滿營兵額擬請先期調補，恭摺具陳，仰祈聖鑒事。

竊科布多滿營換防官兵每屆三年更換一次，歷經循辦在案。查上次調補官兵係光緒二十四年十月到防，本應扣至光緒二十七年十月期滿，始行更換。惟現因陞補章京、筆帖式暨在防病故遺出缺額已至八名之多。又值籌布邊防，差遣需人，實屬不敷委用。若必按期調換，未免懸缺待人，自應稍事變通，期於公事無誤。查該滿兵等到防三月後，向均作為委署筆帖式，與綠營換防兵丁專應差操者不同，擬請旨敕下綏遠城將軍，作速揀選明白公事、通曉清漢文義、書寫端楷之兵八名，造送履歷清冊，照案飭令幫同押解科布多後批餉銀，由驛前來。其各兵到防三年，例保應扣歸下屆再行辦理，不得與現已到防之兵牽混。

除將開除官兵旗分、銜名分咨查照外，所有滿營兵額擬請先期調補緣由，理合恭摺具陳，伏祈皇太后、皇上聖鑒訓示遵行。謹奏。

硃批：該衙門知道。

37. 嚴參革員請旨辦理摺

奏為革員贓欺較多，被控有案，據實嚴參，請旨辦理，恭折仰祈聖鑒事。

竊據管理東七台、南八台札蘭章蓋等報稱，前因辦理軍務文報已革蒙古事務處章京主事麟鎬有咨保翎支、私給獎札、索取部費情事，現經理藩院咨駁，懇請追還等情，呈訴前來，當即檢閱舊卷，上年八月理藩院咨文早已到城，前大臣寶昌壓擱未辦。查革員麟鎬到科布多三年，因寶昌信任太堅，幾於無惡不作，無案不貪，即以咨保翎支一案而論，明知必干駁斥，該員輒辦蒙文咨部，上既（朦）［蒙］混長官，下為取信蒙古，以為索賄憑據，種種貪欺大率類此，外向有請領度牒一案，向歸各盟自辦，該員則任意包攬，每旗勒派須足二百喇嘛方為請領，不足其數必以賄減，各旗蒙人賣男賣女、折馬折房者比比，每度牒一張索費十兩，共請六百五十張，計索費銀六千五百兩，而各旗賄減人數之贓尚不與焉，其他如私放梅楞、驗尸詐賄、盜賣官廠駝馬皮張、強索蒙古王公禮物，又其小焉者也。查科布多所屬各旗本不富庶，時有偏災，經麟鎬極力搜括，元氣竟為之大傷。此次辦理蒙團，所以籌墊經費亦係目覩情形，不能不稍為補救，是該革員之各種奇貪贓私狼籍，不惟壞寶昌之聲名，實有害蒙古之生計，且貽誤邊要大局，實非淺鮮，歷歷按之，殊堪痛恨，前經查辦，請以革職不敘並僅追贓銀四千兩，猶覺法輕情重，不足示懲。況現經控訴累累，尤當為之料理，以伸蒙人怨讟之氣，謹將該革員贓私欺目開繕清單，（祇）［衹］呈御覽，可否請旨，敕下鑲藍旗蒙古都統，即將該革員麟鎬嚴行看管，由臣等派員押解來科，歸案辦理，抑或請敕該旗，照臣等單開欺目，按數追繳，咨由臣等提解發還各旗以恤蒙累，伏候欽定。

所有革員贓欵較多，被控有案，據實嚴參緣由，謹繕摺具陳，伏祈皇太后、皇上聖鑒訓示施行。謹奏。

硃批：該衙門知道，單併發。

謹將革員麟鎬贓私欵目，敬繕清單袛呈御覽。

謹開：

一蒙混咨保翎支私放獎札東七台、＜南＞八台，共索銀四百一十兩；

一請領各旗喇嘛度牒六百五十張，共索銀六千五百兩；

一請領度牒各旗賄減人數，共索銀一千餘兩；

一盜賣官存駝馬皮張，共得二百兩，

以上共合贓銀八千一百餘兩。

38. 請將糧餉章京榮泰留營差委片

再，科布多糧餉章京委署主事翰林院筆帖式榮泰，前因到差三年期滿，呈經前大臣賓昌等奏請敕部更換。現該章京仍辦糧餉事務，專候新任前來，始能交卸，至更替之員是否已經引見蒙簡，至今亦未接准部咨。臣瑞洵訪查該章京榮泰經管糧餉三年以來，實係無過，且繙譯尚為熟悉，前在翰林院筆帖式任內，曾經掌院學士大學士徐桐等保列京察一等，引見記名，使其人稍有不稱，徐桐主持公道，辦事嚴覈，亦決不肯輕登薦剡，是其人之可用，固非臣等之阿私也。當此布置邊防、急切需人之際，合無仰懇天恩，俯准留營差委以資臂助，實於現在籌備邊務、整頓地方不無裨益。

臣等為辦事得人起見，除咨吏部查照外，為此不揣冒昧，附片籲陳，是否可行，伏祈聖鑒訓示。謹奏。

硃批：著照所請，該部知道。

以上各摺片皆閏八月初三日奉硃批，初四發回。

以上摺片均八月初七日拜發。

39. 仍懇馳赴行在跪請聖安摺

奏為仍懇馳赴行在，跪請聖安，藉伸瞻戀微忱，恭摺仰祈聖鑒事。

竊臣前於本年七月初六日，因洋人搆釁，畿輔戒嚴，當經具摺奏請回京報效，迄今四十餘日，尚未奉到批回，正在疑慮之際，忽見伊犂將軍長庚發遞奏事夾板一副，改由台站馳遞。查閱傳單內開：飭由台驛各站挨遞山西歸化廳，探詢駐蹕處所，投交行在兵部轉奏等因。驟聞之餘，驚憂罔措。伏思京師各軍拱衛森嚴，王大臣籌策周密，必能鞏固無虞。今竟致鑾乘西巡，重煩宸慮，實出遠臣意料之外。惟是皇太后頤養方隆，皇上聖躬關係綦重，尚求珍衛，少節憂勞，上念祖宗垂佑之靈，下副薄海臣民之望。臣瑞洵職司塞漠，心在闕廷，依戀之忱實出至誠，不能自己。若非拘於官守，早已星馳就道。現計邊防要務均已遵旨妥籌，辦團練兵粗可就緒。至借兵籲餉亦經具疏馳陳，刻雖敵情叵測，軍務方殷，而布置已周，守禦似無疏漏。臣與幫辦祿祥遇事商榷，尚能和衷，即使臣暫離數月，該大臣亦能接辦，不致貽誤。

合無仰懇天恩，俯准臣馳詣行在，少伸犬馬戀主之私。並臣應辦各事亦得藉求訓誨，有所稟承。如蒙俞允，臣當由台站星夜馳抵綏遠一帶，叩覲天顏，聽候驅策，實為臣欽企禱祀以求者也。

所有擬請馳赴行在各緣由，理合繕摺專差齎奏，伏祈皇太后、皇上聖鑒訓示遵行。

再，臣（有所）[所有]籌辦科布多防守事宜，均於七月初六日、十二日兩次奏報在案，現均逾限，報匣迄未遞回。恐沿途有遺失情節，容俟查明，再行補繕馳遞，合併陳明。謹奏。

光緒二十六年八月二十四日專弁齎遞。

光緒二十六年十一月初八日弁旋回摺。

奉硃批：毋庸前來行在。

九月初一日

陝西渭南接閏八月廿九日旨。

40. 籌(備)[辦]防務大概並墊費各情片

再，此次軍事掣動全局，凡屬臣民，同深憂憤。俄跨歐亞，我尤腹背受敵，雖漠北極邊，防範難周亦不能不以全力相顧。臣自奉嚴防寄諭，盡力圖維。蒙團辦至六(十)千，經費借籌數萬，其他派兵、放下、清野、禦敵、調蒙隊以固城；借旗兵以協守；請撥部款墊借商資，均已具摺陳奏。又值札哈沁亢旱成災，哈薩克逃亡甚衆，妥籌賑撫，設法安插，任重事繁，日不暇給。現幸粗有規模，緩急似尚可恃。惟商借古城旗兵請由部撥專餉，奏摺批諭全未奉到，未免無所適從，祇得竭盡心力，設法維持，應辦必辦，但求有益事機，未必盡合成例，咨部文書想亦遺失，將來部中如以未經立案相責，尚求聖明作主。現在科布多商蒙安靖照常，此則可上慰宸廑，請寬北顧之慮者也。惟是山西本年應解經費毫無到城信息，本城每月支發既屬萬不可緩，兼之團練防守經費需欵甚鉅，雖前奏由商借墊，然為時不能太久；為數不能太多。此時宵旰焦勞，焉敢再煩聖慮。再四思維，惟新疆鄰省可以協濟，該處藩庫尚有存儲，擬請旨准由臣等隨時咨商借用。一俟軍事大定，科城請有專欵，再行如數撥還。一轉移間，戶部既可省度支之煩，邊要亦可無窘乏之慮，於防務大有裨益。

所有籌辦防務大概並墊費借欵各情形，理合附片陳懇祈聖恩俯允遵行。

再，臣等接准烏里雅蘇台將軍連順來函，據云七月所發報匣已由張家口駁回，臣等所發各摺想亦一律延阻，前曾奉旨整頓內地驛站，今即廢弛。不過邊遠陳奏事件不為設法轉遞，輒為駁回，管站官員實屬不知緩急，應請旨敕下該管各官切實查懲，極力整頓以昭慎重，合併附陳。謹奏。

硃批：著即咨商新疆巡撫，暫行墊撥。

《散木居奏稿》卷之三　門人鈴木吉武校字

籌筆集

科布多奏稿

庚子六月中浣鮮啟奉

旨備邊 信鄉表弟趕筆籌籌輯如靜鎮不擾邊奏咨兩集皆目擬著予曾題前冊曰荷戈集今西行首塗復題日如右

籟歇主人誌於閏月廿五日

卷之四　籌筆集

斡難　瑞洵

光緒庚子閏八月起，十一月訖

1. 瀝陳未能就地籌欵實在情形摺　附清單
2. 揀員充補委署主事摺
3. 擬定軍名暨現在籌防辦法片
4. 照舊保護俄商不敢輕開邊釁片
5. 擬裁蒙兵一半大概情形片
6. 索倫領隊大臣由科起程赴任日期片
7. 商定新疆撥兵五百名駐防沙紫蓋片
8. 烏里雅蘇台撥給火藥觔數片
9. 欽奉寄諭謹遵辦理併陳下情摺
10. 地方公事擬隨時妥辦暫緩具奏片
11. 本年科屬蒙古各旗呈進博勒克擬請展緩摺
12. 揀補印務蒙古兩處筆貼式摺
13. 揀補新添糧餉處筆貼式摺
14. 奉到硃批日期並自請［議］處（分）片
15. 前報俄卡添來兵械現已撤回片
16. 謹獻愚忱摺
17. 循例查驗官廠擬籌整頓摺
18. 前交新疆電奏暨先聲明遵旨現辦裁留蒙兵片
19. 奏事暫用夾板片
20. 更正官兵治裝銀兩仍由房租項下動支片
21. 附生崔象侯咨部留營仍應奏明片

22. 恭祝萬壽並陳俄兵現（在）[已]撤回電請代奏摺
23. 遵旨裁撤蒙兵所欠商欵兵餉懇敕部墊發摺
24. 挑留蒙兵五百名分防各處片
25. 預籌留兵餉項片
26. 欽奉寄諭瀝陳感悚下悃摺
27. 科布多部院額缺章京筆貼式請予例保摺

1. 瀝陳未能就地籌欵實在情形摺　附清單

奏為瀝陳未能就地籌欵實在情形，恭摺仰祈聖鑒事。

竊臣等於本年閏八月初九日接奉軍機處交由山西大同縣加封遞回安摺四件，軍機大臣知會一封，謹悉臣等前於七月初六、十二日兩次奏陳摺件，均已仰邀聖鑒。其祿理蒙團請撥部餉一片，奉旨：即著就地籌欵，挑練蒙兵，自固邊防，咨商鄰省，徒誤事機。欽此。其借挪商欵，支放津貼一片，奉旨：即著就餉辦防，力求核實，無稍虛糜。欽此欽遵，知會前來。跪讀之下，欽感莫名，伏維鑾乘西巡，臣等不能躬事橐鞬，馳驅效力，徒以邊庭瑣務，上瀆宸聰，尚荷中途批發，俾有遵循，倍深慚悚。現在防守事宜，但使力所能為，何敢再煩聖慮，無如邊遠瘠區，兵餉兩闕，早在聖明洞鑒。茲者事機湊迫，無可如何，若復隱忍不言，既無術以竟前功，復無策以收後效。再四思維，仍有不得不呼籲於聖主之前者，請為我皇太后、皇上縷細陳之。

查科布多孤懸西北，本係邊區，所轄蒙古各旗散處不整，遊牧富戶概無聞焉。辦團、練兵尚須籌給津貼，如所謂捐輸報效辦法，斷難責之窮蒙。商民鋪戶，不滿五十，坐莊只有數家，行夥居其大半，春來秋去，向無定蹤，較之通都大邑，一經勸諭動積巨欵者，實有霄壤之別。此外，零星小販復無稅釐可抽，戍守弁兵專賴經費接濟。一遇邊警，所有蒙戶、商民尚須極力設法禁阻安置，否則早已星散，便無人煙。此等光景，實不如內地一村一堡之熱鬧，且現值用兵，市面益形蕭索。臣等此次辦團籌給津帖，雖云責其防守，實則安其遊牧，略示羈縻，以維疆圉。所謂自固邊防者，祇有此法。若欲取財商蒙，藉為練兵之資，實在無法辦理，此未能就地籌欵之實在情形也。科布多經費，一年僅止四萬九千餘兩，本屬枯窘局面。今奉旨敕令就餉辦防，力求核實，臣等籌度再三，值此時艱，豈敢以虛糜粉飾藉圖私計？況各省招練各軍所報餉章、勇數，虛耗甚多，頗有糜費至巨萬者。臣等平時早已痛恨而深惜之，焉肯自甘尤效？科布多除前借商欵外並無防餉，未能就欵圖維。茲將歲入、歲支各欵謹繕清單，（衹）［祗］呈御覽，自蒙聖明鑒察，此又本無防餉，辦理竭蹶之實在情形也。臣等竊維治邊之道，以安靜不擾為先。科布多僻在偏隅，果使烽燧不驚，原可從容坐鎮，不必另生枝節，設法整頓，致蒙多事之譏。無如兵端猝啟，邊境戒嚴，奉旨籌防，責成綦重而驚憂時局、控揣敵情，確有強弱之分，虛實之異。臣等身膺疆寄，即不能殺敵立功，亦何甘束手待斃？當即挑選蒙兵，費盡無窮氣力，始克就緒。該蒙兵迭經駁換，現已一律強壯，槍箭技藝均本嫻熟，故城守宴然，邊卡安堵，用使敵人泯窺伺之心，游牧保安全之業，實係全賴蒙兵團練之力。臣等初以為積衰難振，竟不料尚能如此。可見兵無強弱，視乎訓練如何，天下固無不可用之兵也。現計各旗團練兵丁六千，另練守城護卡兵丁兩千，所需津帖銀兩本不為多，較之武衛諸軍以及內省各軍餉糈優厚，何翅九牛一毛，若彼則協濟不遑，此則艱若獨異，恐非朝廷體恤蒙古之本心。現既奉旨令臣等就地籌欵，又令就餉辦防，聖主區畫苦衷，臣等具有天良，豈不知仰體憂勞，勉圖辦理，無如勢處萬難，無從報命。而蒙兵既甚得力，實未敢遽議撤防，以致敵人乘虛而入，然月需二萬數千金，直是無從羅掘，借貸商欵既不能多，請撥專餉又未奉准，無米之炊難責巧婦。況如臣等才力庸拙，更覺智盡能索，徒喚奈何。刻下又不知軍務何如，洋人是否尚可就撫。但現據卡倫侍衛馳報，俄卡尚在陸續添兵、運械，不知是何用心。臣等處此為難之時，萬分棘手，仍不敢稍涉鬆勁，只有照舊布置，嚴加防守，究應如何辦理之處，惟有仍求格外天恩，俯念窮邊窘迫，勢處萬難，諭示機宜，俾有稟承，藉免貽誤，實深感幸至。

臣等受恩深重，奉命守邊，當此危時，原應毀家紓難，無如遭此大亂，家產房地想皆化為烏有，亦屬報效無從，即使暫行借墊，皆苦無法可施，是以不揣冒昧，據實直陳，仰求垂諒。現在科布多轄境尚幸寸土未失，較之內地總算安靜。臣等不敢大意，自當始終苦守，竭力維持，儻使獲保無恙，是皆聖主威福所致，臣等不敢居功，堪慰慈廑。

所有未能就地籌欵實在情形，理合繕摺馳陳，伏祈皇太后、皇上聖鑒訓示，無任悚惶，迫切待命之至。再科布多並無勁兵，止可固守，不宜輕開戰衅，合併聲明。謹奏。

硃批：另有旨。

光緒二十六年十月二十三日奉到。

謹將科布多歲入、歲出銀兩各數目，繕具清單祗呈御覽。

計開：

應收欵項：

一、常年應收山西省協撥經費銀三萬三千三百三十三兩五錢。新添經費銀四千兩，加增銀一萬兩，直隸省添撥經費銀二千五百兩。

應放欵項：

一、參贊大臣一員，應支一年本任養廉銀七百兩；一年副都統銜俸廉隨甲共銀四百二十七兩；

一、幫辦大臣一員，應支一年本任養廉銀五百二十兩；一年副都統銜俸廉隨甲共銀四百二十七兩；

一、糧餉處、印務處、蒙古事務處章京三員，幫辦章京二員，每員應支一年鹽菜銀一百七十兩四錢，五員共銀八百五十二兩，又每員應支一年加增銀一百二十兩，五員共銀六百兩；

一、委署章京筆帖式一員，應支一年鹽菜銀一百七十兩四錢，又支一年加增銀一百二十兩；

一、筆帖式二員，每員應支一年鹽菜銀七十二兩，二員共銀一百四十四兩，又每員應支一年加增銀四十八兩，二員共銀九十六兩。

查以上各員係屬舊設額缺，至現請添設幫辦章京、筆帖式各缺，應支鹽菜、加增等項尚未算入，合併聲明。

一、帶兵驍騎校一員，應支一年鹽菜銀四十八兩，又應支一年加增銀三十六兩；

一、額外驍騎（枝）〔校〕二員，每員應支一年鹽菜銀三十六兩，二員共銀七十二兩，又每員應支一年加增銀三十六兩，二員共銀七十二兩；

一、候補筆帖式三員，委署筆帖式十二員，共十五員，每員應支一年鹽菜銀三十二兩四錢，十五員共銀四百八〈十〉六兩，又每員應支一年加增銀二十四兩，十五員共銀三百六十兩；

一、霍昵邁拉扈卡倫侍衛一員，應支一年鹽菜銀九十六兩，又應支一年減半糧，折銀十八兩五錢八分五釐；

一、昌吉斯台卡倫侍衛一員，應支一年鹽菜銀九十六兩，又應支一年減半糧，折銀十三兩四錢二釐；

一、俄商局章京一員，應支一年鹽菜銀一百七十兩四錢，又應支一年加增銀一百二十兩；

一、筆帖式二員，每員應支一年鹽菜銀七十二兩，二員共銀一百四十四兩，又每員應支一年加增銀四十八兩，二員共銀九十六兩，又應支一年心紅紙張銀一百二十兩，又應支一年賃房銀一百九十二兩，又應支柴薪銀二十四兩；

一、字識四名、通事二名、巡邏兵十名，共十六名。每名應支一年口分銀四十八兩，十六名共口分銀七百六十八兩；

一、綠營屯田參將一員，應支一年鹽菜銀八十四兩，又應支一年加增銀一百二十兩；

一、千總二員，每員應支一年鹽菜銀三十二兩四錢，二員共銀六十四兩八錢，又每員應支一年加增銀三十六兩，二員共銀七十二兩；

一、把總六員，每員應支一年鹽菜銀二十六兩四錢，六員共銀一百五十八兩四錢，又每員應支一年加增銀二十四兩，六員共銀一百四十四兩；

一、經制外委一員，應支一年鹽菜銀十六兩八錢，又應支一年加增銀二十四兩；

一、馬步兵二百二十四名，每名應支一年鹽菜銀十兩八錢，二百二十四名共銀二千四百四十九兩二錢，又每名應支一年加增銀十八兩，二百二十四名共銀四千三十二兩；

一、兵役二十二名，每名應支一年鹽菜銀六兩，二十二名共銀一百三十二兩，又每名應支一年加增銀六兩，二十二名共銀一百三十二兩；

一、駐班處公一員、協理台吉一員、管旗章京一員、聽差台吉二員、響導兵二名、牧廠協理台吉一員，通共八員名，應支一年鹽菜銀六百四十四兩四錢，又應支一年減半糧，折銀六十一兩三錢六分二釐；

一、明阿特、額魯特參領一員，佐領一員，大錢糧兵四十名，小錢糧［兵］六十名，通共官兵一百二員名，應支一年鹽菜銀二千六百一兩六錢，又應支一年減半糧，折銀三百七十八兩九錢七釐；

一、喀爾喀屯田參領二員、章京二員、驍騎校三員、兵二百五十名，通共官兵二百五十七員名，應支一年鹽菜銀三千十兩二錢，又應支一年減半糧，折銀一千三百三十三兩四錢三分八釐；

一、牧廠管旗章京二員、兵三十二名，應支一年鹽菜銀九百五十二兩八錢；

一、二十四卡倫台吉三十員、兵六百一十名，通共官兵六百四十員名，應支一年鹽菜羊價銀一萬三千八百六十兩；

一、哈喇烏蘇東十四台台吉二員、兵一百六十名，通共官兵一百六十二員名，應支一年鹽菜羊價銀三千七十二兩，又應支一年減半糧，折銀三百五十七兩二錢四分；

一、沙拉布拉克北八台參領一員、兵四十四名，共官兵四十五員名，應支一年鹽菜羊價銀八百五十二兩，又應支一年減半糧，折銀九十九兩六錢二分六釐；

一、搜吉南八台兵八十名，應支一年羊價銀一千四百四十兩，又應支一年減半糧，折銀一百六十五兩二錢一分；

一、官學生二十名，應支一年紙筆銀一百二十兩，支領一歲糧，折銀八十二兩六錢；

一、烏梁海副都統一員、散秩大臣二員、總管四員，共七員，應支一年俸銀四百六十七兩五錢二釐；

一、明阿特、額魯特、札哈沁總管三員，每員應支一年俸銀六十五兩，共銀一百九十五兩；

一、滿綠兩營兵共二百四十一名、兵役二十二名，每名應支領三箇月柴薪銀二兩四錢，二百六十三名共銀六百三十一兩二錢；

一、屯田拔割田苗蒙古兵二百名，每名賞一箇月鹽菜銀九錢，二百名共銀一百八十兩；

一、採買代煙價銀二百五十三兩二錢；

一、採買農具價銀一百五十五兩一錢三分；

一、糧餉處、印務處、蒙古事務處三處，每處應支一年心紅紙張銀一百二十兩，三處共銀三百六十兩。查此係該三處辦公應用，至參贊、幫辦兩衙門月需摺奏心紅紙張各項，皆係參贊等自行賠墊，不在此列，合併聲明。

一、東十四台應支一年羊價銀一百四十兩；

一、南八台應支一年羊價銀六十四兩；

一、北八台應支一年羊價銀三十二兩；

一、春秋二季祭祀羊價銀二十四兩；

一、春秋二季祭祀牛價銀八十兩；

一、衆安廟應支一年香燈銀一百二十兩；

一、看守人犯燈油銀一年共銀九兩五錢五分八釐；

一、綠營兵丁一年操賞銀三百兩；

一、每年十屯田秋成後賞綠營、蒙古官兵銀二百七十餘兩；

一、每年添補耕牛四十四條，每條價銀四兩，共價銀一百七十六兩。查實在市價每條總須十三、四兩，此四兩係屬例價，不敷採買，合併聲明。

一、每年派往京城進馬，東西兩口領餉、辦茶以及各項差使弁兵，應領製裝銀五百二十兩；

一、正月十五日、六月二十六日兩次綠營、蒙古兵射箭、蹟跤賞項共銀一百八十餘兩；

一、每年十屯田修理河渠、灌澆屯田，除屯兵外，每屯加添工銀五十餘兩，共銀五百餘兩。

一、參贊、幫辦遇有陞調回京，約需車價銀五百八十餘兩；

一、糧餉章京三年期滿，應領車價銀九十餘兩；

一、綏遠城換防滿兵三年期滿，應領製裝銀一百七十餘兩；

一、俄商局修理氈房銀七十餘兩。

以上四項，共銀九百一十餘兩。查應需車價、製裝、修理氈房等項，並非常年必需，每年拉展約銀三百餘兩。

一、十屯交糧、採買米麪、修理毡屉約需銀五十餘兩。

以上一年共應放銀四萬八千四百二十餘兩，遇閏月應加放銀三千五百餘兩。查每遇閏月並無奏撥加給經費，故每年經費雖有盈餘一千上下之譜，而遇閏即須補放，以致均勻攤算，每年尚有不敷，合併聲明。

以上一年，連閏拉展共應放銀五萬一千九百二十餘兩，除放實不敷銀二千零八十餘兩。此外尚有活支、雜支各項，皆係隨時就事核定，難以預估確數，合併聲明。

光緒二十六年十月二十三日，承准軍機大臣字寄科布多參贊大臣瑞洵、祿祥光緒二十六年九月十七日奉上諭：瑞洵等奏邊餉難籌，酌擬裁（撒）[撤]團兵，開單呈覽各摺片，現在餉需萬緊，所有原練蒙團六千著全行裁撤。護城、護卡兵二千著裁去一千五百名，暫留五百名，即著認真挑選，分防各處。查閱單開出入各欵所稱餉項支絀，尚屬實在情形，著戶部於邊防經費項下撥給銀一萬兩，交瑞洵等核實支用，不得稍涉鋪張，虛糜帑項為要。將此由五百里各諭令知之。欽此。

遵旨寄信前來。

2. 揀員充補委署主事摺

奏為揀員充補委署主事，恭摺仰祈聖鑒事。

竊查科布多額設委署主事一員，向於所屬正缺筆帖式內揀員充補。查委署主事蒙古處筆帖式鍾祥，前經奏補蒙古處幫辦章京，現已承准軍機處知會，奉旨：著照所請，該衙門知道。欽此。所遺委署主事自應揀員充補。茲查有四品頂戴補驍騎校，後以防禦補用俄商局筆帖式文惠，人尚樸實，當差勤謹，堪以充補。如蒙俞允，應俟該員五年期滿，如願就武，回城後即循向章，以防禦遇缺即補，並照主事職銜支給銀糧，遇有差便，再行給咨該員赴部帶領引見。至該員應找支銀糧，應俟奉旨之日，再行照例開支報部。

所有揀充委署主事緣由，理合繕摺具陳，伏乞皇太后、皇上聖鑒。謹奏請旨。

硃批：著照所請，該衙門知道。

3. 擬定軍名暨現在籌防辦法片

再，查各省練兵皆有軍名，臣等所請挑練蒙古團兵，現已奉旨敕辦，應即取名以昭鄭重。查科布多介居朔漠練兵，義在自強，擬即名為"朔強邊軍"。且查現在軍務未完，敵情叵測。昨據嗎呢圖噶圖拉幹卡倫侍衛常陞馳稟，附近俄屬察罕珠蘇隆地方現來俄兵百餘名，槍械七八車；阿拉克伯克鄂博亦來俄兵百餘名，車載軍火、口糧甚多等情。臣等雖早派兵放卡，並調蒙兵前往助防，尚不放心。蓋彼即不來撲城，邊界須防襲取，刻已加委幹員再往確查。如果情形喫緊，臣瑞洵尚擬自行馳往該處，督率防守。蓋臣所慮者，惟恐守卡官兵不諳事幾，或致輕舉妄動，稍一失宜，邊釁即由此起，非小失也。臣愚見，與洋人交仗，必能守而能戰，能戰而後能和，本非剿辦土匪可比，萬萬不宜孟浪從事。故臣自奉妥籌布置寄諭，仰體聖意，重在防守並未責以戰事，即與臣祿祥悉心籌商，處此無兵無餉之區，直難議及打仗。惟有處以鎮靜，切忌張（皇）[惶]，禦侮而不招侮，乃為上策。要在同心堅守，加意嚴防，以免敵人窺我虛實，致滋後患，並將此意迭次密札蒙古各旗，再三申戒，練團自守，各管各旗，萬不准藉端生事，竟與俄人尋釁，以杜狡夷報復來侵之計。如能遵此辦理，即與戰功無異，且能固守保全地方，尚比一味浪戰，失地損威，勝強數倍。所幸臣瑞洵到任以來，於蒙古加意聯絡，格外體恤，又與科布多蒙古各旗多半同族，該各旗頗知敬畏，以故呼應能靈，深資得力。現在所轄地方照常靜謐，商蒙相安。惟近聞新疆一帶逃難百姓太多，幾於盈千累萬，詢係直隸、山東人居多，此輩人類混雜，流離失所，若地方官吏不早設法撫綏，難免窮而生變。科布多屬界緊與新疆毗連，時切隱憂，臣現擬選派所練蒙兵二三百名，於交界處所扼要設防，杜其來路，免為邊患。一面札飭札哈沁南八台管台官員，一遇流民越境即為阻回。並可否請旨，敕下伊犁將軍長庚、新疆巡撫饒應祺飭屬查明，妥籌辦理之處，伏候宸裁。臣瑞洵受恩深重，夙蒙知遇，既有所見，不敢不言，亦曲突徙薪之微意也。

所有擬定軍名暨現在籌防辦法，理合附片陳明，仰慰聖廑，是否有當，伏候訓示。謹奏。

硃批：著即咨商長庚、饒應祺，妥籌辦理。

4. 照舊保議俄商不敢輕開邊釁片

再，科布多毗連俄界，向准通商在城貿易者，計有五六家。蒙古各旗居住者，不下四五十家。此次中外開釁，科布多聞警之後，謠言四啟，人心浮動。該俄商不免疑慮，均欲奔回本國，請兵前來議商。臣夙知外國向於僑寓中國商民，每有齟齬，輒有派兵議商之舉。若任其辦理，不早禁阻，竟致發兵前來，則彼聲勢較衆，後患殆不可言。比值俄商達魯噶呢喀賫阿薩諾福由該國來科布多謁見，臣當即面加開導，諭以現雖兩國交兵，事由拳匪而起，我國家與俄通好二百餘年，諒不久必歸於和。此處俄國商民既有地方官加意保護，即萬不應再來兵隊，各商人亦均不必回國，仍在此安分貿易，免啟蒙人之疑，轉多不便等語，該達魯噶甚為感激，已與該商務衙門寄信告知。旋據駐劄庫倫匡索勒施什摩勒福專差來遞文書致謝，並懇仍念和好有年，加意保護，臣業已覆文照准。此臣近日辦理洋務之實在情形也。惟此等辦法，實因度勢量力，不敢輕開邊釁，且為臣子者，當為國家弭患分憂，不當為國家惹禍生事。區區之愚，實在於此。第恐局外不諒為難苦衷，專說假話、講空理，或於臣用意不能深知，且謂臣畏葸，則以後辦事更形棘手。

相應據實直陳，仰求聖明垂察。臣幸甚！謹奏。

硃批：知道了。

5. 擬裁蒙兵一半大概情形片

再，科布多地介西北邊陲，向與內地聲氣不甚聯屬。近自外人開釁，宣南道梗，文報至今不通，刻下不知近畿軍情若何？側聞已蒙特派大學士李鴻章辦理撫局，不知確否？臣愚見，前奉軍機大臣寄諭，令臣於所轄地方妥籌布置，原因戰衅已開，邊界毗連，不得不嚴加防範。現如果欲議歇，則軍務較鬆，戰守各軍自當亟籌減竈。科布多挑選團練蒙兵，月費津貼歇項，尚無著落，僅仗借貸商歇及動用庫存平餘各項雜歇，為數不過二萬金上下，業已搜羅一空，實無別法可以支撐局面。現若全行裁撤，恐有疏虞，照舊演練又無接濟，籌慮已窮，萬分憂灼。萬不得已，只有減半留半辦法，擬將原練團兵六千裁去三千，護城、護卡兵兩千裁去一千，諭以將來餉足再行多練，以資調劑而備緩急，現存共止四千名，不過勉強分布，聊壯聲威而已，至已裁之兵四千，止給八月、閏八月兩箇月津帖。現已飭知各旗，截至閏八月底止，遵照裁撤，該蒙兵多在本旗駐防，即無所謂資遣餉項，即請不必發給，以節糜費。此係恐勞聖厪，先陳大概擬辦情形，容再詳細具奏。

臣瑞洵謹附片具陳，伏祈聖鑒訓示。謹奏。

硃批：覽。

6. 索倫領隊大臣由科起程赴任日期片

再，臣等前奏請留伊犁索倫領隊大臣志銳幫辦團務一摺，承准軍機處八月初七日知會，奉旨：著不准留。欽此。查臣等前者實因籌防緊要，助理需人，適值該大臣赴任伊犁道經此地，是以商同奏請。茲奉嚴諭，臣等深悔冒昧，愧悚交并，當即恭錄，咨行該大臣欽遵。且查現在南八台業於賑撫之後，安設復舊，並已催令該大臣速赴調任。現據覆稱，定於閏八月二十一日起程。

相應附片陳明，伏祈聖鑒。謹奏。

硃批：知道了。

7. 商定新疆撥兵五百名駐防沙紫蓋片

再，前因邊防喫緊，科布多並無兵隊，情形可慮，當以新疆相離較近，曾經咨商該撫饒應祺借撥旗兵助防，附片陳明在案。茲奉批旨，咨商鄰省，徒誤事機。欽此。查此件已與該撫商定，擬挑精壯兵丁五百名駐防南八台之沙紫蓋地方，期與科布多聲勢聯絡。惟新疆向恃各省協餉，現聞多半停解，深虞軍餉不繼、難資得力，不敢指準。臣等惟當精練蒙兵，自固邊防，即應遵旨，不再咨商。

（合理）〔理合〕附片陳明，伏祈聖鑒。謹奏。

硃批：知道了。

8. 烏里雅蘇台撥給火藥觔數片

再，前因辦理蒙團，必須發給軍火，科布多存儲火藥無多，擬向烏里雅蘇台咨領一萬觔濟用。當於七月十二日附片陳明，即經派委筆貼式文惠，帶領兵丁，前往請領，旋准將軍連順等咨覆，以該城火藥現亦無多，無憑照，且值舉辦防務，需用同殷，僅為勻給一千觔，茲據該委員領解到營，當飭儲庫，隨時發給各團操用。至科布多舊存火藥，雖經受潮，現已揀派通曉製造之弁兵，設法收拾加工浸曬，近日操演即令裝槍試放，均已可用。

除咨部查照外，理合附片陳明，伏祈聖鑒。謹奏。

硃批：知道了。

以上摺片光緒二十六年閏八月二十一日欽奉寄諭拜發。

九月十七日到陝。

十月二十三日奉到。

9. 欽奉寄諭謹遵辦理併陳下情摺

奏為欽奉寄諭，謹遵辦理，並陳下情，恭摺仰祈聖鑒事。

竊臣等於本年九月初七日，承准軍機大臣字寄，光緒二十六年閏八月初三日奉上諭：瑞洵等奏蒙團辦齊，請飭部速撥專欵及將連順所辦蒙團停止，並調練蒙兵，應需月餉，暨自陳才不勝任各摺片，覽奏均悉。從來辦理地方事件，必須詳細籌畫，經費有著，方可舉行。現在國事如此，戶部支絀萬狀，斷無鉅欸可以撥給。科布多防務事宜，該大臣等但當視力所能為，悉心妥辦，得寸得尺，務求實際，慎勿徒多紛擾也。將此諭令知之。欽此。遵旨寄信前來。仰見聖主遠慮深思，明見萬里，殷殷誥誡，感悚莫名。

伏思臣等前因欽奉諭旨，以中外開釁，令於所轄地方，妥籌布置，扼要嚴防。欽遵之下，比值夷氛正肆，邊境戒嚴，既無可用之兵，又乏別練之隊，台卡、城防空虛可慮，只得挑選蒙兵辦理團練，以圖自守。當經具摺馳奏，奉旨允准，欽遵在案。彼時軍情正在喫緊，萬難稍涉濡緩，臣等豈不知餉源無出，籌畫為難。然防務緊要，關繫全局，又與辦理尋常公事不同，不得不借墊商貲，先顧眉急。若必俟欸項有著，方可舉行，則蒙古不團必散；俄夷不防必來。即邊疆且不守必失，亡羊始議補牢，而引狼早已入室。京畿之事，前鑒匪遙，臣等身任地方，何敢出此？故一聞亂耗，即將防守事宜速為籌布，任事似乎太勇，然與其受冒昧之咎，不敢任貽誤之愆，蓋冒昧止過在一身，貽誤則有礙大局也。近月以來，煞費心力，始將科布多保守無恙，商蒙照常安輯，是整頓之說，猶屬空談；防守之嚴，是為實效。此可見信于君父而不必斤斤表白者也。至請撥蒙團經費一節，亦以既用其力，即不能不恤其身。逆料王、大臣籌策公忠，不能膜置邊要於不顧，必可騰挪耗費之餉，以濟邊軍之需。且滿蒙旗兵初與勇營無異，勇丁口糧不能短欠，豈滿蒙旗兵本是世僕，又素安分，轉不能稍給津帖以示體恤，竊恐有失人心。臣等忝膺邊寄，即此不能取信於蒙古，亦慮無顏以對各旗，況當拜發請餉摺件時，尚不知鑾乘西巡確信。若早得京師知照，臣等奔問不遑，尚安肯以邊庭瑣務，上瀆宸聰？故自八月中秋以後，接到綏遠城將軍永德來文，始知聖駕已幸山西。臣等當即具摺跪請聖安，臣瑞洵並請馳赴行在，專弁齎遞，此外未敢瀆奏。臣等懇懇愚忠，當蒙鑒諒。至臣等辦理乖方，竟以恐多紛擾上塵聖慮，惶悚尤深。查臣等自奉籌防諭旨，悉心妥商，即以兵備太單，敵情叵測，總以鎮靜不擾為主，不令俄人窺我虛實，且稍涉紛亂，則蒙古以及商民必啟猜疑。臣等一言一動，均為觀聽所繫，不止辦事宜加慎重己也。現在地方幸獲保全，尚能仰副聖意，而於俄商曲加保護，尤見臣等弭患苦心。若以臣等夙願所存，惟以殺敵為志，然時勢所迫，無可如何。在朝廷方悔兵禍，豈臣子敢挑釁端？故且忍之須叓，不敢稍形激烈，恐未壽山之續，上負委任。茲蒙嚴旨以紛擾切戒，臣等自當始終遵奉，永作官箴。惟請將連順所辦蒙團停止一節，查臣等前於具報蒙團辦齊摺內附片奏稱，科布多與烏里雅蘇台情形不同，慮及如蒙交議，被駁致疏邊備，臣等耽罪不起，是以叩求聖明作主。如謂邊塞寥遠，無須如此布置，則乞速降綸音，即行停止，以免日久難於收束。臣等係指請停科布多團練而言，原片內未將科布多三字詳細聲敘，殊屬疏漏，即此可見臣等才力不及，思慮未能周到。雖以臣瑞洵年志方強，值此時艱，守此危地，存亡呼吸亦實覺重任難勝。現在大局未定，軍務未完，臣瑞洵受國厚恩，義無退避。然邊疆重要，辦事為難，整飭未能，敷衍不可，又夙性憨直，不合時宜，深恐致誤邊事，有忝職守，總求天恩以地方為重，另簡賢能前來接替。臣瑞洵仍當馳詣行在，勉圖報效，俾免臣僨事辜恩，尤臣瑞洵瞻戀闕廷，私衷盼禱者也。

總之既蒙訓誡，此後遇事自當格外謹慎，請旨辦理，萬不敢再為多事，並當倍加鎮定，以期仰慰宸廑。

所有欽奉寄諭，謹遵辦理，並陳下情緣由，理合繕摺覆陳，伏乞皇太后、皇上聖鑒訓示。謹奏。

硃批：知道了。即著將地方應辦事宜認真整頓，仍毋事紛擾為要。光緒廿六年十一月廿二日奉到。

10. 地方公事擬隨時妥辦暫緩具奏片

再，臣等前於八月初七日，與蒙團辦齊摺同日拜發。請暫緩開辦礦務、暨嚴參革員麟鎬、並請調補兵額，共三摺；又請留糧餉章京榮泰差委，請將成員榮和開釋，暨臣瑞洵免繳糧單照驗，各件共三片，均未奉到軍機大臣知會諭旨，不知是否已邀御覽？臣等原不敢再為瀆請，惟所奏多係地方應辦事件，無論准駁，必以欽奉諭旨，臣等方有遵循，而跪請聖安之摺，亦未奉批回，區區戀主之誠，尤難少釋。查臣等忝膺邊寄，為一方表率，蕃夷視聽所繫，且慮此風一播，必疑大臣已為朝廷所棄，將無奏事之權。竊恐諸部解體，敵益以生心，而屬員弁兵，亦皆無能約束，似屬稍有關係。臣等愚昧，敢求聖慈仍賜分別訓示，無任感盼，至此後地方公事，即由臣等隨時斟酌妥辦，擬請暫緩具奏，以免瑣瀆聖聰，俟軍務大定，再為照舊辦理。

是否有當，謹附片冒昧具陳，不勝待罪之至。謹奏請旨。

硃批：另有旨。

11. 本年科屬蒙古各旗呈進博勒克擬請展緩摺

奏為科布多所屬蒙古各旗，本年應行晉京呈遞博勒克，懇籲天恩准其展緩，以示體恤而資維繫，恭摺仰祈聖鑒事。

竊查向來每屆冬令，科布多所屬杜爾伯特、新土爾扈特、和碩特、札哈沁各旗汗王、貝勒、貝子、公、札薩克、台吉等均應派員晉京，跪請聖安，並呈遞博勒克，就便請領俸銀、俸緞，節經循辦有年。現值匪教搆難，聖駕巡幸山西，京師已為外人占踞，未經收回。據各旗呈請指示，遵辦前來。臣等伏維，撫局急切難定，軍務尚未解嚴，自難指令晉京。惟若令該蒙古改赴山西行在，又慮人地生疏，諸多窒礙，非所以昭誠敬。即俸銀、俸緞亦恐此次未能依期照發，諒戶部、理藩院自當奏請展緩。臣等公同商酌，該蒙古各旗本年應行派員晉京呈遞博勒克一節，合無仰懇天恩，准其展緩。一俟事局大定，再照舊章辦理，其應領俸銀、俸緞亦應令將來晉京補領，以示聖朝優恤蒙古之至意。如蒙俞允，應擬奉到諭旨，當由臣等恭錄轉飭欽遵。

臣等為維繫蒙心起見，是否有當，未敢擅專，理合繕摺馳陳，伏祈皇太后、皇上聖鑒訓示。謹奏。

硃批：著照所請，該衙門知道。

光緒二十六年十二月初五日奉到。

12. 揀補印務蒙古兩處筆貼式摺

奏為揀補筆貼式員缺以資辦公，恭摺仰祈聖鑒事。

竊查科布多印務處筆貼式崇文、委署主事蒙古處筆貼式鐘祥，均已奉旨准補本衙門主事職銜幫辦章京。該二員所遺員缺，自應揀員充補，其印務處筆貼式一缺，查有委署筆貼式清林，謹飭不浮、兼通滿漢，堪以擬補；其蒙古處筆貼式一缺，查有委署筆貼式錫齡阿，文理明通、人亦體面，堪以擬補。如蒙俞允，應俟該員等五年期滿，如願就武，回城後循例俟補驍騎校後，以防禦補用，先換頂戴。其該員等應找支銀糧，俟奉旨之日，例照開支報部，遇有差便，先行給咨該員等赴部帶領引見。

所有揀員請補筆帖式緣由，理合繕摺具陳，伏祈皇太后、皇上聖鑒。謹奏請旨。

硃批：著照所請，該部知道。

13. 揀補新添糧餉處筆帖式摺

奏為揀補添設筆帖式員缺，以資辦公，恭摺仰祈聖鑒事。

竊查前因邊防喫緊，差委需人，經臣等援案，奏請添設額缺，現已承准軍機處知會奉旨：著照所請，該衙門知道。欽此。查科布多現在辦理邊防、添練蒙兵，糧餉收支，事尤繁劇，自應先將添設該處筆帖式一缺，揀員擬補，以資分任。茲查有補驍騎校後，以防禦補用，先換頂戴候補筆帖式景善，資勞較深、當差勤苦，堪以擬補。查該員前因經理台站軍務文報出力，於光緒二十四年間保有防禦補用升階，奉部議准，此次擬補員缺，如蒙下闕

14. 奉到硃批日期並自請[議]處(分)片

再，臣等前因八月初七日具奏各事，僅止辦理蒙團防守事宜各摺片，於九月初七日奉到閏八月初三日軍機大臣字寄上諭一道，其餘各件均未奉到批旨。臣等不勝盼切，當於九月十一日附片陳明，嗣經遲至九月十七日，始據哈喇烏蘇台送到；閏八月初四日，軍機處交由山西巡撫轉遞批回安摺、奏摺各件，計四十三日始到。查軍機處於閏八月初三日

先將廷寄交遞，初四日即將各摺交遞，並未耽延，不解途中何以竟至遲逾十日？現既欽奉批旨，不但遇事有所遵循，臣等依戀之誠，亦可少紓。准駁各件，具仰聖心權度，至公至平，曷勝欽佩。此後臣等益當各勤職守，力顧邊防，期副朝廷善後圖強之至意。

至臣等前次片奏委，因疑慮交縈，又以過蒙優眷，自當遇事直陳，而殊不覺其冒昧也，至今思之，歉悚萬分。查前片係臣瑞洵主稿，應懇天恩，將臣瑞洵量予處分，庶稍釋隱微之疚，實感生成之德。

謹將奉到硃批日期，及感悚下情，附片具陳，伏祈聖鑒訓示。謹奏。

硃批：瑞洵著交部議處。

15. 前報俄卡添來兵械現已撤回片

再，前據瑪呢圖噶圖拉幹卡倫侍衛常陞報稱，俄添卡兵、運械各情，曾於閏八月二十一日，附片陳明，並擬情形喫緊，臣瑞洵尚應馳往督防，旋於九月十五日，據該卡倫侍衛常陞並偵探委員會稟稱：前報察罕珠蘇隆及阿拉克伯克地方，添來俄兵，現均陸續撤回等語。臣伏維夷情叵測，邊地空虛，仍應嚴加防範。前練蒙兵，因餉需無著，業經裁撤一半，兵力已嫌單薄，未便損之又損。惟俄兵既已撤回，臣即不必前去，仍在科布多彈壓撫綏，遙制一切。

理合附片具陳，伏祈聖鑒。謹奏。

硃批：知道了。

以上各摺片皆光緒二十六年九月二十四日拜發。

十月二十四日到陝。

十二月初五日奉到。

16. 謹獻愚忱摺

奏為遵旨謹獻愚忱，恭摺敬陳，仰祈聖鑒事。

竊臣於九月初十日伏讀七月二十八日上諭：自來圖治之原，必以明目達聰為要。此次內訌外侮，倉猝交乘，頻年所全力經營者，毀諸一旦，是知禍患之伏於隱微，為朕所不及覺察者，多矣。懲前毖後，能不寒心？自今以往，凡有奏事之責者，於朕躬之過誤、政事之闕失、民生之休戚，務當隨時獻替直陳（母）〔毋〕隱等因。欽此。竊謂：為政在人，古今通義。得其人則治，不得其人則亂，成敗之幾，捷於桴鼓，而樞密清嚴，封疆重要，尤為眾情所瞻矚，庶政之綱維。此次大局貽誤，執咎者自無可辭。臣遠在邊陲，於用兵原委未能深悉，固未便以臆度之詞，輒行論列。第重以詔書廣納，諄切疇咨。臣世受國恩，值此時會艱難，亦不敢苟安緘默。惟臣愚見，求言罪己，固屬人主美德，要亦貴有納諫之真誠、省躬之實意。此後維持危局，旋轉天心，諒皇上必能容忍以圖，恢復，交儆以敕臣工，就其禍變之由來，以為挽回之致力，必不以數行諭旨畢乃事也。顧臣樗昧所尤，惓惓不忘而欲進之皇上者，惟在深宮孝養之大端。伏維皇太后自垂簾聽政以來，憂勤惕厲，實未嘗一日得享太平之樂，聖德之仁明懿美，蓋從古所未有，亦薄海所同欽。現因中外搆兵，以致鑾輿西幸、避狄居岐、不遑暇逸、焦勞可知。臣自聞車駕之播遷，實已心神之飛，越奔問之義，時切臣衷，顧以職守攸屬，未敢貿然就道。前請馳詣行在一摺，已奉硃批：毋庸前來。欽此。臣伏願我皇上，近侍慈顏，益隆孝養，凡百庶事，更宜秉命而行，承歡彌篤。雖天子之孝，固與臣庶不同，然值此國家多事、重勞宵旰之時，舉凡問安視膳、晨昏定省，當更有曲慰慈心，而副天下臣民之望者，益知頤養璿宮，即以常蒙福蔭。所謂和氣致祥，重闈篤慶，亦足以彈壓戎甇，毗益時艱矣。

臣懇款愚忱，未能面奏，謹恭摺敬陳，伏祈皇太后、皇上聖鑒。謹奏。

光緒二十七年二月初五日奉軍機處知會。

旨：留中。欽此。

二十六年十二月廿三日知會。

17. 循例查驗官廠擬籌整頓摺

奏為循例查驗官廠牲畜，擬籌整頓，恭摺仰祈聖鑒事。

竊查舊章，臣到任除盤查倉庫外，尚應將吐們圖官廠牲畜查明具奏。近年以來，因塔爾巴哈台馬匹、牛隻早停調取，哈薩克交馬之例，亦不照行，情事與從前迥異，管理官廠蒙古官員亦即視為具文，以致牧務漸就廢弛，殊失當初立法之意。臣到任時，正值中外交綏、籌布邊防，軍書旁午，實已兼顧不及，未能往查。茲因邊務較鬆，臣即於十一月十七日，帶領蒙古事務處承辦章京英秀，前往該廠，查得現存駝六百五十五隻；馬二百四十九匹；牛隻無存，覈與節年冊報，尚屬相符。惟查口外地方，牧放為蒙古命脈所繫，古今籌邊之臣，無不以考收興屯為經久至計。臣愚見，科布多官廠事宜，尚應設法整頓，容臣與幫辦大臣祿祥妥籌辦法，督飭該章京盡力為之。

所有查驗官廠現存牲畜數目，暨擬籌整頓緣由，理合繕摺具陳，伏祈皇太后、皇上聖鑒。謹奏。

光緒二十七年二月初五日遞回。

奉硃批：知道了。

18. 前交新疆電奏暨先聲明遵旨現辦裁留蒙兵片

再，臣瑞洵前聞鑾輿於閏八月初八日巡幸陝西，當於九月二十九日，密具電奏，跪請聖安，並陳邊防嚴備情形，請由軍機大臣代奏等因。緣科布多並不通電，即派妥弁馳赴新疆省城，交該官電局總辦委員，即為電寄西安行在軍機處。嗣據該局員覆稟：遵於十月初九日敬謹發寄，計當早呈御覽。至九月十七日，寄諭已於十月二十三日奉到。裁留蒙兵事宜，謹即恪遵諭旨辦理，刻已辦有眉目，容即詳悉繕摺奏陳。

[理]合先附片聲明，伏祈聖鑒。謹奏。

硃批：知道了。

19. 奏事暫用夾板片

再，臣等七月初六日、八月初七日，兩次拜發摺件，均用報匣交由台站馳遞，現已先後奉到諭旨，其報匣未蒙遞回。查臣衙門雖尚存有報匣兩分，而前請禦押尚未奉到，無從封發。此後凡有應奏摺件，自可暫用夾板，鈐用印花封遞。一俟事局大定，再請頒發禦押報匣，以規舊制。

理合附片陳明，伏祈聖鑒。謹奏。

硃批：知道了。

20. 更正官兵治裝銀兩仍由房租項下動支片

再，查科布多每於派委員、弁、兵丁出外差遣，均經放給治裝銀兩，每官九兩六錢，每兵六兩四錢，向於房租項下動支，曾經奏明在案。臣等前瀝陳邊餉難籌摺內，將每年出入欵目開單呈覽，因統核一年實在放項，致將此項治裝銀兩一併列入，雖云核實究與奏案不符，應將此項更正，仍照舊章，動用房租，另欵造報。

為此附片具陳，伏祈聖鑒，敕部查照。謹奏。

硃批：該部知道。

21. 附生崔象侯咨部留營仍應奏明片

再，科布多地屬邊陲，人才罕到，而整頓公事、籌備邊防，亦復均需指臂。臣瑞洵正月陛辭，曾蒙訓示，可以調員。到任以來，體察情形，誠如聖諭，必須有人差委。惟現值軍務未竣，內地道梗，調員誠恐未必能來，且苟非其人真能作事，相知有素，臣亦不敢濫舉。茲查臣由京起身時，曾約直隸昌黎縣附生崔象侯同來任所，幫理文案要件，前已隨抵科布多。臣詳加察看，復量派差使，以資考驗。前者（哈札沁）〔札哈沁〕賑撫事宜，即委該附生往辦，竟能一塵不染，使朝廷實惠及於窮蒙，委緣該附生甫離學舍，未沾官場習氣故也。查該附生讀書本色、操行篤實，加以歷練，可資任使。臣前已將其咨明吏部，留營差委。現在參贊衙門文案處當差，並委籌防處辦事。

該附生尚無官階，本可不必具奏，惟事關留營，仍應據實陳明，伏祈聖鑒，懇恩俯准。謹奏。

硃批：知道了。

22. 恭祝萬壽並陳俄兵現(在)〔已〕撤回電請代奏摺

陝西省軍機大臣鈞鑒：側聞聖駕巡幸西安，不勝敬系，祈代恭祝皇太后萬壽天喜，跪請聖安。邊防嚴備，亦未開釁，前奏卡倫添來俄兵，現已撤回。瑞洵受恩深重，自當力任艱難，保固疆（圉）〔圍〕，請寬慈塵，伏祈代奏。

科布多參贊大臣瑞洵九月三十日電。

23. 遵旨裁撤蒙兵所欠商欠兵餉懇敕部墊發摺

奏為遵旨裁撤蒙兵，具報用過薪費津帖等項，經費不敷，仍借商欠墊給，並欠發兵餉數目，籲懇天恩，敕由戶部先行墊發銀十數萬兩，即由山西、河南兩省舊欠科布多經費項下，提還歸欠，以資清理而恤邊艱，暨蒙恩敕部撥給銀一萬兩，謹擬撙節支用，專供要需，俾重帑項，恭摺覆陳，仰祈聖鑒事。

竊本年十月二十三日，承准軍機大臣字寄，光緒二十六年九月十七日奉上諭：瑞洵等奏邊餉難籌，酌擬裁撤團兵，開單呈覽各摺片。現在餉需萬緊，所有原練蒙團六千，著全行裁撤，護城、護卡兵二千，著裁撤一千五百名，暫留五百名，即著認真挑選，分防各處。查閱單開出入各欸，所稱餉項支絀，尚屬實在情形，著戶部於邊防經費項下，撥給銀一萬兩，交瑞洵等核實支用，不得稍涉鋪張，虛糜帑項為要。將此由五百里各諭令知之。欽此。遵旨寄信前來。仰見聖主體恤邊艱，明見萬里，跪讀之下，欽感曷任。查臣等前因軍務較鬆，餉需無著，酌擬將原練蒙團暨護城、護卡各兵八千名裁撤一半，先將大概擬辦情形於閏八月二十一日附片奏明。拜摺後，當即悉心斟酌，分札各旗遵照，並將留防四千名駐紮處所、管帶銜名，詳慎酌定，正在繕摺具陳間，適欽奉寄諭，前因垂示機宜，至明且切，臣等頓覺有所遵循，應即遵旨辦理。查該蒙古官兵，月需薪費、津帖各項，自八月起至九月止，尚均賴有借挪之欸，按月核發。惟十月（分）[份]，實因籌措為難，尚在懸欠。刻雖蒙恩撥給萬金，但此欸係當餉項萬艱時，特予勻撥，臣等自當核實支用，不敢輕易挪動，致負聖慈，且派員赴領、解到亦復需時。臣等再四籌商，該蒙古官兵欠領十月（分）[份]餉項，只好許俟將來有欸再行補發，但使不至脫空，無妨稍稽時日。現已據委員分赴各旗商量覆稟，該官兵等尚肯遵從，幸無閒言。刻已將敕裁團兵、護城護卡兵，復共裁去三千五百名，均截至十月底止，算清口糧，一律裁撤，仍遵旨暫留五百名，分防各處，已於另片附陳，此遵裁蒙兵辦理情形也。查原練蒙兵八千名，應需津帖銀數暨帶隊官弁薪公口分，均係查照光緒六年戶部會同神機營奏定章程開支，計初辦一月薪餉一萬九千兩，並各旗添補馬匹、器械經費，每旗酌發五百兩，計三十旗發過一萬五千兩，共銀三萬四千兩。又守城、護卡兵二千，月需津帖銀八千兩，官弁薪費銀五百兩，統共一月用銀四萬二千五百兩。又添設籌防處，暨加派弁兵前往卡倫八處偵探，分駐東七台、南八台，督催轉遞新疆各處及本城軍務摺奏、文報，以及一切有關防務雜支各欸，每月支銀五百餘兩。計除初辦一月用銀四萬三千餘兩外，次月即減用銀二萬八千餘兩，旋經臣等附奏，請將蒙兵酌裁。茲奉諭旨，敕將原練團兵全行裁撤，護城、護卡兵裁去一千五百名，所欠該蒙古官兵十月（分）[份]薪費津帖各項，應俟請欸解到，再為找發。統計此次辦理邊防、挑練蒙兵，據籌防處會同糧餉處核算清楚，共實用銀九萬五千八百六十兩零。除奏明動支庫存平餘各項銀二萬兩，續又動支舊經費銀一萬二千三百餘兩外，餘皆陸續借貸商欸支給。計先已奏明借過商欸銀三萬四千兩，後又借用商欸銀一萬六千兩。至十月（分）[份]，應給該官兵薪費、津帖各項一萬三千五百餘兩，則不能再借，竟致欠發矣。查所欠商欵，均係西商暨京莊分認挪湊，經已發給印據，許俟餉到即還，萬難久為延欠，以致失信商民。其欠發官兵餉項，亦是暫時支吾，終須設法籌給，好在為數不過十萬，尚不為多。即以山西一省言之，截至光緒十三年，舊欠烏里雅蘇台、科布多經費，已積至三十萬兩，係經前撫奏請停解，奉旨行令體察情形，設法籌撥之欵。旋據該前撫剛毅酌定，自光緒十四年起，按年撥還科布多銀二千五百兩，計須六十餘年，始可解清，從來無此辦法，實屬意存膜視，而台費軍餉該省尚欠銀三萬四千兩。河南省亦欠台費軍餉銀五萬七千兩，統計三項已在二十萬兩以外。若使各該省顧全大局、源源接濟，雖邊荒枯窘，尚不至如此為難。現值時事孔艱，庫儲奇絀，可以想見。此項借墊商欵，欠發兵餉，自可仍由山西、河南兩省提撥欠餉，庶事理順，而籌措非難。出納之權操之該省，恐將有所藉口，不肯竭力勻撥，仍是有名無實。臣等悉心商酌，惟有暫請由戶部墊撥銀十數萬兩，先應科布多之急，仍請旨敕部即由山西、河南兩省，分別舊欠多寡，令迅籌借還部庫。如此一轉移間，不過暫時挪墊，於度支毫無所損，而科布多即可藉資周轉，不至貽累商蒙，似屬情理兼盡，便宜可行。

合無仰懇天恩，俯念辦防有效、用帑無浮、借貸欠發各欵為數不多，特准所請，敕下戶部，暫行墊撥銀十數萬兩，即由山西、河南省舊欠科布多經費項下酌量提還部庫，俾資清理，而恤邊艱，出自逾格鴻慈。如蒙俞允，並請敕下戶部，迅速咨照臣等，以便派員請領，趕解回營濟用，實深感幸。

所有遵旨裁撤蒙兵，具報用過薪費、津帖等項數目，暨經費不敷仍借商欵墊給並欠發兵餉，懇恩敕部墊撥各緣由，理合繕摺馳陳，伏祈皇太后、皇上聖鑒訓示施行。謹奏。

光緒二十七年二月初五日遞回。

奉硃批：戶部議奏。

24. 挑留蒙兵五百名分防各處片

　　再，遵旨挑選蒙兵五百名，已經認真遴拔。係留杜爾伯特三百名，擬以二百名駐紮烏蘭古木，委左翼正盟長札薩克固山貝子察克都爾札布管帶；以一百名調駐科布多城，為巡徼之用，稍壯聲威，委副將軍達資汗噶勒章那木濟勒分帶；又留烏梁海兩翼二百名駐紮布倫托海，委左翼散秩大臣額爾克舒諾分帶，馬匹、器械均尚強壯整齊，飭令該汗、王、大臣等認真防守邊界，彈壓地方。惟現值嚴冬，風雪凜烈，應每兵賞給皮衣一件，以資禦寒。第查市價羊皮袄一件，總需銀六兩零。按照辦過成案，未免浮多，而非此數又不能購，現在餉需支絀，當由臣等斟酌，每兵擬即賞銀二兩，令其自行製買，庶於恤兵之中，仍寓節絀之意。動支銀兩，應請歸於防案，作正開銷。

　　為此附片具陳，伏祈聖鑒、敕部查照。謹奏。

　　硃批：該部知道。

25. 預籌留兵餉項片

　　再，挑留蒙兵五百名分防處所，已於另片陳明。查此項官兵月需薪費津帖各項，按照光緒六年駐練蒙兵成案，撙節核計，一月所需已在二千兩以外，一年額餉至少須有二萬五千兩，方足以供支放。現雖蒙恩敕撥銀一萬兩，即使全充兵餉，亦不過將敷五月之需。仍應預為籌計，以免臨渴掘井。查臣等前奏，嚴參革員麟鎬請追贓欵，除應交之四千兩，擬請撥作修倉之用，業蒙恩旨允准，其續請追繳之八千餘兩，奉硃批：該衙門知道，單併發。欽此。臣等再三商酌，若能將此前後欠銀一萬二千餘兩全數追出，似於科布多不無小補，且以該革員在科布多所婪之財，仍令還諸科布多，亦屬名正言順，並非臣等辦事過於刻核也。第恐該革員近在京師，挾其多金，或將大施手眼，賄通官吏，並不認真勒追，必又成紙上談兵之公事。

可否再懇天恩，特降嚴旨，敕令鑲藍旗蒙古都統衙門，嚴行追繳，俾濟急需，出自鴻慈，謹附片再陳，伏祈聖鑒。謹奏。

硃批：該衙門知道。

26. 欽奉寄諭瀝陳感悚下悃摺

奏為欽奉寄諭，瀝陳感悚下悃，恭摺仰祈聖鑒事。

竊於本年十一月二十二日，承准軍機大臣字寄光緒二十六年十月十二日奉上諭：瑞洵等八月初七日所發摺、片、單，共十二件，於閏八月初三日奏到，當將辦理蒙團一事寄諭該參贊等，遵照其摺件，均經批諭，於初四日，由太原發驛遞回。軍機處辦理事件，從無積壓之弊，該參贊甫於接奉寄諭之後，不加詳察，輒疑遞到摺片，一概壓攔，實屬不知大體。以上各摺片，究竟曾否收到，著即具明所奏。至具稱地方公事暫緩具奏等語，該參贊等身膺邊寄，於應奏事件，自應照常辦理，豈能概不具奏。所請尤屬非是，著傳旨申飭，仍懔遵前旨，隨時穩慎辦理，毋再誤會為要。將此諭令知之。欽此。遵旨寄信前來。跪誦再三，感激零涕。查臣等於八月初七日具奏摺片各件，已於九月十七日奉到硃批，業於九月二十四日附片陳明。臣瑞洵並自請議處，計當早蒙宸鑒。伏思臣等前因欽奉寄諭，未曾奉到批回摺件，蒿目時艱，忘其迂謬，一時誤會，以為行在政務殷繁，宵旰憂勞，或係軍機大臣於各處尋常奏事摺件暫請停辦。又因臣瑞洵自八月間聞警以來，驚憂成疾，並聞聖駕播遷，焦灼萬分，五中焚擣，終日彷徨，不知所措。彼時忽明忽昧，言動恆至顛倒錯誤，故於瀝陳下情摺片，竟至措辭失當。直至十月初間，臣瑞洵心中方漸明白，始悟前言冒昧，不但上負聖主，亦無以對軍機大臣，愧悔萬分。茲奉訓示，各節乃荷逾格體諒，不加嚴譴，並蒙傳旨申飭，備荷聖恩寬大，特予優容，且於訓敕之中，仍示保全之意，臣等具有天良，伏讀訓辭能不知感知奮，益圖報稱於萬一。謹當於地方應辦事宜，恪遵節次諭旨，認真整頓，穩慎辦理，期慰聖廑。至口外地方，事雜言厖，凡有措施尤貴體察情形，不動聲色，隨宜籌布。公事雖應整飭，而舊章若無窒礙，實亦不宜輕事紛更，致涉煩擾。聖諭一再申儆，洵已明见万里之外，臣等更觉钦服无量！此後办事，自应奉为规戒，总须按部就班，务求实际，仍时存绥靖边圉，保爱蒙民之心。弊则去其太甚，事必求其可行，不敢粉饰铺张，贻误边要，以冀无负圣慈谆谆告诫之至意。

谨将钦奉寄谕，感悚下悃，缮摺覆陈，伏祈皇太后、皇上圣鉴训示。谨奏。

光绪二十七年二月初五日递回。

奉硃批：知道了。

27. 科布多部院额缺章京笔帖式请予例保摺

奏为科布多部院额设章京、笔帖式等员，差使劳苦，吁恳天恩俯准，援案按照边省军营劳绩，一律择尤保奖，并定年限、员数，以杜冒滥，俾励群才，而裨边务，恭摺仰祈圣鉴事。

窃前因科布多满绿两营官弁兵丁，戍防年满，出力择尤请保，拟将满营三年班满候补笔帖式、委署笔帖式、委骁骑校等，请以本城骁骑校补用；绿营五年班满官弁，酌保升阶加衔等项，其兵丁等酌给六、七品顶戴、功牌等因。经前参赞大臣沙克都林札布等奏，奉兵部议准遵办，嗣复经该大臣以科布多三部院额缺章京、笔帖式等，远戍寒边十馀年之久，始能递升。章京差使艰苦，升途壅滞，承办公事，倍著勤劳，其候补官弁已奉准保，该章京等实缺人员，转不能仰邀奖叙，未免向隅。奏恳天恩，请照寻常劳绩酌保，敕部议奏。旋经兵部议覆，以该大臣前既请规旧制，今复列保，颇与原奏不符，奏驳咨行复在案。臣等查科布多近年员少务殷，迥与从前人浮於事不同，粮饷处综觉钱粮，印务处司理文案，已属纷繁，而尤以蒙古事务承办章京职事为最剧要，所管蒙古各旗并台站、卡伦之外，更有哈萨克部众，其与俄属哈萨克常有交涉控案，胶葛难理，故非（熟）[熟]悉情形者，不能胜任。至额缺笔帖式等，在候补时差使尚轻，迨经补缺即有办事责成，其差使亦增益矣。故前大臣洞悉此情，只以前请酌保满绿两营班满官弁摺内未同列请，又未将规复旧制缘由详细声明。在部臣考覈从严，自不能不行议驳，实则该大臣所稱辦理規制事宜，係指從前辦理軍務並籌防剿、調兵、撥餉、添用文武員弁各事，皆係照軍需辦法。至光緒十二年間，裁兵節餉、清理銷案，一切便照舊章辦理而言，臣等詳閱舊牘，知其所謂規制者如此，並非指額缺章京等向無保獎而言也。且查烏里雅蘇台、科布多兩城，早年滿綠兩營換防，初無保獎之章。烏城請保始於前將軍杜嘎爾，科布多前大臣沙克都林札布踵而行之，皆得被蒙渥恩。即部臣持議，亦頗鑒及邊遠苦寒，意存寬大，不但該官弁等感激報效，即臣等忝膺邊寄，亦無非仰藉朝廷德意，得以鼓勵人才，誠以用人之道，全在信賞必罰，嚴其責備，即不得不厚其體恤也。臣瑞洵到任半年有餘，隨時體察，與臣祿祥力籌整頓，期副委任，尚未大滋竇越者，實亦甚賴該部院章京、筆帖式等勷勤之力。所尤難者，臣瑞洵下車之始，適奉中外開釁，籌布邊防之諭，維時人心浮動，勢將瓦解，兵單餉闕，備禦全無，蒙古離其遊牧，商賈停其貿遷，土匪莠民又多乘機蠢動，戰守兩無，所恃當經臣等一面妥籌布置，挑練蒙兵以助士卒之氣，一面諄切曉諭，以安商蒙之心，復深恐各和碩或於俄商頓生侮虐致滋釁端，又經臣等不避嫌怨，出示加札，嚴飭照常保護，內謀防守，外示（霸）[羈]縻，並奏設籌防處，飭將蒙團練兵督促辦齊，分派駐紮，嚴密防維，衆心遂克大定。該章京等隨同籌辦，寢處不遑，或稽查保甲；或整飭台站；或分赴蒙旗，督催清野，簡校團兵；或隨辦城防，管帶營弁，捃捕賊匪。口外天氣早寒，奔奏馳驅，飲冰履雪，未敢稍耽安逸。即有一事之誤，一念之差，臣瑞洵必即加以責斥，不少寬假，該章京等尚能見諒愚誠，無復怨望，尤臣等所不安於心者也。覆查辦理邊防，省（分）[份]本有保案。第值大局如此，非若他處辦有成案，臣等亦不敢冒昧，瀆請為天下先。惟臣等平心商酌，該章京等實屬多年出力，例保似不可無，且與滿綠兩營候補官弁准獎之案比較，亦未免稍欠公允。並查糧餉處承辦章京與蒙古處承辦章京本皆京缺，現糧餉章京尚由京簡，三年期滿，例得奏保班階花樣；蒙古處章京舊例原與糧餉章京一樣，因近年多由綏遠城換防人員揀補，並未聲請保獎，以致遺漏。伏思臣等世受國恩，身膺重任，不避艱險，分所應為。至該員等職分尚微，竟能趨事赴功，不辭勞瘁，若不量加鼓勵，實無以酬勤勞而勸來者。況年來科布多事艱餉絀，每屆換防，綏遠城兵丁多不肯來，若不懸獎以招，恐再過數年，將至無人應調。合無仰懇天恩，逾格將科布多部院章京、笔帖式等恩沛鴻施，俯准援案保奬，以昭激勸，實於安邊勸材，不無裨益。如蒙俞允，應俟該員五年期滿，如願就武回城後，仍照原保，以防禦補用，先換頂戴，其該員應找支銀糧，俟奉旨之日，照例開支報部，遇有差便行給資該員赴部帶領引見，至遞遺候補筆帖式一缺，應由臣等揀員充補，照例咨部。

所有揀員充補添設筆帖式員缺緣由，理合繕摺具陳，伏祈皇太后、皇上聖鑒訓示。謹奏。

硃批：著照所請，該部知道。

《散木居奏稿》卷之四　門人鈴木吉武校字

卷之五　籌筆集

光緒庚子十二月

1. 敬捐廉項修建廟宇豫祝萬壽摺
2. 邊城需餉萬緊懇敕催山西仍舊籌撥摺
3. 請敕整頓台站摺
4. 整頓商人貿易驗票章程摺
5. 請撤銷筆帖式春普保案片
6. 查驗官廠片
7. 採買耕牛請免照例價片
8. 設立籌邊文案處片
9. 請將代放烏里雅蘇台台站卡倫餉項敕由該城自行籌放摺　附清單
10. 請將（見）[現]辦撫局敕由軍機處知會片

1. 敬捐廉項修建廟宇豫祝萬壽摺

奏為敬捐廉項，修建廟宇，豫祝萬壽，謹擬全工告成，籲懇天恩，賞賜廟名，藉抒臣悃而順群情，恭摺仰祈聖鑒事。

竊查科布多為西北巖鎮而制度簡略，城垣衙署僅具規模，除衆安寺係乾隆年間敕建，此外別無大昭，其列在典禮者亦多闕如，萬壽宮並未興修，尤不足以隆體制。臣瑞洵詳加訪察，城南門外舊有廟基，該處山水朝拱，地勢宏敞，實擅形勝。當與臣祿祥熟商，伏念臣等渥受厚恩，毫無報稱，今值時局孔棘，鑾駕西巡，臣等未能從事橐鞬，馳驅效力，揆之臣職，竊有未安，謹擬於此建修廟宇，鳩工庀材，不日經營，宏規大啟，將來招集（剌）[喇]（麻）[嘛]恭誦皇經，豫祝皇太后七旬萬壽，以為祝釐祈福之所。即恭逢萬壽聖節及元旦、長至令節，臣等並可率領蒙古王公等在此行禮，稍抒臣子愛敬之誠，藉慰蕃夷觀瞻之願，實屬吉祥美事。惟科布多近年籌歉維艱，必須臣等首先提倡，已由臣瑞洵先捐廉銀二千兩，臣祿祥捐廉銀四百兩，作為報效，以資表率。滿綠兩營官弁各有捐貲，蒙古各旗及商民等亦多樂輸，現已可期集腋。查此工從本年七月間諏吉開工，至九月底暫行停止，工程已得大半，明年冬間，約可報竣。其廟中應購經卷各件及香燈、供品、茶麫銀兩，應由臣等隨時籌辦，此不過臣等區區懇歉，效壤流之助，展嵩祝之忱，且係捐貲報效，不請官欸，即督修各員亦係分所應為，擬請將來工竣，當將蒙古各旗滿綠兩營及商民等捐貲數目，統繕清單，（祇）[祗]呈御覽，不敢稍涉鋪張，辦報銷，請議敘。惟臣等私衷籲請祇俟全工告成，仰懇天恩，准照科布多阿爾泰山承化寺成案，寵錫嘉名，感戴慈施，永無涯量。

為此恭摺敬陳，伏祈皇太后、皇上聖鑒訓示，不勝榮幸欽企之至。謹奏。

光緒二十六年十二月初五日拜發。

二十七年二月二十四日遞回。

奉硃批：知道了。

正月初三日

此用賀摺寫。

2. 邊城需餉萬緊懇敕催山西仍舊籌撥摺

奏為邊城需餉萬緊，協解難期，籲懇天恩，敕催山西巡撫，仍舊迅予籌撥，以支危局而防患萌，繕摺馳陳，仰祈聖鑒事。

竊科布多歲需經費全仗山西協撥，前於瀝陳邊餉難籌摺內，業將出入欸項，繕單（祇）[祗]呈御覽，支絀情狀早在聖慈洞鑒之中，無須再為瀆奏。惟查本年該省應協經費，前一半銀二萬四千九百兩零，業經解到；其後一半銀二萬四千九百兩零，據領餉、催餉員弁先後飛稟，據稱毫無撥解之信，恐不可靠等語。臣等日前又接烏里雅蘇台軍幕函，告山西省有將應解京協各餉，暫行停解之說，不知科布多經費是否並在奏停之數。第思臣等所管滿綠兩營官弁兵丁以及蒙古台站、卡倫暨屯田要需並一切例支之項，向賴經費解到，按時開放，刻下時日已逾，無項支發，該官兵等計口授食，嗷嗷待哺，不啻嬰兒失乳，危迫萬分，且台站係屬邊郵卡倫，緊鄰外界，無一不關緊要。茲若以有著之欵竟致變為無著，當茲邊防喫緊、餉需匱乏、士卒飢潰，實在意中。況科布多久為著名奇冷之區，現當嚴冬凜烈，該滿蒙漢各弁兵等冒風履雪，不懈操防，目覩情形艱辛，亦復可閔，並且科布多偪近彼疆，目下和局尚無成議，俄卡毗連，時虞窺伺，消息易通，儻此窘迫瘠苦，不能自守之情，一經宣播，非特易滋邊患，益將招侮強鄰。臣等忝膺閫寄，值此時艱，焦灼萬分，無以為計，兼之本年兵禍蔓延，市廛減色，貨畜滯銷，商賈亦極空乏，無能多為通挪。

現臣等悉心商酌，只好擇其最要、最苦者，如屯田差操弁兵、官弁應支鹽菜，仍當設法籌放一半，已擬再行借墊，為數萬不能多，不過三數千兩之譜，稍資津帖，其餘台卡要需之類，實皆力有未逮矣。萬不得已，惟有仰懇天恩，速降諭旨，敕催山西巡撫轉飭藩司，仍將科布多應得本年後一半經費，迅速籌撥以資接濟，實感鴻慈逾格。至山西本年苦旱，徭役繁興拮据，本係實情，臣等亦知諒及，但科布多窮邊苦寒，餉數原屬有限，早成枯窘局面，且出入欵項又皆鍼孔相符，毫無賸餘。若欲另辦一事，即苦無資擴充，本非經久之道，然若並此不給，則萬里邊疆滿城兵卒，將有坐困之虞。臣等現在通盤籌畫，撙節估計，年例額支，究竟應有餉項若干，方足敷衍。籌備邊務要端，尚須另請欵項若干，始能舉辦。俟得實在確數，當再具摺馳陳，籲求高厚。總之欲將地方應辦事宜擇要舉行，斷非財力不辦，至目前科布多需餉萬緊，事關大局，恐以停緩貽誤，自應叩求，敕由山西仍舊籌撥，暫顧燃眉之急。

所有懇請敕催經費各緣由，謹由驛五百里馳陳，伏祈皇太后、皇上聖鑒訓示實行。謹奏。

光緒二十六年十二月十九日拜發。

二十七年正月十六日奉硃批：戶部速議具奏。
二月二十九日遞回。

3. 請敕整頓台站摺

奏為蒙古台站漸形懈弛，亟應趕緊整頓，以重郵傳，免誤事機，繕摺具陳，仰祈聖鑒事。

竊查口外設立蒙古台站，專為接遞烏里雅蘇台、科布多、庫倫各城往來摺報公文暨轉運軍火餉項各差，至摺報尤當迅速馳遞，不容刻延，庶不失當初設台本意。乃今年自外人開釁以來，管台蒙員怠惰因循，毫無經理，致台務漸就懈弛。查從前科布多拜發摺件，無論冬夏，由京遞回。不過二十餘日，接遞尚為迅速。近則每每遲逾，即如臣等昨於九月十一日拜發奏事摺件，係行在軍機處於十月十二日交由陝西巡撫衙門加封發驛遞回。是月二十二日即到直隸萬全縣驛，而遲至十一月二十二日，臣等始行接到。查自陝西省城至張家口二千餘里，十日即能遞到，然覈與軍機處批明五百里字樣，已屬遲延，乃張家口至科布多係四千九百餘里，竟至行走三十日，稽覈里數日期，是蒙古台站耽誤無疑。惟查科布多遠在極邊，與俄接壤，自內地辦理軍務，邊防戒嚴，聲氣又復隔閡，一切籌畫布置，多須請旨遵行，全賴各台迅遞。刻下撫局尚未告成，設有特旨，敕交緊要事件，若任各台耽延，必致貽誤邊事。揆時度勢，不能不酌加整頓，總期早奉綸音，早得一日遵守。除科布多屬各台應由臣等嚴飭整頓外，相應請旨敕下烏里雅蘇台將軍大臣、察哈爾都統，即將所屬各台認真整頓，或稍加津貼，或量許獎勵，務使摺報公文隨到隨遞，毋得積壓。如果稍有耽閣，即行從嚴懲辦，似此稍加振作，或不致貽誤事機。

臣等為慎重郵傳起見，是否有當，謹繕摺具陳，伏祈皇太后、皇上聖鑒訓示。謹奏。

光緒二十六年十二月十九日拜發。

二十七年二月二十九日遞回。

奉硃批：著兵部迅飭該管將軍、都統認真整頓，以重郵政。

正月十七日

4. 整頓商人貿易驗票章程摺

奏為整頓商民貿易驗票章程，以申邊禁而杜弊端，繕摺具陳，仰祈聖鑒事。

竊查《理藩院則例》開：商人出外貿易，由察哈爾都統、綏遠城將軍、多倫諾爾同知衙門領取部票。該衙門給發部票時，將該商姓名及貨物、數目、所往地方、起程日期另繕清單，黏帖票尾，鈐印發給。一面知照所往地方大臣，不准聽其指稱，未及領取部票，由別衙門領用路引為憑，違者查出，照無部票例治罪。其商人部票，著該地方大臣查驗存案，務於一年內勒限催回，免其在外逗留生事等語。查科布多近年以來，貿易商人凡請領部票前來者，雖經該管衙門照例開列該商姓名、領票若干、貨馱若干、黏單票尾，知照臣等衙門存案備查。惟領票前來貿易各商，多有不入科布多城呈驗部票，竟自匿票潛往所屬各和碩貿易，即間有前來驗票者，亦僅為坐商，其行商迄無一人呈驗；漫無稽覈，任其越界漁利，盤剝蒙古，殊屬不合。自非重申例禁，設法釐整不可。正在核辦間，適准綏遠城將軍永德咨開：據本處商民稟，因現在京路不通，無從請領部票，商民以出藩貿易為生，請以上年餘剩部票，鈐蓋將軍印信，發給出藩貿易，暫行權變辦理，自係實情，應即照准。擬將本處餘剩部票，鈐蓋印信發給，後有不敷，暫由本處發給將軍印票，飭交該商，持往貿易，隨回隨繳等因，咨請查照前來。查該將軍變通辦法，雖為恤商起見，惟於該商匿票、繞越諸弊尚未議及，臣等忝膺邊寄，期於地方有益，自應先將積弊剔除，所謂去其害馬也。若僅申明定例，不過出示曉諭，仍屬具文。臣等悉心參酌，擬請嗣後凡有請領部票，前來科布多貿易商人呈請查驗，即由參贊衙門於該票加蓋印花，再行發交該商承領，以備回繳稽查，庶足以遏私販之來源，杜一切之弊竇，即與例意亦屬符合。如蒙俞允，應請旨敕下綏遠城將軍，轉飭所屬，即行曉示該商遵照，嗣後凡來科布多貿易，務於到時遵例將票先行呈驗，以便由參贊衙門加蓋印花，以嚴稽核。如仍前私行貿易，定當照例辦理，枷笞遞籍，貨物一半入官。其該商回繳部票時，如無科布多參贊衙門印花，即係隱漏，應將該商量加懲辦，以儆巧偽。

臣等為申邊禁、杜弊端起見，是否有當，謹繕摺具陳，伏祈皇太后、皇上聖鑒訓示。

再，現既據綏遠城將軍咨會變通辦法，自可暫行照辦，仍由臣等咨行該將軍轉飭該商，於所發之票呈驗時，仍舊加蓋科布多參贊衙門印花，以免兩歧，合併聲明。謹奏。

光緒二十六年十二月十九日拜發。

二十七年二月二十九日遞回。

奉硃批：該衙門議奏。

正月十七日

5. 請撤銷筆帖式春普保案片

再，查補驍騎校後，以防禦即補，先換頂戴，糧餉處筆帖式春普，從前差使尚勤，自補缺後，志氣頗懈，嗜酒廢公，且於言動亦多放縱。現當整頓之際，未便稍事姑息，致滋效尤。相應請旨，將該筆帖式春普，前請年滿回城，補驍騎校後，以防禦即補，先換頂戴保案即予撤銷，仍留營效力，以觀後效。

為此附片奏參，伏祈聖鑒訓示。謹奏。

光緒二十六年十二月十九日拜發。

二十七年二月二十九日遞回。

奉硃批：著照所請，該部知道。

正月十七日

6. 查驗官廠片

再，查科布多官廠牧放牛、馬、駝隻三項牲畜，前遵部議，整頓馬政章程，飭令該管蒙古員弁，認真經理，秋季派員稽查，年底奏報一次，節經循辦在案。本年八月間，業經派員查驗，該廠舊存馬一百十三匹，新收由烏里雅蘇台解到馬二百匹，共馬三百十三匹；舊存駝七百七十四隻；牛隻無存。除動用並例倒外，實尚存馬二百五十八匹，駝六百七十七隻，尚無缺額情弊，逐一烙印，仍飭該管協理台吉等妥為牧放，以備應用。

現屆年底，理合奏報，伏祈聖鑒。謹奏。

光緒二十六年十二月十九日拜發。

二十七年二月二十九日遞回。

奉硃批：兵部知道。

正月十七日

7. 採買耕牛請免照例價片

再，屯田應用耕牛，按現在市價至省需銀十二兩，而例定價止四兩，實屬採辦維艱。查從前各任皆按十二兩開銷，屢經戶部斥駁，自是無敢再言牛事者。故前大臣寶昌任此三年，從無奏咨添買耕牛之案，實則恐誤屯田。光緒二十四年間，確係照市價購買五十二隻，該價已於糧餉處墊給，仍亦未敢報部。現在十屯牛隻不敷耕作，必須再添百隻。據總管十屯事務換防參將祥祐稟請核辦前來。臣等查，屯田關係軍食，多資牛力，必須足數，係屬實在情形，自應准其添購。惟若必以例價相繩，不但無人敢（于）[於]承辦，即使責該參將以賠墊，似亦非政體所宜，更恐別滋弊端。且臣等稔知，巡撫袁世凱等所統武衛軍購買戰馬，皆蒙特恩，免照例價，實用實銷，況此邊城瘠苦之區，更非內地軍營可比，早在聖慈體恤之中。

合無仰懇天恩，准將科布多採買耕牛，按照市價，據實開報，並將寶昌任內墊款，一併作正開銷。庶從此購辦既易，管屯員弁無所畏難，耕穫更期得力，但使每年糧石溢收，則利益自在其中矣。

臣等愚見，未知是否，謹附片上陳，伏祈聖鑒。

再，十屯牛隻節年例倒之數，總未造報，已飭該參將詳加覈算，稟明咨部辦理。合併聲明。謹奏。

光緒二十六年十二月十九日拜發。

二十七年二月二十九日遞回。

奉硃批：戶部議奏。

正月十七日

8. 設立籌邊文案處片

再，現因辦理公事須防漏洩，已於臣瑞洵署內設立籌邊文案處，遴委妥實人員經理。凡遇重大事件，文牘均由臣隨時核示擬辦，期昭慎密。至例行公事，仍由各該衙門照舊辦理。

相應附片陳明，伏祈聖鑒。謹奏。

光緒二十六年十二月二十九日拜發。

二十七年二月二十九日遞回。

奉硃批：知道了。

正月十七日

9. 請將代放烏里雅蘇台台站卡倫餉項敕由該城自行籌放摺　附清單

奏為經費不繼，支款暫停，所有代放烏里雅蘇台所管台站、卡倫蒙古官兵餉銀，委屬力難兼顧，瀝陳實在情形，籲懇天恩俯准，敕由該管將軍自行籌辦，冀免貽誤而紓餉力，恭摺仰祈聖鑒事。

竊查烏里雅蘇台所管索果克等十六卡倫台吉、兵丁暨布古圖等七台台吉、兵丁，每年應支銀糧及卡倫春夏二季糧折煙茶等項，向由科布多代放，於倉庫項下動支，節經循辦在案。惟現在科布多庫儲虛竭，本年山西應解後一半經費，又未能按期報撥，滿綠兩營官弁、兵丁嗷嗷待哺，窮困不堪言狀。屯田台卡要需及一切例支，悉皆無項可指，商鋪挪墊已窮，且前欠未還，亦難多借，難窘情形，臣等仰屋空嗟，實苦點金乏術，昨於十二月十九日，業經拜摺具陳。

查此項烏里雅蘇台所管卡倫、台站應支銀糧，原應歸該城自行籌辦，乃前將軍等當日定議，考覈權衡，仍歸烏里雅蘇台主持，銀糧支放則委科布多辦理，意在自節餉項，並未統籌全局，本不得事理之平，殊欠公允。然同為國家地方公事，又何畛域之分？如果科布多庫欵充盈，臣等亦絕不存推諉。無如刻下局面，已實自顧不暇，萬無餘力他及。且台站係屬邊郵，卡倫多連俄界，在在喫重，又深恐以餉需頓乏或致疎虞。轉眼來春即屆請領之期，臣等竟不知如何支應，興言及此，焦灼萬分。再四籌維，該台卡應支糧石及茶煙各項，尚可由臣等設法照舊籌放，然山西省應協甎茶亦迄未能辦解，即此已形喫力。至所需餉項，為數一萬三千餘兩，實係無從籌措，謹將代放該台站、卡倫蒙古官兵銀糧各項數目，敬繕清單（衹）[祇]呈御覽。

合無仰懇天恩，俯念科布多經費不繼，窮迫萬艱，准將代放烏里雅蘇台所管卡倫餉銀等項，暫歸該城自行籌放，以免貽誤而紓餉力，出自鴻慈逾格。如仍應由科布多代放，則此項關係緊要，萬難停緩，惟求特敕戶部，迅即撥給銀兩以濟急需，伏候聖裁。

值此時艱，苟非勢到萬難，臣等亦不敢冒昧瀆奏，不勝憂慮，迫切待命之至，為此繕摺據實馳陳，伏祈皇太后、皇上聖鑒訓示遵行。謹奏。

光緒二十六年十二月二十九日拜發。

二十七年正月二十七日，奉硃批：戶部議奏，單併發。欽此。

接軍機處五月十八日知會。

謹將每年代放烏裏雅蘇台所管卡倫蒙古官兵銀糧茶煙暨台站蒙古官兵銀糧數目敬繕清單，（衹）[祇]呈御覽。

計開：

索果克卡倫圖薩拉克齊一員，台吉一員，兵五十名；

噶魯圖卡倫台吉一員，兵四十名；

哈克淖爾卡倫台吉一員，兵四十名；

達爾沁圖卡倫台吉一員，兵四十名；

烏魯圖淖爾卡倫圖薩拉克齊一員，台吉一員，兵三十名；

罕達蓋圖卡倫圖薩拉克齊一員，台吉一員，兵三十名；

哈韜烏里雅蘇台卡倫台吉一員，兵三十名；

鄂勒克鄂博卡倫台吉一員，兵三十名；

奇格爾素特依卡倫台吉一員，兵三十名；

博托果尼和曡卡倫台吉一員，兵三十名；

伯羅依奇格圖卡倫台吉一員，兵三十名；

鄂爾濟呼布拉克卡倫台吉一員，兵三十名；

奇奇爾噶那卡倫台吉一員，兵三十名；

津吉里克卡倫台吉一員，兵三十名；

薩木噶勒卡倫台吉一員，兵三十名；

額爾遜卡倫圖薩拉克齊一員，台吉一員，兵三十名，

以上十六卡倫，共設圖薩拉克齊、台吉二十員，兵五百三十名，通共一年應放鹽菜銀一萬一千四百六十兩；應放糧五百五十四石二斗三升二合；應放茶一千九十五塊；應放煙三千三百四十包。

阿勒達勒台管台台吉一員，蒙古字識一名，兵十一名；

博勒霍台兵十一名；

呼都克烏蘭台兵十一名；

依克哲斯台兵十一名；

巴噶哲斯台兵十一名；

珠勒庫珠台兵十一名；

布古圖台水手四名，兵十一名，

以上七台，共設台吉一員，兵八十二名，通共一年應放鹽菜糧，折銀一千七百五十七兩八錢六分五釐；應放糧七十四石三斗三升一合六勺；應放羊價銀七十兩，以上代放卡倫、台站餉項，共應需銀一萬三千二百八十七兩八錢六分。

10. 請將（見）[现]辦撫局敕由軍機處知會片

再，科布多地介西北邊陲，與內地聲氣不甚聯屬，向來邸報均不能應期遞到。自臣到任後，始經函商新疆撫臣饒應祺，屬飭官電局，按月彙寄京報，然已必須四十餘日，始克接讀，而於現在辦理撫局有無成議，仍無由而知。查科布多毗連俄界，邊防關重。若洋人尚可就欵，則防務自當較松；倘竟要求太甚，萬難允從，則一切備禦仍須妥為布置，

自難懈弛。然西北口外，兵備久虛，毫無可恃，與俄交涉，僅仗筆舌。臣到邊不及一年，已經唇焦管禿，其中為難，不敢瀆奏。臣愚擬刻下各國如已退兵，撫議有成，擬懇聖慈敕令軍機大臣，將現在情形擇要知會，俾臣等有所秉承，似於邊務有裨。

愚昧之見，是否可行，伏祈聖鑒。謹奏。

光緒二十六年十二月二十九日拜發。

二十七年正月二十七日奉硃批：依議。欽此。

五月十八日

軍機處知會。

六月二十四日接到。

《散木居奏稿》卷之五　門人鈴木吉武校字

卷之六　游刃集

斡難　瑞洵

光緒辛丑正月起，三月訖

1. 山西應協官茶遲無報解請旨敕催摺
2. 續調滿兵三名請由綏遠揀派片
3. 覆陳科布多應辦事宜請旨遵行摺
4. 再行密陳實在下情片　未用
5. 札哈沁（振）[賑]濟辦竣動用欵目開單具報懇免造銷摺
6. 崇凌請卹片
7. 揀補額外驍騎校摺
8. 調取駝隻摺
9. 具報十屯分數並官弁兵丁獎賞開單 [奏明] 摺
10. 請加撥經費片
11. 酌擬綠營換防全數換官減數換兵摺
12. 請除換防積弊片
13. 故貝子請賞祭摺
14. 防兵更換管帶片
15. 敬抒管見摺
16. 大學堂不宜開辦片

1. 山西應協官茶遲無報解請旨敕催摺

奏為山西省應行採辦官茶，遲無報解，擬懇天恩，敕催該省，照章協濟，以顧要需，繕摺具陳，仰祈聖鑒事。

竊查科布多蒙蕃錯處，賞賚多用甎茶，每屆五年，循案咨行山西巡撫，飭屬採辦一次，即由該省動欵造銷，辦理有年。查前大臣寶昌等，因採辦屆期，業於光緒二十五年三月間，奏奉批旨，當經咨行山西巡撫，飭屬照章採辦甎茶八千塊，趕即運儲歸綏道庫，並經該前大臣等派員前往領取，迄今將及二年，並無協解消息，而本城應放眾安廟及屯田卡倫各項蒙兵支項並綠營賞需，每歲所用甎茶總在三千餘塊，按季發放，刻難容緩。並查口外風俗，甎茶乃蒙古性命，功同五穀，一經欠缺，不啻斷炊。又兼軍興以來，庫欵萬分支絀，科布多常年經費，業經山西巡撫錫良奏請，暫行停解。本城去年後一半經費，即已逾期未撥，應放各項，現皆無法籌措。窮邊缺餉，情形已屬可危。儻使此項官茶再延時日，或亦一律停辦，則各處蒙古官兵無茶可放，益不聊生。科布多又無從籌欵自購，惟有仰懇天恩，俯念邊域瘠苦，需茶孔殷，請旨敕下山西巡撫，趕緊飭屬採辦甎茶八千塊，迅即運至歸綏道庫，以便本處委員領取，速解來營，以濟要需而支危局。

臣等為體恤蒙艱、保全地方起見，所有山西省應行採辦官茶，遲無報解，擬請仍由該省照章協濟緣由，是否有當？謹繕摺馳陳，伏祈皇太后、皇上聖鑒訓示。謹奏。

光緒二十七年正月十五日拜發。

本年三月二十一日遞回。

奉硃批：著岑春煊飭屬趕緊採辦報解。欽此。

二月十三日

2. 續調滿兵三名請由綏遠揀派片

再，科布多滿營換防官兵，每屆三年，由綏遠城更換一次，節經循辦在案。查此項官兵，前因升補章京、筆帖式，暨請假、咨回等項，遺出缺額八名。因值籌布邊防，需人急切，經臣等於光緒二十六年八月初七日專摺奏請：先期由綏遠城調補，業經奉旨允准，欽遵在案。現又出有新補筆帖式，遺出三額，並應奏明調補。

伏查科布多額設滿營換防官兵僅止十七名之數。除去先後所遺缺額十一名，現在祇餘六名，實屬事繁人少，不敷差委。且現值整頓，一切相需尤殷，相應請旨，敕下綏遠城將軍，再行揀選明白公事、通曉滿蒙文義、書寫端楷之兵三名，並照章另派換防帶兵驍騎校一員，與前次調補之兵八名，一併造具履歷清冊，飭交該換防驍騎校管帶，迅速由驛前來。其該各兵到防三年例保，應扣歸下屆另行辦理。

除將開除官兵旗分銜名，咨行綏遠城將軍查照並咨部外，所有續調防兵暨帶兵驍騎校緣由，理合附片具陳。伏祈聖鑒訓示施行。謹奏。

光緒二十七年正月十五日拜發。

本年三月二十一日遞回。

奉硃批：著奎成照章派撥前往。欽此。

二月十三日

3. 覆陳科布多應辦事宜請旨遵行摺

奏為遵查科布多應辦事宜，據實覆陳，請旨遵行，恭摺仰祈聖鑒事。

竊臣奉命出鎮邊疆，自維才力庸虛，驟膺艱鉅，夙夜戰兢，深以不克勝任為懼。上年正月陛辭之時，荷蒙懿旨，以地方緊要，時事艱難，令將練兵、墾田、開鑛三端任勞任怨，認真辦理。其餘應辦事宜，均須體察情形，隨時奏明等諭。嗣于上年十一月二十二日接到遞回瀝陳下情之摺，又奉硃批，即著將地方應辦事宜，認真整頓之旨。仰承訓諭，欽悚難名。

伏維臣去夏六月接任，即因開蕐，遵旨備邊，日不暇給。僅將鑛務情形繕摺敬陳，未遑他及。近復詳加體察，反復籌商，確見練兵、墾田二端，誠為邊防最大之政；其次則畜牧亦屬要圖，均宜加意經營，及時興舉。而目下亟應籌畫布置不容延緩者，尤在索歸烏梁海借地，仍還原旗，並安插蒙古、哈薩克一事。其中緩急機宜，實為邊疆大局所系。略陳梗概，伏候聖裁。

科布多近二十年民夷錯處，良莠混淆。蒙古性懦而近愚，哈薩克勢眾而多悍，俄之恣橫更不待言。而竊匪莠民又每狡焉思逞。且遇有命盜案件，哈夷惟欲私結。若必以法律相繩，即聚眾恃強，抗不遵斷。蓋深窺底蘊，知無兵力以制之也。兼之壤接新疆，本（猧）[回]匪出沒之地，往年綏來之變，覆轍方遒，更復時虞蠢動，儻或倉卒有警，軍隊毫無，不能彈壓其患，何堪設想？至地方敷衍難恃，自宜妥為置防。即俄人要約雖堅，究應暗為設備。綜計數者，縱使損之又損，亦必須添練蒙漢勁旅千余人，方敷鎮撫之用。勇營尤不可無，此兵必須練，不能不預為陳明者也。

科布多屬地不乏膏腴，既欲為邊地策治安，必先為士卒謀生聚。恭讀康熙、乾隆年間諭旨，屢於科布多可墾之處，申命再三。是邊地可耕，早垂聖訓。況臣前奉諭旨，諄諄以墾田為必辦之事，尤難置為緩圖。且烏蘭古木、布倫托海、察罕淖爾布拉罕河、青格里河、額爾濟斯河等處又皆有舊跡可尋。徒以籾辦需費甚鉅，蒙古又無力自謀墾種，以致天地自然之利，莫開其源。現值外患頻乘，我不自籌，恐彼族將攘臂而爭，妄思侵佔，轉致難於拒絕。此田必須墾，亦宜預為陳明者也。

口外之地，畜牧為蒙古命脈，駝馬牛羊皆所必需。雖舊章有調取駝牛之例，哈薩克有交馬之條，今時事迥殊，並難規復。僅此數百駝馬，即支差尚有不敷，何能望其（蕃）[繁]衍？今欲整理，和碩既非富足，捐（輪）[輸]勢不克行，自不能不資購買，然亦必須仿照伊犁孳生廠辦法，方有利益。故將軍長庚曾因試辦，專疏請撥屯牧經費，今已卓著成效。此畜牧必須請求，亦宜預為陳明者也。

至所屬哈薩克，自歸科布多以來，統計三四千戶，查奏案約二萬餘名口。迄今四出為患，尚未安置妥地。暫令雜居于烏梁海遊牧，已非舊制。前曾奉旨，准其收撫，即應早籌完策。哈夷性多疑慮，旋聚旋潰，且攘竊成風，漫無約束，往往百十成群，聯鑣疾走，殺掠人畜，常啟爭端，官法竟不能制。苟非擇地安插，徐施教養，並濟恩威，終慮野性難馴，萬非久安之道。然欲為哈夷謀綏輯，則阿爾泰山地方，即未便任令塔爾巴台久假不歸。今若再任藉延，不即索取，哈固未為如願，蒙亦豈能甘心喧賓奪主之嫌？積久必成仇隙。此借地必須索還，亦宜預為陳明者也。

現值大亂甫定，正懲前毖後、力圖振作之時。且科布多切接俄疆，見聞較近，若于應辦事宜，仍事因循，毫無進步，不惟重貽邊患，實足見笑強鄰；況地方廢弛太深，已有江河日下之勢，成法自須維繫，積習尤必埽除。惟此四者，事端繁要，措置維艱，苟非聖明主持，部臣協力，臣駑鈍，斷難興廢舉墜，宏此遠謨。謹先體察情形，據實覆奏，應否設法釐章，妥慎擬辦之處，惟有籲懇聖慈特賜宸斷，俾有遵循。祇俟欽奉（俞）［諭］旨，當再由臣詳悉斟酌，逐漸整理，縱需稍資財力，亦當勉體時艱，總期於國計、邊籌兼權並顧，仰副深宮圖強之意，少贖臣貽誤之愆。

所有遵查科布多應辦事宜，請旨遵行緣由，是否有當，謹繕摺據實覆陳，伏祈皇太后、皇上聖鑒訓示。謹奏。

光緒二十七年二月初三日拜發。

光緒二十八年二月初八日遞回。

奉硃批：所陳各節著即妥籌經費，再行次第舉辦，以收實效。欽此。

十二月初六日

本日，貴大臣具奏摺件系二月間拜發。何以遲至本月始到？相應知會貴大臣查明咨覆可也。為此知會。

十二月初六日

4. 再行密陳實在下情片　未用

5. 札哈沁(振)［賑］濟辦竣動用
欸目開單具報懇免造銷摺

奏為札哈沁台站（振）［賑］濟，並添補駝馬，辦理完竣，謹將動用欸項，繕單具陳，籲懇天恩，准免造冊報銷，以歸簡易，恭摺仰祈聖鑒事。

竊前因札哈沁疊報被災駝馬牛羊倒斃殆甚，無力支應台差，請籌

（振）［賑］濟等情。前大臣寶昌未及覈辦，移交前來。臣等派查屬實，當於光緒二十六年七月初六日具摺奏明籌歀（振）［賑］濟，並添補牲畜，以保台站。嗣承准軍機大臣知會，奉旨：該衙門知道。欽此。臣等拜摺後，當即揀派候補筆帖式景善、附生崔象侯，帶領通事官兵輕騎減從，並發給該委員、通事官兵等盤費，前往札哈沁沿台查明辦理，不准擾累。並因酌恤銀兩，又恐蒙古隨手妄用，改擬放給羊隻，較有實際。計每官兵均分給乳羊七隻，俾資養贍家口，復經按台添給駝五隻、馬十匹，以供差徭。計自去年七月十二日辦起，至八月二十九日一律辦竣。

該台站官員兵丁均霑實惠，無不感頌皇仁，歡聲雷動。據該委員取具各台領結，暨該總管等印文呈報，至三項牲畜系由科布多城市採買，均飭勉照例價開銷，且較之光緒十年撫恤蒙哈准銷成案，採買價值均有減少，尚屬覈實。統計（振）［賑］濟台站放給羊隻，暨該八台買補駝馬價值，並委員官兵等應支盤費，實共用銀二千六百四十一兩一錢二分。查此歀前已奏請，動支餘糧千石變價，計得銀二千五百兩，尚不敷銀一百四十一兩一錢二分，已由糧餉處扣平項下提撥發給。

茲將動用歀目，謹繕清單，祇呈御覽，仰懇敕部查照備案。事關藩部，用款無多，應乞天恩邀免造冊報銷。

除咨部外，為此繕摺具陳，伏祈皇太后、皇上聖鑒訓示。謹奏。

光緒二十七年二月初八日拜發。

本年四月十一日遞回。

奉硃批：著照所請，戶部知道。單併發。欽此。

三月初六日

謹將（振）［賑］濟南八台札哈沁蒙古官兵採買牲畜，暨委員官兵盤費，動用銀兩，繕具清單，敬呈御覽。

計開：

一、收由科布多倉儲提用年遠餘糧一千石，按照例價，變賣銀二千五百兩；

一、支由科布多街市購買駱駝四十隻，每隻價銀三十四兩二錢，共銀一千三百六十八兩；

一、支由科布多街市購買駱馬八十匹，每匹價銀七兩五錢三分，共銀六百二兩四錢；

一、支由科布多街市購買乳羊五百六十隻,每隻價銀一兩一錢,共銀六百十六兩。

以上購買三項牲畜,共需用價銀二千五百八十六兩四錢。

一、放搜吉台駱駝五隻、駱馬十匹,委章蓋一員、兵九名,每員名乳羊七隻;

一、放察罕佈爾噶蘇台駱駝五隻、駱馬十匹,委章蓋一員、兵九名,每員名乳羊七隻;

一、放達布索圖淖爾台駱駝五隻、駱馬十匹,委章蓋一員、兵九名,每員名乳羊七隻;

一、放那林博勒齊爾台駱駝五隻、駱馬十匹,委章蓋一員、兵九名,每員名乳羊七隻;

一、放依什根托羅蓋台駱駝五隻、駱馬十匹,委章蓋一員、兵九名,每員名乳羊七隻;

一、放札哈布拉克台駱駝五隻、駱馬十匹,委章蓋一員、兵九名,每員名乳羊七隻;

一、放錫博圖台駱駝五隻、駱馬十匹,委章蓋一員、兵九名,每員名乳羊七隻;

一、放鄂隆佈拉克台駱駝五隻、駱馬十匹,委章蓋一員、兵九名,每員名乳羊七隻。

以上八台共放給駱駝四十隻、駱馬八十匹、乳羊五百六十隻。

一、支委員二員,每員月給盤費銀六兩,由七月十二日起至八月二十九日止,計一箇月十八日,共銀十九兩二錢;

一、支通事一名,月給盤費銀三兩,由七月十二日起至八月二十九日止,計一箇月十八日,共銀四兩八錢;

一、支隨帶差遣兵八名,每名月給盤費銀二兩四錢,由七月十二日起至八月二十九日止,計一箇月十八日,共銀三十兩七錢二分。

以上放給各台官兵三項牲畜採買價值暨委員官兵盤費,共合用銀二千六百四十一兩一錢二分,除將倉糧一千石變價銀二千五百兩動用外,尚不敷銀一百四十一兩一錢二分,已由科布多糧餉處扣平項下提補。合併聲明。

6. 崇淩請卹片

再，辦理軍務、防務，積勞身故人員，例准給卹。茲查有補用驍騎校額外驍騎校崇淩，自去夏布置邊防，即委該員在籌防處充辦事官，並因試行清野之法，派員分查，又委該員赴烏梁海一路閱視。維時正當八月，風雪載塗，罔辭寒苦，以致感疾，回營遽歿。該員人極樸實，殊堪憫惜。查烏里雅蘇台、科布多辦事向均按照軍營規制，現在尚未撤防，相應請旨，將該驍騎校崇淩照軍營積勞病故例，交部議卹。

出自天恩，理合附片陳請，伏祈聖鑒。謹奏。

光緒二十七年二月初八日拜發。

本年四月十一日遞回。

奉硃批：著照所請，該部知道。欽此。

三月初六日

7. 揀補額外驍騎校摺

奏為揀補額外驍騎校員缺，仰祈聖鑒事。

竊查科布多成防滿營設有額外驍騎校二缺。遇有缺出，向由臣等揀員充補。茲查額外驍騎校崇淩據報病故，所遺之缺，查有委署筆帖式錫麟圖，翻譯通曉，當差克勤，勘以擬補。如蒙俞允，應俟該員三年期滿回綏遠城後，以驍騎校補用，其應找支銀糧，俟以奉旨之日開支，仍遇有差便，給咨該員赴部引見。

為此謹奏。

光緒二十七年二月初八日拜發。

本年四月十一日遞回。

奉硃批：著照所請，該部知道。欽此。

三月初六日

8. 調取駝隻摺

奏為科布多官廠駝隻不敷應用，援案請由烏里雅蘇台調取，以供要需，恭摺具陳，仰祈聖鑒事。

竊臣等前據駐班處公銜三等台吉色呼窜等呈：據管理官廠協理台吉沙克都爾札布申稱，官廠存駝為數現本無多，且差務繁重，並無緩歇，更兼迭次因災報倒甚多，不敷應差等情，祈請轉呈嚴辦前來。查該廠牧放駝隻，每年春夏，採運木植，修造農具，兼運秋冬屯田收糧暨赴古城採買官兵糧糈，並備補立各項例倒之用，據稱不敷應差，係屬實在情形。向章科布多官廠駝隻，每遇不敷使用，應由臣等咨商烏里雅蘇台將軍，由所屬孳生群內調取，節經辦理在案。現因科布多整理一切，差務倍增，若必往返咨商，誠恐緩不濟急，有誤要需，自應先行具奏。除仍一面咨明烏里雅蘇台將軍查照外，應懇天恩，敕下烏里雅蘇台將軍，即由所屬孳生群內，飭令揀撥口輕臕壯騸駝二百隻，派員護送前來，以資應用。

理合繕摺具陳，伏祈皇太后、皇上聖鑒。謹奏。

光緒二十七年二月初八日拜發。

本年四月十一日遞回。

奉硃批：該衙門知道。欽此。

三月初六日

9. 具報十屯分數並官弁兵丁獎賞開單[奏明]摺

奏為具報屯田收穫糧石分數，照章請將該管官員兵丁分別給予獎賞，繕單奏陳，仰祈聖鑒事。

竊查科布多光緒二十六年所種屯田十分，共收三色糧六千三百三十一石五斗。臣等當派筆帖式景善，會同統轄屯田參將世襲騎都尉祥祐等，將所收糧石內揀擇乾潔三色糧七百石收入屯倉，以為今年籽種，其餘糧石均運交城倉收納。查例載種地官兵各視其收穫糧石分數，量加鼓勵等語。此次該屯田總管、專管千總、把總，蒙古總管、專管參領，驍騎校、委章京及綠營、蒙古兵丁應得議敘賞項，據屯田參將世襲騎都尉祥祐呈請彙辦前來，臣等覆覈無異。

應懇天恩，將該屯田參將祥佑交部，照例議敘，其官弁兵丁謹繕清單，恭摺具陳，伏祈皇太后、皇上聖鑒，敕部（覈覆）〔覆覈〕施行。謹奏。

光緒二十七年三月初十日拜發。

本年五年十五日遞回。

奉硃批：該部知道，單併發。欽此。

四月初十日

謹將光緒二十六年十屯收成分數暨官弁兵丁應給議敘賞項，敬繕清單祇呈御覽。

計開：

發領籽種小麥三百八十石，今收小麥四千七百八十三石五斗；

發領籽種青稞二百五十石，今收青稞九百一十五石；

發領籽種大麥七十石，今收大麥六百三十三石。

查每歲十屯地內，例應動用籽種糧七百石。上年連籽種共收穫三色糧六千三百三十一石五斗，統計收成分數在九分零四毫五絲。今將所收三色糧石，仍照舊例，存留籽種七百石，收入屯倉外，其餘糧五千六百三十一石五斗均收入城倉訖。

統轄屯田直隸昌平營參將世襲騎都尉祥祐、總管屯田宣化鎮屬多倫協中營千總傅鎮海、總管屯田宣化鎮標右營把總盧慶雲，以上三員均係屯田員弁，統計十屯收成分數在九分零四毫五絲，均應交部議敘；

專管二、三、四屯宣化鎮屬張家口營膳房堡把總趙金鼇，所管四屯，拉展收穫糧石在七分九釐四毫二絲零，應毋庸議敘；

專管五、六、七屯宣化鎮標城守營把總李明，所管三屯，拉展收穫糧石在九分四釐一毫八絲零，應交部議敘；

專管八、九、十屯宣化鎮屬張家口營洗馬林堡把總丁喜，所管三屯，拉展收穫糧石在十分零一釐四毫，應交部議敘；

總管頭、二、三、四、五屯委署蒙古參領阿畢爾米特，所管五屯，拉展收穫糧石在八分三釐九毫八絲零，應毋庸給賞；

　　總管六、七、八、九、十屯委署蒙古參領圖佈敦，所管五屯，拉展收穫糧石在九分六釐九毫一絲零，應給二等，賞小彭緞一疋；

　　專管頭、二屯委署蒙古驍騎校察杭班第，所管兩屯，拉展收穫糧石在九分五釐九毫九絲零，應給二等，賞小彭緞一疋；

　　專管三、四屯委署蒙古驍騎校濟克札布，所管兩屯，拉展收穫糧石在六分二釐八毫五絲零，應毋庸給賞；

　　專管五、六屯委署蒙古章京圖們額爾哲依，所管兩屯，拉展收穫糧石在九分六釐二毫四絲零，應給二等，賞小彭緞一疋；

　　專管七、八屯委署蒙古章京那木濟勒多爾濟，所管兩屯，拉展收穫糧石在九分八釐零三絲零，應給二等，賞小彭緞一疋；

　　專管九、十屯委署蒙古驍騎校札木色楞，所管兩屯，拉展收穫糧石在九分九釐一毫，應給二等，賞小彭緞一疋。

　　收穫糧石在十分、十一分以上二、五、八、十屯綠營兵三十二名，每名應給頭等，賞銀一兩五錢；蒙古兵一百名，每名應給頭等，賞茶二塊、煙二包；

　　收穫糧石在九分以上六、七、九屯綠營兵二十四名，每名應給二等，賞銀一兩；蒙古兵七十五名，每名應給二等，賞茶一塊、煙二包。

　　以上共賞銀七十二兩，除扣二成銀十四兩四錢外，實賞銀五十七兩六錢；共賞小彭緞五疋，每疋折布八疋，每布一疋，折銀三錢三分，共合銀十三兩二錢，除扣二成銀二兩六錢四分外，實賞銀十兩五錢六分。共賞（銀）[煙]二百七十五塊，共賞煙三百五十包。

10. 請加撥經費片

　　再，臣等前因山西省將經費停解，餉源頓涸，邊事可危，因知烏里雅蘇台將軍連順等有奏請改撥之議，即經咨商併奏，旋准覆稱，於二月二十六日附片代陳，懇恩敕部，另為籌撥有著的欵並鈔錄片稿咨會前來。據原奏所稱，科布多常年經費僅言大數五萬餘兩。茲查每年山西省應協常額經費銀三萬三千三百三十三兩零，續添經費銀四千兩，加增鹽菜銀一萬兩。又該省分還舊欠銀二千五百兩，直隸省應協經費銀二千五百兩，統共銀五萬二千三百三十三兩零。而山西還欠之銀，係應帶歸商墊及台費欠欺，隨入隨出，向不作別項開支，近年間亦挪用，然一年止應算有經費四萬九千八百三十三兩零而已，此外再無別省協濟。統計每年應放額支各項共需銀數，實已極力撙節，而遇閏月應加放銀三千五百餘兩，又並無奉撥，加給閏欺尚須騰挪墊補，覈計一年連閏拉展共需銀五萬一千九百餘兩，已不敷銀二千零八十餘兩。且去秋籌布邊防，以差委乏人，復經奏添糧餉處幫辦章京一缺，糧餉、印務、蒙古三處筆帖式各一缺，此四員一年又需加放鹽菜加增銀六百五十兩零，即又增支銀六百五十兩零，所入者止此四萬九千八百餘兩之數，所出者乃在五萬二千五百餘兩之數，實在不敷銀二千七百餘兩。此外尚有雜支、活支各項，則應就事覈定，難以預知確數。計再得銀四千兩，即可敷衍，而向遇另案籌辦之事，均係另撥部欺。如從前駐練蒙兵、辦理安撫蒙哈事宜、修理城垣倉庫工程或二三十萬、或七八萬、或數千兩不等，皆不與焉。此蓋朝廷衡量重輕，經權互用，既嚴定額餉以節敘，復寬籌用欺以治邊。一歸覈實，兩無偏廢。今者就事論事，自不敢於常年餉項遽請多加，而此蒂欠區區數千，實不能不呼籲聖明，量求增益。可否仰懇天恩，再於每年加撥銀四千兩，俾資補苴。刻計將軍連順等代陳奏片，已邀御覽，應請敕下戶部，將臣等此次所請，一併覈議具奏，出自逾格慈施。

再，直隸去年欠解銀二千五百兩與今年應解銀二千五百兩，均難指准。應否照協，抑應另撥，亦應請由部覈定。

臣等為急切需餉以支邊局起見，是否可行，謹附片詳陳，伏祈聖鑒。謹奏。

光緒二十七年三月初十日拜發。

本年五月十五日遞回。

奉硃批：戶部議奏。欽此。

四月初十日

11. 酌擬綠營換防全數換官減數換兵摺

　　奏為綠營官兵戍防班滿，照案全數換官，減數換兵，循章先期奏陳，仰祈聖鑒事。

　　竊查科布多額定綠營戍守換防屯田官十員、兵二百二十四名，向由直隸總督、山西巡撫分別揀派，每屆五年班滿，官弁全數更換，兵則酌留一半，教引新換兵丁屯田，以期得力，其餘一半，仍由該省更換，疊經奏辦在案。茲據管帶換防兵丁屯田參將世襲騎都尉祥祐呈稱：科布多換防官兵向係於五年期滿時，兵丁換半留半，官弁全數遣回更換。前於光緒十七年班滿，經前大臣沙克都林札布等奏請，變通辦理，官弁仍舊全行更換，兵丁暫留一班，俟下屆再行更換。一再奏陳，奉旨交部議奏。嗣經兵部覆准，奏奉諭旨：依議。欽此。迨光緒二十二年班滿，復經前大臣魁福等奏請，遵照烏里雅蘇台奏准成案，官弁全換，兵丁按一半之半更換等因。奏咨辦理亦在案。

　　茲查現在換防官兵，自光緒二十三年十一月十五日到防之日起，連閏扣至光緒二十八年九月十五日，係屆五年班滿，應如何更換之處，先期呈請核奏前來。臣等伏查，該弁兵等遠戍寒邊，備嘗艱苦，祇以積習頹惰，驟難轉移，自經臣等隨時整飭，屯田差操，不容懈弛。去夏遵旨辦理邊防，該弁兵奉委，分駐台卡偵探，並演練槍械，較前漸資得力，若撤換一半，即應遣回一百一十二名，遽易新兵，又須從新教練，誠恐徒滋勞費，無裨操防。且每換一班，往來萬程，人數較多，台站支應亦極喫力，似可通融辦理。第若竟行停換，又與向例不符，惟有仍照上屆兵丁更換一半之半辦法，酌換兵五十六名，其屯田官十員仍舊全換，似尚輕而易舉，且於舊章亦無偏廢。

　　合無請旨，俯准照辦。實於邊防台站均屬有益無損。如蒙俞允，當由臣等咨行直隸總督、山西巡撫遵照辦理，並造具應換官兵銜名清冊，分咨查照。

　　理合繕摺陳請，是否有當，伏祈皇太后、皇上聖鑒訓示。

　　再，向遇辦理換防，往返咨會，路逾萬里，且屢煩文牘，及至官兵到防，總在一年有餘，必須先期奏請。合併聲明。謹奏。

光緒二十七年三月初十日拜發。

本年五月十五日遞回。

奉硃批：著照所請，該部知道。欽此。

四月初十日

12. 請除換防積弊片

再，科布多換防戍守綠營官兵，每屆五年，向由直隸宣化、山西大同兩鎮查照咨文，按額挑補，交換防參將、游擊督率千總、把總、管帶來防。惟歷次換防兵冊均由千總等造呈，其宣化、大同兩鎮印冊咨到太遲，其中百弊叢生，有已派來防不願遠戍，（倩）[請]人代替者；有未派來防而願到戍，買缺充補者，均由千總等任意抽換，非其宗族，即其親故，大都莊農小貿、無賴流民，以致到防後，一經考驗技藝營規，毫不知曉，似此有名無實，殊失戍守本意，更安望其馴習紀律、毗益操防耶？此種情形，經前烏里雅蘇台將軍崇歡奏明在案，科布多如出一轍，相應請旨，敕下直隸總督、山西巡撫，轉飭宣化、大同兩鎮，嗣後科布多再屆換防，應先由該鎮認真挑選，不得假手營弁，一經定妥，即先造具名冊，飛咨臣等查照，以備防兵到戍，即憑該鎮之冊，點驗收伍。如此略加釐整，或可稍杜假冒，冀收實兵之用。儻該鎮依前疏懈，任憑管帶防兵之千把等舞弊，仍以衰劣充數，臣等即當按名駁回，如情形較甚，並當據實奏明辦理，決不稍涉瞻徇。如蒙聖明以為可行，伏候命下，臣等應即欽遵。此次即如此辦理，臣等係為剔積弊，以求實際起見。

除分咨外，理合附片直陳，伏祈聖鑒訓示施行。謹奏。

光緒二十七年三月初十日拜發。

本年五月十五日遞回。

奉硃批：著照所請。欽此。

四月初十日

13. 故貝子請賞祭摺

奏為奏請事。

竊據杜爾伯特左翼暫護盟長印務協理台吉達勒錦呈報：本部落正盟長札薩克固山貝子察克都爾札布，於光緒二十六年十一月二十七日，因病出缺等情呈報前來。臣等恭查，道光二十八年間，接准理藩院咨開：嗣後土爾扈特、杜爾伯特、霍碩特汗、親王、郡王、貝勒、貝子病故，照依新定條例，由各該城具奏，就近著大臣一員，帶領章京等，前往奠祭等因在案。今杜爾伯特左翼盟長札薩克固山貝子察克都爾札布病故，自應遵照，由臣瑞洵帶領章京一員，前往致祭。所有應需羊、酒價銀，照例由科布多公項動用，彙咨戶部覈銷。

應請敕下理藩院，轉咨內閣，即行撰擬滿洲、蒙古祭文一（分）[份]，由驛頒發前來，以便遵照辦理。

為此繕摺具陳，伏祈皇太后、皇上聖鑒。謹奏。

光緒二十七年初十日拜發。

本年五月十五日遞回。

奉硃批：該衙門知道。欽此。

四月初十日

14. 防兵更換管帶片

再，查管帶防兵駐紮烏蘭古木，杜爾伯特左翼正盟長固山貝子察克都爾札布現報病故，管帶一差自應另委。查有杜爾伯特札薩克多羅郡王圖柯莫勒堪以接帶。又察克都爾札布所遺正盟長一缺，尤關緊要，已飭杜爾伯特左翼副將軍達賚汗噶勒章那木濟勒暫行署理，仍俟揀選妥協，再行請簡。查該汗前派分帶防兵，駐守科布多，茲既委署盟長事務，應飭回旗辦事。另檄杜爾伯特札薩克鎮國公多諾魯布前來接帶，均責成嚴緝賊匪，彈壓地方，用期靜謐。

除咨部院查照外，謹附片陳明，伏祈聖鑒。謹奏。

光緒二十七年三月初十日拜發。

本年五月十五日遞回。

奉硃批：該衙門知道。欽此。

四月初十日

15. 敬抒管見摺

奏為敬抒管見，披瀝直陳，仰祈聖鑒事。

竊臣於本年二月十一日，奉到新疆轉遞軍機處要電，祗讀光緒二十六年十二月初十日上諭：自播遷以來，皇太后宵旰焦勞，朕尤痛自刻責，深念近數十年，積習相仍，因循粉飾，以致成此大衈。現正議和，一切政事尤（須）[需]切實整頓，以期漸圖富強，懿訓以為，取外國之長，乃可補中國之短；懲前事之失，乃可作後事之師。著軍機大臣、大學士、六部、九卿、出使各國大臣、各省督撫，各就現在情形，參酌中西政要，各抒所見，通限兩箇月，詳悉條議以聞，再由朕上稟慈謨，斟酌盡善，切實施行等因。欽此。仰見深宮憂勤惕厲，一意振興。臣寄重籌邊，心殷報國，處班超之地位，未建厥功；乏汲黯之忠誠，徒師其戇。茲荷廣咨下問，察納邇言。臣昔叨詞職，曾侍講筵，值此時艱，曷敢尚安緘默？

竊維政事之得失，為國家興替所關；人心之公私，與天下安危相感。伏見近年以來，聖明在廷而權要黨局已成，時勢咎徵早伏，幹事初無識力，挾私逞臆偏激，適以誤國家，居心本鮮公忠，濟惡工讒昏憒，因而亂天下，附合傳染，靡焉從風，群策群力，共欺朝廷，以助成此非常之災、不治之症。

臣每一念及，未嘗不太息痛恨於主謀諸臣也。今者大局甫定，欲圖挽回，要宜先識其受病之原，然後始施方劑，否則藥雖偶效而疾難遽瘳，非上醫也。命議諸條，事關重大，諒中外諸臣自有嘉謨。茲就臣愚慮所及，確知其有礙整頓者，約有四端，臚陳乙覽：

一曰繆見。閉關絕使，既不能行；互市通商，早成刱局，且中國邊海要地，或借或讓，多為外人佔居，是交涉不容再不讓求矣。而今之士大夫仍諱言洋務，壹安蒙昧。殊不知外國之政藝，仍我朝廷往昔之遺規。雖彼服色不同，而其富國強兵之術，睦鄰固圉之方，未嘗不堪擇取。若必虛憍頑固，徒執攘夷之高論，詡禦敵之勝算，何以朝日之役與去年之戰，我皆未能獲勝而彼乃益稱雄？此中究竟，不待智者而知。此次大變，即壞於十數王、大臣狃於成見，誤國殃民，致茲鉅創。再不改悔，終難久安，此謬見宜化。

　　一曰空理。趨騖虛名，久成痼習。主戰為君子；主和為小人，此本千百年來迂腐不通、誤人家國之談。真忠愛者，必能揆時度勢，斷不恃血氣之勇，視朝廷如孤注，輕於一擲而貽宗社無窮之隱憂。故大學士曾國藩當同治年間辦天津教案，力持不可開釁，實盡臣謀國之忠，當諒其心而不能訾其過，往事蓋可徵也。今之言戰者，憒然於外交無論已。且有稍悉情勢者，明知不敵，姑為大言以欺世，特殉清議以盜名，每謂中華廣土眾民，區區島夷殘可一鼓。庸詎知兵家者言：知己知彼，百戰百克。縱我不知彼，亦當知我之可恃與不可恃。今乃不自度量，輕談兵事，敺不練之卒，妄與強國爭鋒，輒云洋人必須打，而將卒惰弱不知也。戰事不應和，而社稷顛危不顧也。弄兵輦轂，喋血京師，卒使兩宮出狩，九廟震驚，闔閭成墟，衣冠填壑。縱聖恩寬大，未盡誅夷，彼首禍助虐諸臣，清夜捫心，其將何以自處乎？講空理而貽實害，至於如此。臣早年亦執偏論，近則多更世變，深悟其非。此空理宜戒。

　　一曰訛言。禮義不愆，何恤人言？而今之肯任事、能極諫者，則不能不費躊躇、多瞻顧。蠹弊所在官府，吏胥窟穴其中，黨堅勢固，偶遇有心人建議革除，其作弊者則恐敗露而包庇必力，而護弊者且肆謠諑，而傾陷旋加，蜚語中傷，深於矛戟。騰章交劾，迅若雷霆，或罪以亂政，或毀其更章，甚且誣為徇私，指稱通賄，憑空結撰，眾口鑠金，遂使忠秉苦忱，轉無以求諒於君父。即有一二敢言之士，亦惟隱情惜己，自效寒蟬，坐令因循敷衍之積成風氣，此尤世道之憂，朝廷所宜留神省察，而懸為厲禁者也。此訛言宜懲。

　　一曰流弊。中國之弊莫甚於此時矣。陷溺已深，牢不可破。有一事，即有一弊，欲興利恒致弊生，馴至利未見而弊先滋，甚且止見弊而不見利，舉良法美意，悉皆牿亡於無形。而認真除弊者，乃以投鼠生嫌，枉被紛更之謗，因仍故步，舞弄如初，臣深惜之。即以倏奏而言，朝廷息兵悔禍，詔求直言，何等真切？而大臣仍不言，使小臣言。小臣率草茅新進，諳諫未深，更無貫中外、達經權之真學識，不過摭拾浮辭，鈞取虛譽，或妄肆抨彈，或巧為嘗試，甚或滿懷私曲，偽託義憤以沽直聲，一意熱中，實熟揣摩，以干當路，席珍求聘，情見乎辭。古今上書挾策者流，強半如此。此弊不杜，將群言競進、真偽雜投，恐康梁邪說，漸且羼入其中，其害將中於人心、風俗，而不可救藥。此固言路一端，而凡事大都類此，斯即偏於謬見，惑於空理，淆於訛言，而日積月累，醞釀以成之者也。此流弊宜防。

以上四者，皆人心之大患，政事之酷毒，亦即天下國家致敗之由，召亂之本。使不爬羅擯剔，極力禁除，就令敕議諸政，一一舉行，恐仍不免搖撼阻撓，有妨致治。用敢籲請宸衷獨斷，可否先於此四者，特降諭旨宣示中外：通飭嚴誡，懲既往以戒方來，伏候聖裁。臣亦知此言一出，必將不利於人口。然苟利國家死生，以之身名又何足慮？

臣既有所見，不敢不言，亦不忍不言，是用繕摺披瀝直陳，伏祈皇太后、皇上聖鑒訓示，無任激切憂憤之至。謹奏。

光緒二十七年三月初十日拜發。

本年五月十五日奉旨：留中。欽此。

四月初十日

16. 大學堂不宜開辦片

再，臣又有陳者，前奉上諭，敕令中外大臣，參酌中西政要，條議應因應革事宜，誠屬強國之轉機、濟時之勝算。慈意至明至決，曷勝欽悚？惟臣愚見，歐美諸邦無不右武，故於訓練兵士，殫誠竭慮，考究必精，日新月異，不僅以火器爭雄。我於此時懲前毖後，取彼之所長以補我之不及，則詰戎實為先急，而緊要關鍵武備學堂不能不開。宜先於天津原有學堂，量加宏擴規模，視諸京師大學堂，其文學堂似可暫緩，並舉人才雖在學校，但吾華讀書之子，敦實行者少；競浮偽者多，且每溺名利之私。近年乃有謀叛為盜者,可為歎恨。講西學者,亦未受其益,先中其毒。議院、公司、民權、學會之說,幾於萬喙一音,意似舍中學西,斷非如此不可,竟將中華之經常政教,一筆抹倒,此所謂邪說詖行,禍世誣民之甚者也。往者京師開辦大學堂,非不法良意美,無如總署當日公事,多由張蔭桓主稿,其奏定規章,聞即出自梁逆啟超之手,該逆又得辦理（繹）〔譯〕書之事,因即得以乘間抵隙,故章程內竟有將四書諸經,加以編輯之條,臣深以為憂,當即繕具封奏,瀝陳四書諸經,宜遵列聖欽定,萬萬不應刪纂。比時臣已經管學大臣尚書孫家鼐奏調到堂,商量學務,旋（屬）〔囑〕臣代矧開辦學堂大概情形疏稿,適孫家鼐亦欲執奏,此節意見相合。臣遂不必獨奏,即於條目內力言四書諸經之不應由梁啟超纂輯,並將總署原章,量加改定,臚列上達,得旨允行,原奏具在,可覆按也。脫使當時竟聽其所為,早已謬種流傳,禍延天下矣。然即此始謀不臧,故舉辦逾年,毫無毗益。祇以臣經孫家鼐復行奏明,派充文案總辦,專司公牘,不管學課,臣即亦未便冒昧陳奏,旋奉旨出使,還京即拜出鎮科布多之命,故臣於大學堂之事,未能匡救萬一,至今思之,輒增媿歉。查外國辦事,重在核實,徇情較少,故流弊亦輕。我則每辦一事,先滋百弊,局外者妄肆阻撓；局中者復工排擠,均之有敗事無成事,同歸貽誤。即以大學堂論之,總辦始用張元濟,繼用黃紹箕,旋用李盛鐸,終用余誠格,紛紛紜紜,莫能折衷。彼亦一是非,此亦一是非,開學兩三年,費財百餘萬,未見培出一才,練成一藝。就臣所知者,在學之官、附學之生,康梁之屬,尚不乏人。似此顯耗巨帑,隱壞人才,臣期期知其不可,恐外國文武學堂不如是也。臣惷昧,竊以為京師大學堂似可不開,如仍欲舉辦,其前章亦宜屏棄不行,另當妥擬管學大臣,亦必須真得學通中外,識達經權者,委而任之,方可期興學育才,漸臻成效。京外大臣中,如張之洞者,庶為近之。

以上所陳,雖屬既往之事,要皆當時實在情形,初無一字虛飾。臣不言,恐無人知,亦無人肯言。尤慮此次欽奉特旨,有取於西政、西學而亟思所以變通取法,必有以仍開京師大學堂請者,恐蹈從前覆轍,不可不慎用。敢不揣冒昧,附驛馳陳,伏祈聖鑒。謹奏。

光緒二十七年三月初十日拜發。

本年五月十五日奉旨：留中。欽此。

四月初十日

《散木居奏稿》卷之六　門人鈴木吉武校字

卷之七　斂鋒集

斡難　瑞洵

光緒辛丑四月起，六月訖

1. 納楚克多爾濟承襲貝子摺
2. 奏摺久未遞回請旨敕查摺
3. 雲秀補糧餉幫辦章京片
4. 揀補明阿特總管片
5. 商情窘迫已極懇仍敕部從減墊撥摺
6. 密陳俄情片
7. 蒙兵餉章片
8. 亟盼部撥片
9. 遵照部議查明節年倒牛數目仍請照章按照市價買補摺
10. 具報屯田播種日期開單呈覽摺
11. 會（奏）［查］都蘭哈喇並無私忔摺
12. 新疆撫藩接濟邊餉力全大局派員赴領片
13. 昌吉斯台卡倫侍衛報滿請獎並懇留三年摺
14. 科布多並無應鈔路礦事件片
15. 馳報科布多幫辦大臣出缺請旨簡放摺
16. ［請勸歙購藥設局調醫以備施診並准綏遠添傳駝隻片　稿佚］

1. 納楚克多爾濟承襲貝子摺

奏為請旨事。

竊臣等前據杜爾伯特左翼札薩克固山貝子旗協理台吉等呈報：正盟長札薩克固山貝子察克都爾札布，於光緒二十六年十一月二十七日，因病出缺，所遺札薩克固山貝子之爵，請以伊長子預保應封二等台吉納楚克多爾濟承襲，並將原領襲爵誥敕一（分）［份］一併呈送，查覈具奏前來。臣等當即調取已故固山貝子之長子、二等台吉納楚克多爾濟，來科布多驗看。茲查得該台吉納楚克多爾濟現年四十三歲，老成練達，熟悉旗務，既係預保，應將察克都爾札布所出札薩克固山貝子之爵，籲懇天恩，即以二等台吉納楚克多爾濟承襲。如蒙俞允，該台吉尚係生身，應俟身熟，進京年班時，再為送院補行帶領引見。

可否之處，伏乞皇太后、皇上聖鑒訓示遵行。

再，原領襲爵誥（勅）［敕］一（分）［份］，向應咨送理藩院覈辦，容俟回鑾，再行補送。

又，科布多近年辦理承襲，均奉特旨允准，未由理藩院覈議，因仍照常辦理，合併聲明。謹奏。

光緒二十七年四月二十一日拜發。

本年六月二十四日遞回。

奉硃批：著照所請，該衙門知道。欽此。

五月十九日

2. 奏摺久未遞回請旨敕查摺

奏為奏摺時日久逾，未經遞回，恐有遺失情節，請旨敕查，恭摺仰祈聖鑒事。

竊自去秋，聖駕駐蹕西安，臣等凡有奏陳摺件，均係拜發後，即由所管東十四台按台齎遞，經烏里雅蘇台，抵察哈爾察罕拖羅蓋台，移交直隸萬全縣驛站，轉遞西安行在，發回亦由此路。迨本年正月以後，連接屢次回摺，均係改由甘肅、新疆驛站，移交科布多南八台遞來，雖屬稍遲，尚幸無大耽誤。惟查臣等去年十二月二十九日，曾經具奏經費不繼，請將代放烏里雅蘇台台卡餉項，暫由該管將軍自行覈辦，期免貽誤一摺；復於今年正月十五日，又具奏山西採辦甎茶，遲無報解，請旨敕催一摺，俱仍交由東十四台馳遞，乃正月十五（月）[日]拜發之摺，已於三月二十一日經陝西巡撫加封，由甘肅、新疆遞回；而去年十二月二十九日在先拜發之摺，今已延逾至百餘日之久，竟尚未據遞到。公文絡繹，獨無此摺，臣等不勝詫異。伏思北路係屬軍營，摺報攸關，邊要自當倍加慎重，豈容稍有疏虞。且於三月二十七日，已經接到行在戶部咨行，遵議此摺奏稿，知已遞到，奉旨交議，自係早經發回，惟由陝西巡撫衙門加封飭遞，是否遞至直隸萬全縣驛，由察哈爾台站遞來，抑仍改由甘肅、新疆遞來，殊難懸揣，事關重大，自應確查。況已欽奉硃批，尚應恭繳，尤不當任其遺失。臣等所屬東南兩路台站，業飭挨查，均據呈覆，並未奉到，除烏里雅蘇台將軍、察哈爾都統已由臣等咨請飭查外，其內地各省相應請旨，敕下直隸、山西、陝西、甘<肅>、新疆各都撫，一體分別嚴飭有驛官吏，確切詳查，務得實際，咨行查照。如果查有情弊，即由該督撫奏明辦理，其前奏摺件，計係一摺一片，已邀聖鑒，應否由軍機處，將所奉批旨，敬謹鈔示，以便臣等欽遵辦理。伏候聖裁，臣等不敢擅請。

　　所有奏摺時日久逾，未經遞回，恐有遺失情節，請旨敕查各緣由，理合繕摺馳陳，伏乞皇太后、皇上聖鑒訓示施行。謹奏。

　　光緒二十七年四月二十一日拜發。

　　本年六月二十四日遞回。

　　奉硃批：著兵部飭查知照。欽此。

　　五月十九日

3. 雲秀補糧餉幫辦章京片

　　再，新添糧餉處幫辦章京一缺，查有俄商局筆帖式雲秀，文義明晰，綜覈用心，已令署理無誤，堪以請補。此項添缺與額設無異，應請一體賞給主事職銜，照支銀糧。如蒙俞允，該員七年期滿，如願就武，請俟回綏遠城補防禦後，以佐領補用，先換頂戴，仍俟事局大定，再行送部引見。其所遺俄商局筆帖式一缺，容另揀員請補。

　　為此附片具陳，伏祈聖鑒。謹奏。

光緒二十七年四月二十一日拜發。
本年六月二十四日遞回。
奉硃批：該衙門知道。欽此。
五月十九日

4. 揀補明阿特總管片

再，查科布多所屬明阿特總管奇莫特多爾濟，據報病故，業已咨明理藩院在案。所遺總管員缺，查有該旗印務參領達什哲克博，現年三十八歲，在參領任內行走十年，人（去）[確]得辦事公平，堪以補授。如蒙俞允，實於旗務有裨。至所遺參領、佐領、驍騎校各缺，應由臣等另行揀員遞補，照例咨報理藩院查照。
伏祈聖鑒。謹奏。
光緒二十七年四月二十一日拜發。
本年六月二十四日遞回。
奉硃批：著照所請，該衙門知道。欽此。
五月十九日

5. 商情窘迫已極懇仍敕部從減墊撥摺

奏為商情窘迫已極，關係邊局，亟（須）[需]官為維持，欠欺實難久延，晉豫籌解不足濟急，再懇天恩，仍敕戶部，暫將此項從減墊撥，以昭大信而顧地方，瀝陳實在情形，恭摺仰祈聖鑒事。
竊臣等接准行在戶部來咨內開：遵議臣等前奏，裁撤蒙兵，具報用過薪費津帖銀兩，懇敕戶部先行墊撥銀十數萬兩，俾資清理一摺，議以山西、河南兩省積欠科城餉銀，為數甚鉅，應請敕下各巡撫，設法籌欺，陸續起解，俾該城得以歸還商欠，不致久延。至請由部庫墊撥之處，應毋庸議等因。二月初二日具奏，奉旨依議。欽此。鈔錄原奏行令，欽遵辦理到城。臣等再三紬繹，具見部臣籌畫苦心。惟該省財力已殫，一時無由設措，窮塞商貲亦盡百計，難可支吾，區區為難苦衷，仍有不能不據實上陳，瀝情呼籲者。伏念時事多虞，理財尤亟，凡為臣僕，自應共體時艱，豈宜但顧一隅，置天下大局於度外。無如臣等所處之地，痛苦迥殊內省，所辦之事艱難復異平時。近自兵燹以還，市廛生意銳減，牲畜屑聚歸化城一帶，不能進京，他物又未能出口，銷路大滯，商蒙群呼賠累。去秋奉旨，布置邊防，情事岌岌，萬眾託命，休戚相關，比時傾囊倒囷，以供地方之用者，原非商所樂為，委因臣等苦口勸導，極言利害，該商等亦慮洋兵一至，地方必遭蹂躪，即不殺害，亦必勒索備禦，萬不可緩，復諒及臣瑞洵下車之後，與民更始，於籌防竭力辦理，經權互用，或可恃以保全財命，故得各出貲財，以紓急難，地方倖獲無虞，是蓋有至誠相感者，自非勢迫刑驅，所克臻此也。且北路為防戍軍營，口外向稱烏里雅蘇台為前營，科布多為後營，所有商賈生意，皆係隨營買賣，全仗銀茶交易，脈絡貫通，曩日餉多，頗增富庶；近年餉少，即見蕭條，而以去今兩年為尤甚，蓋緣餉源頓涸，商人重利，驟失所望，其在京在晉之聯號，並化為烏有，用是益貧益窘，刻下街市鋪家，大半閉歇，蒙漢官兵賒借，概不能行，日用食物，益以居奇昂貴，官窮民困，蒙痛商疲，體察情形，純是暮氣太重，再不速謀拯濟，將必日形衰敗，尚復成何景象？故臣等輒謂，外侮猶無足慮；內憂實甚可危也。況去年所欠商欸，亦不盡現銀，茶布、牲畜隨在勻借，抵用積累，而成五萬之數，商力已幾竭矣。所冀有欸即還，尚不至重滋虧累，一旦停緩，以待將來，即不啻遏其生機，誰不惶懼？目前既先滋疑慮；日後更難望通挪，此商欠必須及時歸還實在情形也。部臣議令晉豫兩省設法籌欸，亦自煞費躊躇，非不代謀周至，即臣等前請由部墊發，亦擬由該省提還，豈臣等可施之部臣者？部臣即不可責以照辦乎？惟內外情勢懸殊，辦法亦大分難易，在戶部，職掌天下財賦，綜覈出納，本有權衡，若使先代該省墊撥，續令該省解還，時日縱或有逾，欸項斷非無著。至臣等乃一邊吏耳，專恃內省協濟，日懸空釜，待人而炊，時時須仰封疆之鼻息，安有權力聳動督撫，要其必成？即去年山西暫將經費停解，臣等即束手無策，止有具摺請催，幸蒙朝廷厚恩，部臣曲諒，深知邊遠之難，特予代墊。然此所墊，乃去年常額一半，經費皆有例支，而且待支，固不能挪移分毫，以還商欠也。

竊維晉省藩庫之虛，災區之廣，開捐辦（振）[賑]，諸費圖維，新餉尚不能謀，舊欠更不能顧。並聞豫省亦有偏災，是該二省不能迅速籌解，以應科布多之急者，勢使然也。倘仍守株以待，深恐畫餅不克充飢。近日疊據各商稟懇，雖經臣等與之商量，酌擬起利，冀可緩期，奈該商等惟求措還，不敢領息，情詞迫切。查去年辦理防務，借資商力，本當有以酬勞，重以萬里邊荒，轉輸（匪）[非]易，每逢闕乏，即賴通融。臣等此次初舉商債，即已失信，從茲呼應不靈，於辦公亦多窒礙。臣等夙夜焦慮，往復確商，值茲軍用空虛，實已窮於為計。查前請十數萬兩，原為既清欠欵，兼備籌邊用項，且供留兵餉需，今者實（偪）[逼]處此，縱不敢固執前議，亦實仍不得不借重司農，但求得半之數，能以稍為清理，暫恤商蒙之艱。即以保全非淺，合無再懇聖慈，敕下戶部，將科布多辦防欠借商欵銀五萬兩暨欠發兵餉銀一萬三千五百餘兩，仍准先行墊撥，俾不至貽累商蒙而地方即霑利益。核計為數已減，籌策當不甚難。惟求天恩體諒而已。

臣等待罪危疆，持籌無術，目擊窘迫情形，深慮敷衍因循，釀成邊患，貽誤大局，負咎更重，用敢不揣冒昧，披瀝繕摺奏陳，不勝惶悚待命之至，伏祈皇太后、皇上聖鑒訓示。謹奏。

光緒二十七年四月二十一日拜發。

本年六月二十四日遞回。

奉硃批：戶部議奏，片併發。欽此。

五月十九日

6. 密陳俄情片

再，昨據瑪呢圖噶圖勒幹卡倫侍衛常陞呈報：阿拉克別克鄂博駐紮守邊俄羅斯托莫占，在彼蓋房居住以來，已十餘年，今又有西邊俄人圖克達爾前來，欲蓋新房，正在修理地址，運致木石。飛報前來。臣等查阿拉克別克河本係中俄兩國定界地方，前數屆查牌博時，俄人即已越界造屋，並屢商劃定界址，經一再派員往勘，因俄人狡賴，迄未辦有頭緒。當初卡倫侍衛既未呈報，前大臣等亦未查奏，因循至今，早成反客為主之勢。臣等前以今年六月，又屆會查牌博之期，慮及俄人必將議及界務，臣等不敢隱匿，當於正月二十四日，業將詳細情形咨呈行在總理衙門查照，懇示辦法，並由臣瑞洵附寄一函，商請一切，尚未奉到覆文。現在俄人竟又大興土木，加意經營，其心殊屬叵測，似此得步進步，何所底止。該處距科布多城二十餘站，臣等聞報之下，深以鞭長莫及為憂，總因兵備太虛，無從鎮攝。欲收建威銷萌之效，必須未雨綢繆，故臣瑞洵於二月初三日，具奏略陳科布多應辦事宜摺，於遵旨覆奏練兵條內，聲稱地方敷衍難恃，必須妥為置防，俄人要約雖堅，究應暗為設備之語。實以因循粉飾，終難自存，時勢日艱，萬不能不籌振作，固非臣急功近名，迫欲多事也。此摺已專弁齎奏，敬俟回鑾後，即可遞呈。如果能邀特旨俞允，尚可勉圖布置，稍資補救。儻若又被部駁，則直無法可施矣。至現據該侍衛呈報，俄人舉動事關邊界得失，何敢置之不問？業已飛文密飭該侍衛，再行查明，如果確在中國界內，當設法與之理論阻止。然空言無補，該卡又止十兵，久為俄所輕視，亦恐難杜狡謀。若過於忍讓，又慮深滋邊患。臣等於洋務閱歷尚淺，究應如何辦理之處，惟求訓示遵行。至阿拉克別克河界務如何辦法，亦當由總理衙門迅覆，臣俾有遵循，期免貽誤。

是否之處，謹據實密陳，伏候聖裁。謹奏。

光緒二十七年四月二十一日拜發。

本年六月二十四日遞回。

奉硃批：著再查探實情，相機妥慎因應。欽此。

五月十九日

7. 蒙兵餉章片

再，現留蒙兵五百名，係遵旨於護城、護卡兵內挑選杜爾伯特三百名，因烏梁海人較勇敢，布倫托海亦宜置防，復於該部落內挑選二百名，即駐該處，其杜爾伯特之三百名，分駐烏蘭古木、科布多城，前已附陳在案。至營制餉章，係按從前科布多駐練蒙兵成案，並參仿伊犁章程，烏蘭古木、布倫托海、科布多城三處之兵，各派參領一員為營總，又於每百名分左右兩隊，每隊派帶隊章京一員、隊官一員、筆齊業齊一員、漢字識一名、通事一名，復每處設官醫生一名、獸醫一名，均歸各管帶部勒約束。該官兵操練巡防，並隨時護送洋商，倍形勞苦。除管帶薪費無庸議增外，均將官兵於月支口分外，按照舊案，校核差操，分別獎賞，每官月加二兩，每兵月加一兩。至該官兵騎操馬匹，多係自行牧放，應毋庸再給乾銀，以節糜費。應支糧餉、津賞仍自光緒二十六年八月初一日起算。至該兵係屬馬隊五百名，向應委管帶二員，茲分紮三處，不得不多添一員，計管帶三員，每員月支薪水銀三十六兩，心紅銀五兩，（紫）［柴］炭銀十兩。現大局漸定，疊奉保護洋人諭旨，倍極嚴切。科布多所屬蒙古部落共三十旗，俄商較多，正資彈壓照料，尚慮地廣兵稀，未能周密，一時恐難裁撤。

合將支發餉章緣由，附片陳明，伏祈聖鑒，敕部查照立案。謹奏。

光緒二十七年四月二十一日拜發。

本年六月二十四日遞回。

奉硃批：該部知道。欽此。

五月十九日

8. 亟盼部撥片

再，接准行在戶部咨行議覆，臣等去年十二月二十九日具奏，代放烏里雅蘇台卡餉項，科布多力難兼顧，請暫由該管將軍自行籌辦一摺。奏稿內稱：該處同處邊疆，自宜兼籌並顧，仍令臣等照章辦理，不准稍有推諉等語。既奉部臣嚴駁，自當無論如何為難，勉力支應，曷敢再瀆？惟臣等委曲下情，仍有必須陳明者。查去年科布多光景，竭蹶萬分，即臣等應支廉俸亦皆墊入，實是自顧不暇，萬無餘力他及。台站、卡倫應放餉項，必須實有現銀，斷非空言所能了事，是以據實奏請該城自辦，係為恐致貽誤起見，亦因去年烏里雅蘇台尚奉戶部於山西籌備餉需項下，撥給有著之欵五萬兩，聞在常額經費之外，與科布多辦防並未奉部撥給有著之欵者，難易大有不同。若非九月奉旨特敕撥銀一萬兩，科布多幾無可指之項。又知烏城辦防，僅以蒙兵二千，備調二百護城，用欵原屬無多，計將台站卡餉項暫歸該城自放，亦非無欵支發。至去年山西欠解科布多後半經費，雖經戶部代墊，然仍是去年額餉，一俟領到，尚應將去年欠發餉欵，一律補給。而所云台卡餉需，則係今年應放之欵，雖經戶部責令照章辦理，但無米為炊，究難保無貽誤。惟盼臣等另摺所陳，由部酌量墊撥，俾還商欠之請，能邀部臣體察邊艱，肯照接濟烏城之案，並准撥發，則臣等尚可於清還該商後，續議挪借，以為騰展敷衍之計。蓋俗語有云：好借好還，再借不難，亦實情也。至部臣關懷大局，慮及故分畛域，有意推諉，則臣等斷斷不敢出此。

所有科布多刻下尚無指項，與烏城情形不同，亟盼部撥各緣由，理合附陳，伏祈聖鑒訓示。謹奏。

光緒二十七年四月二十一日拜發。

本年六月二十四日遞回。

奉硃批：覽。欽此。

五月十九日

9. 遵照部議查明節年倒牛數目仍請照章按照市價買補摺

奏為遵照部議，查明屯田耕牛節年例倒數目，詳晰覆陳，並經查出按照市價購買，疊奉戶部奏准有案，臣等前奏本及詳覈緣由，恭摺仰祈聖鑒事。

竊於本年三月二十七日，接奉行在戶部咨行議奏，臣等前奏屯田耕牛，請照市價採買，實用實銷等因一片，原奏內稱，查例載採買牲畜，牛每隻銷銀四兩四錢，科布多屯田耕牛，每年十分內准報倒斃八釐，均有定例可循，自應照例辦理，並令將節年報倒數目，查核明確，詳晰奏覆，再行覈辦等語。自為恪循例章，慎重欵項起見，當飭糧餉章京榮泰、管屯換防參將祥祐，一併詳查具報。茲據稟覆前來，臣等覆加查覈，科布多屯田耕牛，每屯額定五十六隻，十屯共五百六十隻，按十分每年應報倒八氂，共四十四隻。

溯維科布多置屯之始，皆係特發鉅幣，督以重臣，牛籽、農器悉從寬備，嗣定牛隻由塔爾巴哈台調取，後因塔城失陷，無從撥用。至同治八年，前大臣奎昌始奏，請由庫存餉內，每年撥銀三百兩為買補之需，奉旨允准。而自同治九年起至光緒三年止，奎昌、保英任內，陸續買補倒牛，均已每隻按市價銀十二兩，戶部均有奏案可稽。查屯田耕牛例倒及採買，現既經部臣申明舊例，自當遵照辦理。惟查臣等前次片奏，例價不敷，屢經部駁各情，係僅據管屯參將所稟，且眾口一辭，故舉以入告，未及詳查舊卷。此次奉到部咨，行令確查詳奏，臣等遵即飭查。因該章京參將仍未能確切查明，復經臣等檢齊牛事，所有戶部來文及各前任奏咨稿件，悉心查閱，始知照例採買與逾額報倒，係屬判然兩事。前大臣清安任內，光緒七、九、十一，三年報倒六百十三隻，沙克都林札布到任不及一年，亦報倒二百六十隻，皆經戶部以逾額太多奏參，著落分賠，其於歷年照例買補及按照市價每隻十二兩之數，並未奉部議駁，且疊經部咨，奏准有案。一係光緒十一年七月十一日咨行，具奏科布多倒斃耕牛，三次違例奏請，請將前大臣清安等交部議處勒賠摺內聲明。臣等竊維科布多自遭兵燹以來，牲畜被擾，牛價昂貴，每隻按市價開支，尚係因時變通。所有歷年奏明採買市價，應請照准，嗣後仍照例由塔爾巴哈台領取備用。如塔城牧廠未復，科布多缺額耕牛，必須買補，亦必照十二兩之數，覈減採買，以示限制等語。一係光緒十二年二月十七日咨行，議駁科布多奏屯田耕牛倒斃過多，不敷耕種，請欵添補摺內聲明，自光緒十一年正月起至本年五月止，例准倒牛四十四條，應請暫准動用正欵，按奏定市價，撙節買補外，其違例多倒牛隻，擬請敕下科布多參贊大臣及管屯各官，照例分賠等語。兩奏均奉旨依議。欽此。夫部臣原奏，一則曰按照市價尚係因時變通；一則曰按照市價撙節買補，是部臣於邊城痺苦情形，早已加以體諒。至該參將祥祐，自管理屯務以來，已閱四年，因誤會部咨，以為牛價必須按照四兩零恐干賠累，故節年所報，倒斃辦理，極為小心。而自光緒二十三年起，即未照額補足，其是年一年實共倒牛一百一十五隻，係歸前屯田游擊松恩任內，除逾額多倒七十一隻，已據分賠，其例額應補之牛，既未買補，又值光緒二十四年正月、二月續倒二十三隻，是以前大臣寶昌查係前後應補六十七隻，即於是年三月購買五十二隻，光緒二十四年三月至年底又倒二十隻，光緒二十五年一年共倒三十四隻，光緒二十六年一年共倒六十六隻，除去逾額之二十二隻，應歸賠補，統計光緒二十三年起至光緒二十六年止，此四年共實倒一百六十五隻，寶昌先已買補五十二隻，實尚應補一百一十三隻。此臣等前奏所以有請添百隻之請也。在臣等所請，仍是以添為補，合計尚不足額，然今年如能少倒，尚可少補，於欵項即可節省。總之成例不能不守，然亦不能太拘，如例倒四十四隻，若值不遭灾疫，則倒斃自少，即當按實數開除買補，似可不必故為捏飾，多造虛數，以足例額也。且由塔調取之例，既已不能復舊，則自行（講）〔購〕買，亦不妨隨時斟酌，即例文於四兩四錢下尚有但各省情形不同，應各按時值撙節辦理之語可以見矣。至耕牛為農田所需，其用甚廣，其值亦昂，臣等嘗詢之農人云：買牛一隻，多需三十餘兩，少亦二十餘兩，至四五兩則牛犢耳，難以用之耕田。此固各省皆然。若科布多之十二兩能購一隻，尚因為成案所縛，牽就少報，實則去年市價，每只非十四五兩不可，早年尤無定衡。且臣等前赴該屯，親見牛只皆極茁壯，若在內地，必值二三十兩，而欲繩以老年初定之例價，則誠如上諭：嘉慶、道光以來，豈盡雍正、乾隆之舊。此時勢不同，早在聖鑒中也。

查該參將赳赳武夫，不明例案，其情尚有可原，且未逾額領價，於帑項不敢濫支，其誤禀之處，即請免議。至牛事原委，既經查明，臣等已將戶部從前兩次奏咨各稿照鈔，隨報咨部查覈，應仍仰懇天恩，俯念採買例價，實難遵辦，准照戶部奏准成案辦理，實於農工有裨，但時值無定，物力日艱，恐後來援案漸加，亦非節用之道，並請即以十二兩作為定價，不准再有加增，以示限制，而昭覈實。至寶昌任內買補墊欠六百二十四兩，茲既查明准案，應即歸入常年報銷。

禱昧之見，是否有當，理合繕摺覆陳，伏祈皇太后、皇上聖鑒訓示。

再，口外天氣雖寒，而向於小滿以前，已須播種，牛隻實係不敷，若必拘候部示再購，恐誤農期，只得權宜辦理，已飭先買六十隻，仍照市價，餘俟奉到部示，再行添補。合併聲明。謹奏。

光緒二十七年四月二十一日拜發。

本年六月二十四日遞回。

奉硃批：戶部知道。欽此。

五月十九日

10. 具報屯田播種日期開單呈覽摺

奏為十屯播種完竣，繕單奏報，仰祈聖鑒事。

竊照科布多屯田，向於每年春雪消化、地氣開通，始行播種。前於芒種前後，飭令管屯官弁，將倉存籽種大麥、小麥、青稞七百石提出，陸續布種，並先疏導河渠，俾資灌溉。茲據報，於四月二十一日一律完竣。至臣瑞洵面奉諭旨，敕令體察情形，籌辦開墾事宜。查科布多不乏膏腴，早年墾地較廣，不止十屯，舊跡尚堪覆按，似不宜聽其久荒，祇以蒙古無力自種，若全由官辦，一切牛具、工貨，需欵甚鉅，已由臣瑞洵於略陳科布多應辦事宜摺內，聲明請旨，將來如應議行，自須妥籌撙節辦法。

合將十屯播種動用籽糧數目，謹繕清單，祇呈御覽，伏祈皇太后、皇上聖鑒。謹奏。

光緒二十七年五月十九日拜發。

本年七月三十日遞回。

奉硃批：知道了。欽此。

六月十九日

謹將十屯播種動用籽糧數目，繕具清單，祇呈御覽：

計開：

小麥三百八十石，種地五十二頃七十七畝七分七釐；

大麥七十石，種地十一頃六十六畝六分六釐；

青稞二百五十石，種地四十一頃六十六畝六分六釐，

十屯通共種地一百六頃十一畝九釐。

11. 會(奏)[查]都蘭哈喇並無私忆摺

奏為循章派查都蘭哈喇地方，並無偷忆鉛砂情形，恭摺具報，仰祈聖鑒事。

竊查札哈沁部落都蘭哈喇地方，舊有鉛礦，久經封禁，向由科布多、新疆兩處，各派官兵，於每年三月十五日，前往該處，會查有無私忆。前因新疆巡撫饒應祺、前參贊大臣寶昌會奏，開辦札哈沁寶爾吉鉛礦，遂將會查都蘭哈喇忆鉛一節停辦。迨去年六月，臣瑞洵接任，查悉都蘭哈喇、寶爾吉係屬兩處，禁弛本不相涉，當復札飭札哈沁總管等，仍循舊章，隨時巡查，以重邊禁在案。本年三月，適屆會查之期，當經預咨該撫饒應祺，照章辦理，旋據巴里坤鎮總兵接奉該撫照會，已經揀派委員，臣等亦即派委筆帖式錫齡阿，帶領兵丁，馳往都蘭哈喇地方，於三月十五日，會同巡查。茲據該員等稟稱：查得該處並無偷忆鉛砂情形，取具該總管等印結，稟請覆奏前來。

除飭札哈沁總管等隨時稽查外，理合繕摺具報，伏祈皇太后、皇上聖鑒。謹奏。

光緒二十七年五月十九日拜發。

本年七月三十日遞回。

奉硃批：知道了。欽此。

六月十九日

12. 新疆撫藩接濟邊餉力全大局派員赴領片

再，前因籌布邊防，需欵急切，曾經奏奉批旨：著即咨商新疆巡撫，暫行墊撥。欽此。當於今春正月，恭錄咨行撫臣饒應祺，欽遵辦理。近接該撫咨覆，以科布多同處邊防，稔知危迫實情，已商同藩司文光，於無可設法之中，勉湊湘平銀二萬兩，暫應急需，並函屬臣以科布多籌辦一切，應可自行請欵，朝廷俯察邊艱，當必仰邀恩准，若恃新疆借墊，難為後繼等語。情辭懇至，自屬推誠之論。臣等現已遴派委署主事文惠，帶領蒙漢官兵前往該省，請領解回應用。查去秋奉旨，令臣妥籌布置，聯絡一氣，扼要嚴防。臣遵即咨會饒應祺等，一體遵辦。因科布多接近新疆，防務尤資商榷，自是該撫（於）〔與〕臣書牘常通，消息無滯，且深諒臣為難公事，多所關照，臣甚德之。茲復撙節欵項，接濟邊需，尤徵力維大局，不分畛域。藩司文光當時艱帑絀之際，並能誼篤恤鄰，不稍諉卸，均於科布多裨益匪淺。

臣等籌邊竭蹶，慚荷尤深，理合專達上聞，伏祈聖鑒。

至此欵一俟解到，應歸入防案支用，擬將欠借商欵暨蒙兵欠餉，酌量分還補放。謹奏。

光緒二十七年五月十九日拜發。

本年七月二十日遞回。

奉硃批：知道了。欽此。

六月十九日

13. 昌吉斯台卡倫侍衛報滿請獎並懇留三年摺

奏為卡倫侍衛報滿，照章請獎，並懇援案再留三年，以示鼓勵而資熟手，恭摺仰祈聖鑒事。

竊查科布多所屬卡倫侍衛三年期滿，例得奏請獎敘，如果得力，並准奏留三年，均經奏奉（俞）〔諭〕旨，欽遵有案。茲據昌吉斯台卡倫侍衛英綬稟稱：竊職係正黃旗滿洲五甲喇祥存佐領下人，由三等侍衛，於光緒二十四年六月十八日經侍衛處奏明，派往科布多昌吉斯台卡倫。遵於是年九月初一日自京起程，十一月十一日馳抵昌吉斯台卡倫，即於是日接受圖記。計自任事之日起算，至光緒二十七年十一月十一日，係屆三年期滿，理合遵章先期豫報，伏候奏明更換等情，稟請黻辦前來。查該卡倫侍衛管理昌吉斯台、烏遜胡濟爾圖、胡木蘇託羅蓋、霍通淖爾四卡，均接強鄰，有防守邊界牌博之責，稽查彈壓，胥關緊要，且遇俄人往來，並須照約保護。去秋邊防戒嚴，卡座益形喫重，時虞侵軼，該侍衛英綬駐守以來，尚稱得力，不無微勞足錄。擬乞天恩，將該侍衛英绂賞給三品頂戴，以示鼓勵。惟現在大局未定，照章派換，恐尚不無窒礙。查光緒九年，前瑪呢圖噶圖勒幹卡倫侍衛富保，曾經期滿奏留，奉旨俞允，臣等公同商酌，合無仰懇聖慈，准將該卡倫侍衛英紱，再留三年，俾收駕輕就熟之效。

出自逾格鴻施，謹繕摺陳請，伏祈皇太后、皇上聖鑒訓示。謹奏。

光緒二十七年五月十九日拜發。

本年七月三十日遞回。

奉硃批：著照所請，該衙門知道。欽此。

六月十九日

14. 科布多並無應鈔路礦事件片

再，承准管理總理各國事務衙門慶親王奕劻咨開：京城上年猝遭兵燹，鐵路礦務總局檔案全行遺失，行令將有關路礦來往奏諮文件，以及表譜合同，一律補送，以憑覈辦等因。查科布多所屬各蒙古部落，僅許俄人通商，向無興造鐵路之事，至礦務祇有札哈沁寶爾吉鉛礦一處，係歸新疆開辦，現亦據該撫奏停。惟聞烏梁海游牧阿勒泰山，礦苗不乏，俄人素所豔稱。阿勒泰蒙古譯言金也，故阿勒泰山古名金山。該處早經借與塔爾巴哈台，尚未交還，臣瑞洵曾於上年八月間具奏，遵查科布多礦產不豐，擬請援辦摺內，附陳阿勒泰山將來如能遵旨索還，或可堪察情形，設法辦理。欽奉批旨：著照所請，該衙門知道。欽此。現在科布多並無應行鈔錄鐵路、礦務事件，自可不必補送。

除咨呈總理衙門查照外，為此附片。謹奏。

光緒二十七年五月十九日拜發。

本年七月三十日遞回。

奉硃批：該部知道。欽此。

六月十九日

15. 馳報科布多幫辦大臣出缺請旨簡放摺

奏為科布多幫辦大臣因病出缺，請旨簡放，以重職守，繕摺馳陳，仰祈聖鑒事。

竊於本年六月十二日，據幫辦大臣祿祥之子閑散福勒洪阿遣丁呈報，伊父祿祥於去年十月，即患痰症，入夏又加腰足浮腫，痰喘大作，醫藥無效，延至六月十二日子刻出缺，呈請具奏前來。臣伏查該故大臣祿祥，患病半年，終致奄逝，邊缺清苦，家計蕭條，殊堪憫惻，尚幸該眷屬均隨任所。臣當經派委章京等，幫同該家屬將其身後事宜，妥為料理。復查該故大臣持躬謹飭，辦事老成，臣遇事與之權商，毫無掣肘，方冀長資臂助，竟不料其一病不起。伏維朝廷體念邊臣，優逾常格，可否將該故大臣祿祥賞給卹典之處，出自天恩，非臣所敢擅請，所遺員缺，職司幫辦，應請迅賜簡放。該故大臣譫語昏迷，並未據交有遺摺。

所有幫辦大臣出缺請簡各緣由，理合繕摺馳陳，伏祈皇太后、皇上聖鑒。謹奏。

光緒二十七年六月十四日具奏。

七月初十日奉硃批：另有旨。欽此。

16.〔請動欸購藥設局調醫以備施診並准綏遠添傳駝隻片　稿佚〕

《散木居奏稿》卷之七　門人鈴木吉武校字

卷之八　紆轡集

斡難　瑞洵

光緒辛丑十月

1. 謝抵銷處分摺
2. 糧餉章京報滿已越年餘亟須新任接替請飭吏部照例辦理摺
3. 期滿糧餉章京照例出考保奏片
4. 更正筆誤片
5. 派員致祭片
6. 奏保卡倫侍衛常陞三年期滿懇予恩施並再留三年摺
7. 裁撤籌防處片
8. 裁撤駐卡偵探片
9. 裁撤駐台片
10. 滿員保獎摺
11. 滿兵留駐片
12. 並無吏役片
13. 俄官到科照約欸待支應片
14. 欠餉無著懇恩體恤敕部核示摺
15. 餉項支絀現在情形片　以上初八日拜發
16. 請簡杜爾伯特左翼正盟長摺
17. 代奏杜爾伯特固山貝子納楚克多爾濟叩謝天恩摺
18. 揀補俄商局筆帖式摺
19. 奏調綏遠城換防新兵到科片
20. 請假兩月片　以上二十八日拜發

1. 謝抵銷處分摺

奏為叩謝天恩，仰祈聖鑒事。

竊臣前因陳奏失辭，自行檢舉。奉硃批：瑞洵著交部議處。欽此。現准兵部咨開臣應得處分，經部臣議，以罰俸六箇月，奏奉硃批：准其抵銷。欽此。恭錄咨行，欽遵到城。臣當即恭設香案，叩頭謝恩。伏念臣待罪邊陲，毫無績效，猥慚愚戇，屢荷優容，每思稱職之未能，愈覺受恩之難報。茲復幸逢寬政，特宥前愆，循省五中，倍增感悚。臣惟有堅持初節，益竭愚誠，將邊防洋務及地方一應事宜，實力講求，悉心籌辦，不敢稍涉疏懈，冀仰答高厚，生成於萬一。

理合繕摺，叩謝天恩，伏祈皇太后、皇上聖鑒。謹奏。

光緒二十七年十月初八日拜發。

本年十二月十一日遞回。

奉硃（示）[批]：知道了。欽此。

十一月初八日

2. 糧餉章京報滿已越年餘亟須新任接替請飭吏部照例辦理摺

奏為科布多糧餉章京報滿已越年餘，亟須新任接替，請旨敕部，照例辦理，恭摺仰祈聖鑒事。

竊據辦理糧餉事務章京、委署主事、翰林院筆貼式榮泰稟稱，竊榮泰系由記名理事、同知翰林院筆貼式，於光緒二十二年九月初四日，經吏部帶領引見。奉旨：科布多糧餉章京著榮泰去。欽此。當於二十三年四月二十日，馳抵科布多，接受關防任事。嗣於二十四年三月，蒙前大臣寶昌、祿祥，因榮泰清厘欠餉出力，附片奏保，請以理事同知班先帶領引見，先換同知頂戴。奉硃批：著照所請，該部知道。欽此。計自到差，連閏扣算，至二十六年三月二十日，系屆三年期滿，當經前大臣寶昌具摺奏請，敕部照例更換。欽奉硃批：該部知道。欽此。適因軍務猝興，吏部未即覈辦，旋於二十六年八月間，又蒙奏請留營差委。奉硃批：著照所請，該部知道。欽此。伏查現在和局已定，糧餉章京自應仍請照例更換，擬懇准予，奏催等情前來。臣查現任糧餉章京委署主事翰林院筆貼式榮泰，去年三月二十日即已三年屆滿，業經前大臣寶昌等奏請更換。旋值軍事猝啟，吏部未及覈辦，迨臣到任，復因佈置邊防需人，亟切附片奏請，將該員榮泰留營差委。欽奉硃批：著照所請，該部知道。欽此。臣初意以邊地乏員，藉資指臂，其報滿一節，既經前大臣出奏，臣即未便辦理兩歧。是以將其留營，而未請留差也。茲者款議已定，大局敉平，聖駕回鑾，庶政就理，竊計部院各署公事，自必率由舊章。

所有科布多糧餉章京一差，相應請旨敕下吏部，照例辦理所有糧餉章京亟須新任接替，請敕照例辦理緣由，理合具摺馳陳，伏祈皇太后、皇上聖鑒。謹奏。

光緒二十七年十月初八日拜發。

本年十二月十一日遞回。

奉硃批：該部知道。欽此。

十一月初八日

3. 期滿糧餉章京照例出考保奏片

再，查定例，科布多辦理糧餉事務章京，三年期滿，如果得力，應由參贊大臣等奏保，歸於奉旨即用班內升用，其所遺差缺，另請更換。俟交替後，再將年滿之員，給咨回京補行引見，節經循辦在案。查該章京榮泰報滿時，正值前大臣寶昌奉旨開缺查辦。故於奏請更換摺內，未便出考。

臣覆查該糧餉章京記名班先理事同知、委署主事、翰林院筆貼式榮泰，供差勤慎，人尚老成，經管糧餉已逾四年，毫無貽誤，自應俟新任章京到差交替後，即由臣給咨該員，赴部引見，恭候恩施。惟該員現因留於科布多差委，一時尚難遽令離營，若必俟引見後始得升用，轉致久虛獎敘。查前任糧餉章京委署主事奎烜，即在留差期內，經吏部於奉旨後，將其升補盛京戶部主事有案。今該員榮泰事同一律，應懇天恩，敕部查照辦理，出自鴻慈逾格。

除咨吏部查照外，理合附片陳請，伏祈聖鑒訓示。謹奏。

光緒二十七年十月初八日拜發。

本年十二月十一日遞回。

奉硃批：該部知道。欽此。

十一月初八日

4. 更正筆誤片

再，臣三月間覆奏，查明屯田耕牛節年例倒數目，並經查出按照市價購買，疊奉戶部奏准有案一摺內云，買牛一隻，多需三十餘兩，少亦二十餘兩，至十餘兩則牛犢耳，難以用之耕田等語。查十餘兩則牛犢耳句，臣底稿係四五兩，原指例價而言，繕寫竟誤四五為十餘，以致前後牴牾。臣接奉回摺，始經看出，相應奏明更正。

除咨戶部查照外，為此謹奏。

光緒二十七年十月初八日拜發。

本年十二月十一日遞回。

奉硃批：戶部知道。欽此。

十一月初八日

5. 派員致祭片

再，據杜爾伯特右翼盟長親王索特納木札木柴呈報，本部落副盟長劄薩克多羅貝勒圖們濟爾噶勒之祖母喇什棟嚕布於本年五月十七日病故等情，呈報前來。臣查《理藩院則例》內開：貝勒、貝子、公夫人等身故，交該處將軍、大臣派員暨駐劄司員等，就近前往致祭，羊酒價銀於該處公項下動用，徑報戶部覈銷。又貝勒、貝子、公夫人均無祭文等語。今杜爾伯特右翼副盟長劄薩克多羅貝勒圖們濟爾噶勒之祖母喇什棟嚕布病故，查系貝勒夫人，自應由臣就近派員前往致祭，無庸請頒祭文，其應需羊酒價銀，動支科布多公項，咨報戶部覈銷。

為此附片。謹奏。

光緒二十七年十月初八日拜發。

本年十二月十一日遞回。

奉硃批：知道了。欽此。

十一月初八日

6. 奏保卡倫侍衛常陞三年期滿懇予恩施並再留三年摺

奏為卡倫侍衛報滿照章請獎，並懇再留三年，以示鼓勵而資諳練，繕摺具陳，仰祈聖鑒事。

竊查科布多所屬卡倫侍衛，三年期滿，例得奏請獎敘，如果得力，並准奏留三年，均經奏奉（俞）[諭]旨，欽遵在案。茲據管理瑪呢圖噶圖勒幹卡倫侍衛常陞呈稱：竊職系鑲黃旗滿洲五甲喇隆秀佐領下人，由空花翎護軍校經侍衛處具奏，派往科布多，駐守瑪呢圖噶圖勒幹卡倫，光緒二十五年正月十九日抵卡，接收圖記任事，運閏扣至光緒二十七年十二月十九日，系屆三年期滿，理合遵章先期豫報，伏候奏明更換等情，呈請覈辦前來。查該侍衛管理瑪呢圖噶圖勒幹，即阿拉克別克與阿克塔斯、克森阿什齊、塔木塔克薩斯諸卡，接近強鄰，有防守邊界牌博之責，稽查維護，均關緊要。去年軍務猝興，俄於阿拉克別克河屯兵、運械，咄咄逼人，該侍衛搘拄其間，尚知事關大局，未貽口實，其三年以來，所管卡座亦均無事，洵屬有勞可錄，相應仰懇天恩，將該侍衛常陞請以副護軍參領補用，先換頂戴，以示鼓勵。其更換一節，本應照辦，惟查昌吉斯台卡倫侍衛英紱三年班滿，前經臣奏請，再留三年，已奉批旨俯允。該侍衛常陞較英紱尤為得力。

合無籲求聖慈，准將該侍衛常陞並留三年，益資諳練。出自逾格鴻施，謹繕摺奏請，是否有當，伏祈皇太后、皇上聖鑒訓示。謹奏。

光緒二十七年十月初八日拜發。
本年十二月十日遞回。
奉硃批：著照所請，該衙門知道。欽此。
十一月初八日

7. 裁撤籌防處片

再，前因遵旨備邊，於去年七月十二日，奏明設立籌防處，遴委總辦、會辦、筆貼式等員辦理防守事宜。嗣因蒙兵雖經減撤，軍務並未解嚴，該處尚有應辦之事，且月需無幾，是以暫留。茲查款議告成，邊防稍緩，當於五月底將籌防處裁撤。惟科布多切近彼疆，防維難弛。臣仍當隨時戒備，不敢大意。

所有裁撤籌防處緣由，理合附陳，伏祈聖鑒。謹奏。
光緒二十七年十月初八日拜發。
本年十二月十一日遞回。
奉硃批：知道了。欽此。
十一月初八日

8. 裁撤駐卡偵探片

再，科布多所管昌吉斯台、瑪呢圖噶圖勒幹等八卡倫均與俄界毘連，前因遵旨備邊，復奉諭令臣確探嚴防，隨時具奏。先已選派所練蒙兵，前往扼紮，以助聲勢。復遴委弁兵字識共十六名，分駐各卡，嚴密偵探。遇有俄人舉動，立時馳報，業於去年七月十二日，遵籌佈置摺內陳明在案。一年以來，幸無貽誤，此項坐探弁兵駐卡寒苦，因每名月加津貼銀四兩，從去年六月起支，現在款議告成，邊烽漸息，已將該弁兵於本年五月底悉行撤回，津貼亦即停給。

為此附片。謹奏。
光緒二十七年十月初八日拜發。

本年十二月十一日遞回。

奉硃批：知道了。欽此。

十一月初八日

9. 裁撤駐台片

再，科布多東南兩路台站並管接遞新疆文報。去年秋間軍務喫緊，伊犁塔爾巴哈台、烏魯木齊各城摺報公文，多由該台馳遞，臣以事系戎機，宜期妥速，因循照光緒二十一年遵旨整頓台站辦法，委員駐台督率，當於東十四台之哈喇烏蘇、南八台之搜濟分派筆貼式兩員，帶領兵、書各二名前往經理，並嚴飭蒙古員弁必須隨到隨遞，勿許刻延。此項官兵自去年七月初一日派駐，已於今年五月底撤回。此差較苦，前案尚有津貼，官每員月加銀八兩，兵、書每名月加銀四兩。此次臣加以覈減，官二員各給銀四兩，兵、書四名各給銀二兩，共開支十二個月，至上次在台經理文報員弁尚經奏獎，今情事稍殊，應請毋庸濫保。

理合附片陳明，伏祈聖鑒。謹奏。

光緒二十七年十月初八日拜發。

本年十二月十一日遞回。

奉硃批：知道了。欽此。

十一月初八日

10. 滿員保獎摺

奏為綏遠城換防員弁，三年班滿，照章酌保，繕摺具陳，仰祈聖鑒事。

竊查前於光緒十四年間因換防員弁遠戍寒邊，異常勞苦，經前大臣沙克都林札布等援照烏里雅蘇台奏案，擬於換班屆期擇尤酌保一次，以示鼓勵。奏奉兵部議覆，準將三部院候補筆帖式及委署筆帖式並委驍騎校各員，令于換班時，擇其尤為出力者，酌保數員等因，節經循辦在案。茲綏遠城換防人員三年期滿，自應照章酌保，以昭激勸。查該員弁遠戍荷戈，餉微差苦，去年遵旨備邊，尤多出力，不無微勞可錄。惟該員等向由候補筆帖式、委署筆帖式及委驍騎校，皆保以本城驍騎校補用，現查勘行列保者，祇有補用驍騎校候補筆帖式溥湧、吉林，委驍騎校恩騎尉吉拉敏，候補筆帖式麟慧，委署筆帖式金奇遲五員，其溥湧、吉林兩員均已得有驍騎校升階，不便重復再保，自可另請獎敘。擬將補用驍騎校候補筆帖式溥湧、吉林均俟補缺後，賞給四品頂戴。委驍騎校恩騎尉吉拉敏、候補筆帖式麟慧、委署筆帖式金奇遲均請以驍騎校，儘先補用。以上五員所請，雖半與成案未符，然于保舉限制，並無違逾，茲值變通政治之時，可否照擬給獎，出自天恩。

除飭取該員等履歷咨部外，所有酌保、換防員弁緣由，理合繕折陳奏，伏祈皇太后、皇上聖鑒訓示。謹奏。

光緒二十七年十月初八日拜發。

本年十二月十一日遞回。

奉硃批：著照所請，該部知道。欽此。

十一月初八日

11. 滿兵留駐片

再，綏遠城換防官兵，揀充候補委署筆帖式及委驍騎校各員，遇有當差得力與熟悉地方情形者，每於換防屆期，均經留駐一班，甚有連駐三四班者。蓋口外系蒙古遊牧，往來文牘多需翻譯，每有差遣，更資蒙語，新兵初學，斷非三數年不能明澈，故必久於是地者，方克收駕輕就熟之效。茲查候補筆帖式溥湧、吉林、麟慧，委署筆帖式金奇遲，該四員滿、蒙文義均好，蒙語亦頗通曉，應請照章均予留駐，俾供指使。

除咨兵部查照外，理合附片陳明，伏祈聖鑒。謹奏。

光緒二十七年十月初八日拜發。

本年十二月十一日遞回。

奉硃批：兵部知道。欽此。

十一月初八日

12. 並無吏役片

　　再，准吏部來咨，以欽奉諭旨，裁汰吏役，令即欽遵辦理，並定簡明章程，分別咨報吏部暨政務處查覈等因。查科布多系防戍軍營，舊設三部院，續設稽察俄商局，向以章京、筆帖式等員分任辦事，除糧餉章京系用京員，餘皆取材綏遠城換防弁兵積功洊升類，能識滿、蒙文字，文稿多由撰擬，至承繕則用綠營防兵，謂之字識辦理，多年尚無貽誤。迨臣到任，于公事加意推求，每遇重大事件，臣亦即自行屬稿，或令該員等擬作，妥為覈改，旋以事須慎密，又於臣署設立籌邊文案處，遴員辦理，取便督率，經已附陳在案。年餘以來，似覺漸有條理。口外情形迥與內省不同，並無書吏，亦無差役，惟在官，即易滋弊，而無人不可作弊，仍當時加查察，有犯必懲，期仰副朝廷奮除積習，力圖自強之盛意。

　　除分別覆報吏部政務處查照外，謹附片陳明，伏祈聖鑒。謹奏。

光緒二十七年十月初八日拜發。

本年十二月十一日遞回。

奉硃批：知道了。欽此。

十一月初八日

13. 俄官到科照約欵待支應片

　　再，俄國駐紮庫倫匡蘇勒官施什瑪勒福，每屆三年前來西北查閱邊界商務。前准庫倫烏里雅蘇台來咨囑為支應，該匡蘇勒旋於八月初九日行抵科布多，連日會晤，與臣議辦商務、交涉數事，已於八月十三日取道北台沙拉布喇克，前往彼闊什雅某頓城，臣派員護送至索果克卡倫而還。此次臣照約款待，飭台支應，該匡蘇勒感激朝廷德意，以故尚少要求，惟于保護俄商各節，諄懇設法，詞意迫切，容臣咨商外務部，妥籌辦理，至酌送該匡蘇勒羊只、米麪、甎茶等項，計共用銀三十六兩零，已飭于房租項下動支。

除分咨查照外，理合附片陳明，伏祈聖鑒。謹奏。

光緒二十七年十月初八日拜發。

本年十二月十一日遞回。

奉硃批：該部知道。欽此。

十一月初八日

14. 欠餉無著懇恩體恤敕部核示摺

奏爲戶部指撥晉、豫兩省籌解欠餉，現接晉撫來咨，已經奏免；豫撫亦無允協信息，邊情仍前窘迫，商蒙借欠各欵無法措還，惟有籲懇天恩，俯賜體恤抑敕部臣妥籌辦法示遵，俾全危局無失大信，具摺披瀝直陳，仰祈聖鑒事。

竊臣于上年十一月間奏奉部議令由河南、山西兩省籌解欠餉，俾還商蒙欠款，嗣以欠欵實難久延。晉、豫籌解不足濟急，又于本年四月二十一日瀝情懇恩，仍敕戶部暫將此項從減墊撥，俾資清理，以昭大信而顧地方，專折具奏，奉硃批：戶部議奏。欽此。旋經部議以所欠商款五萬兩、欠發兵餉銀一萬三千五百餘兩，前既議令河南、山西兩省於欠解科布多餉銀內設法籌解，現在該二省時局漸紓，自應仍令該二省將積欠該城餉銀按照該大臣此次減撥數目，各騰挪若干分批起解，俾得清理欠欵。所請由部墊撥之處，仍應毋庸置議等因，奏奉諭旨：依議。欽此。咨令欽遵到城，臣當即咨商該兩省撫臣，並致手書，切屬接濟，旋岑春煊來函，內稱籌解舊欠，論晉力實萬不及，既承切屬爲歸還借款要需，自應飭司設法酌籌，數目多寡不敢預必等語。臣披閱之下，深以爲慰，方謂該撫果能力顧大局，不分畛域，非久必有以應急，不至徒託空言。且即指此以許承借各商，一面派委妥員前往太原請領，不料至十月初三日，忽接該撫來文咨送摺稿，乃知該省已於八月十四日專摺具奏，烏、科二城欠欵，仍照原案分年湊還每城二千五百兩以紓晉力，竟不能勉照部議辦理矣。臣至此方悔，函牘交馳委員提解，不但無裨餉需，轉復徒增勞費，仰人鼻息，其難如此，推而至於河南亦必不肯籌撥可知。臣伏思，去年辦防借墊商款欠發蒙餉一案，經臣一再疏懇，請由部墊，原係迫於無可如何，並非不知體念部臣籌畫之難，即部臣于常年經費，則兩次代墊於欠借各欵，則令晋、豫酌解舊欠，亦深諒邊計之不易，欠餉之應還，故令籌欵以資接濟。誠以辦防乃是偶然，不為常例，僅止協解一次，各予三二萬金，在該二省庫帑不至重絀，而邊遠瘠區即蒙大惠，初非責令，從此源源撥解，多多益辦，富科布多以窮該省也。細譯部咨，既曰設法籌欵，又曰照減撥數目，騰挪若干，可見部臣具有斟酌，毫無畸輕畸重，即臣屢經被駁，亦不能不服其公允。臣自幼讀書，粗明大義，既不能為國家理財，亦尚知為國家節用，本不欲以邊方區區之欵屢瀆宸聽，無如勢處萬難，既不能自行設籌，又不能偏向他省告貸，止此晋、豫欠款尚系一綫生機，若竟如該撫辦法，則科布多應還商款、蒙餉既不能雨自天，復不能出自地，更從何處張羅？臣處此窮荒無告之區，又值商蒙交困之際，實屬智盡能索，難為無米之炊。至該撫摺內敘及科城二十六年後半及二十七年前半經費，暨前撥防餉一萬兩由部墊撥到晋，均已陸續委解，此時當已得資接濟等語。查所云部撥後半、前半均系常年經費，不與防欵相干，即使略有借動，終須撥還，且寅支卯糧，尚虞支絀，並查去年部墊經費，早已解到，動用無餘。其今年之前一半經費應抵春夏兩季額支之項，且先設法分別墊欠，餉到即當還補，至秋冬兩季，已成懸欠。若該省仍不協給，即又無法可施，是得資接濟之說似尚未悉窮邊實在情形，況待用萬緊，餉到便須動支，亦無餘欵可以存儲，若止算入帳，不算出帳，則內而戶部，外而各省，應存帑項當不勝其多，戶部可以不必為難矣。臣焦灼萬分，急病交迫，自恨才短，無術補苴，惟有仰懇天恩，再賜體恤，抑或敕令部臣妥籌辦法示遵，務期款項有著，庶以藉全危局，無失大信，臣不勝感激。

理合具折，披瀝直陳，伏祈皇太后、皇上聖鑒訓示施行。謹奏。
光緒二十七年十月初八拜發。
本年十二月十一日遞回。
奉硃批：戶部議奏片併發。欽此。
十一月初八日

15. 餉項支絀現在情形片　以上初八日拜發

　　再，去年籌布邊防辦理蒙團一切用欵，除動挪庫存正項及平餘雜欵之外，僅得特旨撥給庫平一萬兩、新疆借墊湘平二萬兩，折合庫平已少八百兩，又由該省扣除鞘釘各項銀兩，計實解到庫平銀一萬九千一百九十四兩零，此外別無協濟之款，計此不足三萬金，不過僅敷留兵五百一年餉需。臣原擬將新疆借欵分別酌還商墊，補發原欠蒙餉，前已附片奏明，惟前因留兵乏餉，咨請行在戶部覈示，現准咨覆謂此項留兵歲支餉需，本部實未能如數發給，應由該大臣自行奏明裁撤等語。臣奉咨之下，甚屬為難，蓋此項留兵論彈壓地方固屬不足，在保護洋商尚稱有用。八月間俄駐庫倫匪蘇勒施什摩勒福過此議及護商一節，甚為著意，且有去秋俄商密海勒阿克索諾福及蒙古工人前往阿爾泰山一帶收取欠帳，查無下落一案，百計密訪尚無頭緒，未能辦結，臣業于夏間咨明總理衙門，並以牽涉借地尚在會商塔爾巴哈台查辦，若不稍資兵力，以後洋商實難空言保護。誠恐所省者小，所失者大！第有兵無餉，孫吳亦將束手，況以臣之迂拙無才，尤不能保平安無事。臣亦不敢與部臣相抗，只得勉為遵辦，且看裁撤後情形如何，至欠餉累累，部臣既覆以未能撥給，則臣自當設法料理。除特賞之一萬兩，本係因留兵撥給應以抵支月餉，其新疆借墊之一萬九千一百九十四兩，自可並為此項兵餉之用。即不能再顧及當日商墊，初欠蒙餉仍是絲毫不能歸還，不能補發。總之，邊遠瘠區向資內協，以較東北、新疆且不過九牛之一毛，況去年沿邊、沿江、沿海無不設防，即無不需餉，恐未必能以數萬金救急應變，均在部臣籌慮之中，尤難逃聖明洞鑒。若都如山西待科布多辦法，竊恐將引為前車之戒，無敢實心任事者矣。查烏里雅蘇台去年曾奉戶部撥給的餉五萬兩，故該城得資接濟。今科布多應得晉、豫兩省撥解舊欠均難指准，可否請敕部臣暫籌接濟，俾應急需，而顧邊局，伏候聖裁。

　　所有餉項支絀現在情形，謹附片陳明，伏祈聖鑒訓示，臣不勝惶悚。謹奏。

光緒二十七年十月初八日拜發。
本年十二月十一日遞回。
奉硃批：覽。欽此。
十一月初八日

16. 請簡杜爾伯特左翼正盟長摺

奏為請簡正盟長員缺以重盟務繕摺具陳仰祈聖鑒事。

竊查杜爾伯特左翼正盟長劄薩克固山貝子察克都爾札布因病出缺，所遺正盟長一缺前經臣附片奏明，以杜爾伯特左翼副將軍達賚汗噶勒章納木濟勒暫行署理，一俟揀選妥協，再行請簡。奉硃批：該衙門知道。欽此。欽遵在案。茲經臣將杜爾伯特左翼應備揀選正盟長之汗王、貝勒、貝子、公等，除年未及歲者毋庸行取外，餘均飭調來城，詳加察看，該王、貝勒、貝子、公等或資序尚淺，或歷練未深。惟查有現署正盟長副將軍達賚汗噶勒章納木濟勒精明強幹，熟悉情形，暫署以來，辦理盟務毫無貽誤，且爵秩較崇，以之補授，洵堪勝任。可否即請以現署正盟長、副將軍達賚汗噶勒章納木濟勒簡放杜爾伯特左翼正盟長之處，出自逾格慈施，謹將該汗王、貝勒、貝子、公等銜名、年歲、食俸、年分另繕清單祗呈御覽，恭候欽定，伏俟奉到諭旨，臣即欽遵辦理。

所有開單，請簡正盟長員缺以重盟務緣由，理合繕折具陳，伏祈皇太后、皇上聖鑒。謹奏。

光緒二十七年十月二十八日拜發。
二十八年正月初六日遞回。
奉硃筆圈出杜爾伯特左翼署正盟長副將軍達賚汗噶勒章納木濟勒。欽此。
十一月二十五日

謹將杜爾伯特左翼應補正盟長汗王、貝勒、貝子、公等銜名、年歲、食俸、年分敬繕清單祗呈御覽：

署正盟長、副將軍特固斯庫嚕克達賚汗噶勒章納木濟勒，現年四十

八歲,食俸三十二年;

　　副盟長札薩克多羅貝勒納遜布彥,現年四十六歲,食俸九年;
　　札薩克多羅君王圖柯莫勒,現年二十八歲,食俸三年;
　　札薩克固山貝子納楚克多爾濟,現年四十三歲,食俸五個月;
　　札薩克輔國公圖都布,現年三十歲,食俸七年。

17. 代奏杜爾伯特固山貝子納楚克多爾濟叩謝天恩摺

　　奏為循例據情代奏叩謝天恩仰祈聖鑒事。
　　竊前經臣具奏,左翼札薩克固山貝子察克都爾札布遺缺,請以伊長子預保二等台吉納楚克多爾濟承襲貝子之爵等因一摺,欽奉硃批:著照所請,該衙門知道。欽此。當經轉飭遵照去後,茲據杜爾伯特左翼署盟長達資汗噶勒章納木濟勒呈稱,轉據新襲貝子納楚克多爾濟申稱,奉到札飭,遵即只詣科布多城萬壽宮望闕叩謝天恩訖。伏思納楚克多爾濟,蒙古世僕,未報國恩,茲復渥荷慈施,賞襲貝子之爵,惟有勉竭愚誠,認真辦理旗務,管束所屬,保安邊境,仰副聖主高厚鴻慈于萬一。並據聲明,該貝子尚未出痘,例不進京等情,懇請轉奏前來。
　　理合循例據情代奏,伏祈皇太后、皇上聖鑒。謹奏。
　　光緒二十七年十月二十八日拜發。
　　二十八年正月初六日遞回。
　　奉硃批:知道了。欽此。
　　十一月二十五日

18. 揀補俄商局筆帖式摺

　　奏為揀補俄商局筆帖式員缺以重洋務,繕折具陳,仰祈聖鑒事。
　　竊查科布多稽察俄商事務局筆帖式雲秀,前經臣奏補新添糧餉處幫辦章京員缺,業奉批准,所遺筆帖式一缺,係應分駐索果克邊卡,專辦俄商收繳、運照事宜，自非堅忍耐勞之員，難期得力。茲查有補用驍騎校候補筆帖式溥湧，公事明白、差使奮勉，向充臣衙門巡捕，于辦理交涉機宜，尚知體會，以之擬補，可無貽誤。如蒙俞允，應俟該員五年期滿就武回綏遠城，俟補驍騎校後即以防禦遇缺，儘先坐補，先換頂戴。其該員應找支銀糧，俟奉旨之日，開支報部，仍遇差便，給咨該員赴部帶領引見，至遞遺候補筆帖式，應由臣揀員充補，咨部辦理。

所有揀補筆帖式員缺緣由，謹繕折具陳，伏祈皇太后、皇上聖鑒。謹奏。

光緒二十七年十月二十八日拜發。

二十八年正月初六日遞回。

奉硃批：著照所請，該部知道。欽此。

十一月二十五日

19. 奏調綏遠城換防新兵到科片

再，前准綏遠城將軍咨派委科布多換防委驍騎校廕監奎廉，管帶附生前鋒卓麟，翻譯候補筆帖式前鋒興文，五品頂戴前鋒恒貴、鹿壽，翻譯候補筆帖式馬甲成秀，翻譯教習馬甲瑞秀，五品頂戴馬甲景貴，馬甲特合春、連瑞，養育兵依罕、惠升就便分解部墊，光緒二十六年後一半經費銀兩于本年六月初八日自綏遠起程等因，茲查該委驍騎校奎廉帶同該兵十一名均於十月二十日到防。臣面加考驗，分試滿、蒙、漢文義，均能通曉。當經分撥各衙門局處當差，按例開支銀糧，仍俟三月後照章均作為委署筆帖式。

除分咨查照外，理合附片陳明，伏乞聖鑒。謹奏。

光緒二十七年十月二十八日拜發。

二十八年正月初六日遞回。

奉硃批：該部知道。欽此。

十一月二十五日

20. 請假兩月片　以上二十八日拜發

再，臣於去秋驚憂成疾，至冬向愈，不料今年自春徂秋，屢經觸發，加以時局縈心，邊務掣肘，憂憤之極，益乖調養。臣性本下急，自來口外盤錯之區，遇事能忍，躁氣漸除，但鬱悶亦即因之加劇。昨於十月初十日晚間忽覺氣逆、喉痛，竟有積塊壅塞胸膈，每食輒噎，不能納穀，當服袪痰降氣丸藥，又以攻伐太過變為泄瀉，現已半月有餘，下利不止，虛喘漸增，委頓殊甚。前蒙恩准探辦藥物，而迢遙萬里，急切難致，刻下患病如此，竟至無從施治，焦灼實深，惟有仰懇天恩，賞假兩個月，俾資靜攝，免成沈痼。其一切公事，刻止（賸）［剩］臣一人，仍當力疾經理，不敢藉耽安逸，自外生成。

所有臣因病請假緣由，理合附片具陳，伏乞聖鑒。謹奏。

光緒二十七年十月二十八日拜發。

二十八年正月初六日遞回。

奉硃批：著賞假兩個月。欽此。

十一月二十五日

《散木居奏稿》卷之八　門人鈴木吉武校字

卷之九　无藥集

斡難　瑞洵

光緒辛丑十一月起，十二月訖

1. 札哈沁（剌）［喇］（麻）［嘛］磕頭摺
2. 請頒報匣押封片
3. 擬將蒙古糧折改放本色摺
4. 籌防欵目請開單報銷片
5. 遵保章京筆帖式懇給獎敘摺　附清單
6. 附保出力章京片
7. 附保驍騎校片
8. 請賞還春普保案片
9. 請催直晉經費摺　以上十一月二十四日拜發
10. 叩謝天恩摺
11. 蒙旗辦（振）［賑］摺
12. 請動倉糧放（振）［賑］片
13. 筆帖式麟慧咨回原旗片
14. 具報官廠駝馬數目片
15. 請將積年報銷分別陳案新案清理摺
16. 擬派員往勘布渠片
17. 蒙兵放煙賞（茶）［煙］請仍照舊章（辦）［辦］理片　以上十二月十九日拜發

1. 札哈沁(刺)[喇](麻)[嘛]磕頭摺

奏為奏聞事。

據札哈沁總管三保呈報，本旗圖古里克庫倫得木齊喇嘛達爾嘉等十一人前往西寧棍佈木招磕頭，懇請發給照票等情呈報前來。臣查向章，凡蒙古喇嘛等遇有呈請前往五台山、西寧等處磕頭者，一面具奏，一面發給照票，令其前往，久經辦理有案。今札哈沁得木齊喇嘛達爾嘉等呈請前往西寧棍佈木招磕頭，自應照准。

除由臣發給照票一張，暨咨行西寧辦事大臣查照，俟該得木齊喇嘛達爾嘉等磕頭事竣，即飭催回旗外，理合具摺奏聞，伏祈皇太后、皇上聖鑒。謹奏。

光緒二十七年十一月二十四日拜發。

二十八年正月十七日遞回。

奉硃批：該衙門知道。欽此。

十二月十九日

2. 請頒報匣押封片

再，科布多向來拜發摺件，均用頒發報匣封遞，旋經臣於去年六月復請賞給御押兩（分）[份]，奉旨照准，嗣值軍務猝啟，奏事兩次之報匣未蒙發回，當即改用夾板包封馳遞。惟驛路經由皆系蒙古台站，該官弁夙知報匣為緊急，奏報遞送，迅速往返，不過一月有餘。今改夾板每視為尋常公文，無論如何檄諭，迄未了然，故具一摺，動須一月光景始能上達御覽，及奉到批回且須四十日，內外事機濡滯頗不放心。現幸大局底定，臣愚見，北路陳奏事宜似以仍用報匣為便。

合無仰懇天恩，從新賞頒報匣四（分）[份]、御押四（分）[份]、鑰匙四（分）[份]，以資敷奏。如蒙俞允，臣當派員晉京祇赴辦理，軍機處請領，謹以附請。伏祈聖鑒。謹奏。

光緒二十七年十一月二十四日拜發。
二十八年正月十七日遞回。
奉硃批：著照所請。欽此。
十二月十九日

3. 擬將蒙古糧折改放本色摺

奏為邊費日絀，不敷周轉，擬將蒙古各項官員兵丁應領糧折銀兩，援照成案暫放本色以足兵食而節餉力，繕摺具陳伏祈聖鑒事。

竊臣伏查科布多例支官兵糧糒，原係均放本色，嗣因存糧不敷滿支，改放折色，卡倫蒙古兵且以一半折放煙茶，而遇倉庾較豐，年久恐致霉爛，或一年放本、一年放折，或連年全放本色，均經奏明有案。查科布多所管台站屯田，駐班官學，明阿特、領魯特兩部落，各項蒙古官兵每年應領糧折銀兩，向由常年經費項下按半開放。惟自上年多事以來，常年經費戶部墊撥之外，山西應協省分絲毫未給，現該省又經奏明須俟上下兩忙有收方能設法籌解，蓋已幾幾乎不可必得矣。加以近來整頓一切，並未請有專欸，全仗騰挪濟用，現在止有部墊，本年前一半經費解到即已告罄，有如沃焦，應放各項尚多欠缺。其直隸去、今兩年應協之欸，亦無撥解，雖經函牘交馳，委員催領，而該二省仍腦後置之，徒使萬里寒邊，空煩筆舌，虛耗盤費，似此年復一年，不但地方應辦事宜無從籌布，即例定應支之項，亦慮壓閣。臣番夜焦思，持籌乏術，止有極力撙節，作求人不如求己，打算期敷歲計。復查科布多蒙古各旗近多被災，日形苦累，來往俄商皆須護送，差使又極繁重，此項糧折並為蒙古計口授食之需，不容短少。值茲帑藏空虛，自當勉籌補苴之策，臣悉心計畫，現在倉儲糧石，舊存尚有五千七百余石，本年新糧刻正驗收又約有五千餘石，統算當在萬石有奇。前議脩建倉廠，現以待欸停工，尚未竣事，此項糧石陳陳相因，日久竊虞紅朽，似不如將所有各項蒙古官兵糧折銀兩，援照成案，暫行放給本色，既資兵食又可稍節餉力，一年通籌，約須動放一千數百石在存糧石，若以支放三、五年，於倉儲不至過絀，即地方歲增糧石亦愈得流通之益，一俟經費照常撥解，再當察酌情形奏明辦理。合無請旨俯准照辦，實於地方兵食均屬有裨。如蒙俞允，俟奉諭旨，臣即欽遵飭辦。

謹將邊費日絀不敷周轉，擬將蒙古各項官兵糧折銀兩，援照成案，暫放本色以足兵食而節餉力緣由，繕折具陳，伏祈皇太后、皇上聖鑒訓示。謹奏。

光緒二十七年十一月二十四日拜發。

二十八年正月十七日遞回。

奉硃批：著照所請，該衙門知道。欽此。

十二月十九日

4. 籌防欵目請開單報銷片

再，現在大局底定，防務已松，應將籌防用款暨留兵一年支餉，分別報銷，前已將出入大數奏明，並將支發欵目擇要咨部先行立案。伏思臣自到任後，事無大小，皆必身親，從不假手於人，今欲清理銷案，尤非自行覈辦不可。惟查自來辦理各項報銷，無不曲意遷就，勉符例章，少干駁斥，實則全非本來面目，蓋欲合例，便須捏飾，而一一據實開報事之所有，又或為例之所無，浮冒雖不能免，而多用少報，或竟不敢開報之欵目亦頗有之，此中情形，早在聖明洞鑒之中。臣愚見，現值聖主整齊庶政之際，報銷一事煩碎繳繞，流弊較多，朝廷方欲改弦更張，變通以盡其利，似無須仍用此作偽具文，總以改就簡明一目了然為妥，可否仰求天恩，俯准臣將經辦防務一切用欵開具清單報銷，免其造冊，以昭覈實。如蒙俞允，臣即督飭經手之員，查照支發底簿覈算辦理，實用實銷，不稍掩飾，再行咨請戶、兵各部覈辦。至前奉戶部一再指令山西、河南籌解欠餉，俾得清理墊欠各欵，迄今仍未據撥解絲毫。前經臣專摺具奏，自應敬候諭旨，合併陳明。

臣所請系為力求實際起見，是否有當，謹附片籲懇，伏祈聖鑒訓示。謹奏。

光緒二十七年十一月二十四日拜發。

二十八年正月十七日遞回。

奉硃批：准其開單報銷。欽此。
十二月十九日

5. 遵保章京筆帖式懇給獎敘摺　附清單

奏為遵旨酌保科布多額缺章京、筆帖式各員，懇恩照擬給獎，以勵勤勞，專摺繕單，具陳仰祈聖鑒事。

竊臣前奏請將部院額缺章京、筆帖式等援案按照邊省軍營勞績擇尤保獎，並定年限員數，以杜冒濫等因。本年二月初五日遞回原摺，奉硃批：著照所請，該衙門知道。欽此。具仰湛恩，汪濊不薄，邊功曷勝欽感！查科布多近年以來邊事日棘，交涉漸增，糧餉處綜覈錢糧、印務處經理案牘，而蒙古處管理蒙古部落、哈薩克、鄂拓克事務並卡倫台站牧政責成彌重。其俄商局辦理洋務，尤為大局攸關，又兼去年遵旨防邊，簡校蒙兵、試行團練，舉凡籌備餉需、揵捕賊匪、稽查保甲、偵探軍情以及守城清野、放卡駐台各事雖由臣主持布置，倖免疏虞，該章京、筆帖式等亦復均能出力，艱苦不辭洵屬，有勞可錄，自應遵旨酌保以昭激勸。臣悉心斟酌著績，固宜嘉獎，而薦剡亦不可濫登，稽考成章，未敢過從優異。除糧餉章京另片請獎外，謹將該章京、筆帖式等擇尤擬保數員，敬繕清單祇呈御覽，合無仰懇天恩，特沛俯准照擬給獎，出自高厚鴻慈。

除飭取該章京、筆帖式等履歷咨部外，所有遵旨酌保額缺章京、筆帖式各員繕單請獎緣由，謹專摺具陳，伏祈皇太后、皇上聖鑒訓示。謹奏。

光緒二十七年十一月二十四日拜發。
二十八年正月十七日遞回。
奉硃批：著照所請，該部知道。單併發。欽此。
十二月十九日

謹將遵保章京、委署主事、筆帖式各員擬請獎敘，敬繕清單祇呈御覽。

計開：
首先即補防禦，後以佐領補用，先換頂戴，印務處承辦章京主事職衔玉善，擬請俟補佐領後，以協領即補，先換頂戴；

首先坐補防禦，後以佐領即補，先換頂戴，補佐領後以協領補用蒙古處承辦章京主事職銜英秀，擬請賞給該員祖父母、父母二代二品封典，分發省分補知縣後，以直隸州知州補用，俟補直隸州後，加知府銜。

俄商局承辦章京主事職銜穆騰武，擬請仍以直隸州知州，分省遇缺即補，補防禦後以佐領補用，先換頂戴。

印務處幫辦章京主事職銜崇文，擬請俟補佐領後以協領即補，先換頂戴，補防禦後以佐領補用，先換頂戴。

糧餉處幫辦章京主事職銜雲秀，擬請以佐領遇缺即補，遇缺即補防禦後以佐領補用，先換頂戴。

蒙古處幫辦章京主事職銜鐘祥，擬請俟補佐領後以協領即補，先換頂戴，四品頂戴遇缺即補。

防禦委署主事文惠，擬請補防禦後以佐領補用，並請賞加三品銜，補驍騎校後以防禦補用，先換頂戴。

印務處筆帖式清林，擬請俟補防禦後以佐領即補，先換頂戴補用防禦。

糧餉處筆帖式景善，擬請俟補防禦後以佐領補用，先換頂戴，補驍騎校後以防禦補用，先換頂戴。

蒙古處筆帖式錫齡阿，擬請俟補防禦後以佐領即補，先換頂戴。

6. 附保出力章京片

再，查記名班先理事同知糧餉章京委署主事翰林院筆帖式榮泰，去年三月即已報滿，因軍事猝起，（來）［未］能及時更換，是以仍行接辦。旋值京師不靖，邊境戒嚴，餉道梗阻，直晉應協經費並皆停撥，科布多年例支欵，頓無指望，羅掘倍極維艱，又加奉旨籌布邊防，挑練蒙兵，軍需緊要，局勢瀕危，深慮備豫，稍疏禍不旋踵。臣即援照從前辦法，督率該員謀諸商賈，暫議挪借，既濟公家之急，即以保其財命，頗費唇舌，始得勉從，方當朝不保夕，人情惶懼之際，城防台卡一日數驚，既須供應額支，又須接濟軍用，兼籌並顧，竭力維持，於是兵心藉其固結，地方賴以安全，雖由承受指揮，而該員肆應之功，不可泯也。伏查光緒二十四年，前大臣寶昌等因該員清釐欠發各餉，著有微勞，附片特保，請以記名理事同知准歸班先帶領引見，先換頂戴。欽奉批旨：著照所請，吏部知道。欽此。仰見朝廷優恤邊陲，有勞必錄，欽感同深，該員此次尤屬異常出力，且辦理糧餉事務已逾四年，至今亦未交卸。自應從優保獎，惟以格於成例，未敢冒昧瀆陳。查該員本系京察一等，記名以理事同知通判用，並奉旨准歸班先人員。

合無籲懇天恩，敕部將該員榮泰，仍歸京察一等記名理事同知，遇有缺出，仍歸班先帶領引見，俟得缺後，（在）[再]任以知府用，先換頂戴，以示鼓勵之處，出自逾格慈施，臣為勵勤示勸起見，是否有（常）[當]，伏祈聖鑒訓示。謹奏。

光緒二十七年十一月二十四日拜發。

二十八年正月十七日遞回。

奉硃批：著照所請，吏部知道。欽此。

十二月十九日

7. 附保驍騎校片

再，補用驍騎校額外驍騎校文普、錫麟圖二員到防以來或逾六年或屆三年，迭奉差委，均無貽誤，去年隨同臣籌布邊防，晝夜奔馳，尤屬倍著勞績。若不量加鼓勵，未免向隅。合無仰懇天恩，俯準將額外驍騎校、補用驍騎校文普、錫麟圖二員，均俟補驍騎校後，以防禦即補，先換頂戴，以昭激勸。出自鴻施。

除飭取履歷咨部外，理合附片具陳，伏祈聖鑒訓示。謹奏。

光緒二十七年十一月二十四日拜發。

二十八年正月十七日遞回。

奉硃批：著照所請，兵部知道。欽此。

十二月十九日

8. 請賞還春普保案片

再，糧餉處筆帖式春普前因志氣頗懈，嗜酒廢公。經臣附片奏參，請將該員補驍騎校後以防禦補用，先換頂戴，保案撤銷，奉旨照准，欽遵在案。茲查該員自撤保後，供差改過，力圖自贖，現在已屆一年，尚知愧奮，合無懇恩，將該員前撤保案準予賞還，以示懲勸之公。

謹附片具陳，伏祈聖鉴訓示。謹奏。

光緒二十七年十一月二十四日拜發。

二十八年正月十七日遞回。

奉硃批：著照所請，該部知道。欽此。

十二月十九日

9. 請催直晉經費摺　以上十一月二十四日拜發

奏為直晉應協經費請旨敕催速解，以資接濟，具摺馳陳，仰祈聖鉴事。

竊前因經費不敷，奏奉諭旨，敕交戶部議令直隸省於旗租項下，每年協撥銀二千五百兩，向由該藩司委解至口北道衙門轉發，科布多委員接領起解。去年軍務猝啟，畿輔戒嚴，此項頓歸無著，今年亦未撥給。前因和局已定，經臣咨請大學士督臣李鴻章飭司照撥，並經加函哀懇委員往提，迄今尚未準覆，焦盼殊深。科布多近年經費專指直晉兩項，從前東南各省協餉均已停撥，支絀情形早邀聖明洞鑒。山西應撥經費曾奉戶部咨開，所有烏科二城經費行令不分，上忙下忙，總在七八月間全解到綏遠城，俾得早日領解以資接濟。今撫臣岑春煊前奏，本年後一半銀兩擬俟下忙有收，再為設法籌解，萬難期其應急，且稍一壓閣，即須過年，是又暗為短欠矣。若直隸之二千五百兩亦復從緩，正不啻雪上加霜，絕徼荒寒，嗷嗷待哺者何以堪此。況臣所管蒙古各部落困苦日甚，現並據明阿特、額魯特兩旗呈懇，補發早年欠餉以恤蒙累，此須山西補解舊欠到日，方能酌發。雖經戶部指撥，但該省又已奏減，每年仍給二千五百兩，既無大批銀兩，亦屬無從撥還，此需餉急切之實在情形也。竊維臣待罪邊陲，值茲時局方艱，未能籌歇，稍分宵旰之憂，豈宜因區區經費屢瀆宸聽，無如地方瘠苦，懸釜待炊，不能見諒於鄰封，惟有乞恩於君父，萬不得已，仍應籲懇慈施，敕令直隸督臣李鴻章速飭藩司，將去今兩年應協之五千兩照章籌撥，並敕山西撫臣岑春煊，嗣後於科布多經費各歇，仍遵部議早籌撥發，勿待分忙致誤兵食，庶期餉項早到一日，早濟一日之生。其本年後一半經費務即委解至綏遠城，以便委員接解，無再藉延，邊城雖介偏隅，同關大局，李鴻章等體國公忠，天下仰望，但於窮塞略加體恤，即已叨惠不淺。

除再行咨催外，謹具摺馳陳，伏祈皇太后、皇上聖鑒訓示施行。謹奏。

光緒二十七年十一月二十四日拜發。

二十八年正月十七日遞回。

奉硃批：著戶部飭催籌解，以濟邊餉。欽此。

十二月十九日

10. 叩謝天恩摺

奏為叩謝天恩，仰祈聖鑒事。

竊臣接到家信，謹悉臣胞弟戶部緞疋庫員外郎瑞澂於本年九月初九日奉上諭：江西廣饒九南道員缺著瑞澂補授。欽此。臣當即恭設香案，望闕叩頭謝恩。伏念臣胞弟瑞澂才識本庸，資勞尚淺，迺荷鴻施逾格，簡授監司。在聖主求舊必於勳門，而世僕效忠益難報稱。查九江為水陸之衝，關道有征榷之責，當此鉅艱初集，深虞隕越貽羞。臣惟當郵書訓飭，戒其矜夸，務令勉副職司，慎求治理。論地方則以培養民氣為本；稽稅課則以釐剔蠹弊為先，總期事事求實，滴滴歸公，俾共勵夫血誠，冀稍酬夫恩遇。

所有臣感激下忱，謹繕摺具陳，叩謝天恩，伏祈皇太后、皇上聖鑒。謹奏。

光緒二十七年十二月十九日拜發。

二十八年二月十二日遞回。

奉硃批：知道了。欽此。

正月十八日

11. 蒙旗辦(振)[賑]摺

奏為蒙古公旗報災，查明情形較重，懇恩准撥銀糧（振）[賑]濟，以戢流離，具摺馳陳，仰祈聖鑒事。

竊據杜爾伯特右翼公多諾嚕布呈報，該旗連年被災，四項牲畜倒（弊）[斃]殆盡。官員已極窮迫，其兵丁、男婦、（剌）[喇]（麻）[嘛]、黑人竟至無所資生，每日不得一飽，出外募化者日多一日，若不設法撫恤，恐致流離愈衆，窮釀事端，懇求振[賑]濟前來。臣查去年冬令雪澤不調，今春又生蟲蟄，專喫青草，蒙古各旗大半被災，輕重不一。臣以若辦普（振）[賑]，需款浩繁，誠恐戶部籌撥維艱，臣是以未敢輕發。惟聞該公旗實已成災，自應即予查辦，當派委員前往該旗確勘，並飭杜爾伯特右翼盟長，亦派蒙員會查。旋據稟稱，查得該旗實係連年遭災，困苦情形不堪言狀，除稍有牲畜能度命者二十三戶，竟有七十七戶男婦、老弱、（剌）[喇]（麻）[嘛]、黑人無衣無食，難望存活，現多逃往別旗募化行乞，實堪憫惻等語。臣覆維口外蒙古專靠游牧，多以駝馬牛羊湩酪充飢，富者始能食肉。若野無青草，畜牧不能蕃孳，生計即因之枯窘。茲既查屬實情，自難稍存膜視，且有去年（振）[賑]濟札哈沁之事，尤未宜辦理偏枯，而蒙困到處皆然，亦不能強令同盟養贍。定例蒙古連年荒歉，同盟內不能養贍，應請旨派員查明撥銀（振）[賑]濟。臣悉心籌酌，僅止一旗辦（振）[賑]，用項無多，即無須動請部欵，擬由科布多公項內勻撥銀五百兩，再動支倉糧小麥、大麥一百石，遴委廉幹人員帶往該旗。將被災蒙古貧苦人等查明戶口，分別拯濟覈實，散放其糧石作為籽種；責令該旗招集流亡之丁壯，派令就可耕之地，於明年三四月間及時試種；即令該盟長酌量借給牛隻。如獲秋收，便可足資接濟。既救一時之災，兼為他日開墾之漸，似屬一舉兩得，於蒙古尚有裨益。現飭右翼盟長權為賙助，俟奉旨後，臣即欽遵辦理。

臣為籌（振）[賑]濟以戢流離起見，是否有當，理合具摺馳陳，伏祈皇太后、皇上聖鑒訓示。謹奏。

光緒二十七年十二月十九日拜發。

二十八年二月十二日遞回。

奉硃批：著照所請，該衙門知道，片併發。欽此。

正月十八日

12. 請動倉糧放（振）[賑]片

再，北路軍營不同內地，並無養濟院收養貧民處所，以致老弱廢疾無所存恤。比歲多災，尤增困憊。近經臣查知，附城左右窮苦無告之蒙古、漢民男婦大小共有二百五十餘人之多，類皆不能自食。現值冬寒，所在僵仆，誠有如漢詔所云：鰥寡孤獨窮困之人或陷于死亡而莫之省憂者，是地方官之責有未盡也。臣已於十月朔捐買米麪，在臣署外按名散放，聊資拯濟，但綿力有限，未能多施，且慮後難為繼，體察情形，仍惟有推布上恩，為窮塞百姓籲求（振）[賑]貸。臣擬每年冬令於倉儲項下動支小麥、大麥各五十石，施放十、冬、臘三個月，每月六次，即實給米麪，所費無幾，而生命所全已多。臣當委妥員經理，並可親自察視，務期實惠均霑，野無餓莩，仰副朝廷厚岬邊氓之至意，如蒙俞允，應於每屆秋令，由臣衙門先期奏明辦理，所用糧石並請歸入常年報銷。

是否有當，謹附片陳奏，伏祈聖鑒訓示。謹奏。

光緒二十七年十二月十九日拜發。

二十八年二月十二日遞回。

奉硃批：覽。欽此。

正月十八日

13. 笔帖式麟慧咨回原旗片

再，科布多戍防候補筆帖式綏遠城步甲麟慧，前因三年班滿，經臣附片奏請留駐，尚未奉到批旨。查該員已於今年正月派赴山西催領餉銀。旋據稟請病假，茲復接其來稟，以久病未愈，懇準開去戍防差使，咨回本城當差，自應照準。

除批飭遵照暨分咨兵部、綏遠城將軍外，謹附片具奏，伏祈聖鑒。謹奏。

光緒二十七年十二月十九日拜發。

二十八年二月十二日遞回。

奉硃批：兵部知道。欽此。

正月十八日

14. 具報官廠駝馬數目片

再，查科布多官廠牧放牛馬駝隻三項牲畜，前遵部議整頓馬政章程，飭令該管蒙古員弁認真經理，秋季派員稽查，年底奏報一次，節經循辦在案。本年八月間業經派員查驗，該廠舊存馬二百五十七匹，舊存駝七百九隻，新收由烏里雅蘇台解到駝二百隻，共駝九百九隻，牛隻無存，除動用並例倒外，實尚存馬二百三十六匹，駝八百四十七隻，尚無缺額情弊，逐一烙印，仍飭該管協理、台吉等妥為牧放，以備應用。現屆年底，理合奏報，伏祈聖鑒。謹奏。

光緒二十七年十二月十九日拜發。

二十八年二月十二日遞回。

奉硃批：該衙門知道。欽此。

正月十八日

15. 請將積年報銷分別陳案新案清理摺

　　奏為前任積年收支經費欵目，均未報銷，補辦維艱，現在設法清釐，已將光緒二十年以前造齊各冊派員覆覈，以備送部，擬將光緒二十一年至光緒二十六年未報各案作為陳案量予變通，暫行開單報銷，嗣後即歸新案照舊造冊，籲懇天恩飭部照準，以清塵牘，繕摺具陳，仰祈聖鑒事。

　　竊照科布多常年額定經費收支欵目向係按年造冊，咨由烏里雅蘇台將軍覈轉送部，而從前辦理軍需防務及安撫蒙古、哈薩克各事，凡係另由各省協解餉項戶部撥給經費者，皆歸專案自行造報，均奉部覆准銷在案。現查常年經費，自光緒五年至光緒二十六年，經清安、沙克都林札布、魁福、寶昌四任，整二十年之報銷，迄未辦送，臣始尚以為因循積壓，正擬督催，繼乃查知係因光緒元、二、三、四各年之銷案尚未奉準部覆，拘泥不即續送，其實戶部曾於接到前四年銷冊後，咨催跟接趕辦，前參贊大臣魁福亦於交卸之先，督飭前糧餉章京奎烜將自光緒五年至二十年之銷冊代造完竣，存候送部，前參贊大臣寶昌未即辦理。臣因報銷稽延太久，慮難清理，現飭糧餉處將已造之冊逐細覈對，出入如均相符，即可查照向章，咨送烏里雅蘇台將軍轉行達部。惟自光緒二十一年以至二十六年節年收支欵目尚須逐細查造，查此項報銷官更兩任，事閱數年，論經手之堂屬，現在雖有三人，按支發之餉需，早已隨時告罄。刻值邊務殷繁，事多人少，若仍責以照舊造報，必須設局清理，專辦此事，即不免添出許多薪費，且亦難期急就。從前魁福任內補造各冊用欵八百餘兩，辦理一年有餘始克，蕆事可以想見。竊謂現當朝廷整理庶政、力汰浮文之時，似此陳陳相因、代辦補送之冊籍可以從省。臣悉心籌酌，擬將光緒二十一年以後二十六年以前各前任未報各案作為陳案，請暫變通辦理，一律開具簡明清單，咨送戶部備案，仍照章請由烏里雅蘇台將軍轉達。其自光緒二十七年以後報銷即屬新案，仍照舊造冊報銷，庶於設法清釐之中，仍寓實事求是之意，積年塵牘可期一律廓清，即嗣後辦理亦不難著手矣。

愚昧之見，是否有當，謹繕摺據實具陳，伏祈皇太后、皇上聖鑒訓示。遵行謹奏。

光緒二十七年十二月十九日拜發。

二十八年二月十二日遞回。

奉硃批：著照所請，該部知道。欽此。

正月十八日

16. 擬派員往勘布渠片

再，臣前曾面奉懿旨，敕令到任後籌辦開墾事宜。臣遵奉之下，時刻在心，經已體察情形，於遵查科布多應辦事宜摺內首陳及之，自應俟奉有諭旨，再行欽遵辦理。查臣前摺所指烏蘭古木、布倫托海、察罕淖爾，布拉罕河、青格里河、額爾齊斯河各處，或舊跡久湮，或間有民墾，一時猝難措置。惟布倫托海地方為烏梁海游牧，土（胍）[脈]膏腴，為北路所艷稱。

同治年間曾經設立辦事、幫辦各大臣舉行屯墾，且蒙恩敕戶部撥給經費銀十萬兩。旋因李雲麟辦理操切，激成兵變，初與屯田無涉也，因噎廢食，論者惜之。今欲試行屯墾，惟該處尚可由官經營，以為倡導。此外則宜勸（喻）[諭]蒙古，使之屯牧兼資，藉寬生計。第查該處舊有渠道廢棄垂三十年，口外種田全仗引水灌溉，渠流不暢，屯亦無由而興。臣現擬遴派妥員於明春正月帶同工役前往布倫托海，將原有渠道逐細履勘，就便估定工料修費，詳悉稟覆，再議開辦。竊計彼時前摺必已奉到批旨矣。渠工究需若干，雖難懸揣，然今非昔比，亦不能靡費鉅款，要亦不過數千餘兩而已。

謹將擬辦屯墾應修渠工緣由先行附片陳明，伏祈聖鑒訓示。謹奏。

光緒二十七年十二月十九日拜發。

二十八年二月十二日遞回。

奉硃批：著照所議，認真辦理，期有成效可觀。欽此。

正月十八日

17. 蒙兵放煙賞(茶)[煙]請仍照舊章(辨)[辦]理片 以上十二月十九日拜發

再，科布多所管卡倫，蒙古官兵應領四季糧石，秋冬放給本色，春夏則係折放茶塊，復按每斗折給煙觔二包，屯田蒙古官兵亦有賞煙之條，此煙向係派員赴新疆古城採買，其價銀由每包八分遞減至四分二釐二毫，嗣於光緒二十三年十月經前大臣寳昌附片奏稱，差員按年赴歸化城採買此項代煙，為定價所拘，莫能揀擇，迨經由台運解回科，該官兵領出此煙，多向市商兌換貨物，隨每包換給一二文錢之貨物，實屬徒費銀兩，無補所需，自宜稍事變通。請準此後凡支放卡倫屯田代煙，一律按每包價銀四分二釐二毫折放實銀等情，此即改辦，旋以室礙難行，寳昌雖悟而艱於更正，亦遂置之。臣查蒙古嗜欲有別，故早年定章，蒙古賞項多用茶煙，且以抵放兵糈，是不獨因地制宜，亦因人而施也，奉行有年，上下便之。自經改給實銀，仍照原價，於受者無所損益，惟每於糧餉處開放此項時，纖微瑣屑，平兌已極繁難，分晰尤多折耗。迨由蒙官承領，再行發給蒙兵，又須按名散放，即如二十四卡倫官兵應領煙三千八百四十包，按每人二包折給，便須以一百六十餘兩之煙價分包，現銀至一千九百二十包之多，而其他賞需尚不與焉，未免太近苛碎。即原奏所稱，赴歸化城採買，亦係因新疆回變，暫行改道，初非恆例。至謂以煙換一二文貨物一節，查北路物價翔貴，商蒙交易多以甎茶(綫)[錢]帶代銀，每茶一塊合銀五六錢，隨時長落，每帶一條合銀三分，換買食用各物，至少以半條為止，未聞有一二文錢之貨物。不過蒙古每以此煙給與商舖抵賬，換貨商家圖佔便宜，必從極賤之值折算而已。臣與糧餉章京細加酌覈，折放實銀。在庫欵充足時，尚無害事，現值經費欠闕，左支右絀，實未便徒耗現銀。況為政之道簡則易從，應仍請照舊章辦理。

是否有當，謹附片詳陳，伏祈聖鑒訓示。謹奏。

光緒二十七年十二月十九日拜發。

《散木居奏稿》卷之九　門人鈴木吉武校字

卷之十　強行集

幹難　瑞洵

光緒壬寅三月

1. 叩謝天恩力疾銷假摺
2. 敬舉人才摺
3. 神靈顯應請頒（扁）[匾]額摺
4. 屯田蒙古參領仍留三年摺
5. 防守出力武員可否保獎片
6. 直隸協餉減撥扣平係屬錯誤請敕部轉行查照片
7. 裁除操賞移作滿兵津貼並文案處心紅等項支銷片　以上三月初一日拜發
8. 蒙旗請獎摺
9. 揀補章京筆帖式等摺
10. 具報致祭往返日期摺
11. 查明請旨賞祭摺
12. 明保章京片
13. 玉章京請卹片　以上三月二十二日拜發

1. 叩謝天恩力疾銷假摺

奏為叩謝天恩，力疾銷假，並抒下情，具摺瀝陳，仰祈聖鑒事。

竊臣於去冬十月因患病委頓，曾經附片奏請假期，俾資靜攝，免成沈痼，本年正月初六日遞回原片，奉硃批：著賞假兩箇月。欽此。仰承聖眷之垂廑，俯切臣衷之漸感。比時臣所苦緣泄利太久，元氣重虧，早見虛損之象，加以嚴寒凜烈，風雪偪人，頭暈骸疼，實為狼狽。蒙古習俗有病皆延（剌）［喇］（麻）［嘛］誦經祈禱。臣以並無湯劑可服，遂亦仿效兼用溫補丸藥，尚覺相宜，用得一息倖延，未遽僵仆，現已時交三月，天氣暄和，利疾已愈，氣喘較前亦輕，但兩骸受寒太深，右身筋脈腫脹，風疾更復牽連觸發，步履蹇滯，頭腦暈痛之病，則自前年春出口時，即染此恙，亦總未能霍然。兩月以來，接見僚屬及蒙古王公皆在臥室，緊要公事仍自覼辦，所謂靜攝，乃託空言，臣往復思維，欲因疴而解職既有負恩慈，欲戀棧而貪榮則又虧官守，況值朝廷力圖富強，邊（方）［防］同關重要，使竟常以孱軀勉強從事，不惟上辜聖主用人之至意，亦實非臣報國之初心，循省五中進退維谷，刻計幫辦瑞璋，到任尚需時日，科布多事局仍是臣一人主持，自（未）［末］敢遽請開缺，致涉冒昧，假期既滿，應即力疾強起照常治事，勉任勞怨，以圖少效涓埃。惟是臣犬馬之年，雖當強仕而髮弊齒腐，精力早衰，及今若能調理，尚可留此有用之身，若遂耽誤因循，恐永無報效之日矣，且遭際聖明，勤勤求治，培護滿蒙尤為自強，本圖現當世變日殷，邊務諸需整理，在臣運籌乏術，固深覺其不勝，而地方無米難炊，又實未由自立，夫以身弱如此，才短如此，（此）而欲任重致遠，未有不顛覆者，臣固不足惜，如大局何？臣擬俟瑞璋到任後，當將地方一切應辦事宜詳細告知，俟其得就熟習，再行揣量。臣病勢如果仰託福庇，臣健壯如初，自當與瑞璋和衷共濟，黽勉圖功，儻一如現在困憊情形，仍惟有籲懇鴻仁曲垂矜憫，暫開臣差缺，准令回旗，既可醫治病體，復免貽誤邊疆。此則臣區區苦衷不得不先事陳明者也。

　　所有臣叩謝天恩，力疾銷假，並抒下情緣由，理合具摺瀝陳，伏祈皇太后、皇上聖鑒。謹奏。

　　光緒二十八年三月初一日拜發。

　　本年四月二十二日遞回。

　　奉硃批：知道了。欽此。

　　三月二十四日

2. 敬舉人才摺

奏為敬舉人才以備任使，繕摺臚陳，仰祈聖鑒事。

竊臣伏讀前年疊次諭旨，汲汲以人才為務，屢詔中外大臣保薦。臣忝膺邊寄，未報國恩，值茲幹濟需才益懍以人事君之義，冀為朝廷儲楨幹之用，臣亦藉補駑鈍之悤，苟有所知，不敢不秉公薦達。茲查有翰林院侍講宗室寶熙，心存忠愛，志氣方新，自入詞林，砥節礪名，益讀書稽古，留心時務，尤能不囿於風氣，再加磨練，实為有用之才；記名御史禮部員外郎于式枚，廣西翰林改官部屬曩佐晋封侯爵，故大学士李鴻章北洋幕府，凡重要奏疏公牘多出其手，學識淹貫，志慮忠篤，抱負甚偉，鬱不得伸，在直隸十余年，於朝廷政事、郡國利病、瀛海情變靡不洞悉，蓋得於閱歷非同耳食之學，且習聞李鴻章緒論，尤熟於交涉之故，其才器足可匡時；刑部主事鄭杲，山東進士，研經鑄史，博涉多通，尤於國朝掌固考求有素，不事表襮，行誼卓然，其學問足為群倫模楷，允稱師儒之任；前新疆布政使趙爾巽，漢軍翰林，曾為諫官，侃直敢言，洎簡貴州知府，洊陟監司，布按所至，飭吏安民，政聲洋溢，品操簡潔，又以歷有年，稔習邊要情勢，辦事穩慎，持大體，前以遭艱回旗，現計服闋，亦當赴闕擴而充之，堪膺封疆之寄；福建候補道孫道仁，湖南人，原任提督孫開華之子，英才卓犖，任俠自喜，尤於兵事討究有得，現在閩統領練軍，訓習洋操，頗為疆吏所倚重；河南候補道易順鼎，湖南人，學贍才長，講求經濟，性情忠勇，幹略恢宏，確是救時之器；山西大同府知府李桂林，直隸翰林，操行廉謹，才識深密，以經術飭吏治，學道愛人，循良無愧，極其局量，司道未足盡其所長，此數員者若蒙聖恩量加拔擢，假以事權，必可裨佐時艱，蔚為國棟，上不負吾君，下不負所學也。其應如何分別召對存記之處，出自聖裁，非臣所敢擅請。至臣所保儻有不實，亦不敢辭濫舉之咎。

所有敬舉人才以備任使緣由，謹繕摺臚陳，伏祈皇太后、皇上聖鑒。謹奏。

光緒二十八年三月初一日拜發。

本年四月二十二日遞回。

奉旨：留中。欽此。

三月二十四日

3. 神靈顯應請頒（扁）[匾]額摺

奏為神靈顯應建祠落成，籲懇賞頒（扁）[匾]額以答靈貺，恭摺具陳，仰祈聖鑒事。

竊臣參贊衙署園內供奉蟒神，久彰靈蹟，隱現莫測，變幻無方，蒙漢軍民常見化身，每一長鳴，必有徵驗，蓋神德之盛，國興有祥，理固然也。去夏苦旱，徧地生蟲，比值屯工之禾甫種，游牧之草將枯，待澤孔殷，雲霓望切，經臣蠲吉齋禱，旋叩立應，雖有螽蟄，竟得未妨田稼，且復甘霖滂沛，槁苗勃興，於是歲事仍獲，有秋屢豐兆慶。臣寅感之餘，當即鳩工，庀材建祠供奉，現已落成。臣伏維神靈感應，捄諸禦災，捍患有功德於民，則祀之義允宜食報馨香，茲值祠工告竣，如蒙宸翰之襃崇，益顯邊垂之保障，合無仰懇賞頒（扁）[匾]額一方，發交臣祗領，敬謹懸挂，以答靈貺。

出自上裁，謹繕摺具陳，伏祈皇太后、皇上聖鑒。謹奏。請旨。

光緒二十八年三月初一日拜發。

本年四月二十二日遞回。

奉硃批：著照所請。欽此。

三月二十四日

4. 屯田蒙古參領仍留三年摺

奏為屯田蒙古參領已屆期滿，仍請留辦三年，以資熟手，繕摺具陳，仰祈聖鑒事。

竊查科布多管理屯田蒙古參領阿畢爾密特，自光緒二十四年八月間奏補屯田參領員缺，扣至光緒二十七年八月十二日，三年期滿，自應照章揀員，奏明更換。惟現值庫欸支絀，餉項難籌，屯田尤為當務先急，其辦理得力人員似可毋庸拘泥調換。查該參領阿畢爾密特熟悉屯務，人亦老成，三年以來，督率蒙古兵丁耕穫，毫無懈怠，且近年收成分數逐見加增，實屬奮勉出力，擬懇天恩，請將該參領阿畢爾密特留辦三年，以資熟手，俟再屆期滿即行更換，如蒙俞允，實於屯田有益。

是否有當，謹繕摺具陳，伏祈皇太后、皇上聖鑒訓示遵行。謹奏。

光緒二十八年三月初一日拜發。

本年四月二十二日遞回。

奉硃批：著照所請，該衙門知道。欽此。

三月二十四日

5. 防守出力武員可否保獎片

再，前年軍務猝啟，口外人心浮動，將發難於俄商，加有中外哈薩克纏回互相潛煽，刼案層出，而本地又無得力兵隊彈壓保衛，憂憂其難。幸臣由京帶來武弁數名，其中尚有曾經從軍打仗之人，其換防綠營員弁中間亦有可用者，當以護城，蒙兵業已選調到城，臣即委屯防參將世襲騎都尉祥祐，督率該弁等會同蒙員分任操防，緝拏盜匪，照料洋商，晝夜邏巡，不容少懈，如是者一年有餘，捕獲賊犯多名，均經隨時訊明，就地懲辦，其派往各游牧駐防偵探各員亦於緝匪護商勤奮從事，用得洋商來往照常，無一失事，邊境賴以謐安，俄人未滋口實，是其綏戢地方隱銷兵革，綜厥勤勞似與擒逆克城無少殊異，比經臣將該員弁等各予記功，擬俟事定請保。臣伏讀邸鈔，見前陝西撫臣端方以署西安城守副將、甘肅遊擊劉琦巡查城關不辭勞瘁，將其越級保升以副將補用，奉旨照准。今科布多地居邊徼，辦理倍極維艱，且以新集之蒙軍，當垂危之絕域，該員弁等勞苦備臻，較諸統重兵食厚餉者尤為難能可貴。臣既獎許於先，即未便掩抑於後，並接定邊左副將軍連順函開，前辦防守出力人員，現經奏奉諭旨：準其擇（尤）[優]保獎。欽此。科布多自屬事同一律。惟查章京、筆帖式各員因其多年出力，隨辦防務，亦著微勞，已由臣專摺奏獎，蒙恩允准，自毋庸再行加保，應將換防武職及差委員弁分別辦理。查屯防參將暨千總、把總等員本年九月恰值五年班滿例保之期，茲擬併案彙保，量予從優，已足藉示鼓勵，相應奏明請旨，可否准將防守出力之換防暨差委武職各員、酌照烏里雅蘇台辦法，由臣從優奏保十數員，以彰勞勛而免向隅，其在事出力應歸外獎之弁兵並予咨部辦理。均出自天恩高厚，臣不敢擅便。

謹先附片陳請，伏祈聖鑒訓示。謹奏。

光緒二十八年三月初一日拜發。

本年四月二十二日遞回。

奉硃批：准其擇（尤）[优]酌保，毋許冒濫。欽此。

三月二十四日

6. 直隸協餉減撥扣平係屬錯誤請敕部轉行查照片

再，直隸每年應協科布多經費二千五百兩。前經臣咨商該省照撥，現准署督臣袁世凱咨會已據藩司，將烏科二城光緒二十七年經費報解，計二千三百五十兩，兩城分用，並云直省自去年後半年所有各營俸餉均酌發一半。又遵部議，籌還洋欵，扣六分平等語。臣接閱來咨，即知辦理錯誤。查此項經費係奉部議奏准指撥之欵，科城即係受協，軍營似與該省所轄各營有間，其所謂酌發一半當專指直隸本省而言，至應協京外各餉恐不能視同一律；至扣六分平一節，似亦該省支放餉欵則然，若與別省及軍營協餉，自應由各該省、該營自行辦理，不能坐扣。並查光緒二十五年直隸曾將此項經費扣平，經科布多咨行更正，旋據該省認錯補解在案。今又扣平，是否現據該省奏明將一切協餉概由該省代扣減平，臣所處遼遠，無由而知。惟科城近來事增欵絀，用度不敷，即此二千五百兩均有額定待支事欵，乃該省概將二十六年之項停解，又將二十七年之項僅給一半，又每兩加扣減平，恐袁世凱、周馥均甫到任，未習情形。臣已詳悉咨明該省，請再查覈，第慮人微言輕，不足取信，相應附陳。

伏祈聖鑒，敕部轉行，查照辦理。謹奏。

光緒二十八年三月初一日拜發。

本年四月二十二日遞回。

奉硃批：戶部知道。欽此。

三月二十四日

7. 裁除操賞移作滿兵津貼並文案處心紅等項支銷片　以上三月初一日拜發

再，科布多換防宣化、大同兩鎮兵丁向有操賞一欵，本係歲支一千二百兩，嗣因撙節經費，奏明減定三百兩。臣查換防馬步兵丁額數僅止二百二十四名，除去十屯種地八十名，餘皆分布參贊、幫辦兩署，充當巡捕、戈什，三部院一局字識、與夫，看守城門、倉庫、監獄，巡查街市各差之用，合本無多，分愈見少。向來重差輕操，訓練技術之說不過紙上談兵，前年籌防，經臣督飭操演槍械，竟有不能燃放運動者，積弱如斯，實難振刷。臣愚見，邊地若欲練兵，總當改弦易轍，區區百餘人既不成隊亦萬不足恃，擬即將此項操賞裁除，稍期覈實。惟查滿兵之充委署筆帖式者，尚有堪可造就之才，伊等月支銀糧太少，近年物值昂貴，日用殊形拮据，而差使又極繁要。夫既用其力即不能不恤其身，擬為定出津帖六分，每分銀二兩，擇其差勤有出息者按月給與，俾勿分心生計，更可專力辦公，計一年共須銀一百四十四兩。又奏設籌邊文案處，專司緊要文件，每月心紅、紙張、薪燭各費尚無所出，並擬按月酌給銀十二兩，一年亦須銀一百四十四兩，此二欵均於節省操賞項下支銷。

除咨戶部查照外，相應附片陳明，伏祈聖鑒。謹奏。

光緒二十八年三月初一日拜發。

本年四月二十二日遞回。

奉硃批：戶部知道。欽此。

三月二十四日

8. 蒙旗請獎摺

　　奏為蒙古各旗經辦俄商遺棄貨物毫無損失，有裨大局，籲懇天恩，準將各旗正副盟長、散秩大臣、總管等由臣酌請獎敘，繕摺具陳，仰祈聖鑒事。

　　竊查向來遇有洋教毀傷之案，賠卹之欵最為繁鉅。故前年之變，各省辦理教案，另有賠償數百萬，此皆地方官措置乖方，釀亂媒而損國體，而外人即因以百端要索，每多節外生枝，轉致所得之數大逾所失之數，亦殊不得情理之平。臣有鑒於此，前年備辦邊防，申儆蒙古各國首嚴掠取之禁，比時洋商勢寡，深懼傷夷，聞變之下，紛紛竄避。又因蒙古不敢攬運，多將貨物拋棄大漠，不復回顧，此等情形，自察哈爾以至科布多大略相同。臣先已通諭各旗，如有洋商遺棄貨物，均即立時呈報，並仍令在科之俄商達嚕噶派人前往會同查點件數，互相存記，蓋預防議欵之後，該商自必取還，設使短少絲毫，將致索賠無算，不能取之窮蒙者，仍惟公家受累。差幸所屬蒙古各旗尚能遵守，臣條教無或違越，每於俄商棄貨遠遁，該旗即立時報存，嗣和議定局，陸續經該商照數取歸，毫無損失，即察哈爾都統奎順一再咨請，口外通查有無遺留俄貨，責成賠補代運等因，並未併咨科布多可以為證。臣復經一律飭查，已據各旗呈覆，俄貨均經取運，並無別故。詢之俄商達嚕噶亦無異詞，現在遵旨保護俄商貿易如常，雖軍務告警，搶攘年餘，竟無傷損貨物情事，上紓宵旰之憂，省難籌之賠費；下免游牧之禍，戢將啓之兵災。是固仰託聖主鴻福，而該盟長、大臣、總管等堅忍維持，有裨大局，其功不可泯也。伏維朝廷眷逮蒙藩，懋賞每從優異，值茲方難未艾，尤宜激勵人心，可否仰懇天恩，特降諭旨，將蒙古各旗正副盟長、散秩大臣、總管等準由臣酌請獎敘，以昭勸勉，俾一字之襃榮於華袞，九重之澤逮及邊陬，實於整齊地方，辦理交涉深有裨益。其各旗及台站、卡倫各蒙員亦擬查明實在出力者，每處嚴保數員，咨明理藩院辦理以免向隅，臣以有功不錄，恐失人心，用敢瀝情上請，如蒙俞允，臣自當秉公詳查，嚴實酌擬，亦不敢因係外藩稍涉冒濫。

所有蒙古各旗經辦俄商遺棄貨物毫無損失，懇恩準請獎敘緣由，謹繕摺具陳，是否有當，伏祈皇太后、皇上聖鑒訓示。謹奏。

光緒二十八年三月二十二日拜發。

本年五月初十日遞回。

奉硃批：準其擇（尤）［优］酌保，毋許冒濫。欽此。

四月十八日

9. 揀補章京筆帖式等摺

奏為揀員遞補章京、笔帖式各缺，繕摺具陳，仰祈聖鑒事。

竊查科布多軍營兵部印務處承辦章京主事職銜玉善因病出缺，當經臣將印務處事務派員署理，前已咨明吏、兵二部查照在案。查玉善所遺印務處承辦章京主事職銜一缺職事繁劇，自應揀員充補以專責成。臣悉心遴選，查有補防禦後以佐領補用俟補佐領後以協領即補先換頂戴印務處幫辦章京主事職銜崇文，性情安靜，任事小心，堪以擬補。應俟七年期滿，如願就武回綏遠城後，仍如原保補用；遞遺印務處幫辦章京主事職銜一缺，查有補防禦後以佐領即補先換頂戴蒙古處筆帖式錫齡阿，老成穩妥，且係舉人出身，文理尚優，堪以擬補。應俟七年期滿，如願就武回綏遠城後，仍以防禦首先坐補；其所遺蒙古筆帖式一缺，查有補用驍騎校俟補缺後賞給四品頂戴候補筆帖式吉林，樸實耐苦，堪以擬補。應俟五年期滿，如願就武回綏遠城後，仍以驍騎校儘先坐補。該員等應找支銀糧，俟奉旨之日照例開支報部，如蒙俞允，俟遇有差便，即給咨該員等赴部帶領引見，至所遺候補筆帖式一缺，應由臣揀員咨部充補。

所有揀員遞補章京、筆帖式各缺緣由，理合繕摺具陳，伏祈皇太后、皇上聖鑒。謹奏。

光緒二十八年三月二十二日拜發。

本年五月初十日遞回。

奉硃批：著照所請，該部知道。欽此。

四月十八日

10. 具報致祭往返日期摺

奏為具報前往杜爾伯特左翼游牧致祭及起程回署日期，恭摺仰祈聖鑒事。

竊前因杜爾伯特左翼固山貝子察克都爾札布病故，奏明請旨賞祭，旋準理藩院由驛咨行遞到滿蒙祭文一分，臣即檄飭該部落新襲固山貝子納楚克多爾濟趕緊預備烏拉一切，訂期前往。茲臣於三月初八日帶領蒙古處兼行章京榮泰、筆帖式人等輕騎減從，並隨帶印信起程，十一日行抵杜爾伯特左翼游牧，即飭備辦羊酒，前赴該故貝子察克都爾札布墓所讀文賜奠，該故貝子之子固山貝子納楚克多爾濟當率同該家屬人等三跪九叩望闕謝恩迎送，亦均如禮。臣即日遄返，帶同章京等於是月十四日馳回科布多衙署，沿途查看蒙情極為安謐。

所有致祭起程回署日期各緣由，謹繕摺奏報，伏祈皇太后、皇上聖鑒。謹奏。

光緒二十八年三月二十二日拜發。

本年五月初十日遞回。

奉硃批：知道了。欽此。

四月十八日

11. 查明請旨賞祭摺

奏為查明請旨賞祭專摺補奏，仰祈聖鑒事。

竊去年四月因接理藩院來咨，行令查鈔文卷，當經查有光緒十七年土爾扈特固山貝子喇特那巴咱爾病故，應請賞祭，咨請烏里雅蘇台將軍轉咨理藩院覈辦，科布多尚未具奏一案。臣以此案當時早應奏請致祭，何以壓（閣）［擱］多年未辦，自非無因。當經咨請院示並咨烏里雅蘇台查明轉咨原案見覆，嗣接院咨內引道光緒二十八年奏定變通致祭章程，嗣後土爾扈特、杜爾伯特、霍碩特汗王、貝勒、貝子病故，由該將軍、大臣具奏，就近派大臣一員帶領章京一員奠祭，並云此案應檢覈原案即行補辦，行令轉查詳悉咨覆等因，現又準烏里雅蘇台咨覆，稱此件本處於光緒理藩院來文即經轉咨科布多查照辦理。臣查此案現經查明，理藩院、烏里雅蘇台均經先後咨覆，自係科布多延誤，無可推諉，事關賞祭，未便罷論，自應遵照院咨補辦，相應請旨敕下院臣轉咨內閣，即行撰寫滿蒙祭文一（分）[份]，由驛遞送到日，再由參贊、幫辦內酌定一人帶領章京一員恭齎前往致祭，並當明白告諭遲延之故，係由前大臣辦理錯誤，在朝廷仍照常加恩，以釋該貝子家屬之疑。惟思此案前大臣寶昌、祿祥於接到烏城來咨均經書到畫閱，竟未遵照奏請，實太疏忽，想係畫閱而並未真閱之故，而查覈原稿，事隸蒙古處，彼時承辦章京即係革員麟鎬充任，竟亦不回堂請辦，其有心積壓，似難免無藉此刁難需勒該貝子家屬之事，而當時大臣被其挾制，伸縮不能自由亦可概見。夫朝廷恩恤蒙藩何如優渥，況飾終典禮更難後時，今竟懸閣數年久，虛岬賞殊，失懷柔本意，承辦堂司各官自有應得之咎，第寶昌早經革任，祿祥業已出缺，即章京麟鎬亦經褫職，永不敘用，應否尚須置議，伏候聖裁。

除咨覆理藩院查照外，所有查明補請各緣由，理合繕摺馳陳，伏祈皇太后、皇上聖鑒。謹奏。

光緒二十八年三月二十二日拜發。

本年五月初十日遞回。

奉硃批：寶昌等著免其置議，餘依議。欽此。

四月十八日

12. 明保章京片

再，邊城遼（源）[远]，素慨才難，而遇有一明白老成兼熟地方情形者罔不珍如拱璧。臣到任兩年以來，留心體察，竊見蒙古處承辦章京主事職銜英秀，現年五十歲，綏遠城鑲藍旗滿洲人，由馬甲奏調來營，迄今二十三年，洊保補佐領後以協領遇缺儘先補用候補防禦。該員於滿蒙文字語言極為通澈，漢文亦甚可觀，其人忠厚勤懇，辦事小心，忍苦耐勞，操守可信，在科布多有好人之稱，故臣倚之如左右手，現派其晉京祇詣軍機處承領御押報匣各件，並藉差送部帶領引見，業由臣給予咨文。因思目下旗族彫零，求其深穩安靜不爭，能不使氣，付之以事而可認真理辦者實不多覯。臣之愚以為，現當時艱用人之際，如該員英秀者似屬堪備器使，從此擴充識量益磨厲以老其材，即畀以幫辦領隊之職，亦屬人地相宜，無難勝任，可否請旨將該員英秀俟引見後，以協領交軍機處存記，遇有邊缺候旨簡用，該員必能感激圖報，不虧職守，臣已諭令公事完畢，仍速回營以資臂助。

臣不敢阿好，亦不敢蔽賢，謹秉公保薦，伏候聖裁。謹奏。

光緒二十八年三月二十二日拜發。

本年五月初十日遞回。

奉硃批：知道了。欽此。

四月十八日

13. 玉章京請卹片　以上三月二十二日拜發

再，查即補協領先換頂戴補用佐領印務處承辦章京主事職銜玉善，自光緒五年間換防來營，即挑派印務處當差，洊陞筆帖式幫辦章京，迄今二十餘年，勤勞久著。前年夏臣抵任，以其資序較深，人亦誠篤，奏補承辦印務章京，旋值籌布邊防，該員於辦理蒙團、清查保甲諸務實力奉行，不循故事，頗收戢盜安民之效，不料該員年逾六旬，積勞之軀，竟因感受邊瘴，於本年二月初一日身故，殊堪憫惜。查科布多係屬北路軍營，從前主事職銜辦事章京病故，曾經兵部議照二品大員例給卹，足見朝廷軫恤邊勞，有加無已。今該員在防殞命，情事相同。

可否籲懇天恩，敕部將該員玉善酌照協領軍營積勞病故例議卹，以昭觀感而慰幽魂，出自鴻施逾格，理合附片陳請，伏祈聖鑒。謹奏。

光緒二十八年三月二十二日拜發。

本年五月初十日遞回。

奉硃批：著照所請，該部知道。欽此。

四月十八日

《散木居奏稿》卷之十　門人鈴木吉武校字

卷之十一　雷池集

斡難　瑞洵

光緒壬寅四月初四日起，二十三日訖

1. 阿拉克別克河地方俄人要索太甚請敕外務部與俄公使晤商和平辦法摺
2. 邊界地方陸續讓與俄人片
3. 欽遵前旨索還借地安插蒙哈再籲明諭祇奉遵行以杜患萌而規舊制專摺瀝陳摺　附單二件
4. 新疆逃哈如係所屬自應收回片
5. 請催幫辦片　以上四月初四日拜發五月十八日遞回
6. 更換衆安寺胡圖克圖摺
7. 更正筆誤片
8. 查無私（穵）[挖] 鉛砂摺
9. 妥籌經費摺　附單一件
10. 仰邀特旨酌撥經費盡心舉辦片
11. 遵籌經費正摺所陳清理衛屯接閱邸報始知已奉諭旨敕行片
12. 妥籌保護俄商改設護兵摺　附單一件
13. 烏梁海蒙兵未能裁撤片　以上四月二十三日拜發

1. 阿拉克別克河地方俄人要索太甚
   請敕外務部與俄公使晤商和平辦法摺

奏為阿拉克別克河地方俄人要索太甚，並據駐庫匪索勒官照會，勒限騰讓殊難，因應請敕外務部王大臣與俄使妥商和平辦理之法，以弭邊釁，密摺馳奏，仰祈聖鑒事。

　　竊查科布多所屬阿拉克別克河一帶地方，自光緒九年，經分界大臣升泰、額爾慶額與俄國特派大員勘定界址，議立專約，並會建牌博，定期每屆三年，會查一次。迨光緒二十一年，派員會查，俄官忽滋枝節，議令將阿拉克別克河克色勒、烏雍克二處讓歸俄界，委員百方辯駁，俄官一味狡賴，辦理迄未就緒。自是每屆會查之年，彼此議論繁滋，各不相讓。光緒二十五年，承准總理各國事務衙門電飭派員前往速辦，比復委員馳商，仍無成說。去年六月，適又屆期，臣以仍僅派員前往，慮難辦理合宜，且亦無明白洋務之人，擬由臣親往查看情形，以便設法斡旋。當於去年正月，咨商總理衙門王大臣嚴示，旋承准咨覆，謂科布多會勘界務，原關緊要，不容稍有輕忽。惟現在和局尚未大定，仍應按照歷屆成案，派員往查，相機辦理。所擬親往會查之處，只可緩至下次再行酌辦等語。

　　先是已派蒙古處幫辦章京鐘祥，前往該處，與俄官會查牌博，業經起程。臣遵即照依慶親王所示，密札該章京相機辦理，嗣接該章京稟報，並回城面稱俄官與商界牌鄂博，現在無事，均不必查。惟阿拉克別克克色勒、烏雍克地方仍當讓歸俄界，如能作主，我們當轉奏我國，必有獎賞。該章京自不敢允，遂以容報上司為言，亦無辦法，各自旋回，牌博並未會查。臣均將以上各情，咨呈外務部查照。本年二月十二日，據瑪呢圖噶圖拉幹卡倫侍衛常陞去年十一月二十日呈報，本管札爾佈勒達哈薩克等報稱，俄官佈勒胡布隨帶俄兵，前來中國所屬阿拉克別克河地方居住，並將我們哈薩克四十餘家人名寫去，又說此克色勒、烏雍克是我們俄人地方，令於明年四月遷移，如不遵行，帶兵討要等情。該侍衛聞報，當往查看，俄人已經回去，亦未與侍衛來文呈請鑒查等情。比值春寒，雪尚封壩。臣接到此報，已在二月中旬，以事關緊要，未知虛實，當復派員繞道馳往查訪，現尚未據旋回。乃昨於三月二十六日，忽接駐庫匡索勒官施什瑪拉福照會，直言本俄國阿拉克別克邊界地方，即不由大清國所屬齊壘哈薩克，任意游牧，限於四月二十日，將阿拉克別克地方騰出，務須嚴行辦理，並云若是不讓，就以兵力催躲等語。此文係匡索勒由庫倫專差送來，十日即到，並附有庫倫大臣豐陞阿致臣一函，內述俄領事官聲稱，貴治哈薩克聚衆，入俄邊滋鬧，阻之不聽，實屬頑惡。該國將發兵用武，領事官恐釀成邊釁，殊於大局有礙，一面電止俄皇，暫緩發兵；一面照請速行設法收回出邊滋事匪徒，並求寄函，切懇迅即辦理等語。

臣查阿拉克別克河地方，自光緒九年議定分界條約後，相安不過十年，俄國即以阿拉克別克河克色勒、烏雍克二處地方應歸俄界為詞，發端圖佔。自光緒二十一年以迄於今，紛紜莫定，前大臣以爭讓兩難，遂存得過且過之心，並不爲一了百了之計。用是蓋房不問，種地不知，以致俄人得步進步，益肆要求，蓋非一朝一夕之故，其所由來者漸矣。臣去年原擬自行前往，託閱邊之便，查勘情形，旣不果行，而彼今卽假託哈薩克，越界住牧為詞，明目張膽，堅持惡索，旣勒限期，復以發兵相嚇，並懇豐陞阿致書臣旁敲側擊，此其迫促挾制之情，誠難理喻。臣夙夜焦憤，寢饋為之不安，再四思維，該匪索勒文內所云哈薩克住牧一節，自係哈衆照常居住，在彼以該地攘為俄屬，故喧賓奪主，反以哈衆住牧為不應，卽所云住牧，亦與豐陞阿函內所云滋事，大有分別，揣其用意，明知科布多兵備空虛，故以勢將用武，虛聲恫喝，蓋欲臣聞之生畏，必且汲汲將哈衆挪移他處，騰出阿拉克別克河之中界，彼遂更可全占地利耳。況該處哈衆果有出邊滋鬧情形，該卡倫侍衛常陞夙來膽小，事無巨細，悉以禀聞，萬無不卽具報，自干重咎之理，此又其詐偽之顯而易見者。然旣據照會，勢出無可如何，不能不為查辦，刻已遴派妥實人員，馳往酌度辦理。惟該委員止能清理哈薩克事務，至邊界事關重大，該委員等萬萬不應作主。臣已經諄諭相機商緩，藉支展以便圖謀，尚不知能否辦到。第北路廢弛已久，孤立空虛，毫無可恃，故臣議籌整頓，至再至三，雖已欽奉批旨准行，無如心長力短，人財兩空。加以窮塞荒寒，彼固以為有可取求，我總以為無足輕重，故一言兵則為兩淮部咨飭卽裁撤五百之蒙兵；一言餉則為三奉部撥久不協濟數萬之陳餉，此而惟恃區區血誠，以抗強國，仍與敷衍因循何異？其不及之勢，固不待智者而後知已。詩經有云：無拳無勇，職為亂階，正臣今日之謂也。臣於外情稍有所知，於中弊亦非罔覺。自到任後，卽早見及不能平安無事，宜為毖患之謀，節經瀆奏，一無隱飾，早蒙聖慈洞鑒。為今之計，應以內辦為主，而以外辦為輔。蓋外辦總須萬里請命，彼直迫不能容；

內辦則外務部王大臣與彼公使，可以詳細權商，就近秉承聖謨，亦不至游移無主。一經欽奉諭旨，臣自當敬謹奉行，期於迅赴事機無所格礙。惟事體艱鉅，關係大局，臣萬不敢輒自主張，輕棄寸土，似當特簡大員前往查辦，就便商定界務，庶可藉以維持，較為穩著。至俄人耽視中華，志不在小，尚不止此一二處，日久宕延，不圖清理，不惟不能杜其饒舌，且適足以啓其貪心，是該處界務，若不重新勘定，葛藤一日不斷，枝節一日不完。

此次俄人用兵，佔取之說，亦係因深知科布多底蘊，勢力萬有不敵，故出此嘗試之語，實則該卡倫止設蒙兵十名，俄亦無須發兵，但有數人前來強佔，該侍衛即無法可施。臣去年即已密片陳明矣。

總之，不讓便爭，不爭便讓，實無兩全之策。茲若僅責臣以設法因應，在臣才力有限，固不敢率意以啓爭，而情勢堪虞，亦殊難空言以禦侮。臣忝膺邊寄，不敢諉卸，亦不敢擅專，相應據實奏明，仰懇敕下外務部王大臣，速與俄使晤商，屬其行文西悉畢爾總督，務當嚴束邊官，各守各界，以俟奉到朝廷諭旨，和平辦理，以期永固邦交。一面仍請諭示機宜，俾有遵循。大局幸甚！臣幸甚！

除已照覆俄匪索勒官，暨咨呈軍機處、外務部斟酌辦理外，謹由驛五百里密摺馳奏，伏祈皇太后、皇上聖鑒訓示，無任憂憤迫切待命之至。謹奏。

光緒二十八年四月初四日拜發。

本年五月十八日遞回。

奉硃批：著外務部妥為商辦，片併發。欽此。

四月二十五日

2. 邊界地方陸續讓與俄人片

再密陳者，科布多所管邊界經疊次劃分，實已割界俄人十分之大半。計同治三年、八年，則有明誼、奎昌將阿勒泰山迤北地方分入俄界，故舊有之烏克克、欽達蓋圖、烏魯呼、昌吉斯台、哈喇塔爾巴哈台、那林、胡蘭阿吉爾噶、霍呢邁拉扈等八卡倫，均向內挪移改設，現在之卡倫均非舊址，致將阿爾泰淖爾、烏梁海兩旗，連人帶地，一併分與。其所定界圖紅線外，向係哈薩克游牧之區，既已割去，無所棲止，又不願歸俄，因均擁擠於烏梁海之哈巴河等處暫居就牧。光緒七年，因索還伊犂，改訂條約，酌定新界。九年，又經升泰、額爾慶額將有名之齋桑淖爾東南一帶地方，及塔爾巴哈台界內之賽里鄂拉以西各卡倫，一併割棄，於是乃有阿拉克別克河之專約。故以現情而論，除阿爾泰山額爾齊斯河、哈巴河，直已無險要可守，無地利可取矣。

臣竊常平心訪詢，細意推究，當時分界大臣固非有心讓地，委緣才識庸闇，平日並不察閱輿圖，考求形勢，一旦身膺重任，躬與界務，到彼之後，直如盲人瞎馬，夜臨深池。加以彼族要挾逼迫，又凡事不如俄人之精熟，不得不拱手奉令，一聽客之所為。

臣曾以詢之當年隨去之員，據云額爾慶額往勘阿拉克別克界務，因並未帶有測繪之人，其畫押界圖，即出自俄人之手。草率了事，失算已極。

臣謹將地方陸續割與俄人緣由，據實附陳，伏祈聖鑒。謹奏。
光緒二十八年四月初四日拜發。
本年五月十八日遞回。
奉硃批：覽。欽此。
四月二十五日

3. 欽遵前旨索還借地安插蒙哈再籲明諭祗奉遵行以杜患萌而規舊制專摺瀝陳摺　附單二件

奏為烏梁海游牧暫安之哈薩克，四出紛擾，恐釀釁端，欽遵前旨，索還借地，妥籌安插，詳查邊要情形，熟審人心向背，再籲明諭，祗奉遵行，以杜患萌而規舊制，專摺瀝陳，仰祈聖鑒事。

竊查科布多所屬阿爾泰山哈巴河一帶地方，原係烏梁海七旗游牧。自同治年間，烏里雅蘇台奏請借給安插胡圖克圖棍噶札拉參徒眾。後因棍噶札拉參逼勒逃出之哈薩克，科布多又奏請暫為安插於烏梁海七旗之內，聲明借地歸還，再令哈薩克西行，不得久佔烏梁海游牧，均經奏明奉旨欽遵在案。迄今逾三十年，借地固久假不歸，哈民亦喧賓奪主，歷任大臣目覩情形，屢有索還之奏。所奉明詔，亦幾盈篋，何啻三令五申？恭讀光緒十五年九月十一日所奉上諭：朝廷兼權熟計，借地自應給還，邊防尤不可忽，應否一面將該處游牧地方仍歸烏梁海，俾得安插蒙哈，一面由塔爾巴哈台照舊派兵駐守，期於防務、民情兩無妨礙之處，著沙克都林札布與額爾慶額會商妥議。等因。欽此。祇繹宸謨，執兩用中，毫無偏向，實為至當不易之規。若能祇遵，早已得清釐釋，何至屢煩聖慮，懸閣至今。無如歷任大臣半執己見，各遂其私，文牘紛繁，迄無成議。臣既非當時經手之人，更不敢持狃於一偏之論，悉心體察，確有所見，敢為我皇太后、皇上詳悉陳之。

塔爾巴哈台借地原係一時權宜，無如棍噶札拉參徒衆既已安插，彼時塔屬無歸之柯勒依十二鄂拓克哈薩克亦即相因而至，聚族而居，現約計有四鄂拓克之衆。且兵燹以後，流寓漢民在彼耕種者甚多。始而科布多索取則以巴爾魯克山俄借未還為詞，繼而巴爾魯克山俄已交還則又以哈巴河是西疆門戶為說。地既可耕，久則聚而成鎮，兼之哈民受約，踴躍輸將，勒派差徭，取之甚便。歷任既無遠見，任意剝削，哈民借地若歸，民必隨之以去。此塔城不願歸地之實在情形也。

科布多收撫哈衆原恐啓其外向之心，始出此羈縻之術。然招之既來，揮之不去，盜竊搶劫，無日無之。烏梁海求還借地，安頓哈民，報呈連年不絕。臣到任後，即接左右兩翼散秩大臣等催呈，並據來城謁見，面訴各情。現並接據該哈薩克總管等呈詞，籲求安插。加以塔城攤勒過重，在塔者現亦流入於科，近年不止烏梁海七旗有之，即南面土爾扈特游牧亦在在均有。哈民流寓愈積愈多，實有人滿之患。此又科城必須索地之實在情形也。

至云塔城苦待哈民，攤派過重，紛紛逃出各情，並非臣過激之言，實因查詢流寓土爾扈特人衆，始知逃入科境若遇塔城派差，即可以科屬為解。檢查舊卷，光緒二十四年，新疆巡撫咨稱，據塔城咨，收逃哈在濟木薩一帶，盤獲哈目哈里克、克里克，僉稱實係科屬，并非塔轄，如必收回，惟願赴阿爾泰山科屬舊牧。科城徧查哈衆，並無逃出之人。此不願回塔之一證也。

前年七月二十八日，又接新疆撫臣來咨，仍係塔城派員擒收逃哈於喀喇沙爾，尋得哈眾二千餘人，頭目白克，牲畜五六萬隻，氊房四五百頂。詢據供詞，稱為科屬，情願回科。新疆電詢塔城，該大臣春滿即以速咨科城，令其派員接護收回復電。臣因查哈薩克在科原係暫為收撫，屢年烏梁海因擁擠過甚，索地安插，文書絡繹。是科屬無地可容情形，該大臣不能不知，徒以該城派員收哈，而哈不願回，偽稱科屬既無術以收哈眾，復無辭以對，新疆遂以令科收回，敷衍了之。不知科屬不能收，新疆不肯留，塔城不欲返，此二千餘無依之哈民又將何以安置乎？抑將令其流而為匪乎？或竟任其反而外向乎？此又一證也。臣所以謂歷任大臣半執成見，各遂其私者，此也。

現在阿爾泰山尚未交收，此項哈民自未便徑由科布多派員安插。前已咨行新疆巡撫派員押解，暫交塔城收哈委員，由新疆邊地徑行押令安分統歸阿爾泰山游牧，先安其情願回科之心。又咨照塔城，即以借地未還，此項人眾屬科屬塔，原無區別，暫令歸牧，以安其心。擬俟軍事大定，再行商辦借地安插之事，暫且如此了結。

臣覆查塔城不還借地，蓋恐人隨地去，不能遂其任意勒派哈眾之私。科城必須索還，確因地窄人稠，實在別無可以安插逃哈之法。哈之在科別無徭役，祇有每屆五年烏里雅蘇台將軍巡閱卡倫時哈薩克幫助北台牲畜一差，故在塔屬之哈民，無不願隸科城。以連年由塔逃出之哈民，與連年由塔派人擒收，罔不堅稱情願回科。各案證之，其情亦大可見矣。

要而言之，當初借地原為暫安棍噶札拉參徒眾，迨該徒眾既經遷置新疆巴英溝地方，塔城即應將該地交還科布多。今棍噶札拉參早經圓寂，且已蒙恩准其轉世，而該地仍為塔城占踞如故。詔旨迫促，函牘交馳，延展依然，迄未遵辦。臣不知該地有何利益，而歷任大臣悋惜不與，至於如此也。

查此案業經前科布多大臣沙克都林札布等，請自光緒十八年起，展緩三年，將該地交還科布多管轄。奏奉上諭：著准其暫緩交割，屆期歸還，不得因循延緩，一奏塞責等因。欽此。現計展限已逾七年，未便再任推宕。而烏梁海七旗蒙古，丁口日增，生計日蹙，哈薩克又極待安插，均係實在情形。今副都統春滿接辦塔城參贊大臣事務，已有年所。該大臣久官口外，稔悉邊情，當不至如歷任大臣之專挾私見，或於公事尚易商量。為今之計，惟有仍遵從前所奉寄諭，蒙古、哈薩克人數眾多，必應歸還借地，妥籌安撫，方不至滋生事端之旨，將該處游牧地方仍行收歸烏梁海，俾得安插蒙哈，即可將現由新疆來歸之哈目白克等二千餘人就地安撫。茲事關繫重大，一俟奉到（俞）〔諭〕旨，臣當親往阿爾泰山哈巴河一帶履勘情形，將在科之哈薩克一併遷往。在烏梁海生計固可稍紓；在哈薩克亦不至無所棲止。並將該處哈民清查數目，編立戶口，擇哈目之明白、老練者，奏請賞給大銜，每年定一供應朝廷交馬例差。所有塔城差徭勒派，全行裁撤。願隸塔屬者歸塔，願隸科屬者歸科，以順輿情而免淆亂。其阿爾泰山本係名區，號稱嚴鎮，應否另設大員鎮守管理，臨時斟酌情形，一併妥籌具奏，請旨遵行，以期一勞永逸，長治久安。

至哈巴河駐守一節，科布多現在尚無練兵，自應仍遵前旨，暫由塔城照舊辦理，以俟將來有隊填紮，再行撤退。如此分別辦法，疆界既已分清，人民不致夾雜。塔屬之哈安業，自不流離；科屬之哈得所，何能竄擾？則實邊固圉，除虐安民，計無淑於此者。否則哈民漫無歸宿，易致潛逃，卽使年年派員擒收，亦難免此收彼逸。在科則愈積愈多，在塔則愈逼愈遠。年復一年，終無了局。其寇掠生事，流入於俄，又不待言之患矣。況現據俄匪索勒官照會阿拉克別克河地方齊壘哈薩克有越界住牧情事，意在借驅逐哈眾為名圖佔我界，正在查辦，尤宜設法清理，以免膠葛。

臣統籌全局，斟酌再三，若非速定辦法，後患方長，何堪設想？可否仰懇聖裁，俯察臣所擬各節，再賜明諭，俾得祗遵，妥慎籌商，早為料理，以杜患萌而規舊制，藉仰紓朝廷北顧之廑。

茲將烏梁海左右兩翼散秩大臣所上蒙文暨哈薩克呈詞全行譯漢，祗呈御覽，為此繕摺瀝陳。愚昧之見，是否有當，伏祈皇太后、皇上聖鑒訓示。臣不勝恐懼，迫切待命之至。謹奏。請旨。

光緒二十八年四月初四日拜發。

本年五月十八日遞回。

奉硃批：著卽親往履勘，將該處哈民清查，酌度情形，妥籌安插，務令各得其所，以順輿情而重邊要。餘依議。欽此。

四月二十五日

卷之十一　雷池集　191

　　謹將烏梁海左右兩翼散秩大臣所上懇請催還借地蒙文原呈譯呈御覽。

　　阿勒台烏梁海左右兩翼散秩大臣額爾克舒諾、三音博勒克呈，據本烏梁海七旗人等會同訴稱：卑旗向來倚靠肥壯游牧、耕種、打牲，安逸度命，充當差使。旋於同治年間，將本游牧之膏腴好地借給塔爾巴哈台，又屢次分給俄羅斯出貂地方，致各處哈薩克等闌入所有膏腴，擅自住牧，烏梁海等衆反致擁擠，無處謀生，以致饑饉無法。欲以牧地得租，奈膏腴被塔爾巴哈台借去，其中間之地又經畫界分與科屬哈薩克，不但不給租稅，還將我們烏梁海人等逐撐，似此苦累，我等何以聊生等情連次瀆請前來。

　　查所報皆係實情。從前已將各情節次呈報歷任按班，請咨塔爾巴哈台將借地歸還。迨光緒十八年間，經欽差大臣沙<克都林札布>會同科布多、塔爾巴哈台參贊大臣，齊集阿爾泰山承化寺地方，會議奏定應由塔爾巴哈台將借地歸還，並展限三年，一俟限滿，塔爾巴哈台所屬務將阿爾泰山哈巴河一帶地方歸還烏梁海。並因烏梁海倍形窮苦，復令塔爾巴哈台所屬哈薩克等酌幫牲畜，以免彼此爭競。彼時烏梁海惟望速還膏地，不願收其牲畜，是以未要塔爾巴哈台哈薩克牲畜。現在欽定三年限期於光緒二十一年間早已限滿，塔爾巴哈台參贊大臣並未將所屬收回，騰還借地，哈衆漸漸增添，以致我們烏梁海等衆實極窮迫，度日維艱。復經據情呈報按班，旋奉飭令聽候本大臣議定，再行指飭遵辦等因。當已札知本屬七旗遵照。今候多年，仍不知如何辦理。哈薩克等漸至增添滋事，搶佔草廠，虐害烏梁海，窮蒙無法棲止。烏梁海自己耕種、打牲養命膏脂之地，委失與人，憂愁不已。哈薩克人多，藉勢逞強。烏梁海因窮積憤，往往捨命相爭。近年加有俄人通商，時滋嫌隙，尤多可慮。若生事端，卑散秩大臣、副都總管亦實無法辦理。似此無處居住、憤怨之烏梁海蒙衆，斷難約束相安，卑散秩大臣何能當此重咎？卑等愚見，非請將從前塔爾巴哈台所借阿爾泰山哈巴河一帶地方務必趕緊歸還，將窮困烏梁海並擁入之哈薩克等分晰定地，安插居住，以免夾雜紛擠，彼此爭端，游牧或可安穩無事。

　　現值按班整頓地方，體恤蒙古無微不至，一片忠誠為國之心，聖主自必信任，一經奏請，定可邀恩准行。合無懇祈按班恩施具摺請旨，飭將塔爾巴哈台所借哈巴河一帶地方，仍當欽遵前奉諭旨，即行歸還烏梁海，以除苦累而免滋釁。即卑旗不至終於失地，亦差足仰慰高宗純皇帝當年收撫豢養之恩。現並可將各哈薩克等分晰，妥為安置，以資各安生計，實為恩公兩便。

理合將所有下情，據實再行呈報，叩乞按班鑒查，慈憫施行。

（烏）[烏]梁海左右翼散秩大臣額爾克舒諾、三音博勒克謹呈。

謹將哈薩克總管、頭目等所上懇請賞給永遠住牧地方原呈譯呈御覽。

哈薩克頭目章嘎爾，總管珠旺幹、莫鸞達克、博特木齊、蘇喀爾拜等為呈報事，接奉和貝按班札開，令將本屬四鄂托克哈薩克戶口數目查明造冊呈送，以憑查考等因。奉此。當查從前已將本四鄂托克哈薩克戶口造冊呈報本屬衙門在案。除將由彼至今並無添減之處呈報外，本四鄂托克哈薩克自歸科布多收管，駐當皇上差使以來，已經年久，我們哈薩克原無居住游牧，我們無法出租，在烏梁海土爾扈特游牧內居住。從前光緒十八年間，欽命參贊大臣沙<克都林札布>到哈薩克地方，卑哈薩克等懇乞憐憫，奏求皇恩賞給住牧之地。經大臣沙<克都林札布>諭示，俟三年後，分給你們哈薩克游牧。迄今多年，我們四鄂托克哈薩克雖無居住游牧，亦願與中國勉當犬馬之差。惟流離年久，多致窮困，且人數眾多，既無准地安置，難免不紛紛四出，與蒙俄互有爭端。伏思卑哈薩克世受國家厚恩，皇太后、皇上向於外蕃尤為天高地厚，一經籲請，無不立沛恩綸。茲具實情理合呈報和貝按班，亟將哈薩克等困苦情形奏明，代為乞恩賞准永遠住牧地方，以示拯救而資約束。卑哈薩克情願敬謹充差，報效國家，為此聯名謹呈。

4. 新疆逃哈如係所屬自應收回片

再，二月間，准新疆撫臣饒應祺咨，據焉耆府知府申報，喀喇沙爾和碩特貝子桑吉佳普報稱，去年五月內，忽有哈薩克人眾來塔什河地方強住，貽害地方，請飭驅逐出境。旋即札飭該府辦理，哈薩克（玩）[頑]抗不遵。嗣查知該哈目哈巴鐵連吉帶哈眾百數十家，搬往羅布淖爾去訖，其克勒伯等衆尚未遷移。該哈薩克或稱科布多所屬，又云塔爾巴哈台所屬，並不實語。究隸何城，咨請臣派員並咨塔城會同一律查明，押解回牧等因前來。查來文所稱哈目名字，科布多均無其人，臣現亦正飭查辦，如果實係科布多所屬，自應派員收回，惟若此紛紛四出滋擾，再不擇地妥籌安插，立法箝制，終必構成邊患。清安任內，雖曾請欽安撫，所奏半屬空言，並未實在辦到，延至於今，甚難清理，此臣所以亟欲收束，以為補牢之計也。

謹附片具奏，伏祈聖鑒。謹奏。

光緒二十八年四月初四日拜發。

本年五月十八日遞回。

奉硃批：知道了。欽此。

四月二十五日

5. 請催幫辦片　以上四月初四日拜發 五月十八日遞回

再，幫辦大臣瑞璋尚無出口之信，自因萬里長征，製裝不易。惟近年邊務繁劇，迥非昔比，交涉尤難因應，且無才識並茂，可以助理之文武人員。故臣到任以來，遇事躬親，直以一人而兼數役，以致精力遽遜於前。去冬大病，至今春二月，始漸就痊，然每遇用心過度，仍連夜失眠，驚悸不止，次晨必痰中帶血。日前因接俄官索地照會，憂憤萬分，竟又數夜未睡，肝氣下陷，泄利復作，而時發時止，亦無從調治矣。自揣多病之軀，恐不能久膺重寄，況一人之智慮有限，天下之事變無窮，亟盼瑞璋早來，可資商榷，有彼坐鎮，臣雖帶病遠役，亦不敢辭。如該大臣尚未起程，應請旨敕催，作速前來，以期共維邊局。

謹附片陳請，伏祈聖鑒。謹奏。

光緒二十八年四月初四日拜發。

本年五月十八日遞回。

奉硃批：瑞璋著即迅速前往。欽此。

四月二十五日

6. 更換衆安寺胡圖克圖摺

奏為更換胡圖克圖接管衆安寺事務,恭摺仰祈聖鑒事。

竊前據管理科布多衆安寺事務,胡圖克圖德清鄂特蘇爾呈報:該胡圖克圖自光緒二十五年三月初一日到寺接管之日起,連閏扣至光緒二十八年二月初一日,三年期滿,先期呈報,應請轉咨烏里雅蘇台,揀選熟習經卷之胡圖克圖一員,來科更替,以備接管寺務等情,當經據情轉咨在案。旋准烏里雅蘇台咨稱:胡圖克圖德清鄂特蘇爾在科駐管寺務既屆三年期滿,自應札飭札薩克圖汗,揀選熟習經卷之胡圖克圖,前往接替。現由該汗部落盟長,選派札勒堪札胡圖克圖達木鼎巴雜爾,前來科布多衆安寺接管等因,於本年三月二十八日,據札勒堪札胡圖克圖達木鼎巴雜爾到城來謁,臣當即接見。查該札勒堪札胡圖克圖達木鼎巴雜爾,秉性靈異,經典精通,夙為蒙古所崇奉,即飭接管衆安寺事務,並令敬誦皇經,祝釐保國。

理合恭摺具奏,伏乞皇太后、皇上聖鑒。謹奏。

光緒二十八年四月二十三日拜發。

本年六月初八日遞回。

奉硃批:知道了。欽此。

五月十六日

7. 更正筆誤片

再,臣於四月初四日附奏邊界情形一片,聲敘同治三年,則有明誼、奎昌將阿勒泰山迤北地方分入俄界。故舊有之烏克克、欽達蓋圖、烏魯呼、昌吉斯台、哈喇塔爾巴哈台、那林、胡蘭阿吉爾噶、霍呢邁拉扈等八卡倫,均向內挪移改設數語,其哈喇塔爾巴哈台一卡,片底本有哈喇二字,值臣正又犯病,不能親書,此奏因係密片,當令繕摺之員,在臣內室辦理,以昭慎密,不料重復鈔稿,矜持太甚,竟將哈喇二字遺漏未寫。又同治三年下，尚有八年二字未寫，以致繕片因之沿誤，並未看出，迨臣查知，而摺已拜發旬日矣。事關邊界，不厭推求，應請敕下軍機處，即予查照更正。至所稱阿勒泰山迤北各卡倫一節，詳考界圖，且係自北而西、而南，節節進佔。蓋同治年之棄地，始於明誼，而成於奎昌；光緒九年之棄地，則升泰、額爾慶額實踵前失，又加甚焉。沿邊卡倫乃已兩易其地。此臣所以慄慄畏懼，夙夜疚心也。

伏祈聖鑒。謹奏。

光緒二十八年四月二十三日拜發。

本年六月初八日遞回。

奉硃批：著查照更正。欽此。

五月十六日

8. 查無私(乞)[挖]鉛砂摺

奏為循章派查都蘭哈喇地方，並無偷(乞)[挖]鉛砂情形，恭摺具報，仰祈聖鑒事。

竊查札哈沁部落都蘭哈喇地方，舊有鉛礦久經封禁，向由科布多、新疆兩處各派官兵，於每年三月十五日，前往該處會查有無私(乞)[挖]，以重邊禁在案。本年三月，適屆會查之期，當經預咨該撫饒應祺，照章辦理。旋據巴里坤鎮總兵接奉該撫照會，已經揀派委員。臣亦即派委筆帖式溥湧，帶領兵丁，馳往都蘭哈喇地方，於三月十五日，會同巡查。茲據該員等稟稱：查得該處並無偷(乞)[挖]鉛砂情形，取具該總管等印結，稟請具奏前來。

除飭札哈沁總管等隨時稽查外，理合繕摺具報，伏祈皇太后、皇上聖鑒。謹奏。

光緒二十八年四月二十三日拜發。

本年六月初八日遞回。

奉硃批：知道了。欽此。

五月十六日

9. 妥籌經費摺　附單一件

　　奏為估計應辦事宜，需用經費約數，遵旨妥籌，敬抒管見，懇恩敕部，准撥的欵，以濟要需，而資整頓，擬以三年為限，屆滿即請分別減停，繕單具摺奏陳，仰祈聖鑒事。

　　竊臣前於上年覆陳遵查應辦事宜一摺，奉硃批：所陳各節，著即妥籌經費，再行次第舉辦，以收實效。欽此。仰見朝廷睠懷邊要，力圖振興，跪誦之餘，且欽且悚。

　　伏維科布多東連喀部，南達新疆，西倚阿爾泰山，北鄰俄羅斯界，實為朔漠名區，藩維嚴鎮。乃自匪患鴟張三十餘年以來，部落日益貧弱，藩籬疏薄，又加屢次分界，竟將科布多所屬之阿爾泰淖爾、烏梁海兩旗地方，與齋桑淖爾迤東數百里，劃歸俄國，以致我益削弱，而彼益內侵，大有臥榻鼾睡之象。而哈薩克不肯向外者，亦即因之闌入，擁擠擾攘，無從鎮遏。以彼時勢而論，早當牖戶綢繆，大修邊備，乃當事者既昧於策畫，主計者更執息事節費一面之詞，限制邊吏，練兵籲餉，駁斥相隨，歷任大臣罔敢違抗，亦遂不得不以敷衍塞責，釀成積衰不振之局，固無怪其然也。夫軍國大計，難規小利，而貴有遠謀。即今列強環伺，時局萬艱，俄人既肆東封，復勤西略，計所割取我之屬地，蓋自東北，以訖西北，周匝三垂，迴環不下二萬餘里，其鐵路已由布哈爾東北，造至札木干，分為二枝，其東一枝，即傍我伊犁西境，北折至波那丁斯科，順額爾齊斯河以達彼倭木斯科，呼應靈通，轉輸利便，業經告成，從此西北邊防安望復有解嚴之一日？① 往歲帕米爾一役，實已為將來圖佔喀什噶爾張本。先據屏藩，後窺堂奧，其得步進步，誠不知何所底止矣。自強之道，要在乎平時，營度敷布，銖積寸累，行之以漸，而

---

① 俄擬將西伯利亞鐵路全添雙軌，（見）［現］已動工。先由阿母斯克至貝加爾湖之幹路開手，其由阿母斯克至塔什干之枝線同時亦添雙軌，其政府預算自千九百七年至千九百十二年須九萬萬盧布整（理）。此卆道些計書成，則由依爾庫斯克北至海參崴可不經滿洲，免爲日人所阨，再由依爾庫斯克接造由庫倫以達蒙古。錄《上海時報》《歐事近聞》一則，時光緒丁未九月記於法部南監。

持之以恒，未雨之謀，不容紆緩。若不豫圖於閒暇，變端猝發，安所得應急之餉，拒敵之兵？矧在今日，洋務愈辦而愈難，外侮漸逼而漸緊，萬不可仍事因循，不自為計。竊謂目下時勢，誠亂極思治、轉危為安一大關鍵，幸值朝廷銳意自強、振新庶政，茲復以臣所陳者，准令次第舉辦，冀收禦侮綏疆之效，而又垂諒。

壹是需歟，措手維艱，先令妥籌經費，直不啻洞燭邊垂待治之情形，與臣為難之歟曲，特加體恤，臣何人，膺茲寵眷，苟為臣管見所及，安忍不抒千慮一得之愚？查科布多大漠窮荒，毫無出產，枯窘異常，加以兵燹之後，蒙困商疲，局勢尤為艱棘，較之烏里雅蘇台、庫倫，尚復不如遠甚。臣前已將邊餉難籌實在情形，具摺奏陳，早邀聖慈洞鑒，卽云烏梁海、阿爾泰山地產饒沃，尚有農鑛漁牧之利可收，然地尚為塔城借佔，未經交還，且即有可為，亦先須耗開辦之費，經始動需巨歟，而獲利尚在他年。若竟不能索回，則更無從下手矣。是就地取財，殊無把握，而臣所陳應辦各事，又皆至大至要，極有關係，必當及時趕緊舉辦者。如須一一試行，斷非有財有人不濟，而財尤為先急，此所以反復思維，計無所出，仍不能不呼籲聖明，而冀稍留宸慮者也。夫天下事，運之以才力，而成之以財力。財力不足，才力雖宏，亦無所用。況臣本無才之可見；而地方又無財之可言。臣不揣冒昧，遇事銳欲自任，固是臣之短，然自念在官一日，當盡一日之心，即當辦一日之事，故於公誼所在，無敢稍存諉卸。今茲經費，若徑行仰懇奏請敕部酌撥庫歟，或援舊日協濟之例，仍責各省分籌協解，名正言順，其事非不可行。然同為臣僕，會值時艱，竟不設想部臣、疆臣仰屋之苦，惟知嘵嘵瑣瀆，一味要求，臣亦殊不願出此。惟現值朝廷勤求治理，並亟邊籌，世變攖心，亦實不宜以歟絀舉贏，一仍舊貫，致涉疏虞而釀後患。臣自奉旨後，蚤夜以思，通籌全局，竊以口外既無可生發，自不得不仍於內地代謀。茲於萬難設法之中，思有一事尚屬可行，且係就臣夙所條奏，與疆臣現所擬議者，更加引伸，並非別刱新法。

查戊戌七月臣曾因疏陳南漕積弊，改折有益無損一事，附奏清理衛所屯田，當蒙特派慶親王奕劻、協辦大學士孫家鼐會同戶部妥議，正摺所請，駁而不行，其附片所陳，清理衛屯，則已議准，謂當敕各督撫切實辦理。今河運、海運已奉特旨，通飭改折，則有漕各省屯田，尤不當聽其隱沒,且現在轉運,皆係輪船,民船糧艘久廢,運軍無人,而屯田實已輾轉典賣,屢更業主,地冊掌自衛書之手,衛官但屆時向書吏索取年例陋規,並不管田在何處、數有若干。積弊至此,此無論漕之折與不折,皆亟當覈實清理者。邇來應詔上書者,率以為言,劉坤一、張之洞會奏變法,論尤切至。原奏議將用價所置之屯田,准其報官稅契,將屯餉改為地丁,於舊章屯餉外,每畝酌加報效銀二分,總計各省屯田二十五萬餘頃,可歲增銀五十萬兩。再益以裁省衛官之費,實為鉅欵等語,所擬請弛不准典買之禁,辦法極寬,而酌令報效銀數,亦復甚微,實屬毫無擾累,輕而易舉。臣夙知此項屯田弊竇太多,久已名實兩亡。今若一律清查,將向由各衛自行徵租者,統改歸坐落各州縣經收,即可剔除許多中飽。再,無論業為民執、軍執,均准作為己產,無慮失業,又為除去種種需勒用費,民間既得利又除累,必無不樂從者。洵可上益餉源,下需實惠,此於清查後,即令按畝加倍納租,亦不為苛。然臣不敢妄獻此議,今擬仿照劉坤一等原奏,令有田者於每畝酌加報效銀二分之外,再令加繳一錢,名為清查繳價,止交一次,不再重徵。覈以戶部例載漕衛屯田七萬五千七百九十六頃確數計算,約可得銀七十五、六萬兩。蓋既免照典買官田律,計畝治罪,又不追原租價入官,已極便宜,則令酌納微貲,理亦宜之也。又查功令田畝稅契,例應納銀,今既准承買者,報官稅契,則應繳之契價、稅銀,諒亦不能全無,僅按每畝三分計之,亦當得銀二十二萬餘兩,以之抵充科布多籌邊經費,練兵餉需,總可敷衍三年。若再將租項覈實釐定,歲入又將不止十餘萬,且係常年額徵,尤為可靠鉅欵。此為理財中最有著落、毫無流弊之一端,宜求皇太后、皇上明降嚴旨,毅然行之,無慮阻撓窒礙者也。

臣又悉心覈度,臣所奏應辦事宜,計練兵、墾田、考牧、撫哈四事。初年開辦,需費已近三十萬,次年屯務已有基緒,可以稍省。兵餉各項,則不能去兵,即不能減餉。牲畜擬三年購足數目,應與初年一樣,至第三年大略相同。而其中收還借地一節,尤為中外大局所關,最大最要之政,其交割後,一切布置防守所費,彌復不貲,尚容前往逐細履勘,沈思妥議,難以豫定。茲但就兵墾牧哈四事,約略估計,每年應請撥銀二十四萬兩,閏月加給,惟無須視為定額,擬以三年為限,期滿即可分別應減、應停,奏明辦理。嗣後不過止須開支防兵餉需、屯牧局廠、官兵薪費而已。如果能著成效，則除練兵外，自餘墾牧二事，皆可得利，萬無虧折。再，將金山之礦，妥籌開採，其獲利當必益豐，而於荒漠之山川，肇興寶藏，裨益嚴疆，俾其可屯可牧、可戰可守，則於實邊守險之道，收效更在無形，尤安內攘外，百年之至計也。

臣伏念，部臣職司度支，當茲變法圖強之頃，既須籌賠償之費，又須籌辦事之欸，兼營並顧，煞費躊躇。臣苟有一知，自不容以越俎引嫌，故安緘默。重以諭旨，殷殷以妥籌經費責之，臣竊謂，茲事體大，規模甚宏，必合樞臣、部臣、邊臣內外夾持，同心協力，經營數年，方有實效，臣前於覆奏摺內已陳其端矣。自來封疆辦事，每以一省之財，舉一省之政，朝廷責望既專，一切治兵、理財、用人，又皆有所憑藉，少所牽掣，用能克底於成。今臣所處之地，則瘠遠荒寒；應辦之事，則艱苦卓絕。准駁須聽部臣之權衡；接濟必仰疆臣之鼻息，迢遙萬里，操縱由人。即竭駑駘，亦難奏績，苟非由內籌定實在的欸，按期協解，如前者部撥伊犁屯牧經費往事，仍是徒託空言，斷不可靠，必至欲籌邊事，轉誤邊事，非長策也。臣所擬辦法，未知是否可行，如其不行，即當另為設措，或移緩就急，或酌盈劑虛，或於各省應協東北邊防經費騰挪濟用，是所望於公忠體國、力顧大局之部臣。

合無籲懇天恩，敕下督辦政務處王大臣與戶部諸臣，會同秉公覈議，總期指撥確實的欸，按期准由戶部源源領解，即仍令各省分協，亦必須由部督催，先令統解至部，再由臣派員赴領，俾欸歸有著，邊機諸務，得以次第究圖，及時興舉，足資整頓，而濟要需，方為切實正辦。其初年開辦經費，並須早為通挪發給，使有所措手，不致待欸誤事，邊維幸甚！大局幸甚！

伏維以上各事，欽承諭旨，申命再三，臣才力庸虛，本不足以辦此，惟念此舉實為北路安危所繫，而上體朝廷宵旰之勤，下維時局艱虞之迫，臥薪不及，求艾已遲，若再顢頇，漫不設備，不惟重增聖主北顧之廑，且恐邊患再起，將有一發莫禦者，實不得不殫擴義憤，勉力為之。如蒙俯鑒此章，以上所請，俱能特邀俞允，尚求敕諭部臣，暫勿拘泥文法，容臣放手辦理，實力實心，期收異日之效，不效則治臣之罪。邊事是臣專責，既已無所顧畏，必當誓竭血誠，力任勞怨，不以艱難而自沮，不以人言而中更，並應恪遵穩慎之諭，次第措置，認真經理，不敢輕率鋪張，苟圖自便，再有貽誤，糜公帑以壞邊疆，庶幾仰副委寄之至意。

　　管見愚昧，是否有當，謹具摺奏陳，並將應辦事宜，估需經費約數，並大致辦法，另行繕單祇呈御覽。伏祈皇太后、皇上聖鑒訓示。不勝惶悚，感激之誠。謹奏。

　　光緒二十八年四月二十三日拜發。

　　本年六月初八日遞回。

　　奉硃批：戶部覈議具奏，單併發。欽此。

　　五月十六日

　　謹將估計應辦事宜，需用經費約數，暨大致辦法，敬繕清單，祇呈御覽。

　　計開：

　　一、練兵。前奏至少須千餘人，係就必應置防之處，粗擬分設之兵。原以轄境遼闊，戎備太單，且自收撫哈薩克以來，散居游牧，喜為寇掠，無兵不足以資鎮懾，而密邇強鄰，時時不可弛備，尤須精儲爪牙，期立藜藿不采之威，非願輕開邊釁，欲以兵戎相見也。口外民皆為商，數甚寥寥，不但綏戢地方、捕拏盜匪，非兵不行，即護送來往洋商，尤極關係和局，更非有兵不能放心。況欲興屯開礦，民工所不及者，亦不能不資兵力。新疆如伊塔各城，無不於滿兵、蒙兵、綠兵之外，加練漢隊，獨科布多無之。默察外情，深憂內患，實非汲汲增兵不可。然兵貴精不貴多，蒙兵、漢勇若得二千人以內，即庶幾可資守禦。再將各旗蒙兵仿照德操，更番調練，不數年後，便可人人皆兵，堪備徵調。果能認真督練，演習槍械行陳，一兵實得一兵之用，則強橫之哈回，恣肆之洋人，自無不悚然懷畏，而俄見我真能修備，非復昔日因循，更當稍戢貪狡。況臣嘗聞，洋人談及彼國，無不練兵，沿邊臨海，尤為著意，科布多獨不講求，彼皆以為不重邊地之證。若練二千人官弁兵勇，撙節估計，以五百人歲需三萬兩計之，一歲共需銀十二萬兩，此為彈壓地方起見，仍擬用我營制，而以西法部勒之，若全改洋操，未免太費，且理精法密，難遽馴習，自可從緩。其卡倫只得十兵，過形薄弱，即覈與早年定制及烏里雅蘇台各卡兵數，均甚相懸，必須酌增其額。以及蒙古各旗，須分設保護俄商之兵，如用餉不多，自須撙節歸併，均於現估餉內勻濟，其要歸於兵皆實用，餉不虛縻而已。至阿爾泰山將來尚須設兵置戍，以固塞防，事體較大，當另覆議，不在此內。

一、墾田。布倫托海地畝寬衺，刻尚不悉實在確數。據往來人言，田美而多，然須視渠道以為盈絀，能多開渠，便能多種田。現擬以次試墾，須用兵屯，而僱精於農工之民人教引，究亦無須貪多。蓋口外人少，若糧石太多，難得銷路，仍歸堆積，亦屬非宜，且須開置官糧局，半濟兵食，半資商糶，則公家不縻屯田之費，地方亦得屯田之益，而各游牧之向來購買，均可改向官局辦理。如果值廉而質佳，並可接濟烏城官兵、商蒙之用，而准商購運，亦無慮奪其貿易之利，是謂便兵、便民，不得以爭利論。今擬儹銀二萬兩，為購製耕牛農具、兵工餉貲各項，局員雜費之用，就此試辦，逐年擴充，異日耕穫豐收，蒙兵樂於趨事，且耕且守，必可收古人屯田便利之效。惟初次開辦，用歀稍費，除現辦濬治渠道之外，如立倉、造房、置磨、設公所、安台站與夫、轉運駝隻、建廠牧養皆必須辦理者，其需歀亦在二萬兩以外。此以布倫托海一處而言，極力從省，約用銀四萬兩以外，即可具有規模，至蒙古各旗之地，或因年久廢耕，或為客民佃種，亦當為之釐整，當量其無力者，酌發牛籽器具，以助其成。所需價銀，亦擬併於四萬兩內騰挪濟用，惟力是視。

一、畜牧。北方畜牧之利，自昔著稱，漢唐宋元以來，北方富人首言畜牧。國朝承平二百餘載，尤以講求牧政為亟，成法燦然，蒙古亦無不以收養牲畜，為生殖之本。特東盟則大受馬賊之害，北邊亦曾被兵荒之災，加以晉商重利盤算，牛羊駝馬率以抵收欠帳，搜括將空，萬騎千群，長驅入塞，以致蒙古生計頗艱，貧瘠日甚，既乏資本，更無從廣置圍場。嘗考泰西各國，每田百畝，必空數畝，不耕不穫，專殖青草，圈作牧場，就畜牧以致巨富，長子孫者不乏其人。故臣謂，就蒙古地方而踵效西法，則畜牧實性相近，而地相宜。閱劉坤一、張之洞會奏遵變法摺，修農務條內附陳，蒙古生計以游牧為主，近數十年，蒙部日貧，亦請飭下蒙古王公暨該處將軍、大臣酌擬有益牧政事宜，奏明辦理，可見非臣一人之私言也。惟科布多僅有吐門圖官廠一區，現存駝八百餘隻、馬二百餘匹，為數甚稀，但供差使，已苦不敷，且非孳生。亟宜另立大廠，略取伊犁整頓孳生章程，酌宜辦理。若牧養得法，去中土之弊而取西制之精，必能碩大蕃滋，日增月盛，推而極於製造牛乳、收剪羊毛駝毧，皆可擴充試辦，久則利益自著。天下未有為其事而無其功者，其四項牲畜皆非賠本之事，似不妨多為收買，擬一年以銀五萬兩為度，採買三年，便可停止，務期公家多一分養息，蒙古即少一分剝削，庶游牧二字足稱名實，但須按照時值購買，老年例價，無從強辦，其管理孳廠官員薪俸、兵丁月餉，並一切例支，均係不可少之需，應俟詳悉擬定。

一、撫哈。收還阿爾泰山借地安插蒙古、哈薩克一事，攸關邊疆大局，最為緊要，需欵亦為最鉅。而臣前奏僅以安置蒙哈立言，實則臣微意，全為及早下手部署，以防後患。為保守阿爾泰山之計，與其後發制於人，不如先發制人也。此山譯義為金山，東幹、北幹縱橫數千里，山重水複，形勢制勝，在古為著名之腴區，在今為彼族之凡肉，我不亟謀守禦，終將拱手讓人。俄今力爭阿拉克別克河克色勒、烏雍克地方，即為他日要索阿爾泰山張本，其情可見。而現為塔城久假不歸，聞所布置亦不過派兵一二百名，以一旗員駐紮，所謂扼要設防，恐非實際，尤為可慮。揣俄人覬覦之意，以其地勢好，又處處產金，譯閱美國《華盛頓報》云：美政府曾派員考查中華滿蒙物產，據稱蒙古阿爾泰山金苗平衍，有凭得整塊，重至數觔者。俄人久已察悉，已建鐵路與此山逼近，其心叵測等語。臣又閱前出使大臣、原任左副都御史薛福成《出使日記》內云：俄之東境與中國阿爾泰山為界，阿爾泰山即古之金山，俄人於山之北麓開礦鍊金，特派大臣駐紮經理等語，可見俄人並未忘情於此山也。且該處土田肥沃，天氣溫和，利於耕作，在北路實為可取之地。窺俄人舉動，其謀最隱，其心甚深，從不向我明言此山之佳，而惟汲汲於鐵路，且每從遠處著手布置，恐有一朝出言借索，如旅大故事，必致無法謝絕者。夫禍患每生於所忽，而備禦宜戒夫不虞。故臣欲未雨綢繆，爭此先著。抑臣又聞外洋形勢，凡兩國接界之處，莫不明斥堠、修礟臺、造兵房，雖累世和好而設備謹嚴，反能彼此相安無事。誠能於此建官駐兵、設卡築壘、就民種田、延師勘礦、和輯漢夷、繕治守具，我果可以自固，彼即無從進攻。此地為將來之所必爭，應請加意經營，期於十年而成重鎮，綜其繁費，蓋難殫論，事體重大，實不敢草率。擬議應俟收回之後，當由臣親往察勘，趁安插蒙哈之便，因地制宜，妥議一切辦法，詳細奏明，請旨定奪。今先就安插蒙古、哈薩克一節，覈計哈薩克兩萬餘人，蒙古亦有一二千人，須聽其遷徙者，移彼就此，使其耕牧兼資，咸受約束，永為翊衞，竊計亦非四五萬金不克敷用。光緒十年，曾因遵旨准其收撫，暫令在烏梁海境內住牧，仍俟給還借地，妥為安插，比經奏奉諭旨，敕由戶部撥銀七萬兩，是其明證。

以上應辦事宜，估計應需經費，通盤覈算，截長補短，每年須得二十四萬金，不能再少，應請敕部，按年照撥，以便次第舉辦。仍無須常耗鉅欸，擬以三年為限，期滿即分別應減應停，奏明辦理。至阿爾泰山布置各節，事欵較繁，應歸另案估撥。此時多寡，均難懸揣，且該處關係中外大局，較為重要，其應如何妥籌防守，當俟察勘明白，詳慎擬議具有切實辦法，再行專摺奏請，敕下廷臣集議，取自上裁。

10. 仰邀特旨酌撥經費盡心舉辦片

再，臣正摺另單所陳擬辦各條，固深知於國計邊務，均屬有益，尚非迂闊難行，且有欲罷不能之勢，誠如朝廷決計舉辦，再得其人，以經理之，發端雖宏，自足徐收實效。然臣不敢謂其事之必成者，以籌欸難遽有著，臣才望又不足取信於內外諸臣也。伏查往年科布多辦防、辦事，協餉甚多，非盡取資山西，此外如河南、山東、浙江、安徽、江西、湖北、廣東七省均有協濟，各疆臣顧全邊局，多能應期報解，頗少蒂欠，其辦法係均派員解至綏遠城將軍衙門，由彼接解，初無遲誤，故現欠餉省分止山西、河南兩處，可以為證。且當回匪變亂時，新疆軍需協餉多由科布多辦理轉運，並無所謂道遠難致，不能協濟，其所以為是說者，蓋非不知舊事，即不願撥給耳。非惟此也，即戶部從前專撥代墊之欸，亦復為數甚鉅，臣曾於舊日冊（擋）［檔］稽查而知。今自臣到任，經費頓覺艱難，邊務亦愈增棘手，即晉豫欠餉一事可知，以此揣之，則此舉之內撥外協，恐均未有把握。若果能仰邀特旨，敕部酌撥接濟，有恃此等籌邊大事，自當殫誠規畫，行之以漸，而持之以恒，次第酌宜盡心力而為之。儻中帑不能勻挪，各省又徒託空言，則雖欲籌辦，一事亦不能行。似應仰懇宸斷，另簡精明強幹、通達時務之大員，前來督辦，臣仍幫同經理，祇盡辦事之責，不任管餉之事，庶可期內外一心，經費應手，必能利無不興，事無不舉。

臣因遵旨妥籌，謹再竭愚慮，附片具陳，伏祈聖鑒訓示。謹奏。

光緒二十八年四月二十三日拜發。

本年六月初八日遞回。

奉硃批：著勉力籌辦，毋庸推諉。欽此。

五月十六日

11. 遵籌經費正摺所陳清理衛屯接閱邸報始知已奉諭旨敕行片

再，遵籌經費正摺早經繕妥，因臣於四月初間病又復作，迄無少減，未能拜發。迨月之十七日，適有差弁自京旋營，帶來正、二月邸報，臣恭讀之下，敬悉漕衛屯田一事，已奉諭旨敕下有漕省分辦理，即無庸再由臣瀆陳。惟查北路荒瘠，實無從就地設籌，自不能不仍取諸內地，而理財之事，屬之疆臣，而掌於戶部。臣職司邊寄，亦不敢輒為出位之思。茲因清理衛屯，為臣昔所條奏，用敢再申前請，而除此臣亦別無奇策。

區區下忱，理合附片陳明，伏祈聖鑒。謹奏。

光緒二十八年四月二十三日拜發。

本年六月初八日遞回。

奉硃批：知道了。欽此。

五月十六日

12. 妥籌保護俄商改設護兵摺　附單一件

奏為蒙古游牧地方遼闊，人類繁雜，俄商來往易滋釁端，妥籌保護切實辦法，擬將暫留防兵減數改為護兵，具摺請旨，仰祈聖鑒事。

竊前承准總理衙門咨行，恭錄光緒二十六年十二月十三日，保護洋人上諭兩道，行令欽遵辦理等因。臣內憂時局，外審邊情，當此創鉅痛深之餘，何敢不為懲前毖後之計，業經通飭所屬蒙古各旗盟長、札薩克、散秩大臣、副都統、總管及卡倫侍衛、台站官員等一體遵照，不准視為泛常，稍涉疏忽。惟辦事貴求實際，立法以簡易為宜，防患當慎先幾，臨時之補苴已晚。茲以大局甫定，誥誡重申，自當妥籌切實辦法，其有為難，亦不能不專達上聞，以期斟酌適宜，取益防害。

查科布多所屬蒙古，有杜爾伯特、新土爾扈特、霍碩特、明阿特、額魯特、烏梁海、札哈沁諸部，大漠窮荒，縱橫廣袤，該蒙古強弱雖有不同，然與俄人交接，總未十分水乳，加有哈薩克羼入住牧，人數既多，復極剽悍，素慣寇掠，憝不畏法，而尤以烏梁海、阿爾泰山一帶地方為最繁雜，該處尚為塔城借去未歸，塔屬哈薩克又復闌入，接聯一片，更有十蘇木額魯特人衆相為比附，實屬人類渲混，良莠不齊。蒙旗留兵五百名，分駐三處，今年餉需，尚屬無著，殊不足以資彈壓。而俄商又素好與哈夷交易茶布牲畜，任意賒欠，官旣無從稽察，而相離千數百里，鞭長莫及，更亦無從保護，必至出事，或人貨俱無，或拖賴帳目，始經該頭目呈請究追，每至束手，不得辦法，此為難者一。

迤北邊界，無不與俄壤毘連，隨處能來，故俄商多由彼界迳至，各游牧烏梁海尤為足跡所習經，該部落距科布多城近或四五百里，遠且千餘里，並非必由科布多城經過，故地方官無從知其舉動，即亦無從預為防範，此為難者又一。

查俄人來各旗貿易，尚多由邊卡經過，來去雖可自由，究有卡座可查。至俄屬又有纏頭、安集延、諾果依各項回民，則又均由新疆西路邊界前往阿爾泰山哈巴河一帶貿易，四通八達，頭頭是道，旣非卡倫所能限制，即非人力所能防維，此為難者又一。

科布多雖因通商設立稽察俄商局，專辦驗票換單之事，索果克卡倫地方並設筆帖式一員，帶領兵書駐守，係屬分卡，似於俄商非無稽察，但此係為巨商，販運茶貨重儎而設，不由此路，不能換給憑單。然該商每恃科布多無通曉條約之人，久已視若具文，頗多繞越。前年秋，即有俄商由南省辦運甎茶，在塔城領照，來此換單之事，即經臣查知，覈與通商條欵不符，當即認真究辦，俄商自知理屈，認罰而去，是為明證。且隨便貿易往來，各旗亦非必須取道索果克，其哈克淖爾、霍通淖爾各處皆可行走，多無執照路引，官更無從查知，此為難者又一。

　　哈薩克素性頑悍，每多圖財害命、棄尸曠野河流之案，其蒙古之無賴者，亦頗不乏此類，而俄商不畏苦寒險遠，往往於八九月間，隨帶一二蒙古工人，奔馳阿爾泰山一帶，尋討欠債，斯時即降大雪，多致封壩被阻，不能旋回，且有從此竟無縱跡者。去年二月間，據俄商頭目與烏梁海散秩大臣等呈報，有俄商密海勒瑪勒策福之筆齊業齊密海勒阿克索諾福帶領蒙古工人達克巴，於前年秋八月，前往阿爾泰山一帶地方討取舊賬，至今全無下落一案可以為證。事先既不能覺察，事後卻大費搜尋，山谿險阻，道路崎嶇，野獸毒蟲出沒靡定，冰天雪地更從何處捉摸。查阿爾泰山雖屬科布多所轄，但於同治八年，早經塔城參贊奏明，借地安插胡圖克圖棍噶札拉參徒眾，至今三十餘年，該胡圖克圖早已圓寂，且經蒙恩，准其轉世，其徒眾亦已奏明安置新疆之巴英溝地方，乃塔城仍不將阿爾泰山遵旨交還，故該處現仍暫歸塔城管理。臣因案情較重，已疊次札飭烏梁海散秩大臣等詳細查訪，復經加派妥靠人員前往密查，人文絡繹，迄無端倪，不得不一面究查，一面咨請行在總理衙門查照，轉行春滿，（屬）〔囑〕其一體認真查辦，免貽外人口實。前接行在總理衙門覆文，業經照咨辦理。並據該散秩大臣呈覆，查明該俄商係往遜都魯克、奇林克、木車克等處，均在借地之內，臣比即飛咨春滿查辦，業准覆咨，仍推重科布多辦理。現准外務部咨，據俄公使照會，令科布多塔爾巴哈台各派妥員會同該國委員詳細往查，刻俄派之員即係在科布多貿易之達魯噶呢克賚阿薩諾福，定於五月初九日在遜都魯克地方會齊，然此案究竟能否查出，仍無把握，此為難者又一。

　　以上種種窒礙為難，若不妥籌切實辦法，使之化難為易，該盟長等勢將迴護處分，推諉規避，諱匿顢頇，諸弊由此而生，必至有保護之名，仍無保護之實，一有舛錯，動關全局。臣何能當此重咎？前年七月，曾據俄商達魯噶面懇，以口外地闊人雜，請為設法保衛。去秋駐庫匡蘇勒官施什瑪拉福來科，亦為臣切切言之。臣悉心察酌，實非於蒙古各旗均選樸實精壯兵丁分段駐紮，專為鎮懾哈薩克，保護俄商之用，不足以重責成而免疏虞。前察哈爾曾設警察營，近山西亦將洋人往來孔道，按卡置兵，專資保護，同為庇商緝匪起見。且近年頗有俄、英、法、德諸國人員前來游歷，均須一體保護。

查該蒙古共三十旗，今擬每旗各挑選馬隊兵十名，均以蒙官一員帶領，以筆齊業齊一名管理登記呈報事宜，平日則操演槍械、捕拏賊盜，遇有俄人運貨前來，到某旗貿易，即到某旗告知，便由該弁兵即時護送，或赴遠處索帳，往返亦由該兵出派數名隨同照料，按旗接替，均隨時將洋人名姓、面貌、人數、有無貨物、件數及經過各旗日期，詳細具報，臣衙門查覈。其於各國游歷人員，並須加派官兵，按站護送，如此則防範周密，庶免意外之虞，即使或遭事故，亦有綫索可尋，不至茫無措手，釀成鉅案，上煩宵旰之廑。至新疆西路一帶，自須量增卡座，以密稽察，應可由臣咨商新疆撫臣，斟酌辦理。此項兵丁若有三百名，即可敷用，勢處無可如何，萬不能不籌添設。溯查光緒五年間，因防護台站，增練蒙兵三百名，曾經奏奉諭旨，准由戶部指令安徽、江西兩省，在於釐金項下各撥銀九千兩，按年籌解。

　　茲查此項兵丁，事同一律，且較防台尤為緊要，計管帶、官弁及兵丁共三百六十餘員名，一年應需口分，撙節估計，前數僅能敷用，且係洋務要需，難任延欠，必須撥給有著的欵，事關杜患安邊，此費自不當惜。並查前項暫留蒙兵五百名，尚未請有專餉。臣曾以咨請部示，旋准行在戶部咨覆：以未能如數發給，應令自行奏明裁撤等因。在部臣目擊前年之變，練兵無用，激切而出於裁汰，自非於邊要獨有苛求，本應遵辦，惟係奉旨暫留分防，未敢輕言遣撤，且就地方情形而論，尚嫌單薄，故臣遵查科布多應辦事宜一摺，首以練兵為言，何能請增請撤，起減自由，置邊備於不顧，第既乏餉，何由足兵。況茲又有安設保護專兵之舉，若再請益，勢必愈難舉行，權其輕重，酌其盈虛，只得量移守隘之兵，以置衛商之隊。查前項蒙兵僅分紮烏闌古木、布倫托海、布延圖河，不足散布各旗。茲擬以三百名額，於各旗再行選派，聯絡應用，庶帑項並無加增，交涉亦有裨益。值此時艱，在部臣、疆臣素顧大局，必能深明事機，熟籌利害，亦不致以歲添撥欵為口實，且並未敢求多。於留兵之外，實已勉強牽合部議，而臣籌邊體國並顧兼權，區區苦心，當荷聖明洞鑒。至該俄商任便來往，無從稽察，應照約欵，由該國邊界官按人給予執照，於局卡分別呈驗，臣與匡蘇勒面商，從此必須曉諭各商，每於到城與蒙古各旗時，均即隨時呈報該達魯噶，轉報臣衙門，即與某人交易銀貨，亦應以實具報，俾可按牘而稽，臣均與匡蘇勒詳議，已據允許，如此設法認真經理，實力舉行，縱不敢謂永遠無事，然查察之力，既有所施，斯保護之責，自為易盡，似尚足以彈壓姦宄，消弭釁端，究屬穩著。現因欽奉上諭，繙譯通飭欽遵，該各蒙旗頗有戒心，皆謂洋人不易保護，倉猝出事，慮干重譴，烏梁海畏難尤甚。前據首先呈訴下情，嗣於去年六月間，各部落汗王、貝勒、貝子、公暨盟長、札薩克等來城謁見，並據公同面求，設法體恤。臣伏思保護洋人，本係應辦之事，不容或執異詞，第口外情形，既與內地不同，亦必須妥定切實辦法，方不至別生枝節，貽患無窮，可否仰懇天恩，俯察保護遠人，事關大局，情事與前迥殊，必宜稍假權力，將臣所擬辦法各節，特賜允准，抑或敕下全權大臣與外務部，會同戶、兵二部悉心覈議，益期周妥之處，伏候聖裁。如蒙俞允，並應請旨，敕令外務部，照會俄使，行知駐劄庫倫匡蘇勒官轉飭俄商，一體遵照，庶幾呼應能靈，更資得力。

再，應辦事宜，估需經費，現已遵旨妥籌，專摺覆奏。儻荷聖慈準予撥歎，則此項俄商兵餉，當併歸練兵經費內，勻挪支發即可，無須另撥。所有妥籌蒙古地方，俄商切實保護辦法，請將防兵減數，改為護兵各緣由，謹繕摺具陳，並將烏梁海蒙文譯呈御覽。

臣愚昧之見，是否有當，伏祈皇太后、皇上聖鑒訓示。謹奏請旨。

光緒二十八年四月二十三日拜發。

本年六月初八日遞回。

奉硃批：該部知道，單併發。欽此。

五月十六日

謹將烏梁海兩翼散秩大臣額爾克舒諾、三音博勒克、副都統察罕伯勒克、總管鄂齊爾札布、桑敦札布、棍佈札布、瓦齊爾札布等原呈蒙文譯漢，鈔呈御覽。

阿勒台、烏梁海左翼散秩大臣額爾克舒諾、副都統察罕伯勒克、總管鄂齊爾札布、桑敦札布、右翼散秩大臣三音博勒克、總管棍佈札布、瓦齊爾札布等為呈請事，前奉參贊大臣札開，祗錄光緒二十六年十二月十三日上諭兩道內開，遇有各國官民入境，務須照料保護，儻有不逞之徒，凌虐戕害各國人民，立即馳往彈壓，獲犯懲辦，不得稍有玩延。如或漫無覺察，甚至有意縱容，釀成巨案，或另有違約之行不即立時彈壓；犯事之人不立行懲辦者，該管督撫、文武大吏及地方有司各官，一概革職，永不敘用。欽此欽遵。合行札飭烏梁海兩翼散秩大臣額爾克舒諾、三音博勒克等，遵照轉飭所屬各地方，欽遵諭旨，務須竭力妥為保護各國人民，毋得滋生事端，致干重咎等因，奉此當即嚴飭烏梁海副都統、總管並各官員等均各約束所屬蒙衆，遇有各國人等入烏梁海所屬境界，務必妥為竭力保護，斷不敢稍有疎忽，致煩聖慮。惟查烏梁海左右兩翼七旗，游牧地方遼闊，縱橫千數百里，蒙哈雜處，本屬蒙衆散居游牧，良莠已多不齊，加以哈薩克人等刦掠成風，向無約束。近十餘年來，俄國商人暨纏回隨便往來烏梁海各旗貿易者甚多，並未領有該國邊界官執照，即有領票者，亦無一人呈驗。該俄人往來無定，設有事故，相隔或數十里、數百里不等，刻即實難周知，無從馳往彈壓保護。況阿勒泰山一帶地方現仍暫歸塔城管理，彼處近連塔界額魯特十蘇木，人尤繁雜。又有俄屬安集延、諾果依，各項回民均可由新疆西路邊界前往阿勒泰山哈巴河一帶貿易，處處能來，尤屬易於滋事，無法防範。且該處每屆秋深，即常降大雪，冬春人跡罕見，夏季河水漲泛，儻遭風雪，或遇河水陡發，更覺無法保護。卑散秩大臣、總管暨烏梁海蒙衆世受國恩，值此時艱，理應保安邊境，稍分朝廷之憂，何忍畏艱推諉，專避處分，無如地方遼闊，蒙哈雜處，俄商任意往來，實慮保護難周，深恐或出事故，不能不將各情據實陳明，理合呈報參贊大臣鑒查，究應如何妥定辦法，保護之處，仰乞指示遵行，卑散秩大臣等不勝感激，為此謹呈。

13. 烏梁海蒙兵未能裁撤片
以上四月二十三日拜發

再，前准行在戶部來咨，以防因時設，兵虞餉絀，飭將留兵如有可裁，即行遣撤等因。本擬照辦，惟現因蒙古游牧地方洋人往來易滋釁端，不能不妥籌保護切實辦法，擬將暫留防兵改為護兵，以三百名為額，遴員分帶，另於正摺奏陳，請旨辦理。尚有布倫托海駐紮烏梁海之兵丁二百名，以現在該處正在修理河渠、試辦屯田，北路漢民絕少、工匠尤稀，舉凡將作，查工諸役，不得不藉資兵力，即使裁撤，仍須由該部落調集，不如卽以留用，庶一兵實得一兵之力，餉項更無虛糜，而於屯費且可節省。

是否有當，理合附片具陳，伏祈聖鑒訓示。謹奏。

光緒二十八年四月二十三日拜發。

本年六月初八日遞回。

奉硃批：知道了。欽此。

五月十六日

《散木居奏稿》卷之十一　門人鈴木吉武校字

卷之十二　壺廬集

斡難　瑞洵

光緒壬寅五月二十四日起，七月初六日訖

1. 代奏杜爾伯特正盟長謝恩摺
2. 具報十屯二十七年收成分數請予獎賞摺
3. 十屯播種完竣摺
4. 奏調駝隻片
5. 請將俄商局改為洋務局摺
6. 更定保獎限制片
7. 請賜諭旨敕晉豫撥解片　以上五月二十四日拜發
8. 公旗（振）[賑]濟完竣摺
9. 附奏杜爾伯特留兵擬俟裁併勻布情形片
10. 請將換回驍騎校吉拉敏等四員暫行留營帶往辦理收安事宜片
11. 撥糧（振）[賑]濟窮苦片
12. 請假就醫摺　以上七月初六日拜發

1. 代奏杜爾伯特正盟長謝恩摺

奏為循例代奏叩謝天恩，仰祈聖鑒事。

竊據新授杜爾伯特左翼正盟長副將軍特固斯庫魯克達賚汗噶勒章納木濟勒呈稱，接奉檄開前於光緒二十七年十月繕單具奏，請簡杜爾伯特左翼正盟長一缺，現於本年正月初六日遞回原摺，原單奉硃筆圈出杜爾伯特左翼署盟長副將軍特固斯庫魯克達賚汗噶勒章納木濟勒。欽此。恭錄檄飭欽遵前來。當即祇詣科布多萬壽宮叩謝天恩，伏思噶勒章納木濟勒，蒙古世僕，受恩深重，毫無報效，茲復渥荷殊施賞補杜爾伯特左翼正盟長之缺，惟有殫竭愚誠，認真辦理盟務，不敢稍涉因循，以期仰答高厚鴻慈於萬一等情，懇請轉奏前來，理合循例代奏。

伏祈皇太后、皇上聖鑒。謹奏。

光緒二十八年五月二十四日拜發。

本年七月初九日遞回。

奉硃批：知道了。欽此。

六月十六日

2. 具報十屯二十七年收成分數請予獎賞摺

奏為具報屯田收穫糧石分數，照章請將該管官員兵丁分別給予獎賞，繕單具陳，仰祈聖鑒事。

竊查科布多光緒二十七年所種屯田十分，共收大麥、小麥、青稞三色糧七千二百三十二石。臣當派筆帖式吉林會同屯防參將世襲騎都尉祥祐等將所收糧石內揀擇乾潔三色糧七百石收入屯倉，以為今年籽種，其餘糧石均運交城倉收納。查例載種地官兵各視其收穫分數量加鼓勵等語。此次該屯田兼管專管千總把總、蒙古兼管專管參領驍騎校、委章京及綠蒙各兵丁應得議敘賞項，據屯防參將世襲騎都尉祥祐呈請覈辦前來，臣覆查無異，應懇天恩將該屯田參將祥祐交部照例議敘。其六屯正犁頭宣化鎮標張家口營候補經制外委梁振基收穫在十四分以上，應照章請俟補經制外委後以把總補用；九屯正犁頭宣化鎮標獨石口協右營馬兵李生貴收穫在十三分以上，應照章請以經制外委補用。出自鴻慈逾格，其餘官弁兵丁謹繕清單恭摺具陳，伏祈皇太后、皇上聖鑒，敕下部院覈覆施行。

再，臣前於上年十一月二十四日具奏，邊費日絀，不敷周轉，請將蒙古各項官兵應領糧折暫放本色摺內聲敘，本年新糧刻正驗收，約有五千餘石等語。茲查去年共實收糧七千二百三十二石，前奏係約略預計，是以不能恰合確數。謹奏。

光緒二十八年五月二十四日拜發。

本年七月初九日遞回。

奉硃批：該衙門議奏，單併發。欽此。

六月十六日

謹將光緒二十七年十屯收成分數暨綠蒙官弁兵丁應給議敘賞項敬繕清單祇呈御覽。

計開：

發領籽種小麥三百八十石，今收小麥五千二百七十九石；

發領籽種青稞二百五十石，今收青稞一千二百二十九石八斗；

發領籽種大麥七十石，今收大麥七百二十三石二斗。

查每歲十屯地內例應動用籽種糧七百石，上年共收穫三色糧七千二百三十二石，統計收成分數十分零三釐三毫一絲。今將所收三色糧石仍照舊例存留籽種七百石收入屯倉外，其餘糧六千五百三十二石均收入城倉訖。

統轄屯田直隸昌平營參將世襲騎都尉祥祐，兼管屯田宣化鎮屬多倫協中營千總傳鎮海，兼管屯田宣化鎮屬張家口左營候補經制外委張發，以上三員均係屯田員弁，統計收成分數十分零三釐三毫一絲，均應交部議敘；

專管頭、二、三、四屯宣化鎮屬張家口營繕房堡把總趙金鼇，所管便屯拉展收穫糧石八分三釐三毫二絲，應毋庸議敘；

專管五、六、七屯宣化鎮標城守營把總李明，所管三屯拉展收穫糧石十一分一釐三毫，應交部議敘；

專管八、九、十屯宣化鎮屬張家口營洗馬林堡把總丁喜，所管三屯拉展收穫糧石十一分八釐六毫四絲，應交部議敘；

兼管頭、二、三、四、五屯委署蒙古參領圖佈敦，所管五屯拉展收穫糧石八分六釐七毫五絲零，應毋庸給賞；

兼管六、七、八、九、十屯委署蒙古參領阿畢爾米特，所管五屯拉展收穫糧石十一分七釐八毫六絲，應給頭等，賞小彭緞二疋；

專管頭、二屯委署蒙古驍騎校札木色楞，所管兩屯拉展收穫糧石七分零零三絲，應毋庸給賞；

專管三、四屯委署蒙古驍騎校察杭班第，所管兩屯拉展收穫糧石九分六釐六毫零，應給二等，賞小彭緞一疋；

專管五、六屯委署蒙古驍騎校濟克札布，所管兩屯拉展收穫糧石十二分零五毫二絲，應給頭等，賞小彭緞二疋；

專（等）[管]七、八屯委署蒙古章京那木濟勒多爾濟，所管兩屯拉展收穫糧石十分零六釐四毫六絲，應給頭等，賞小彭緞二疋；

專管九、十屯委署蒙古章京圖們額爾哲依，所管兩屯拉展收穫糧石十一分七釐九毫二絲，應給頭等，賞小彭緞二疋。

收穫糧石在十四分、十三分以上六、九兩屯，每屯綠營當差副犁頭一名，每名應給頭等，雙賞銀三兩；每屯當差綠營兵六名，兩屯共兵十二名，每名應給頭等，賞銀一兩五錢；每屯蒙古領催一名，每名應給頭等，雙賞茶四塊、煙四包；每屯蒙古當差兵二十四名，兩屯共兵四十八名，每名應給頭等，賞茶二塊、煙二包。

收穫糧石在十分、十一分以上三、五、八、十屯，綠營兵三十二名，每名應給頭等，賞銀一兩五錢，蒙古兵一百名，每名應給頭等，賞茶二塊、煙二包。

收穫糧石在九分以上四、七屯，綠營兵十六名，每名應給二等，賞銀一兩，蒙古兵五十名，每名應給二等，賞茶一塊、煙二包。

以上共賞銀八十八兩，除扣二成銀十七兩六錢外，實給七十兩四錢；共賞小彭緞九疋，每疋折布八疋，每布一疋折銀三錢三分，共合銀二十三兩七錢六分，除扣二成銀四兩七錢五分二釐外，實給銀十九兩八釐；共賞茶三百五十四塊；共賞煙四百四包。

3. 十屯播種完竣摺

奏為十屯播種完竣，繕單奏報，仰祈聖鑒事。

竊照科布多屯田向於每年春雪消化、地氣開通始行播種。前飭管屯官弁將去年倉存新收小麥、大麥、青稞籽種共七百石領出分給，陸續布種。茲據報於四月十八日一律播種完竣。

謹將動用籽種數目，繕單祗呈御覽，伏祈皇太后、皇上聖鑒。謹奏。

光緒二十八年五月二十四日拜發。

本年七月初九日遞回。

奉硃批：知道了。欽此。

六月十六日

謹將十屯播種動用籽種數目繕單袛呈御覽。

計開：

小麥三百八十石，種地五十二頃七十九畝七分七釐；

大麥七十石，種地十一頃六十六畝六分六釐；

青稞二百五十石，種地四十一頃六十六畝六分六釐。

十屯通共動用小麥、大麥、青稞籽糧七百石，十屯通共種地一百六頃十一畝九釐。

4. 奏調駝隻片

再，科布多官廠駝隻不敷應用，向應由烏里雅蘇台奏明調取以供要需，節經辦理在案。茲據駐班處公銜三等台吉色呼寗等呈，據管理官廠協理台吉齊達爾巴勒申稱，官廠存駝為數無多，雖去年已經添調，但現在差務絡繹，仍屬不敷應差。擬請設法調取以備各項需用，轉呈覈辦等情。據此查該廠牧放駝隻、每年春夏採運木植、修造農具、兼運秋冬屯田收糧暨赴古城採買官兵米䵌，並備補立各項例倒之用，據稱不敷應差，係屬實情。且臣現奉批旨，飭將布倫托海屯田認真辦理，所有應用農具、籽種、官兵、糧糈，一切在在皆須預為轉運，全僱商駝，腳價太費，長途往返又未安設台站，更不得不兼資官駝之力。既據該廠懇請調取，自應通融辦理未便，因去年甫經調用，稍涉拘泥，業經臣咨商烏里雅蘇台將軍，仍由所屬孳生羣內揀挑口輕、臕壯、大騸駝二百隻，委員護解來科以濟要需。現准咨覆，仍令查照辦過成案，逕行具摺奏調，俟奉諭旨再行欽遵辦理等因前來，相應請旨敕下烏里雅蘇台將軍，即由所屬孳生羣內飭令揀撥口輕、臕壯、大騸駝二百隻，派員護送前來以資應用。

所有官廠駝隻不敷，仍由烏里雅蘇台調取以備要需緣由，理合附片具陳，伏祈聖鑒。謹奏。

光緒二十八年五月二十四日拜發。

本年七月初九日遞回。

奉硃批：著咨商連順酌量調用。欽此。

六月十六日

5. 請將俄商局改為洋務局摺

奏為科布多洋務日殷，亟須得人而理，原設稽查俄商局名實不符，擬請量為變通改為洋務局，仿照內省辦法以免窒礙而裨交涉，具摺詳陳，仰祈聖鑒事。

竊自光緒七年改訂俄國陸路通商章程，准俄商由天津販運土貨走歸化城、科布多，出索果克邊卡回國。當以事關洋務，一切稽查、保護、驗貨、換單各事均屬剏辦，關係緊要。經前大臣沙克都林札布於光緒十六年十二月奏明設立稽查俄商事務局，遴委章京一員以資承辦，復設筆帖式二員，一駐索果克卡倫，辦理收繳運照、稽查貨物各事；一駐局中隨同辦事，並選募兵書，添支糧餉，並聲明將來俄務較繁，再行奏請加添，先行試辦等情，均經總理衙門會同吏、戶、兵三部議覆，奏准在案。

臣蒞任以來，體察情形，原定章程雖似周密，而按之名實，諸多未洽，且寬嚴之間亦未適得其平，以致俄商無所取信，官兵視為畏途，有不能不稍事變通者。

查科布多承辦蒙古事務章京即理藩院例載之兵差司員，本係京缺，近多改由外補，專辦蒙古部落及台站卡倫事務。從前俄羅斯尚未准其通商，而卡倫邊界相連，即已有交涉之事，悉由承辦蒙古事務衙門辦理，此係舊例，已閱多年。自光緒七年改訂條約，始經設立稽查俄商局，徒以初設時不諳機要，並未行文知照該國商務衙門，以致俄商有事待理，每仍赴懇蒙古處，並不遵照新章，改聽俄商局覈辦，即該商運貨來往驗照、換單等事亦必須隨時指示，一若不知有此局者，此所謂俄商無所取信也。

原奏又稱索果克卡倫內有哈克淖爾一卡，該處俄商從前來此貿易或多行走此路，現亦須另派官一員幫同稽查，擬在索果克、哈克淖爾兩卡設筆帖式一員、巡兵四名、字識一名、通事一名，分駐要隘，辦理換單各事，且防俄商繞越中途銷售之弊等因。按索果克卡倫尚在科布多迤北，距城千有餘里，東達哈克淖爾卡倫，西連達爾沁圖卡倫，南通博勒佈拉噶蘇台，北與俄國邊界接近，地勢極高，大山環繞，狂風驟雪，四時不絕，除駐卡官兵外，渺無人煙，官兵日用食物皆須購自城市，若轉運糧石稍滯，即致斷炊，且皆住宿蒙古包，每遇大風，沙石飛揚，樹木為拔，蒙古包即難支立，必須護持，晝夜不止，汲水負薪，手足坼裂，如遇大雪，柴薪尤難尋拾，至於奇寒酷冷，更不待言，兼之邊瘴逼人，中則致病，漢趙充國所謂霜雪疾疫瘃墮之患已徵其實。此處舊設駐卡侍衛，艱苦萬狀。今駐卡之筆帖式與該侍衛情事相同，至甄敘勤勞，則侍衛三年期滿，尚有保獎，該筆帖式乃並不議及，不獨相形見絀，即按之內省，辦理洋務人員每屆三年例許優獎者，亦復判若穹壤，就使與科布多三部院當差人員比較，亦覺彼逸而此獨勞，彼甘而此獨苦。故一論及此差，罔不談虎色變，視為畏途，固無怪其然也。臣伏維時艱日棘，外釁堪虞，洋務一端實宜講求諳練用心經理茲者詳加體察，交涉事本繁難，除勘界換約係出特舉，自餘詞訟游歷，以致錢債細故，幾無一不與大局相關。況承議欵之後，情形又變，辦理更屬為難，原非商之一字所能盡其委曲，名實既有未符，自應奏明更定。擬請將稽查俄商局改為洋務局便可函蓋一切，辦事已有條理，而立法尤在任人，並應將承辦章京改為總辦，仍照原議，准其滿漢兼用；其筆帖式兩員不必定為額缺，改為委員，亦勿拘泥滿漢，務以得人為主，應由臣隨時量材器使，不妨少寬其額，以資造就，仍予限制，至多不得過六員之數，以防濫竽。刻下就地取材已難其選，如果將來洋務倍增，更屬非才莫辦，應否請由外務部揀派通曉俄文、明白洋務者前來承辦，以期勝任，尚容臣妥酌具奏。至保獎一節，查吏部奏定章程內開，嗣後隨同南北洋大臣專辦洋務出力人員自奉委之日起扣滿三年請獎，以十員為率等語。科布多毗連俄壤，似應屬之北洋，吏部既有專條，亦宜援照辦理，在事人員如果得力，每屆三年應請准予保獎，或不得力，亦即隨時撤懲，其索果克駐卡之官應改派委員前往辦理。至霍通淖爾地方一人勢難兼顧，並應增設一卡，委員駐守，以密譏察，所需局費、心紅、紙張、薪燭以及兵書、通事等口分悉均照支，總辦及委員亦仍按品給予鹽菜銀兩，期歸節省，如此略予變通，庶幾機局較靈，辦理無虞窒礙，而循名責實，取益尤宏，合無籲請諭旨，俯准照擬辦理，實於邊維大局有裨，如蒙俞允，伏候命下，再由臣咨請外務部、吏、戶二部欽遵，並照會俄國駐剳庫倫匡蘇勒官通飭該商遵照。

臣為慎重交涉起見，是否有當，理合具摺詳陳，伏祈皇太后、皇上聖鑒訓示。謹奏。

光緒二十八年五月二十四日拜發。

本年七月初九日遞回。

奉硃批：外務部議奏，片併發。欽此。

六月十六日

6. 更定保獎限制片

再，臣前因科布多係防戍軍營，額缺章京、筆帖式等員換防來營，僅止補缺摺內聲請回綏遠城後以升階補用，並無別項保舉，當於前年九月專摺懇恩准照邊省軍營勞績保獎，並定請保以三年為期列，保以數員為度等因。欽奉硃批：著照所請，該部知道。欽此。伏思臣初意原因該員等宣勤邊塞，清苦艱辛，按之防戍定章，本應予保。惟查向來辦法，除糧餉章京三年期滿，如果出色，准保以主事即用外，其換防人員奏補章京以七年為期滿，筆帖式以五年為期滿，額外驍騎校以三年為期滿，似未屆滿即不應保，在臣原可隨時考察，具有斟酌，絕不濫登薦剡，第恐後來者不悉初辦情由，或至誤會原奏，一涉拘牽，辦理即多窒礙。假如章京於七年尚未報滿之先預加兩保，未免過優，轉使躁競之端自此而開，大非臣鼓勵羣材之本意矣。再四籌酌，不得不切實聲明，預防流弊。擬請此項三年保獎章京、筆帖式、額外驍騎校均須已經期滿，方准列保升階，仍當察其才具操守及平日辦事如何以憑覈定，不得循行故事，稍滋浮濫，其非已經報滿之員，如果實在出力，祇准獎給銜頂級紀，不准遽加優保，庶於激勸之中仍屬不失限制。至去冬奏保章京、筆帖式各員，係因多年出力，且辦防著有微勞，併案辦理，已蒙特恩允準，並均準部覆，欽遵註冊，自無須再事嚴覈，為此附片陳明。

伏祈聖鑒訓示。謹奏。

光緒二十八年五月二十四日拜發。

本年七月初九日遞回。

奉硃批：覽。欽此。

六月十六日

7. 請賜諭旨救晉豫撥解片
以上五月二十四日拜發

再，准戶部來咨，知臣前奏晉豫兩省欠餉並無允協信息，邊情窘迫，懇敕部臣妥籌辦法一摺，議令仍由山西、河南兩省照減撥數目騰挪分解，細繹原奏，措詞甚屬切至。惟近年外臣多以北路荒寒，無關輕重，故於協餉一節每每不肯照撥。茲雖詔旨飭催，部文迫促，而以臣私意揣之，終恐該省置若罔聞，未必遂能遵辦。伏思科布多前議修繕倉廒，奉旨准給之革員麟鏘贓銀四千兩，聞該旗業經奏懇免繳，臣亦未敢請部改撥，徒干駁斥。現在又加開濟布倫托海渠道，布置明歲開屯一切事宜，在在需欵，萬不能一錢不名。挪借商貲一節，臣以舊欠未還，媿難啟齒，且商力亦實不支，山西、河南兩省雖已疊次咨催，山西尚有信支吾，河南直置之不理，似此不願大局，臣實屬無法可施。竊謂既經戶部三次指撥，便應指定以何欵抵解方能有著。臣愚見山西賑務已完，該省年景頗好，而捐項因奉明旨停止事例，各捐生趕辦者異常踴躍，收數倍蓰。河南省亦年穀順成，時局均已大紓。竊計若於晉捐項下及豫代收捐與該省展捐項下各為騰挪三四萬金，隨後再行分別歸補，實非萬做不到之事。查該二省欠餉本鉅，今臣於晉僅請還三萬四千兩，於豫僅請還四萬兩，在臣實已曲諒疆臣之為難，何該撫藩竟不設身一思臣之如何為難耶？再四籌維，似非奉有諭旨，該撫等仍是不肯撥給，實偪處此，惟有籲求聖慈嚴飭該撫等各飭藩司，即於捐欵項下照依臣咨商之數，迅速撥解綏遠城將軍衙門以便接領，儻再有心（膜）［漠］視，臣即將該藩司指名奏參。伏祈聖鑒訓示。謹奏。

光緒二十八年五月二十四日拜發。

本年七月初九日遞回。

奉硃批：戶部議奏。欽此。

六月十六日

8. 公旗(振)[賑]濟完竣摺

奏為蒙古公旗（振）[賑]濟辦理完竣，並將撥給籽糧督飭播種，繕摺奏報，仰祈聖鑒事。

竊前因杜爾伯特右翼公多諾魯布旗報災，查明情形較重，當經專摺懇恩準撥銀糧（振）[賑]濟以戢流離。嗣於本年二月十二日遞回原摺，奉硃批：著照所請，該衙門知道。欽此。臣欽遵即飭糧餉處如數勳撥庫平銀五百兩，小麥、大麥共一百石，遴派糧餉處筆帖式景善運解前往該旗，將被災蒙古貧苦人等查明戶口，分別拯濟，並飭用銀購買羊隻，酌量散放，諭令覈實辦理去後。

茲據該員景善稟稱，奉派攜帶銀糧前往杜爾伯特右翼公旗（振）[賑]濟，遵即起程馳抵該旗，與該公多諾魯布晤面，宣示聖恩，該公欣喜感激，即率所屬人等望闕叩頭，同聲訟抃，旋同該公親往波什圖、那米拉、察罕哈克三處舊墾之地周履查勘，約有二十頃均可引渠灌溉，已於四月二十五日起督率蒙兵將籽種大小麥一百石開犁播種，至五月初四日一律完竣，其耕牛、農具係由盟長處借給，復會同該旗官員購買大羊三百五十隻、羊羔三百五十隻以便孳生，每大小羊二隻合實銀一兩四錢三分，共合用實銀五百兩零五錢，當同該公傳齊屬下人等，查明被災戶口，計共四百一十一名口，按人酌給，共散放羊七百隻，均各承領等情，並由該公出具印結一紙，戶口冊一本，一同稟請查覈前來。臣覆查此次該旗被災，設法振[賑]濟，在公家所費無多，而蒙古貧苦人等均已各霑實惠，儻今秋能獲豐收，從此連年遞種，逐漸增屯，更足以資接濟而擴地利，該員景善督率勤奮，經理尚能用心，其採買羊隻價值既極減省，散放亦復公平。現據盟長親王索特那木札木柴呈稱，該旗蒙古人等甚為歡抃，均知頂戴皇仁。至此案事屬蒙（振）[賑]，用欵無多，應歸入常年報銷，請免另造以歸簡易。

所有蒙古公旗（振）[賑]濟辦理完竣並將撥給籽糧督飭播種各緣由，謹繕摺奏報，伏祈皇太后、皇上聖鑒。謹奏。

光緒二十八年七月初六日拜發。

本年八月十七日遞回。

奉硃批：該衙門知道。欽此。

七月二十五日

9. 附奏杜爾伯特留兵擬俟裁併勻布情形片

再，分駐科布多、杜爾伯特蒙古兵丁一百名係縶布延圖河前委札薩克鎮國公多諾魯布管帶，附奏在案。去年冬間因該旗被災，令回游牧查看。旋據具稟請（振）[賑]，經臣專摺奏明，撥給銀糧撫恤，並飭該公會辦，其兵令營總暫為管理。茲查該公須在游牧，經理屯務，不必回防，且此項兵丁又經臣奏請改為保護洋商之兵，已蒙允准，應俟奉到部咨，即按每旗十兵原議挑選分派，除（鳥）[烏]梁海留駐屯工外，其杜爾伯特部落之兵尚當裁併勻布。

謹附片陳請，伏祈聖鑒。謹奏。

光緒二十八年七月初六日拜發。

本年八月十七日遞回。

奉硃批：知道了。欽此。

七月二十五日

10. 請將換回驍騎校吉拉敏等四員暫行留營帶往辦理收安事宜片

再，臣現奉派赴阿爾泰山。查向來前往該處必須五六月間，天氣清和，方能行走。一交秋令即大雪封山，厚至數尺，冷逾嚴冬，人蹤斷絕，沿途烏拉、駝馬無從支應。今已七月，既不能行，只可俟至明夏。

其辦理收安一切事宜動輒需人差委，遠調多員，徒勞台站，又恐規避不來反致耽誤。惟查應行撤回換防旗綠武職中如即補驍騎校吉拉敏，儘先守備宣化鎮屬岔道營永甯汛千總馬成英，六品頂戴宣化鎮標城守營把總張存德，六品頂戴宣化鎮標右營把總慮慶雲均年力強壯，通曉蒙語，相應仰懇天恩俯準，將該驍騎校吉拉敏等四員暫行留營，以便隨帶驅使，一俟阿爾泰山事畢旋營，再行酌量遣回。

謹附片陳請，伏祈聖鑒訓示。謹奏。

光緒二十八年七月初六日拜發。

本年八月十七日遞回。

奉硃批：著照所請。欽此。

七月二十五日

11. 撥糧（振）[賑]濟窮苦片

再，臣前因科布多附城左右窮苦蒙古漢民老弱廢疾，無所存恤，不能自食，當經附奏懇恩准於每屆冬令，提用倉糧小麥、大麥各五十石，按人散放，先期具奏，奉旨俞允，自應欽遵辦理。茲已節屆立秋，業飭查明現在窮苦蒙漢廢疾人等數在二百六十餘名口，與去年大致相同，應請循照前奏，動支倉糧小麥、大麥各五十石，交磨坊磨碾。俟十月初一日起至十二月底止，每月分作六次，即以米麪按人放給，俾霑實惠而廣皇仁。

理合附片陳明，伏祈聖鑒。謹奏。

光緒二十八年七月初六日拜發。

本年八月十七日遞回。

奉硃批：知道了。欽此。

七月二十五日

12. 請假就醫摺　以上七月初六日拜發

奏為臣病勢日增，調治棘手，籲懇恩准給假前往新疆就醫，繕摺具陳，仰祈聖鑒事。

竊臣因前年之變，驚憂成疾，有類怔忡。去年十月間復患噎症，當經奏蒙賞假兩箇月調攝，嗣以假期屆滿，所患雖未就痊，尚可勉力支（拄）[柱]，因即疏陳銷假強起任事，滿擬漸次向（愈）[癒]，圖報涓埃，詎於本年三月二十六日接據駐劄庫倫俄匡索勒官施什瑪勒福照會，逼索阿拉克地界，憂憤交乘，遂致病益增劇，始係咯血失眠，繼增牙疼，迨五月二十三日忽犯噁心乾嘔，次日即胃氣上衝，呃逆頻作，旋又腰脊兩脅走氣作痛，胸鬲日添脹悶，飲食輒噦，補泄交施，迄無少效，今已四十餘日，病情無已有加。雖仍力疾辦公，而職守所關，恆多曠廢。刻下不能起牀，竟成臥治，悚疚殊深。似此二豎侵尋頻然，在官已同廢物，而處此苦寒之地，若竟奏請開缺，又恐迹涉規避，此心無以自明。況受恩深重，委任至專，臣一息尚存，亦惟矢以盡瘁報國，輾轉焦思，憂灼彌甚。竊維新疆為省會名區，古城烏魯木齊醫藥均便，臣私計若於幫辦瑞璋到任後，能邀聖恩賞給臣假期三箇月，准赴該省就醫，涉境既非甚遼遠，職司亦無慮久虛，而臣遷地為良，心境開朗，再為廣求方劑，或冀仰叨福芘，當可霍然。且臣奉派前往阿爾泰山辦理收安事宜，饒應祺巡撫全疆，亦尚須與之商榷一切，藉得面議，尤為詳盡。覆查臣工患病往往有請回旗回籍就醫者，無不奉旨允准。茲臣事同一律，然並不敢遽請回旗，可否仰懇恩准，賞給臣假期三箇月，前往新疆就醫。出自聖主如天之仁，如蒙俞允，應俟幫辦瑞璋到任後，臣即將印鑰交其暫護，再行輕騎減從，秋後起程，仍俟假滿病痊，即行馳回本任，萬不敢稍耽安逸，上負[下闕]

硃批：著賞假一箇月，在任調理。欽此。

六月二十五日

《散木居奏稿》卷之十二　門人鈴木吉武校字

卷之十三　勉力集

幹難　瑞洵

光緒壬寅

1. 代謝天恩摺
2. 御押報匣領到片
3. 洋務局裁撤章京筆帖式片
4. 請敕揀派諳悉俄語學生片
5. 叩謝天恩摺
6. 參撤章京摺　以上九月初二日拜發
7. 新疆會勘借地安插逃哈似不可行未敢附和請敕再行妥籌摺
8. 先陳安哈辦法片
9. 續假片
10. 奏為先將收安事宜豫籌布置請准借撥欵項摺
11. 派員收哈片　以上九月十三日拜發
12. 杜爾伯特左翼副將軍仍以正盟長兼任摺　原摺滿漢合璧
13. 奏調徐鄂來營片
14. 請調覺羅緒齡來營差委片
15. 塔城割據阿爾泰山地段萬不可行請敕長庚秉公查勘摺
16. 再陳索地情由片
17. 密陳擬安置哈薩克情形片
18. 力疾銷假片
19. 奏調馬匹摺
20. 廟工採購料物請免稅添駝片
21. 前糧餉章京榮泰給咨離營片

22. 蒙古保舉摺
23. 附保駐班蒙員片　以上十月二十九日拜發

1. 代謝天恩摺

奏為據情代奏叩謝天恩事。

竊據烏梁海左翼散秩大臣額爾克舒諾、右翼散秩大臣三音博勒克、左翼副都統察罕博勒克、左翼總管倭齊爾扎布、桑敦扎布、右翼總管棍布扎布、瓦齊爾扎布等呈稱，接奉按班扎開，業將塔爾巴哈台前借烏梁海、阿爾泰山一帶地方具摺奏請收還，仰蒙硃批：照准行令。欽遵等因。跪聆之下，感激無似，當即宣示聖恩，所有七旗官員兵丁人等無不望闕叩頭，同聲歡頌。此後蒙哈各安生計，亦免彼此互啟爭端，俾烏梁海不至終於失地，皆我皇太后、皇上之所賜也。理合將感激下情，叩乞鑒覈，可否代奏等情呈請前來。

臣查該烏梁海散秩大臣等感激實出至誠，不敢壅於上聞，謹繕摺據情代奏，叩謝天恩，伏乞皇太后、皇上聖鑒。謹奏。

光緒二十八年九月初二日拜發。

本年十月十五日遞回。

奉硃批：知道了。欽此。

九月二十五日

2. 御押報匣領到片

再，承准軍機處知會：前據奏請御押四分、報匣四分、鑰匙四分，現均由內發下，相應知會，迅速派員備文來京祇領等因承准。此臣遵即派委蒙古處承辦章京主事職銜英秀晉京承領，咨呈軍機處在案。茲該員因尚須赴部聽候帶領引見，經將承領御押六分、報匣四分、鑰匙四件遴派妥實弁兵先行齎呈來營，已於七月初九日如數奉到。臣敬謹祇領收存，以備拜發摺報之用。

除呈覆軍機處查照外,理合附片陳明,伏祈聖鑒。謹奏。

光緒二十八年九月初二日拜發。

本年十月十五日遞回。

奉硃批:知道了。欽此。

九月二十五日

3. 洋務局裁撤章京筆帖式片

再,臣前奏請將稽查俄商局改為洋務局,另設總辦委員各節,現承准外務部咨行議准覆奏,奉旨:依議。欽此。應即欽遵辦理。查原充俄商局承辦章京主事職銜分省遇缺即補直隸州知州穆騰武,前年九月請假回旗,旋復稱病,屢次續展。該局雖有署理之員,究嫌職事久曠。茲外務部原奏謂科布多界在西北,俄人往來邊界,不獨運貨、經商,自應遴派諳悉洋務人員總司一切,遇事相機籌辦,較有裨益等語,洵屬扼要之論。其新設總辦一差容臣另行遴員奏充,章京穆騰武既未回營,自難遷就,應令另候差委。所有章京一缺、筆帖式二缺均自奉准部咨之日即行裁撤,其更張未盡事宜容再咨部辦理。

除分咨查照外,謹附片陳明,伏祈聖鑒。謹奏。

光緒二十八年九月初二日拜發。

本年十月十五日遞回。

奉硃批:該部知道。欽此。

九月二十五日

4. 請敕揀派諳悉俄語學生片

再,科布多毘連俄壤,邊界務殷,又加通商往來稽察防護事事皆極緊要,乃平日辦法不問輕重,一欲以敷衍了之。現經改設洋務局,必須從新整理。查向來與彼西悉畢爾總督及匡蘇勒官等移行公牘,因不解洋文係用清字照會,俄官來文則於俄文外並附清文,相形既已見絀,而輾轉譯錄，不免訛誤紛滋，殊於交涉大有關繫。臣竊思同文館舊日學生不乏通曉洋文之人，相應請旨敕下外務部，揀選諳悉俄國語言文字、年力強壯之學生一名，飭由台站前來科布多當差，俾充譯職，實於洋務有裨。該學生如果得力，應俟三年准予獎勵，邊徼苦寒，其月支薪費可否量從優給之處，均出天恩。

理合附片陳請，伏祈聖鑒訓示。謹奏。

光緒二十八年九月初二日拜發。

本年十月十五日遞回。

奉硃批：外務部知道。欽此。

九月二十五日

5. 叩謝天恩摺

奏為叩謝天恩仰祈聖鑒事。

竊臣前因病勢日增，調治棘手，當經具摺陳懇賞假三箇月，擬赴新疆就醫。茲於八月十九日遞回原摺，奉硃批：著賞假一箇月，在任調理。欽此。仰見皇太后、皇上體恤臣工，仍復垂廑邊寄，跪讀之下，感悚曷勝。伏思臣忝戍塞防，時多疚疾，屢瀆宸聽，已切慚惶。茲復蒙賞假，期俾資調理，宏恩曲逮，銜戢彌深。臣惟有廣覓醫方，慎施藥餌，以冀速痊銷假，仍效馳驅，稍酬高厚，生成於萬一。

謹繕摺叩謝天恩，伏祈皇太后、皇上聖鑒。謹奏。

光緒二十八年九月初二日拜發。

本年十月十五日遞回。

奉硃批：知道了。欽此。

九月二十五日

6. 參撤章京摺　以上九月初二日拜發

奏為參撤不能得力之章京，恭摺仰祈聖鑒事。

竊查補佐領後以協領即補、先換頂戴、遇缺即補防禦蒙古處幫辦章京主事職銜鍾祥，年力雖尚強盛而才識實甚庸凡，遇事不肯實心辦理。近年隨時體察，其惰滑欺罔有萬不能再事容忍者。

如去夏派赴阿拉克別克卡倫與俄員會查牌博，臣以俄人正議蓋房，必將商及界務，臣當即繕給該章京滿洲檄文一件，中敘不應在中界以內建造房屋，並邊吏不能擅許土地各節，囑令與俄員看視，俾該章京有詞可措，並令認真會查。乃該章京到彼後仍草率從事，竟將此檄置之不提，其來稟亦未聲明是否已給俄員看過，其不經意可知，是為敷衍。

又阿拉克別克界務前接外務部王大臣等密函，仍屬臣由外辦理，與俄官相機辯駁。臣未敢諉謝，因查此事俄人生心由於初次蓋房、駐卡，侍衛並未阻止，亦未呈報，以致得步進步，非將當年駐卡之侍衛參劾無以為辨論之地。當飭該章京詳查職名候辦，乃再三催促，該章京竟壓閣不查，是為瞻徇。

又本年夏間，辦理杜爾伯特右翼札薩克鎮國公多諾魯布旗（振）[賑]濟，先經臣奏明撥飭大小麥籽種一百石，飭令布種，以資接濟。原因該旗本有舊墾之地也，乃該章京輕受盟長之託，當面與臣力言，該旗地皆山坡磽瘠，萬不能種，經臣正言駁斥決意辦理，並將盟長私派之員摘頂示懲。旋據該蒙員認咎聲稱，該旗實有可種地畝，願助其成。嗣經委員督飭播種完竣，業經奏報，是為阻撓。

又近來蒙漢官民屢有失馬之案，甚至蒙古王公來城馬亦被竊，即使控告亦置不理。有人勸其須稍拏辦者，該章京則云（那）[哪]年不是如此，絕不究查。近依城署，竟至盜賊肆行，成何事體，是為廢弛。

此外，該章京辦事不合之處尚多。臣未便過於苛求，其更可異者，該章京以承辦蒙哈要務及交涉洋務之員，自宜格外謹慎，乃竟時常上街，在商舖家閒坐，又好議論公事。口外人心浮動，最好造謠，鎮定之不暇，何堪復揚其波，此其尤為非是者也。

北路軍營向係章京，辦事大臣僅能畫諾，大權久已下移，早成積重難返，伊等又黨堅勢衆、朋比把持、一鼻出氣，無非欺長官、媚富商、斂苦蒙，遂其私計。現因整飭邊務，奉旨令臣勉力籌辦，毋庸推諉。竊謂害去而利始見，積習如此，若不擇尤參撤一二，邊事仍難措手。

臣伏思任事固尚才能，而觀人必取心術，似此虛浮詐飾不重公事之員久予留營實屬無益。現經臣查悉該章京去年早丁父憂，已將其一切差使撤去，咨回綏遠城原旗，補行穿孝以重倫紀。該章京既不得力，應<毋>庸再行來防，致滋貽誤。此後儻再查有庸劣之員，臣仍即予參處。

除分咨查照外，謹繕摺具陳，伏祈皇太后，皇上聖鑒訓示。謹奏。
光緒二十八年九月初二日拜發。
本年十月十五日遞回。
奉硃批：該衙門知道。欽此。
九月二十五日

7. 新疆會勘借地安插逃哈似不可行未敢附和請敕再行妥籌摺

奏為新疆咨令派員會勘阿爾泰山地段擬安逃哈，辦理稍近躁率，恐啟蒙哈疑慮，致滋爭鬨，有誤大局，似不可行，臣未敢附和，請敕該將軍巡撫再行妥籌，先將委員撤回，臣仍一面鎮撫蒙哈，令其靜候安插以杜內鬨而安邊圉，具摺馳奏，仰祈聖鑒事。

竊臣自奉到前奏請旨收還借地安插哈薩克一摺硃批，當即欽遵，檄知烏梁海，並將哈薩克總管、頭目等傳調來城宣示諭旨。該總管等欣喜過望，同聲感頌，均望闕磕頭叩謝天恩。一面責令分造戶口清冊，飭將逃往新疆古城烏魯木齊、塔爾巴哈台各處者各有若干戶詳查實報，已據開呈計有九百數十戶。臣比飭該總管等各於所管擇妥實之人八名前來，隨同委員前往新疆招收逃哈。該總管等遵辦後均暫回游牧，訂俟明年三月一同來城隨往阿爾泰山辦理一切。臣亦一面派員速赴新疆各處收撫。

正在辦理間，適準伊犁將軍馬亮、新疆巡撫饒應祺會銜咨稱，塔城哈薩克潛行四出，逃至迪化、奇台鎮、西昌吉、焉耆一帶，經塔城委員查收，該哈眾抗不回牧，有稱係科布多所屬者，咨明貴大臣，復稱非其所屬應歸塔收，而哈眾現又逃至新平縣屈莽山等處，人畜疫死甚多，急須查辦。

究竟該哈薩克歸科歸塔，應委員會同前往阿爾泰山科塔交界，請貴大臣、塔城大臣派員會同履勘所屬牧場夏窩冬窩是否足敷，哈衆游牧逐細稟復，以憑會奏。

茲查有同知銜候補知縣王服昱、候補縣丞李偉堪以派委前往會勘，相應咨請查照辦理等因前來。臣接閱之下，不勝悚慮。查該將軍等所擬辦法，名為安民防患，實則藉安插逃哈為由欲合羣力仍爭阿爾泰山哈巴河借地久假不歸耳。此事關繫烏梁海人心向背、北路大局。臣尚當詳奏，茲且不論，但以查勘牧地、擬安逃哈一事言之，從前新疆屢次奏爭，迭奉寄諭無一不令與科布多參贊咨商，秉公酌度，毋存成見。誠以該處為科布多所管有地主之義也。今者欲安逃哈，委勘地段亦似應由該將軍、巡撫先與臣往復咨商，意見相同方可舉辦。乃巡撫饒應祺本年春夏既已兩次咨行商令科塔分收。臣曾經附奏擬辦情形，茲又改欲自行籌安，復與將軍馬亮商定即行，僅以咨行臣查照辦理了事，竟於烏梁海七旗丁戶衆多，現在游牧不敷贍養，連遭災疫，飢寒交迫，非收舊牧無以謀生，及哈薩克二萬數千人錯處各旗，騷擾佔奪，時滋爭鬬，非擇地妥為收束不能久安各情，與夫科布多種種為難全未為之籌計，但知攘斂土地，竟似一經會奏科布多即不敢不讓者似非事理之平，且遽行派員前往查勘，並令臣亦派委員會辦，無非欲入其彀中，將來會列銜名即難再生駁議，似此徑情自遂操之過蹙，並不熟思審處，彼已兼籌無論烏梁海不能自甘窮餓，絕不肯坐失百餘年自有之膏腴，即臣職在守邊，亦萬不能將蒙古命脈所繫、朔漠形勢之區輕棄尺寸。況烏梁海甫知奉有收還恩旨，乃忽變為新疆，先安逃哈，又不豫為開導，明白曉諭，一味蠻做，必致群相惶惑，聳動不安，即科之哈衆不下三萬人，明年前往辦理，尚不知該地是否可敷安插，能否與蒙古分居屯牧。

今新疆輒欲先安逃哈，竟不管將來科布多之哈又當安於何處？前經臣傳示綸音，該總管等感激非常，方謂從此適彼樂土可以安居。今聞新疆先有安置之事，豫佔地利，必將科布多分應安插之衆擠之於廣（莫）〔漠〕之野，無何有之鄉，憤激之餘，亦實難保不滋生怨望，互啟競爭。若委員但了目前，不顧大局，辦理稍形操切，尤虞激而生變，縱帥臣、撫臣力能彈壓而鞭長莫及，智計亦將有時而窮，彼時施以惠則難饜貪心，威以兵又恐滋困鬬。阿爾泰山哈巴河能否攘歸新疆，事未可知而先已禍起蕭牆，此實不可不防者也。尤可慮者，現在時局萬艱，群強環伺，一絲命脈惟在滿蒙，而俄人計餌利誘，蒙古亦不少甘心服役之人，所恃朝廷恩誼纏綿，蒙古懷畏夙深，無敢妄生他念耳。若仍視為愚頑不加愛護，或且任意苛虐以為可欺，直不翅叢雀毆魚偏之向外，恐人去地隨，將蒙古游牧泯焉，澌盡不復服屬國家。阿爾泰山一帶尚何能為新疆所有。臣恐該將軍等向以防俄藉口者，今且自防之不暇矣，此臣所以謂爭地固不可行而會勘安插尤不可行也。

溯查光緒十七年因塔城奏請派員會勘借地，蒙派魁福前往，彼時以烏梁海蒙情急迫，率爾前往，深恐激生事端，未敢冒昧具摺陳明。夫以特派大員尚且未敢逕行，今新疆委員會勘情事較前尤為可慮，臣現已咨覆新疆，以已奉諭旨派令親往履勘清查妥籌，自應遵旨辦理，此時未便率行派員，致涉兩歧，且事關北路大局，未敢輕舉，請煩妥籌等語。尚不知新疆意見如何，臣平心以思，通籌全局，現在科塔哈衆既已潛至新疆，前接該撫來咨，原有擬由科塔兩城各派委員往收之說，自應仍照原議由科塔各派委員前往查明收撫，帶回原牧，由該城大臣設法安輯，必使其耕牧得所，無慮飢寒，終不至紛紛逃掠，尤須蠲除苛累，官中必無需勒，方足以示體恤而資箝束，不但不便遽遷於阿爾泰山，並無須移置於羅布淖爾，所慮地方印官欺凌需索尤甚軍營，臣風聞哈衆有在新疆北路一帶暫牧者，均須出給銀兩，盈千累百方准僑寓，否則驅逐，名為草銀，即此可證。蓋但知安插而不為之善其後，亦非計也，即塔哈群願歸科亦是此意。該將軍巡撫所派查勘委員深恐辦理失宜，風聲一播，必滋蒙哈疑慮，人心動搖，不平之鳴因之俱起，譁變竄散實在意中。科城無兵鎮攝，後患何堪設想。

臣以為治邊之道總以安靜不擾為先，此次新疆所派委員，竊謂宜以不去為是，如蒙聖明俯察，敕諭該將軍、巡撫速將委員先行撤回尤為至幸。統俟臣明年前往勘查會商妥協再為擬辦，庶昭慎詳，俾蒙哈之疑慮不生，於邊局則保全滋大，若該將軍等膠執已見，不以臣之言為然，倘或激成變端，既非地方之福，亦非該將軍等之利。彼時始悔躁，率恐已無及。臣現在因病，蒙恩賞假調理，若使心存諉卸，原可置不與聞。惟以事關北路大局，措置偶乖，動滋大患，臣既已見及，何忍藉養疴以引避怨嫌，更不敢徇情面而遂安緘默，用是力疾具摺馳奏，迫切愚誠，願求垂諒，伏祈皇太后、皇上聖鑒訓示施行。

再，此次新疆來咨，臣覆咨，一併抄錄呈送軍機處查覈，合併陳明。謹奏。

光緒二十八年九月十三日拜發。

本年十月二十六日遞回。

奉硃批：另有旨。欽此。

十月初六日

8. 先陳安哈辦法片

再，臣擬明年四、五月間前往阿爾泰山，遵旨辦理清查安插事宜。竊謂科布多哈衆固當安戢，即為塔城所管，而有在借地之內住牧者，亦未便過分畛域，迫令遷移，應俟到彼後詳加察勘，通盤酌度，並當咨商春滿，總以不失人心為主，庶期相安無事。

謹先附陳，請釋聖廑。謹奏。

光緒二十八年九月十三日拜發。

本年十月二十六日遞回。

奉硃批：知道了。欽此。

十月初六日

9. 續假片

再，臣因病仰蒙特賞假期，在任調理，奉到批旨之日，適臣病正加劇，比經新疆鎮迪道李滋森薦一湘人攜帶藥物前來診治，連日按視，據云病由平日積勞用心過度又多憂恐，以致心腎太虧、氣血枯滯、疼痛驚悸、虛象迭生，口外藥多糟粕，難期速效，總以靜養為主，否則恐不可治等語。臣自揣亦是如此，假期屆滿在即，而病勢反复靡常，合無再懇聖恩續行賞假一箇月，俾資調攝，一俟就痊即當銷假，至緊要公事，臣仍力疾覈辦，不敢藉病偷安，貽誤邊局。

謹附片陳請，伏祈聖鑒訓示。謹奏。

光緒二十八年九月十三日拜發。
本年十月二十六日遞回。
奉硃批：著再賞假一個月。欽此。
十月初六日

10. 奏為先將收安事宜豫籌布置請准借撥欵項摺

奏為臣前往阿爾泰山須俟明夏先將應辦事宜豫籌布置，請敕借撥欵項以濟要需，繕摺具陳，仰祈聖鑒事。

竊臣前於本年四月間奏請索還阿爾泰山借地，安插哈薩克等因一摺，奉硃批：著即親往履勘，將該處哈民清查，酌度情形，妥籌安插，務令各得其所，以順輿情而重邊要，餘依議。欽此。具仰朝廷恩恤邊氓至意，曷勝欽感，自應遵旨及時馳往詳查妥籌辦理。惟查此路道途崎嶇，強半山壩，一交秋令即大雪封山，厚至數尺，冷逾嚴冬，人蹤斷絕，向無郵驛。從前會勘借地安撫蒙哈之役皆係先設台站，方克行走。現已九月中旬自難就道，臣之病亦未大痊，騎馬前往實屬無能支拄，即隨帶文武人員並須斟酌調派，諸凡布置均費經營，急切難期周妥，況事關安撫藩夷，尤宜從容部署，示以鎮定，未便操之太急，且哈薩克紛紛竄逸，現在新疆者尚屬不少，亟應先行收回，方有歸宿，亦免貽患鄰境，刻正分別籌辦。臣熟思審處，自可俟至明年四、五月間再行前往，其辦理收安事宜在在需款，更非豫為張羅不可。此項哈民現經查，據該頭目、總管等冊報，所管哈薩克計共三千五百餘戶，人丁約在二萬四五千名口此外，依附卡倫邊界往牧者尚不在內。比年牲畜災倒，率皆窮苦流離，以光緒十年舊事相衡，彼時由戶部撥給銀七萬兩，撫恤偏重蒙古，至哈薩克不過連類而及，以致群抱向隅，未得同霑實惠。臣此行本以安插哈民為主，應撫之人較多，又加安設台站、駝馬，隨帶文武委員以及親兵、跟役、通事薪費、犒賞、日用、餱糧、羊隻一切均非得有現欵，無從措辦。此次安撫擬照前次，賞給蒙古每二名乳牛一隻、每一名乳羊五隻、甎茶二塊之案，將哈民之窮苦者每名酌量從減給與，即此已逾五萬兩之數，其窮蒙尤須一律施惠，方無觖望，且哈蒙由現居處所遷往阿爾泰山擇地住牧，其無力者並須稍給遷費，至擬分撥田畝，發給牛具、籽種，勸令兼習耕作，以期各有恆產而盡地利，尚當另議。即茲需欵前估五萬兩之數殊覺不敷，然既奏明在先，即未敢請益於後，只可由臣設法撙節墊補，第事體繁鉅，需項孔殷，雖臣前於遵旨妥籌經費摺內開單估請，現已奉到戶部咨會，俟由各省將衛所屯田繳價稅契辦法議行報解，即行由部分撥。第辦理收安事宜至遲即在明夏，仍屬緩難濟急，臣極知部庫不敷周轉而實逼處，此萬不能不仰仗司農，相應請旨敕下戶部暫行借撥銀五萬兩，權期應急。即由將來分撥科城籌邊經費項下如數扣還，庶事機既不致貽誤，度支亦無慮虛懸。如蒙俞允，應俟奉到諭旨，臣即欽遵派員迅速赴京，請領趕解回營應用。

所有臣前往阿爾泰山須俟明夏，先將應辦事宜豫籌布置，請敕借撥款項以濟要需緣由，謹繕摺具陳，伏祈皇太后、皇上聖鑒訓示施行。謹奏。

光緒二十八年九月十三日拜發。

本年十月二十六日遞回。

奉硃批：戶部知道。欽此。

十月初六日

11. 派員收哈片　以上九月十三日拜發

再，臣前准新疆撫臣饒應祺咨稱，去年五月內有哈薩克人衆在喀喇沙爾塔什河地方強住，貽害地方，該哈薩克先云塔爾巴哈台所屬，後又云係科布多所屬，並不知究隸何城，咨請臣會同塔城派員查明押解回牧等因，當經臣附片具陳，奉硃批：知道了。欽此。嗣復准咨催辦，臣當以蒙古處前查該逃哈是否所管，未能切實，臣未敢深信，因將所管哈目、總管等傳調來城，嚴加詢問，始據稟稱，此項逃哈實有所管在內，因無準地住牧，以致四出逃竄，此外尚有潛往新疆者不止此數，懇請收回安插妥地等情。查該逃哈已據查明，計有九百餘戶，既係科布多所管，自應查照撫臣原議，派員往收。臣現派屯防參將世襲騎都尉祥祐帶領筆帖式、兵丁並哈薩克通事等前往各該處查明，一律收回，以便明年办理安插。惟闻此项哈众现在新疆，人口牲畜大半被疫，驼马倒毙，尤多困苦流离，殊堪矜悯。兹既派员往收，并应设法筹济以资绥戢。臣现饬粮饷处先由经费项下借拨库平银三千两发，交该参将祥祐携往各该处，察酌情形，分别办理，或购给粮石，或添补牲畜，迅速押解，安静回科以免再行出扰，致贻口实。此项银两应俟请拨欸项领解到日再行归还。

除咨请抚臣饬属一体照料弹压外，理合附片陈明，伏祈圣鉴。谨奏。

光绪二十八年九月十三日拜发。

本月十月二十六日递回。

奉硃批：知道了。钦此。

十月初六日

12. 杜尔伯特左翼副将军仍以正盟长兼任摺
　　原摺满汉合璧

奏为杜尔伯特左翼副将军员缺，吁恳天恩，仍以本翼正盟长兼任，缮摺具陈，仰祈圣鉴事。

窃科布多所管杜尔伯特左右翼各设副将军一员，颁给敕印、旗纛、令箭，管理蒙古官兵。今查杜尔伯特左翼副将军达赉汗噶勒章那木济勒前已钦奉硃笔圈出补授杜尔伯特左翼正盟长，其副将军职任应即开缺，另将应放之王、贝勒、贝子、公等开单奏请简放。惟本部落内一时实无堪以胜任之员，未便迁就，且副将军钤辖所管部落蒙古官兵责任綦重，现虽边圉敉平而安不忘危，未容弛备。并查杜尔伯特右翼副将军即系右翼正盟长札萨克亲王索特纳木札木柴兼任，兹该盟长噶勒章那木济勒军令分明，蒙兵悦服，臣以为若仍令其兼任似属相宜，合无吁恳天恩俯准，即令杜尔伯特左翼正盟长达赉汗噶勒章那木济勒仍行兼任副将军，实于戎政有裨。

为此缮摺具陈，伏祈皇太后、皇上圣鉴训示。谨奏。

光绪二十八年十月二十九日拜发。

本年十二月十九日遞回。

奉硃批：著照所請，該衙門知道。欽此。

十一月二十五日

13. 奏調徐鄂來營片

再，查有五品銜不論雙單月遇缺即選鹽大使徐鄂會在奉天、黑龍江當差，才氣內斂，器識宏深，稔習邊情，講求洋務絕無華士浮囂習氣，再加磨練堪為有用之材。現在九江關道署內司理文牘，茲科布多籌辦邊務，需才孔殷，且臣明年夏間遵旨前往阿爾泰山辦理清查安插事宜，尤須得力可靠人員，方足以資佐助，相應請旨敕下吏部轉行江西巡撫，傳令該員趕緊晉京，呈請兵部、理藩院發給勘合、烏拉票，由北路台站速行來營，俾收指臂之效，期於塞徼有裨。

謹附片陳請，伏祈聖鑒訓示。謹奏。

光緒二十八年十月二十九日拜發。

本年十二月十九日遞回。

奉硃批：著照所請，該衙門知道。欽此。

十一月二十五日

14. 請調覺羅緒齡來營差委片

再，科布多現籌舉辦一切全在得人，而臣奉旨派往阿爾泰山尤須隨帶文武俾資差遣，在營人員太少且多各有責任，未便紛紛遠離，只可分別留調，除擬留者前已另片具奏，奉旨照准，茲查有藍翎補用都司覺羅緒齡，年志方強，饒有血性，曩曾隨使美、日、秘三國，充當武弁，並悉外洋情形，合無仰懇天恩，俯準調營差委以供驅策。

查該員近年並未在京，前聞其淹滯直隸、天津一帶，庚子之亂蹤跡尤不可知，惟有請旨敕下兵部、直隸總督轉飭查訪，如得其人即由兵部、理藩院發給勘合、烏拉票等件，令由北路台站速行來營以便隨往。

至辦事需才仍應俟經費確有的欵再容斟酌彙奏調用。

謹附片陳請，伏祈聖鑒訓示施行。謹奏。

光緒二十八年十月二十九日拜發。

本年十二月十九日遞回。

奉硃批：著照所請，該衙門知道。欽此。

十一月二十五日

15. 塔(地)[城]割據阿爾泰山地段萬不可行請敕長庚秉公查勘摺

奏為塔爾巴哈台割據阿爾泰山地段萬不可行，請敕將軍長庚秉公查勘，持平定議，早為覆奏以息競爭而恤蒙艱，慎防維而固邊要，繕摺馳陳，仰祈聖鑒事。

竊阿爾泰山哈巴河一帶借地，前於光緒十八年間業經前大臣吉林副都統沙克都林札布與前接辦塔爾巴哈台參贊大臣伊犁副都統額爾慶額遵旨會勘，商定覆奏，請以展限三年，仍由塔城交還科布多管轄，欽奉諭旨俞允，並令屆期歸還，不得因循延緩一奏塞責等因。

嗣今年四月又經臣專摺瀝陳請旨收還以便安插蒙哈，復奉硃批：照准。正在欽遵辦理，布置一切，適聞調任將軍長庚因塔爾巴哈台曾有前借科城地段未便輕議歸還之奏，奉旨飭交會商具奏，尚未覆陳，特電請前往查勘，奉旨准行。該將軍公忠明亮，洞悉邊情，目擊躬親，必能兼顧統籌，折衷一是，無庸臣在參末議，惟是罣罣之愚尚有未能釋然者，則以祖訓之所昭垂；塞防之所維繫；蒙情之所依戀；時勢之所倚賴，此四者臣已不免鰓鰓過慮，其有關大局隱患抑又多端。

竊以阿爾泰山哈巴河一帶地段如欲改歸塔爾哈巴台管轄萬不可行，敢為我皇太后、皇上詳細陳之。阿爾泰山、額爾齊斯河本係烏梁海舊牧，故於唐努山烏梁海、阿爾泰淖爾烏梁海之外名為阿爾泰烏梁海，所謂名從主人也。溯查杜爾伯特及烏梁海未內屬時，錯牧於額爾齊斯，嗣烏梁海就撫，以烏蘭古木地與之，尋又定烏蘭古木為杜爾伯特游牧，別以科布多為烏梁海游牧。乾隆二十四年烏梁海以科布多產貂不給捕，請徙就阿爾泰山陽額爾齊斯之源採捕，詔如所請。高宗上諭故有額爾齊斯地與其為哈薩克、俄羅斯所竊據，不若令烏梁海往徙之旨。自是安居百有餘年，恪供貢役無間歲時。

前以借地安插胡圖克圖棍噶札拉參徙衆，已屬急公，今不加以獎勵反欲奪其土地，無端強佔，情理兩乖，既非祖宗柔遠之經，復遏（蕃）[藩]部輸誠之悃，此稽之祖訓以為不可行者一也。

攷阿爾泰山自古為用武之地，有元海都之叛其入寇之路，每逾金山而窺和林，蓋以其地險阻陁害，兵家之所必爭，且曲抱科布多南西北三面，實外蒙古喀爾喀屏幛，故先朝舊製以屬北路管轄，不隷新疆，洵大聖人因地制宜之妙用。今若劃歸塔城，不但參錯犬牙、紊亂畫地分治之大法，而北路抉去藩籬，毫無閑禦，一旦有事，無要可扼，進戰退守將兩無所恃，實於漠北蒙古邊備大有侵損，不止科布多勢成孤立已也。況查塔城所爭借地之區在科布多之西，距城不過十程，而離塔城大臣治所且至十九站，道里遠近既甚懸絕，其地並當塔城東北，如在腦後，且與分入俄界之齋桑泊為鄰，與在科布多前路形勢便宜者亦復迴異，今若改屬塔城，鞭長莫及，控制多所不便，於防務實無裨萬一，徒使北路頓亡捍蔽，益令俄人窺我失算，狡啓戎心，此準之塞防以為不可行者二也。

杜爾伯特、土爾扈特、烏梁海、札哈沁諸部向為北路維藩，而烏梁海七旗自乾隆年間歸順天朝，謹守臣節，尤具忠貞。今雖部落寖微，而其衆尚多，撫之得宜則益堅其翊戴，棄而勿恤實難免其睽離，長駕遠馭之規。屬部強則我之門戶固，誠以蒙古輿地與中國邊塞相接，其部族強弱攸繫中國盛衰也。今若一旦敓其膏腴，附益他城，塔爾巴哈台固為如願，烏梁海豈能甘心。從前新疆爭地急切之時，該蒙古屢次呈訴，以改歸塔城管轄衆心不服，曾經前大臣等具奏。近年呈請催還文書尤復絡繹，此驗之蒙情以為不可行者三也。

況以時局而論，近今外侮憑陵，中朝孤注，民心縱云固結，然已非復全盛之時，自甲午之役而人心一變，庚子之役而人心又一變，東北、西北蒙古諸部多與俄連，彼族利餌計誘蒙古，可內可外之心不能保其必無，又別為風氣，皆有自主之權，彼之游牧即彼之土地，若其人已攜其地，何有阿爾泰烏梁海之淪入，彼疆可為殷鑒。此時欲激厲蒙古，使之為彼樹敵，效我扞掫，方當厚恩誼以結其腹心，勤拊循以聊其指臂。我朝嘉惠蒙古，用其人民從不利其土地，今正資其護衛，豈遂可稍失體恤。儻竟如塔城辦法，竊恐內外各盟蒙古聞風解體，各懷二心，將有礙於國家大局，更何能獨利於新疆一隅，此按之時勢以為不可行者四也。

至於烏梁海七旗地蹙丁增，比歲屢遭災祲，人畜俱困，情形艱窘，必須收回借地以資生計，與夫往年收撫之哈薩克不下三萬之衆，僑居各旗剽掠爭佔，擾累蒙古，不能相安，非指此地無從安置各情，疊經前大臣及臣累次疏陳，已在聖明洞鑒之中，無容瀆奏，臣荷戈北徼將及三年，稍悉情勢，邊務殷繁，惟此為科布多最要大政，此次長庚親往履勘，擬議辦法，要須詳盡，周帀兼顧統籌，務使目前無遺議，日後無遺患，乃能毗益邊鎖，宏濟時艱，度該將軍之才識必能早見，及此相應請旨敕下該將軍，秉公查勘，持平定議，早為覆奏，萬勿偏徇新疆，漠置北路於不顧，以息競爭而卹蒙艱，慎防維而固邊要，大局幸甚，臣幸甚。

臣亦知現經派查，自當靜候奏復。第以茲事體大，關繫匪輕，既不宜再涉宕延，更不可稍有遷就，必須妥速籌一兩全無失辦法，且若再不定局，轉瞬即到明年，臣遵旨前往辦理清查安插亦恐多所牽（絓）[掛]，無從措手，用敢竭其千慮一得之愚，繕摺馳陳。

伏祈皇太后、皇上聖鑒訓示施行。謹奏。

光緒二十八年十月二十九日拜發。

本年十二月十九日遞回。

奉旨：留中。欽此。

十一月二十五日

本年十二月三十日發還原摺。

奉硃批：另有旨。欽此。

十一月二十六日

16. 再陳索地情由片

再，塔爾巴哈台佔據借地，抗不遵旨交還一案，前大臣沙克都林札布、魁福等請敕歸還，陳奏至於數四，至光緒十八年始經沙克都林札布、額爾慶額會商奏定訂準交割,仍許展限三年,奉旨允准。不料光緒二十四年春滿復有未便輕議歸還之奏,今年四月臣復申前請,欽奉硃批:依議。其前任與臣所以屢屢籲奏不休者實因烏梁海七旗地蹙人增,飢寒交迫,自將阿爾泰山一帶地段借出,現在游牧不敷養贍,迭據呈請索還,俾謀生計,情詞極為哀切。又因哈薩克散居各旗,擁擠爭競,不能相安,不下三萬之眾必須得地妥為安插,方免擾累蒙古,搆成仇釁,而除借地又別無安置之方,故不得不為之請命,實為杜患安邊起見,初非掉弄筆鋒徒挾意見也。夫使舉此地而竟歸塔城,於烏梁海並無大害,於新疆果有大利,臣雖愚亦知顧全大局,何必過袒烏梁海,以助其爭,無如烏梁海倚此為養命之根源,外蒙古恃此為設防之屏蔽,一旦委棄,不但科布多從此無以為守,烏梁海亦從此無以為生。人心地利兩兩失之。臣知朝廷嘉惠蒙古,慎重邊防,必不肯出此也。臣又伏讀乾隆四十五年上諭:喀爾喀年來佔據游牧,實由該將軍等瞻顧本處情面所致,即自京簡放者亦顢頇從事,如現任博清額所奏札薩克圖汗部落札薩克巴哈圖爾侵佔科布多、杜爾伯特等游牧,尚未交還,該將軍亦未實力催辦,非心存袒護,而何看來將軍、參贊等斷不可辦理游牧事務等因。欽此。仰維廟算於蒙古游牧,規畫周詳,首嚴爭佔之禁,塔爾巴哈台迭次奏奪,實已大違祖訓,且以科布多索還自有之地為爭,是非倒置,尤屬失平,總之塔城不還借地乃是不肯輕捨事權,止為私計,一面辦法,並未統籌全局。該處形勢嶮要,環抱科布多西南北三面,為外蒙古喀爾喀之陁塞,且為烏梁海舊牧,其地得失實繫烏梁海人心向背、北路安危大局,輕言割界萬不可行,此事若長庚不持異議,仍擬遵旨由科布多收回,自屬大公至正,萬全無失。儻尚有為難,一時不能交還,則烏梁海七旗蒙古窮困待援情形急切,究應如何撫慰,與夫哈薩克不下三萬之眾既經收撫,又應如何別謀安插均屬不容愁置,必須預為籌畫,相應請旨勅下將軍長庚,兼權並顧,妥議辦法,以卹(蕃)[藩]族而維邊局。臣職司所在,謀慮宜周,既有所知不敢緘默。

　　理合附片具陳,伏祈聖鑒訓示。謹奏。

　　光緒二十八年十月二十九日拜發。

　　本年十二月十九日遞回。

　　奉旨:留中。欽此。

十一月二十五日

本年十二月三十日發還原片。

奉硃批：覽。欽此。

十一月二十六日

17. 密陳擬安置哈薩克情形片

　　再密陳者，科布多早年哈薩克止在烏克克卡倫之外住牧，不准私入內地，至今《理藩院則例》尚有烏梁海西界設立卡倫四處，派兵防守，不准哈薩克潛入烏梁海游牧地方，如私入內地，立即驅逐，仍責成卡倫官員不時嚴查之條，乃自同治八年中俄劃界，舉烏克克、霍呢邁拉崑等八卡倫地方悉以畀俄，哈薩克始漸內徙，然尚未波及蒙旗。迨光緒十年塔城哈薩克因遭逼勒誅戮，相率來投，驅之不去，遂經前大臣清安等奏明，奉旨飭令收撫，比即暫安於烏梁海游牧，後竟蔓延至土爾扈特、杜爾伯特、明阿特各旗，幾無處不有哈薩克踪跡。舊章防禁蕩然無存，此科布多羼入哈薩克之實在情形也。哈薩克既經附牧，擾攘佔奪，日啓競爭，前任大臣不能不籌安插，於是乃有請還阿爾泰山借地之奏，實逼處此，不得不然。其實乾隆二十四年上諭本有額爾齊斯地與其為哈薩克、俄羅斯所竊據，不若令烏梁海往徙之旨。可見杜漸防微，廟謨至為深遠，馴致今日，並不能仰體聖意。前任奏請安插哈衆，惟以阿爾泰山為言，固由不諳掌故，亦實限於地勢，除此無從辦理。即臣亦不免因仍踵請，蓋可見其難矣。惟是將來收回借地之後，還定安集，仍當使烏梁海蒙古佔其形勝，其哈衆止可徙置於邊遠地方，萬萬不宜使之據險，為虎附翼，致釀異日之患，尤莫妙於使當西北，藉禦強鄰。緣俄人向謂哈薩克不受約束，不無懼意，正可藉資扞蔽也。此輩強盛凶頑，不遵法度，人數又多，儻使得地以蓄精銳，併力以肆拼飛，加以糾合回氛呵成一氣，誠恐終為邊疆大害。故臣前見馬亮、饒應祺等冒奏安插，全未預防後患，臣悢焉憂之，曾於具奏摺內聲明無須安置羅布淖爾云云。即已微露其端，惜馬亮、饒應祺懵懵未見及此耳。臣本擬明年前往該處悉心查勘，妥籌辦法，詳細具奏請旨。故未敢昌言漏洩，要之哈薩克性情刁悍，劫掠為能，又與俄哈聲氣聯貫，若不擇地妥為安插，立法箝制，必至邊腹到處皆哈。再有劉四伏其人者，一經煽變，則哈回交鬨禍變，何可勝言，故臣前奏有仍由該管大臣派員收回之議。

臣到任將及三年，於哈薩克情形知之較詳。用再附片密陳，伏祈聖鑒。謹奏。

光緒二十八年十月二十九日拜發。

本年十二月十九日遞回。

奉旨：留中。欽此。

十一月二十五日

本年十二月三十日發還原片。

奉硃批：覽。欽此。

十一月二十六日

18. 力疾銷假片

再，臣所患呃逆氣痛諸症皆見痊可，惟心悸如故，近月又加腦鳴、頭目昏暈，精神日形疲憊。先是八月奉到請赴新疆就醫批摺，蒙特賞假一箇月，在任調理。嗣於九月十三日附奏續假，又蒙賞假一箇月，計至十月十九日即已屆滿。刻下竟成虛勞，醫調不易，自非解任靜攝難可全（愈）[癒]。惟現因借地安插一事，蒙哈互啟猜疑，正須鎮撫，邊維緊要，臣已依期銷假，力疾視事。

謹附片陳明，伏祈聖鑒。謹奏。

光緒二十八年十月二十九日拜發。

本年十二月十九日遞回。

奉硃批：知道了。欽此。

十一月二十五日

19. 奏調馬匹摺

奏為科布多官廠馬匹不敷應用，援案請由烏里雅蘇台調取以應要需,繕摺具奏,仰祈聖鑒事。

竊據喀爾喀駐班札薩克頭等台吉色得瓦齊爾呈,據管理官廠協理台吉奇達爾巴拉呈報,本管廠內所存官馬除補放各項動用開除外,所存馬匹現止(賸)〔剩〕一百五十九匹,多係口老不堪應用,誠恐貽誤要差,應如何添補之處,懇祈轉呈覈辦等情。臣查光緒二十六年間前大臣寶昌等因官廠馬匹不敷應用,咨由烏里雅蘇台所屬孳生羣內調用口輕騸馬二百匹,專摺具奏,奉旨:著照所請,該衙門知道。欽此。欽遵辦理在案。茲屆前調之期又逾兩年,現據該廠呈報馬匹無多,不敷應用,係屬實在情形。當經咨商烏里雅蘇台去後,頃准咨覆,現在孳生羣內僅存騸馬二百四十餘匹,應酌量具奏調撥,一俟奉到硃批,再行照辦等因前來。臣查該城現在孳生羣內僅存騸馬二百四十餘匹,若必照案多調,恐致竭蹶為難。第科布多官廠需用孔殷,又不能不酌量請撥,臣悉心酌覈應請旨敕下烏里亞蘇台將軍等轉飭,由孳生羣內揀撥口輕騸馬一百二十匹,派員護解前來,俾應要需。

理合繕摺具奏,伏祈皇太后、皇上聖鑒訓示。謹奏。

光緒二十八年十月二十九日拜發。

本年十二月十九日遞回。

奉硃批:著照所請,該衙門知道。欽此。

十一月二十五日

20. 廟工採購料物請免稅添駝片

再,臣於前年十二月曾將擇地捐貲建修廟宇奏明,奉旨:知道了。欽此。委因工鉅費繁,又以天氣早寒,一年祇有六箇月能以興作,迄今尚未蕆事,然工程已得強半,期以明年秋季一律告竣。惟僻在邊陲,百貨罕至,舉凡彩飾之顏料、陳設之供器,以及幡幔、龕座、香燈、經卷各件無一不須內地購置,即無一不由台路轉運。現在布置一切已須陸續派員晉口製辦,誠恐關局台站不悉情形,或有阻滯,可否仰懇天恩准由臣咨行所過地方轉飭免驗放行,並俟起解由察哈爾、烏里雅蘇台加傳馱駝三十隻以資運送,仍每次不得有逾此數,以杜夾帶之弊,約計採辦各項不過兩次即可齊備，亦不至重勞台力。

　　除分咨外，謹據實附陳，伏祈聖鑒訓示。謹奏。

　　光緒二十八年十月二十九日拜發。

　　本年十二月十九日遞回。

　　奉硃批：著照所請。欽此。

　　十一月二十五日

21. 前糧餉章京榮泰給咨離營片

　　再，科布多糧餉章京榮泰前年八月因該員已經三年報滿，適值籌備邊防，當經臣附奏，將該員留營差委，奉旨允准。茲新任糧餉章京委署主事希凌阿已於七月二十七日到營，業經接交管理，據該員榮泰稟請回京，臣覆查，前接吏部咨會，已將該員擬選盛京刑部主事，北路防務現在較鬆，已令將經手事件料理清楚，給咨離營。

　　除分咨外，理合附陳，伏祈聖鑒。謹奏。

　　光緒二十八年十月二十九日拜發。

　　本年十二月十九日遞回。

　　奉硃批：該衙門知道。欽此。

　　十一月二十五日

22. 蒙古保舉摺

　　奏為遵旨酌保蒙古各旗正副盟長、大臣、總管、札薩克各員籲懇恩准，照擬給獎以昭激勸，專摺繕單具陳，仰祈聖鑒事。竊臣前因蒙古各旗經理俄商遺棄貨物毫無損失有裨大局，專摺奏懇天恩准將該旗正副盟長、散秩大臣、總管等酌請獎敘以昭激勸等因。欽奉硃批：准其擇尤酌保，毋許冒濫。欽此。跪讀之下，具仰朝廷眷逮邊勞，莫名欽感。伏思前年軍務猝興，內省洋教毀傷之案層見疊出，口外北路亦烽煙告警，一日數驚。科布多所管蒙古各旗無處不有俄人踪跡，人心浮動，蒙情

（鹵）［魯］莽，設非約束有方，防維偶一不慎，即必立搆爭端，邊釁且將大啓，所幸各該正副盟長、散秩大臣、總管、札薩克等尚能遵守臣條教，皆知內嚴防範，外示懷柔，而於俄商遺棄貨物經理查存，毫無損失，俾彼族無可問難，游牧賴以保全，洵屬有裨大局，深堪嘉尚，自應遵旨酌保，以昭激勸。臣悉心察覈該汗王等所請賞敘，本與尋常保舉不同，外似優異，實則未逾例章，毫無冒濫，謹繕清單袛呈御覽，合無仰懇天恩俯準，照擬給獎，出自逾格鴻慈，其各旗及台站卡倫出力應保之蒙員，另由臣分繕擬獎清單，咨明理藩院覈辦。

所有遵旨酌保蒙古各旗正副盟長、大臣、總管、札薩克各員繕單請獎緣由，謹專摺具陳，伏祈皇太后、皇上聖鑒訓示。謹奏。

光緒二十八年十月二十九日拜發。

本年十二月十九日遞回。

奉硃批：該衙門覈議具奏，單片併發。欽此。

十一月二十五日

謹將遵保蒙古各旗正副盟長、散秩大臣、總管、札薩克等員擬請獎敘，敬繕清單袛呈禦覽。

記開：

杜爾伯特左翼正盟長副將軍特固斯庫魯克連貲汗噶勒章那木濟勒擬請賞用黃韁；

杜爾伯特左翼副盟長札薩克多羅貝勒納遜佈彥擬請賞戴雙眼花翎；

杜爾伯特左翼札薩多羅郡王圖柯莫勒擬請賞戴三眼花翎；

杜爾伯特左翼札薩克固山貝子納楚克多爾濟、札薩克固山貝子龐泰鐘鼐二員均擬請賞戴雙眼花翎；

杜爾伯特左翼札薩克輔國公圖敏巴雅爾、札薩克頭等台吉烏瓦齊爾二員均擬請賞戴花翎；

杜爾伯特右翼正盟長副將軍札薩克和碩親王索特納木札木柴擬請賞戴三眼花翎；

杜爾伯特右翼副盟長札薩克多羅貝勒圖們濟爾噶勒擬請賞戴雙眼花翎，賞加貝子銜；

札哈沁總管三保擬請賞給二品頂戴；

烏梁海左翼散秩大臣額爾克舒諾擬請賞給頭品頂戴；

烏梁海左翼總管倭齊爾札布、桑敦札布二員均擬請賞給二品頂戴；

烏梁海右翼散秩大臣三音博勒克擬請賞給頭品頂戴；

烏梁海右翼總管棍佈札布、瓦齊爾札布二員均擬請（下行原闕）；

杜爾伯特右翼札薩克鎮國公多諾魯布、札薩克頭等台吉阿育爾札納二員均擬請賞戴花翎；

土爾扈特正盟長札薩克多羅郡王密錫棟古魯布擬請賞用黃韁；

土爾扈特副盟長札薩克固山貝子瑪克蘇爾札布擬請賞戴雙眼花翎；

霍碩特札薩克頭等台吉克什克佈彥擬請賞加鎮國公銜；

札哈沁信勇公車林多爾濟擬請賞給二品頂戴；

額魯特總管喇嘛札布、明阿特總管達什哲克博二員均擬請賞給二品頂戴；

杜爾伯特左翼札薩克輔國公圖都布、杜爾伯特左翼札薩克頭等台吉僧格多爾濟、杜爾伯特左翼札薩克頭等台吉巴圖瓦齊爾、杜爾伯特左翼札薩克頭等台吉阿畢爾密達、杜爾伯特左翼札薩克頭等台吉檔達爾、烏梁海左翼副都統察罕博勒克。

以上各員均擬請賞給軍功加二級。

23. 附保駐班蒙員片　以上十月二十九日拜發

再，科布多向由烏里雅蘇台於賽音諾顏札薩克圖汗兩盟揀派札薩克台吉等前來駐班，或按兩季或按一季分別更換，管理地面蒙古暨圖們吐官廠各事宜。查光緒二十六年春、夏兩季駐班皆係輔國公銜三等台吉色埒甯，迨至秋季正值軍務猝啓，布置邊防，戎馬倥傯，烽煙告警，此差遂為畏途，相率規避，於是仍令該台吉接辦。嗣今年春、夏兩季又均係該台吉來駐，查前年北路戒嚴，人心惶駭，俄界之哈薩克、纏回又復乘機煽變，盜賊四起，情形岌岌，廛市頗覺擾動，該台吉乃能處以鎮靜，彈壓綏戢，竭力維持，隨辦城防，罔辭艱險，不但蒙古畏服，即漢民亦頗感戴。今者大局早定，安謐如常，該台吉既著勤勞，自應一併給獎。

合無請旨將輔國公銜三等台吉色埒甯賞戴花翎以昭勸勉，出自天恩，謹附片陳請，伏祈聖鑒訓示。謹奏。

光緒二十八年十月二十九日拜發。
本年十二月十九日遞回。
奉硃批：覽。欽此。
十一月二十五日

　　　　　《散木居奏稿》卷之十三　　門人鈴木吉武校字

歲寒集

金山使者瑞洵題

枝木居疏稿

卷之十四　歲寒集

斡難　瑞洵

光緒壬寅

1. 辦理布倫托海渠工大概情形摺
2. 揀補蒙古處幫辦章京摺
3. 卡倫侍衛分別調署代辦片
4. 具奏揀員先行馳駐哈巴河等處辦理安輯蒙哈事宜摺
5. 哈巴河防務仍擬由科布多經理片
6. 屯兵仍照原保給獎官階摺　以上十一月二十八日拜發
7. 烏梁海呈控塔城章京據情具奏摺　附單一件
8. 派員查驗官廠駝馬片
9. 據呈代奏敬申管見請旨辦理摺　附單一件
10. 將軍長庚函訽定地示期晤商公事可否請旨片
11. 密陳塔城久佔游牧烏梁海人心不甘恐為邊患片　以上十二月初八日拜發

1. 辦理布倫托海渠工大概情形摺

奏為具報辦理布倫托海渠工大概情形，暨布置開屯一切事宜緣由，仰祈聖鑒事。

竊臣於上年十二月間附片具奏擬於布倫托海試辦屯田，先派妥員勘修渠工各節。嗣於本年二月十二日遞回原片，欽奉硃批：著照所議，認真辦理，期有成效可觀。欽此。臣跪聆之下，感奮莫名，比時工匠業由古城催到，當即派委州同職銜崔象侯帶同工匠、兵書人等押運糧麨、器具各項馳往布倫托海一帶認真勘辦，先行設立屯田局布置一切，並刊發關防領用。該員自到彼後奔馳跋涉，逐日察勘，履雪餐風，載更寒暑，兩月有餘，始得要領，其冒犯危險、橫被阻撓之事實已備嘗艱苦，時以工大費繁，率皆憚畏煩難，咸思停辦，該員獨以為事係奉旨，志在必成，爰調集烏梁海蒙兵，並添僱匠役，助以民夫，協力工作，已於三月二十二日開工。

現據稟報，工程已得十分之七，於九月初二日因天氣漸冷，暫行停工。察閱該員迭次來稟，所敍辦法均尚穩妥，於經費亦知節省，所用兵丁均係查照定例於額餉外每日按名加給麨四兩、鹽菜銀三分，匠役亦係照例於日支工價外，按名日支麨觔。科布多人工甚稀，工極貴，除堰壩鉅工必需匠工修做始行僱用，其餘一切土工皆係添調烏梁海兵丁與哈薩克承修，所有製買器具、發給各項犒賞、木石運力並鍬鋤、錘鍤、釘鐵、筐簍、繩索、口袋、鞍屜以及委員人等薪水、麨觔、雜用等項或照市價，或按例章，亦復毫無浮濫。現已修成大渠二道，分渠八道，計有六十餘里之遠，畝數約倍於科布多舊屯，十分工程已得大半，明春尚須續為多開支渠以資分溉。臣伏維此項渠工本應先將估定工料修費，奏請敕部立案，俟奉覆准再為興修，惟因僻處塞垣，迥殊行省，不但工程做法不同內地，即覈算錢糧亦無真正諳悉之人，勉強牽合既近敷衍，而草剏經營又難言確有把握，用是不敢冒昧豫奏，且時已夏五，若必拘請部覆，誠恐或誤工期，故臣與該員預為約法，先須求辦事實際，不必拘估修常經，止期不妄用一錢，不可圖省一工，現應通力合作以冀速成，統容工竣據實奏報，此渠工未能估奏之實在情形也。

至農具、耕牛已陸續購買，逆料明年當可開屯，應需籽種擬先定以一千石，徐圖擴充，該處土宜大麥、小麥之外，兼擬試種稻米，除稻米須由古城採買，其大麥、小麥若全用銀購，需欵已多，而倉儲陳糧又不合式，經臣於今年夏間添發籽糧，預飭十屯官兵，每屯酌量加種，已多收有大麥、小麥千石之數，毋須動帑再買。惟由科布多運送至布倫托海屯所，計程一千九百餘里，踰山渡水，萬分艱難，官廠之駝正值派赴新疆採運軍糈，多已佔用，現由烏里雅蘇台調來駝隻止有二百，不盡可用，覈計轉運籽種、食糧、農具，用駝總在千隻，今官駝止挑選三百隻，若按向來市價僱用民駝，自科布多城至布倫托海共十八站，每隻腳價貴則十一兩，至賤亦須八兩，刻下已須九兩，就此統算，如僱六百五十隻，已需腳價五千八百五十兩，渠工所需及布置開屯一切用款，均係臣設法騰挪借墊支用，已屬不貲，自不得不苦思撙節，因知蒙旗（剌）〔喇〕（麻）〔嘛〕牲畜尚多，當由臣飭令各旗官長與之商借，仍酌量幫給銀兩，並押駝官兵加以賞犒，現已由杜爾伯特、土爾扈特、札哈沁各旗借準駝六百五十隻，約明如有倒（斃）〔斃〕按隻賠補，合幫價、補倒計之，當亦不逾三千兩之數，一俟此項駝隻到日，即派弁兵將籽糧農具一切分起運解前往，限二月十五日以前陸續齊抵布倫托海，萬不至有誤農期。

　　以上辦理稍有基緒，臣仍隨時函檄交飭，責成該委員崔象侯等認真經理，不得始勤終怠，冀屯務早得告成，邊實日臻饒裕，以開風氣而圖自強，庶仰副朝廷訓誨勗勉之恩意。至渠工仍請俟一律告竣，再行專摺奏報。其有應分咨部院查照立案者，臣亦隨時辦理；其屯田詳細章程尚容臣悉心覈定，另行具奏。

　　所有具報辦理布倫托海渠工大概情形暨布置開屯一切事宜緣由，理合具摺先行馳陳，伏祈皇太后、皇上聖鑒訓示。謹奏。

　　光緒二十八年十一月二十八日拜發。

　　光緒二十九年正月二十二日遞回。

　　奉硃批：著即督飭認真經理，務收成效。欽此。

　　十二月二十五日

2. 揀補蒙古處幫辦章京摺

　　奏為揀補蒙古處幫辦章京員缺，恭摺仰祈聖鑒事。

　　竊科布多蒙古處幫辦章京主事職銜鐘祥，經臣以辦事不能得力奏明開去差使，咨回綏遠城原旗，所遺員缺自宜揀員充補。茲查有糧餉處筆帖式景善，資深才練，熟悉邊情，堪以擬補。查該員已保補防禦後以佐領儘先補用先換頂戴應仍留原保，並俟七年期滿即以綏遠城防禦首先坐補，如蒙俞允，遇有差便即給咨赴部帶領引見，其應找支銀糧，俟奉旨後再行照例辦理，為此恭摺具奏。

伏祈皇太后、皇上聖鑒訓示。謹奏。

光緒二十八年十一月二十八日拜發。

光緒二十九年正月二十二日遞回。

奉硃批：著照所請，該衙門知道。欽此。

十二月二十五日

3. 卡倫侍衛分別調署代辦片

再，查瑪呢圖噶圖勒幹卡倫侍衛常陞因患目疾甚重，稟請派署給假來城醫治。查該侍衛常陞尚知認真，駐守該卡近依阿拉克別克河口，現有交涉要件自未便令以病軀敷衍，當經檄示照准，現以昌吉斯台卡倫侍衛英紱調署，以重卡防兼資因應，其昌吉斯台卡倫事務較簡，揀派即補防禦文普前往暫行代辦，均經嚴飭妥慎經理，不許生事。

除分咨查照外，理合附片陳明，伏祈聖鑒。謹奏。

光緒二十八年十一月二十八日拜發。

光緒二十九年正月二十二日遞回。

奉硃批：該衙門知道。欽此。

十二月二十五日

4. 具奏揀員先行馳駐哈巴河等處 辦理安輯蒙哈事宜摺

奏為阿爾泰山一帶地方橫被侵佔，人民夾雜，事權錯出，蒙哈憤怨情形日棘，亟宜設法釐整，平爭弭患，以保嚴疆。現擬委員先行馳駐辦理安輯，仍俟臣明年親往察勘妥籌挽治，以冀埽除錮弊，鞏固邊防，具摺馳陳，仰祈聖鑒事。

竊臣前年夏間到任之初，即聞阿爾泰山地方種落龐雜，徵斂煩苛，蒙哈怨咨，農商咸擾，官貪兵窳，號稱弊藪。比以下車伊始，慮傳言未必盡真，未敢冒昧入告。又因哈巴河借地尚隸塔城，彼於暫管界內辦理失宜，儘可具文咨明，亦不必凟達天聽，是以臣遲遲未發。今者邊隅承乏將及三年，地方利弊知之較確，塔城駐劄之員亦仍前所為，毫無忌憚，且於科布多所管土地日益展佔，靡所底止，科布多參贊竟反不能自治其地，自理其民，烏梁海且將盡失其游牧，事關私佔蒙古部落，擾亂北路大局，有不能再安緘默，更有不能不急為整理者，謹將該處現在情形為我皇太后、皇上約略陳之。

阿爾泰山借地早年胡圖克圖棍噶札拉參駐彼時，徒衆繁多，又有十蘇木額魯特人等附牧，聲威甚盛，足為西北屏藩。迨後該胡圖克圖徒衆遷居新疆庫爾哈喇烏蘇巴英溝地方，阿爾泰山哈巴河遂為塔城委員駐防之所，始尚稍稍敷衍，近十餘年則將防務置諸腦後，僅派章京一員名延年者帶蒙兵五十名虛張聲勢，美其名曰塔城東北路營務處，實則假防守之名，常川駐劄，以為需勒蒙哈之久計，藉漸施其侵佔鄰疆土地之陰謀。

同治十二年辦理借地，原議止係八百里，安置（剌）〔喇〕（麻）〔嘛〕八百名，暫資耕牧，界圖具在，四至本自分明。今乃於原借地段之外四出侵軼，計從哈巴河起東則至扈濟勒圖卡倫約六百餘里，西則至哈喇額爾齊斯河下游東岸約三百餘里，南則至布倫托海約七百餘里，北則至霍呢邁拉扈卡倫約六百餘里，周圍覈計已在二千四百里以外，而既借哈巴河之西，復私佔哈巴河之東，尚不與焉，並擅令塔城之哈薩克任便強住，占踞水草，致令烏梁海反被擁擠，坐失膏沃，乃竟復發給執照，派令塔哈每屆冬令前來布倫托海收割青草，不准本游牧攔阻，現經鈔取該員印照為憑。又哈喇額爾齊斯河出魚最美，每日撈取者恆數百人，且為塔哈霸占，直不准烏梁海蒙古及科布多哈民取食一尾。該員貪抽魚釐，竟不顧心所未安，夫至烏梁海河魚烏梁海蒙古轉不能食，實出情理之外，揆諸澤梁無禁之義，聖朝善政豈宜有此？又該員於哈巴河之南北私開屯田五六百里，令哈民為之承種，聞歲入之糧盡入私橐，並不交官，以致今年哈民刁難，竟藉端挾制，不為收割。聞該員甚嫉科布多之辦屯，又私於克林河一帶添開地畝，致布倫托海招僱承修渠道之鄉約馮得壽被其奪去，幾墮大工，幸烏梁海蒙古昆都巴圖瓦齊爾情願承修，始末誤事。又該員勒索之法名目最多，所屬苦之。其最為奇特者，則因光緒十八年沙克都林札布、額爾慶額會商奏定，借地展限三年再行交割，其未交以前，令塔哈在烏梁海（竟）［境］內住牧者酌幫牲畜，烏梁海從未上緊追要，該員乃乘機冒索，責令所管哈衆於駝馬牛羊每百按年各供其一，其實該哈衆於塔城大臣衙門亦有獻納水草銀者，每馬一匹、牛一條出銀二錢，羊一隻出銀二分，以為食用烏梁海水草之酬報也。查此欵本係奏奉諭旨，令塔城哈薩克幫助烏梁海之項，乃該城竟一索再索，烏梁海轉不能如數收取，如此重徵，其何以堪？又該員於所管蒙哈攤派既重且繁，無論何項大小差使，皆從多數，且因哈民多富，動輒勒罰盈千累百，聞該員每因蒙哈不肯遵辦，輒將其官摘頂，鞭撻其哈目，甚有欲投俄以避之者，蒙官則或欲尋死或欲上告，該員常受窘辱。今年夏間，正值俄員與臣所派委員會同該員查辦要案之時，該員適又有因向蒙員索馬百匹不給，摘頂恐嚇，蒙員遽欲自刎，該員旋即服理之事，竟為俄員所知，傳為笑柄，回城曾向臣言之。然此所陳不過略舉梗概，此外欵蹟向多。既非臣屬員，臣無須苛責，惟以科布多所屬蒙古游牧，竟容鄰境劣員占踞妄為，至於此極，臣若再不設法釐整，不惟無以服烏梁海蒙古之心，且恐日即淪胥，必至將來激成事端，不可收拾。而阿爾泰山近依俄界，尤慮易啓輕侮之心，更生枝節。況現在布倫托海擬辦屯田，常有蒙哈前往作踐。十月間據該局禀報，竟有蒙兵派往公出，路遇塔哈分持槍刀毆傷蒙兵一名，並將騎馬二匹及什物搶劫之案，業經該局派出蒙哈官兵訪查，確係塔哈所為，函請該員延年查拏，恐亦未必肯辦。

以上各節疊據烏梁海散秩大臣稱訴，暨屯田局委員禀報，臣復加察訪，悉屬實情。該處蒙哈重遭苛虐，怨憤已盈，徒以畏避塔城，庇護甚堅，不敢呈控。又因該員延年上年為其子完姻，即聘副都統春滿之女為媳，以堂屬而兼至親，益增勢燄，以至人皆側目，敢怒而不敢言。刻下蒙哈怨咨，農商咸擾，往來之人論及該員無不切齒裂眥，同聲飲恨，且無不日盼臣為之伸理，革除弊端，亦可見火熱水深，不堪荼毒情形之至為迫切矣。

臣竊嘗綜覽北路科布多大勢，論生殖則以烏梁海為最，論控制亦以烏梁海為優，緊其廣袤，幾與杜爾伯特、土爾扈特、霍碩特、札哈沁諸部相埒，而又水草美好、地擅上腴，如額爾齊斯河、布倫托海、哈巴河、克林河、青格里河等處皆屬宜屯宜牧之區，該部落人復強勁，與他蒙古之積弱不同，其地既有可為，其人亦尚可用。故臣遵旨估計應辦事宜需用經費約數摺內盛稱阿爾泰山，謂宜於其地設置重鎮，已邀聖明洞鑒。今該處尚未經營，先遭蹂躪，實為臣意料所不及，然亡羊補牢猶未為晚。查塔城委員辦理錯誤之事，以任令塔屬哈薩克廣佔烏梁海游牧一事關繫最重，清理尤難，烏梁海不敢與爭，但向臣懇告哀懇，萬不能不為查辦。況以臣渥蒙倚任，至重且專，既令臣將應辦事宜認真整頓，復諭以毋庸推諉，諄諄訓誡，臣若猶苟且依違徇情掩飾，不惟辜恩，亦且溺職。惟是塔哈佔牧一節，若仍行文咨請，塔城收回，恐該城亦難辦到，而事關重大，即科布多委員亦未必能措置得宜，自應由臣明年前往安插蒙哈之便，暫行駐劄，察看情形，因地制宜，統籌全局，隨時奏明辦理，以昭慎重而慰衆望。

　　臣志在報國，雖拮据卒瘏所不敢辭，亦期與五月欽奉硃批令臣清查妥籌之旨相符。第今年於布倫托海試辦屯田，先修河渠，工程已完大半，約計明歲三四月可望開種，現在布置耕牛農具、造倉安磨、約束兵工一切事宜，該委員異常艱苦，該處迫近塔城防營，竟至盜賊出沒，臣甚不放心，且自設立屯局以來，該處蒙、哈、漢、回每有申訴之事，請為訊究，臣以該委員專辦屯田，不應兼管地方，亦須另派專員經理地方，農工均屬緊要，不容偏重，致失人心。既係臣所管地方，臣責無旁貸，擬咨行塔城轉飭該員延年，彼此各守各界、各辦各事，勿許再有干預，以清界限而顧考成。現查擬補蒙古處幫辦章京主事職銜景善久在北路，熟悉邊情，且夙得蒙哈之心，擬即委令前往額爾齊斯河、布倫托海等處擇地暫駐，辦理安輯蒙哈事務，並為保護屯田，遇有詞訟，持平訊結，重大事宜仍詳禀臣，覈示辦理，一俟臣明年前往阿爾泰山，再行察酌情形，妥籌挽治辦法，以為持久之計，務使邊宇謐安，蒙哈得所，期仰紓朝廷北顧之廑。其該員延年辦理乖方，種種荒謬，情節較重，似非一參所可示懲，應否特交公正大員認真查辦，抑俟臣明年前往確切查明，再為奏請之處，伏候聖裁。竊維科布多與俄壤處處毘連，彼自有我齊桑淖爾，形勢日逼，外侮迭乘，筆舌之爭終不可恃。臣職在防戍，每一念及，不覺憂危之意悚然而生。幸我聖主銳意自強，（慨）〔愾〕然有臥薪嘗膽之志，必蒙俯察地方緊要辦事為難與臣圖治微意。以上所請，俱得仰邀恩允，北路幸甚！大局幸甚！

所有阿爾泰山地方現擬委員先行馳駐辦理安輯，仍俟臣明年親往察勘，妥籌挽治各緣由，是否有當，理合具摺馳陳，伏祈皇太后、皇上聖鑒訓示遵行，不勝激切惶恐待命之至。謹奏請旨。

光緒二十八年十一月二十八日拜發。

光緒二十九年正月二十二日遞回。

奉硃批：另有旨。欽此。

十二月二十五日

5. 哈巴河防務仍擬由科布多經理片

再，阿爾泰山哈巴河地方夙為俄人所垂涎。查光緒九年與俄分界，初議割讓哈巴河。八年四月俄遽派兵隊七、八百人突至該處占踞，經烏梁海散秩大臣巴圖莽鼐抵死力爭，屢呈呼籲，誓不願淪入彼疆，經前大臣清安等剴切奏明，蒙敕分界大臣與俄官商辦，終歸罷議。然俄之睥睨迄未寢謀，近年強佔阿拉克別克卡倫克色勒、烏雍克地段，即為將來蠶食哈巴河地步，以兩處相離道里不過兩站半，三百餘里也。若我再不急圖扼守，恐彼日益展侵，襲取至為容易。臣前將阿爾泰山擬籌布置，並欲親往察勘各情繕單奏明，已邀慈覽，果能餉需應手，人才奮興，以全力經營，將來可易磧漠為膏腴，化門戶為堂奧。北路一帶皆在扞衛之中，布勢既遠，禦侮即在無形，但非未雨稠繆，恐倉猝亦難措置耳。查塔爾巴哈台所辦該處防務，不過敷衍之局，久已名實兩亡。前臣具奏請收回借地時，尚不確悉情形，猶以為兵多糧足，科布多一時力難接辦，因有哈巴河防守事宜仍暫由塔城經理之語。今始查知所駐僅蒙兵五十名，而騷擾苛累之弊且甲於各省防營，是哈巴河一帶借地明年收回，其防務直以統歸科布多自行辦理為是，既免有事互相推諉，即塔城每年支銷阿爾泰山哈巴河防費鉅款亦可從此節省，似較妥協。臣自任地方，責無旁貸，自當殫竭血誠，一力任之，期副言行相顧之義。

謹附片先行陳明，是否有當，伏祈聖鑒訓示。謹奏。

光緒二十八年十一月二十八日拜發。

光緒二十九年正月二十二日遞回。

奉硃批：覽。欽此。

十二月二十五日

6. 屯兵仍照原保給獎官階摺
以上十一月二十八日拜發

奏為屯田兵丁覈計分數，擬保官階係照定例辦理，並經兵部疊次覆准有案，懇恩敕部仍照原保給獎，以資激勸而裨屯工，繕摺奏陳，仰祈聖鑒事。

竊臣於本年五月奏報光緒二十七〈年〉屯田十分收成分數，請將統轄、兼管、專管綠蒙各官以及兵丁照章議敘給賞，並因六屯正犁頭宣化鎮候補經制外委馬兵梁振基收穫在十四分以上，請俟補經制外委後以把總補用；九屯正犁頭宣化鎮馬兵李生貴收穫在十三分以上，請以經制外委補用等因。欽奉硃批：該衙門議奏，單併發。欽此。茲準兵部咨行議覆，原奏內開查定例：屯田官員兵丁收穫糧石在八分以上者，專管官加一級，兼轄官紀錄二次，統轄官記錄一次各等語。此案原奏以候補外委梁振基收穫至十四分以上，應照例改為加一級，所請俟補經制外委後以把總補用之處，請毋庸議。其馬兵李生貴仍令自行獎賞，毋庸議給官階，以符定例等語。

臣伏查定例：屯田收穫糧石在八分以上者，分別專管、兼管、統轄給予加級紀錄，係專指官員而言，至屯田兵丁收穫在十三分以上，原准請保官階，溯查屯田舊章，初定收穫分數在十分以上，馬兵准保把總。嗣於嘉慶五年前大臣奏請，收穫十分以上馬兵改以外委補用，十一分以上始准保用把總。迨道光元年復奏，改十三分以上始保把總。旋於道光五年又經直隸總督奏請，將屯田馬兵保用把總改為經制外委補用。是屯兵保升官階循辦已閱百年，至今無改。即兵部議覆照準之文，亦已不一而足。且此案擬保之犁頭梁振基即因當年屯田收穫較優，由馬兵得保以經制外委補用。此外奉部覈准屯田兵馬丁以經制外委補用之案，尚有馬兵劉世發、梁毓書、劉廷科、張世威、馬福山、張繼興、任永富、藍世魁、馮永成、孫喜十名，故前於奏報光緒二十七年收成分數摺內，即因仍陳請，本係遵照部咨成案辦理，未敢有逾定章。今奉部駁，自因兵燹之後，案牘散佚，稽考無從，是以從嚴覈辦。惟屯田為邊維大政，保舉乃用人微權，勤獎惰懲，全資操縱，若從此兵丁不准保舉官階，竊恐激勵術窮，於屯務不無窒礙。況現正擴充開墾之時，尤不可無以鼓舞。

除原保候補經制外委後以把總補用之馬兵梁振基現已據報病故，應即扣除，毋庸再議外，合無仰懇天恩俯准，嗣後屯田保舉仍照定例辦理，並請敕部將前案照原保給獎，以資激勸而裨屯工，出自鴻施逾格。

臣為維持屯務起見，謹繕摺奏陳，伏祈皇太后、皇上聖鑒訓示施行。謹奏。

光緒二十八年十一月二十八日拜發。

光緒二十九年正月二十二日遞回。

奉硃批：著照所請，兵部知道。欽此。

十二月二十五日

7. 烏梁海呈控塔城章京據情具奏摺　附單一件

奏為烏梁海呈控塔城章京欵跡較多，情節甚重，據情具陳，仰祈聖鑒事。

竊烏梁海左右兩翼散秩大臣、副都統、總管等現因借地一事一同來城呈訴各情，經臣另摺陳奏，臣以其情詞憤激，正在苦口開導，極力撫慰之際，不料伊犁將軍、新疆巡撫所派委員正值前來，蒙古疑慮復生，爭執益力，復於十二月初五日面見臣，親遞呈詞兩件，懇求代奏，臣當令譯成滿文閱看，一係仍請速收借地；一係控告塔城章京延年。除借地一案另行擬議奏請外，查該章京延年劣跡，業經臣於十一月二十八〈日〉具摺指參，請旨辦理。茲據復行揭告，詳覈各欵，自以於借地外，又復私佔游牧二千數百里，侵損烏梁海生計與將塔城哈薩克每年應交烏梁海租馬租羊巧取肥己兩事最為貪謬，情節較重。其餘所陳各節亦皆大拂輿情，殊失朝廷優待蒙古之至意，似須認真根究，按律擬辦，始足伸蒙古積年之憤，而持國家刑法之平。惟新疆諸大員恐不無投鼠忌器之見，其應如何嚴飭查辦之處，出自天恩，該蒙古環跪籲求，異常迫切，臣不敢壅於上聞，謹將原呈譯漢，祇呈御覽。

為此繕摺具陳，伏祈皇太后、皇上聖鑒訓示。謹奏請旨。

光緒二十八年十二月初八日拜發。

光緒二十九年二月初六日遞回。

奉硃批：另有旨。欽此。

正月十三日

8. 派員查驗官廠駝馬片

再，查科布多官廠牧放牛馬駝隻三項牲畜，前遵部議整頓馬政章程，飭令該管蒙古員弁認真經理，秋季派員稽查，年底奏報一次，節經循辦在案。本年八月間業經派員查驗，該廠舊管馬二百四匹，舊管駝八百三十七隻，新收由烏里雅蘇台解到駝二百隻，共駝一千三十七隻，牛隻無存，除動用並例倒外，實尚存馬一百五十九匹、駝九百七十二隻，尚無缺額情弊，飭令逐一烙印，仍責成該管協理台吉等妥為牧放，以備應用。

現在瞬屆年底，理合奏報，伏祈聖鑒。謹奏。

光緒二十八年十二月初八日拜發。

光緒二十九年二月初六日遞回。

奉硃批：兵部知道。欽此。

正月十三日

謹將烏梁海七旗控告塔城章京延年蒙呈譯漢祇呈御覽。

烏梁海左翼散秩大臣額爾克舒諾、副都統察汗博勒克、總管桑敦札布、總管額齊爾札布、右翼散秩大臣三音博勒克、總管棍布札布、總管瓦齊爾札布率同眾蒙古等呈：為劣員欺壓佔奪擾害蒙眾，私踞游牧，受侮多年，不堪毒虐，合詞籲懇參贊大臣俯賜垂憐，據呈具奏請旨辦理事。

竊我七旗於同治十二年遵奉聖旨，令擇地借給胡圖克圖棍噶札拉參，並因上諭有云：該烏梁海地屬科布多，著托倫布、保英留心察看，先事防維，毋稍疏忽，並飭烏梁海兩翼散秩大臣等諭知該蒙古人衆各守本分，務令永遠相安等因。欽此。我等恪遵恩旨，照常住牧，保護地方。不料後來塔城派有章京延年前來設防，胡圖克圖徒衆亦遂遷居新疆，該章京性情貪暴，苛虐異常，凡事不講情理，任意妄為，藉防守為名，兵稀械壞，實則安心不良，既擾害我等不得安居，復縱令哈薩克四出佔地，我等凡有種地、打牲、取魚、割草，必遭毒打鱗傷，加以驅（遂）[逐]，反說地是塔城的，不容我等烏梁海過界一步，致我等畏避勢力，不敢爭鋒，不得已紛紛退至科布多河、薩克賽河、察罕河、青格里河、圖勒巴淖爾得里滾河、布拉干河一帶，致男女老弱人等擁擠紛紜，飢不得食，寒不可衣，怨憤之聲不可遏止。

該章京霸佔極大地方，於哈巴河、克林河等處私開屯田，牧放牲畜，所得之利盡入己囊，且復將哈薩克應交我們租馬每年一百四十匹，伊竟巧取入己，並派有（刺）[喇]（麻）[嘛]兜帶、俄解二人按年收取租羊，每年收租羊一千隻，此已收有十年，其所侵食數逾鉅萬。故該章京於塔城還地一事百方阻撓，不使辦理，雖屢奉諭旨，如同具文，是該章京延年不但欺我愚蒙，並欺聖明矣。

以上各節曾在科布多前任按班前呈控，無奈未蒙覈辦。今幸值我參贊大臣整頓地方，體恤蒙古，任勞任怨，敢作敢當，我等若猶不據實控訴，未免失此機會。況我七旗人等無不逐日勸請申冤，萬口如一，亦難違衆。

總之，該章京延年辦事無能，牟利有術；禦敵不足，害民有餘。我等但求還地，原不必於該章京之過惡復行追究，惟念現當整理游牧之時，實恐該章京仍肆阻撓，再誤大局，敢為我參贊大臣直陳之。查本烏梁海在投誠之先，所有生齒人衆各自謀生，彼時凡有能為之人向無能者彼此奪佔游牧為生，故本烏梁海游牧所屬，有能為者居守阿爾泰山，嗣於乾隆二十年間烏梁海投誠時，亦隨帶原有之阿爾泰山一帶牧地歸降。乾隆二十四年間奉高宗純皇帝恩旨，賞給烏梁海七旗作為游牧，由彼時起，呈進貂皮、狐皮當差。嗣因古城賊匪變亂，大軍向西進發，烏梁海充當各台差使，今又充當八處卡倫緊要各差。不惜身命，奮勉行走當差者，在烏梁海之意原為酬報聖主鴻恩賞給烏梁海阿爾泰山之故，是以勉當要差，稍盡厥職。今將自有之肥地失去，本烏梁海之人斷不能遵從，亦斷不能讓給，亦無從賠墊當差。

又查烏梁海游牧哈韜里山嶺起至瑪呢圖止於同治八年間經科布多參贊大臣奎昌會同俄官分定界址，建立牌博。又由哲斯山嶺起至阿拉克別克止於光緒九年間經伊犁大臣升泰會同科布多幫辦大臣額爾慶額等定界，新立鄂博，兩次將所有好地全行分給俄國，現在僅（賸）［剩］借與呼圖克圖棍噶札拉參之地水草尚好，嗣於光緒十八年間科布多大臣沙克都林札布會同塔城參贊大臣額爾慶額會議，由十八年起展限三年還地，酌令塔城哈薩克一年幫給烏梁海馬一百四十匹、羊一千隻，為租三年之間，即應給馬共四百二十匹、羊共三千隻。本烏梁海並未圖要一匹一隻是實，嗣後該哈薩克尚有續交，為數尤多，乃塔城派駐章京延年欺詐需索，並將十餘年地（粗）［租］馬匹肥入己囊。又不令烏梁海之人打魚打牲，不准種地，不准牧放，一見烏梁海便即毒打。又因借地塔城，另生枝節，編造虛偽異端，本烏梁海所報是實。塔城額魯特、漢民、各哈薩克等現佔哈巴河游牧，南北東西俱在，烏梁海游牧大概在五百餘里，強橫肆行，搶奪牲畜，霸佔田地打魚，俱係章京延年效給，本烏梁海之人被塔城之人欺虐至極，每言我們富足，意欲殺盡烏梁海之人，能賠給牲畜，如此不合道理之言，時時告知我們烏梁海。

最為無理妄行者，於借地之外，該章京延年又縱令塔城哈薩克四出侵佔，計自哈巴河起東至扈濟勒圖卡倫約有六百餘里，西至哈拉額爾齊斯河下游東岸約有三百餘里，南至布倫托海約有七百餘里，北至霍呢邁拉扈卡倫約有六百餘里，周圍約有二千四百餘里，前已報明。如此任意亂佔，不公不恕之事恐未必奏明，當時若奏明，我等知聖主必不准行也。

今烏梁海實係困迫萬分，儻若不將游牧收回，我們萬人之命不惜必向塔城之人爭鬬，難免釀成人命重案，將此先為聲明。現聞新疆派人查勘游牧，大家聞此落淚，憤憤不平，商議已定，都要努力堅守阿爾泰山，若離阿爾泰山，所屬之人不但不受散秩大臣、副都統等管束，即科布多大臣亦不能管束，就是我們七旗向來敬重之現任瑞按班，我們也不能聽其管束，我們實出逼勒無法。

又查同治年間將本游牧暫行借給胡圖克圖棍噶札拉參，自棍噶札拉參圓寂以來已十餘年，經塔爾巴哈台凡事設法將本游牧地租被塔城大臣、章京延年二人需索肥己，我們烏梁海人等另找養贍，極窮人等竟至四出乞食，本年六月間叩賀萬壽來城，蒙參贊大臣諭示已奏奉諭旨：將烏梁海游牧依議交還等因。跪聆之下，同聲歡誦，業已叩謝天恩，我們靜候辦理。乃近來訪聞新疆派員欲往我們游牧查勘，我們烏梁海地方本是我們當年自有，並非強佔新疆之地，何用查明？自因新疆漢員居多，不悉蒙古游牧情形，烏梁海並無應由新疆查勘情事，黛若新疆官員前來烏梁海，為要我們地方，我們不能仍支差使。

再，查本印務處檔案，自暫行借給胡圖克圖棍噶札拉參，並未另行借給塔爾巴哈台，胡圖克圖又非塔城所屬之人，本是甘肅洮州之人，況胡圖克圖之徒衆均已遷居新疆有年，今塔城藉詞安插哈薩克，並派出辦理東北路章京駐守，並未認真辦防，虛應故事，特為擾累烏梁海打算，安心設計將我們烏梁海游牧任佔地租，私行入己，邊地較遠，瞞欺聖主，違背例章，不遵法紀。此章京延年貪橫欺跡之昭著者也。

理合具情呈訴，叩請參贊大臣俯憐萬餘性命，立將借地索回施行，並將我七旗苦楚下情奏明，感恩無既，如蒙諭旨交審，我等情願對質，如虛甘罪不避，謹聯名上呈。

9. 據呈代奏敬申管見請旨辦理摺　附單一件

奏為據呈代奏，敬申管見，請旨辦理，以安烏梁海人心而維科布多大局，繕摺馳陳，仰祈聖鑒事。

竊烏梁海左右兩翼散秩大臣、副都統、總管等前因奉旨收還阿爾泰山哈巴河借地，當據合詞呈懇奏謝天恩，經臣具摺代陳，欽奉硃批：知道了。欽此。比即祗錄札飭欽遵。現因將軍長庚有前往阿爾泰山察勘之舉，烏梁海慮變前議，皆謂此次欽奉諭旨，若仍不能行，恐從此游牧直無復收遷之望。又因塔爾巴哈台於借地之外四出展佔，且有二千四五百里，通計已在三千餘里以外，若竟議常踞，或仍擬緩還，則烏梁海土地委棄大半，困苦又異從前，生機遏絕，亂端將啓，七旗丁戶較多，良莠不齊，近月浮議紛滋，人心惶惶，怨憤不可禁止。疊據該大臣、總管等上文聲訴，旋於十一月二十四日烏梁海左翼散秩大臣額爾克舒諾、副都統察罕博勒克、總管桑敦札布、鄂齊爾札布、右翼總管棍布札布、瓦齊爾札布率領七旗官員等竟一同來城，僅止右翼散秩大臣三音博勒克老病未到，時值長至令節，臣祗詣萬壽宮行禮叩賀，該大臣等率領二百餘人羅跪馬前，紛訴苦情，嗣於臣出門必來叩求，始猶在轅門以外，繼則齊至大堂，勸解不散，詰以有無別故，惟云當年借地安置格根（刺）〔喇〕（麻）〔嘛〕原是好心，詎二十餘年塔城從而占踞，總不歸還。又派有章京駐劄，廣佔地畝，霸用水草，我等蒙古受欺已甚，且復時有凌虐需勒，幸蒙按班奏請收回，奉旨允准，我等正深慶幸，不料現在又有察勘之舉，萬一議歸塔城，我等烏梁海直將待（斃）〔毙〕。現在所屬人等紛紛訴告，僉云若從此失去游牧，我等不能仍奉你們七人為官長，我等或自行保守地方，或四散另尋生路，你們亦不應管。據此忿激之言，實屬可慮，儻果如此，我等實無法約束，不得不預先聲明，謹具呈詞一件，仍懇據情入奏，籲求天恩體恤等語。臣當即傳呼進見，面加撫慰，謂因借地一事已於九月、十月兩次拜摺上陳，力言不可割讓。至塔城章京延年廣佔游牧，苛虐蒙哈、種種欵蹟亦已具摺奏參，並擬先派章京一員前往額爾齊斯一帶暫駐，辦理安輯蒙哈事宜，且請明年親往該處駐劄，於安插蒙哈之便，將地方應辦事宜加以整頓，凡此興利除弊辦法當為爾等所共信。我皇太后、皇上恩周中外，向來待蒙古最為優厚，若知爾等如此困苦，必可仰邀俞允。至借地一事，長將軍素顧大局，人極明白，斷不至偏袒塔城，料其覆奏亦不至遽議奪地，爾等不可輕信謠言，致有擾動等語。詳加開導，舌敝脣焦，無奈蒙古性情愚魯，終似半信半疑，該散秩大臣等一味懇求，總云須將呈詞代遞，如蒙皇太后、皇上察知我等苦楚下情，我等方能甘心等語。

臣正在躪辦，復於十二月初五日據該大臣等又親遞呈詞一件，請為併奏前來。臣查該散秩大臣等所言雖云理直氣壯，然頗多不平之鳴，足見該蒙古於塔城怨毒已深，憤恨之極，不禁形之詞色。復經臣於撫慰之中略示裁抑之意，伊等尚能帖服，別無狡執之詞，惟環跪乞恩而已。伏維臣於此事陳奏再三，自問殊嫌煩瑣，原不敢復瀆聖聰，無如烏梁海人心睽渙，亂萌已兆，若不仰求宸斷，仍任塔城爭執，永無完結，則一誤再誤，恐將立啟爭端，釀成邊患。況據屬呈呼籲，亦難匿不上聞，此臣悃欵之愚，所以不能遂已於言也。夫事之必須查辦者，原因理涉兩可，勢處互爭，非躬親目擊無以釋游移而定辦法。今以烏梁海自有舊牧，當初借安（剌）[喇]（麻）[嘛]，事過境遷，忽被塔城占踞，且霸至二十餘年之久，復私佔至二千數百里之多，更縱令劣員妄肆苛虐，漁肉蒙民，在塔城為不應為，極為無理；在烏梁海索所當索，實為有詞。準之天理人心，稽之朝章廷旨，夫固名正言順，至公至平，本無待反復推詳，始衷一是。況已屢奉上諭，猶且紛紛執奏，抗不遵行，似此外重內輕，尤非所以尊朝廷而恪共臣職之道也。且臣聞長庚自請前往阿爾泰山，本因曾奉敕查，迄未辦理，總係經手未完。

又見馬亮、饒應祺等有安插逃哈一奏，牽涉借地，以長庚會查者，而馬亮竟欲接辦以拾其漏，長庚自不能不汲汲電請親往察勘，實則長庚於塔城霸佔烏梁海游牧及委員延年種種劣跡早已不以為然，並深悉塔城強奪之誤，亦頗知科城割讓之難，觀其徘徊審顧、遲遲有待者，蓋已煞費躊躇矣。況此次烏梁海七旗盼還游牧，實屬萬分急迫，顯出不甘之言，隱挾相爭之勢。儻仍曲徇塔城，定必立致釁端，諒長庚亦絕不肯操切從事，致激蒙變，以甘為禍先也。臣伏查該將軍久在西北，前後二十餘年，於蒙哈情形最為熟悉，夙早負才名，飽更世變，其辦事持重早為臣所知，度其查明覆奏，恐除歸地外亦未必別有辦法。竊以為不如敕諭長庚熟察蒙情，仍遵前旨辦理，俾烏梁海共頌聖明，益堅翊戴而使恩出自上之為得也。如此則烏梁海感戴鴻慈，爭可平，患可彌，即於塔官之怨憤，塔哈之仇隙均可解釋，不至再圖報復，是亦駕馭蒙古之微權。伏望俯納芻言，深維早計，大局幸甚。臣幸甚。臣以此事輾轉焦慮，寢饋不安，既已明知烏梁海情急勢迫，將為困獸之爭，塔城斷不能收漁人之利，何敢稍存諱飾，致誤事機，用敢不揣冒昧，繕摺馳陳，敬申管見，並將烏梁海原呈一件譯漢祇呈御覽，伏祈皇太后、皇上聖鑒訓示施行，無任迫切待命之至。

再，烏梁海十一月二十四日所遞呈詞，與第二次呈詞大致相同，另行譯漢呈送軍機處查覈。合併聲明。謹奏。

光緒二十八年十二月初八日拜發。

光緒二十九年二月初六日遞回。

奉硃批：另有旨。欽此。

正月十三日

10. 將軍長庚函詢定地示期晤商公事可否請旨片

再，臣正繕摺間，先後接到將軍長庚兩函：一由庫爾哈喇烏蘇發；一由額爾齊斯河發。第一函（屬）[囑]令臣繪寄烏梁海地圖，並詢及烏梁海游牧現在究係如何情形，潛住科境哈薩克人衆現存實數若干，近年蒙哈雜居究係如何安置，以臣訪察必確，見聞必周，懇即復信詳晰告知；第二函係告臣以其辦理此事初無成見，決不能偏徇新疆，置北路於不顧，亦不欲（迴）[迴]（議）[護]塔屬拂科境之輿情，並以其中情形不一，緘牘非能盡達，不如晤面會商，可以暢所欲言，於辦理此事尤可易臻妥協。因知臣先已奉派往勘阿爾泰山，清查哈民，業經奏明，擬於明年夏間前往，甚願臣移於明春起身，以便彼此會晤，並令臣示期定地等語。查長庚於借地一事立論甚屬持平，辦法當無左袒，其欲臣往晤一節，昨讀邸鈔，敬悉幫辦大臣已蒙簡放英秀，該大臣前經臣派令晉京，藉差引見，現在尚未回營，臣刻仍不敢遠離，計英秀明年正月內當可到任，彼時或可前往古城一帶與長庚訂期會晤，臣或由彼取道瑪納斯以達布倫托海，察視該處渠屯各工，順赴阿爾泰山，或仍折回札哈沁沙紫蓋台，前赴阿爾泰山，均可隨時酌行，否則長庚必欲見面，臣不往，長庚便須前來科布多境內晤商一切，臣未敢擅便。

理合附片陳明，請旨訓示祇遵。謹奏。

光緒二十八年十二月初八日拜發。

光緒二十九年二月初六日遞回。

奉硃批：知道了。欽此。

正月十三日

11. 密陳塔城久佔游牧烏梁海人心不甘恐為邊患片　以上十二月初八日拜發

再密陳者，臣細閱烏梁海所遞兩呈，於塔城久佔游牧實不甘心，所謂困獸猶鬭也。故一則曰烏梁海若不將游牧收回，我等不惜萬人之命，必向塔城之人爭鬭，並都要努力堅守阿爾泰山；一則曰七旗人等實難免渙散，其狡強者不免流為盜賊，設再有外人（句）[勾]引誘往彼方，害不可言，無法彈壓，誠恐激變，將有不測等語。詞意至為激切。該部落人夙強悍，向以射獵著聞，且多蓄有鳥槍，丁口萬餘，其中少壯尚多可用，近年生計日艱，患貧已甚，故該旗雖幼童女子皆知好地為塔城佔踞，惟恐不還，同聲怨恨。又加俄人於開拓疆土之外，頗知收籠人心，常加煽動，臣亦頗聞烏梁海人心近年不甚堅固，易受愚惑。

故臣於該旗呈詞所言各節閱之增悚，不敢謂為恐嚇，直須早作隄防。況科布多所管蒙古各旗惟烏梁海地方最為廣遠，若其人已有離心，必致大為邊患，彼時剿撫亦處兩難，儻竟投入俄疆，諂附俄人，為之要索自有游牧。臣不知彼時新疆如何因應，勢將為朝廷重增宵旰之憂，蹙疆域而啓戎心，攘權利而誤大局。臣實懼之！危之！伏望聖明深維遠慮，早賜宸斷，斥絕妄奏，速沛宏慈，不惟烏梁海感激天恩，即臣亦可幸免大戾。

迫切愚誠，伏祈聖鑒。謹奏。

光緒二十八年十二月初八日拜發。

光緒二十九年二月初六日遞回。

奉硃批：覽。欽此。

正月十三日

謹將烏梁海七旗呈請速收借地原文譯漢祇呈御覽。

烏梁海左翼散秩大臣額爾克舒諾、副都統察汗博勒克、總管桑敦札布、總管額齊爾札布、右翼散秩大臣三音博勒克、總管棍布札布、總管瓦齊爾札布率同衆蒙古等謹呈，為聯名瀝呈懇請察覈，據情上奏，請旨施恩事。

竊查阿爾泰山哈巴河借地一案，本年五月間蒙參贊大臣據情具奏，應即收還烏梁海游牧，欽奉硃批：依議。職等於十月皇太后萬壽聖節均詣科布多萬壽宮隨班叩祝，當蒙參贊大臣宣示恩旨，職等跪聆之下，欽感同聲，遵即齊詣萬壽宮叩謝天恩，並呈請代奏。亦奉旨：知道了。欽此。

惟因現在聞有長將軍前往該處查勘情形之舉，是此事尚須斟酌，卑旗蒙古人等又復驚惶異常，浮言四起，均說此次不能收回，後任按班更無可望，惟恐失地，人心搖動。職等忝為官長，無法彈壓，是以一齊來城，面稟實情，求為設法彌患，昨於十一月二十四日親遞呈文，蒙許嚴辦在案。

近日面聆鈞訓，始知參贊大臣於借地一事近又再三陳奏，不敢再瀆聖聰，第念卑旗苦楚下情，仍有不能不言，且以事關大局，更有不忍不言者，設此地若竟改歸塔城，則職等實為不忠不孝不明不義之人，而且大患方張，隱憂難釋，深慮人心渙散，變端立見。儻哈巴河借地不還，仍歸塔城，本烏梁海實難再支，老弱者必致轉於溝壑，強壯者散於四方，投往他處，難免引誘入俄，終為邊患，用敢不辭處分，為我參贊大臣再詳陳之。

伏查阿爾泰山、額爾齊斯等地方本是烏梁海自行帶地歸服聖朝。乾隆二十四年欽奉高宗純皇帝諭旨，賞給永遠住牧，今若自職等手內棄去，是為不忠；又光緒九年與俄人分界，原議割讓哈巴河一帶地方，職額爾克舒諾之父巴圖莽鼐持理力爭，屢請大臣代奏，終歸罷論，地得未失，今若從職等失去，是為不孝；又烏梁海所有游牧地方，惟阿爾泰、額爾齊斯等處為好，現在所屬蒙民兵丁男女大小均被驅擠，無地住牧，明明有好地不要囘，必致飢寒交迫，生計日窮，是為不明；又職等大臣、總管等雖與兵民同一窮苦，然究有俸銀可支，比所屬稍強，今我等忝居官職，而漠視所屬人等凍餒而不恤，是為不義。且查此地為邊陲扼要地方，必須布置安官設兵，今若收回，尚可由科布多大臣實心籌畫布置，若仍歸塔不還，在塔不過藉以需索，漁利專圖，肥己身家之計，絕不整頓，終不可長保此土，是此地為烏梁海計，固應索還；為大局計，亦以索還為上策也。

查七旗原是一家，骨肉向來同心守分，少有爭鬪，自哈薩克蘭入以來，擁擠擾害，時有爭端。該哈搶劫為能，每每佔奪水草，近歲屢成訟案，去年尚有搶馬傷斃蒙兵情事，經參贊大臣派員查辦，該哈不願抵償，終歸賠卹了事。永遠如此，何能相安？實不能不擇地另行安插，加以較好游牧皆被塔城侵佔，且令塔哈住牧，致將七旗人等反被逼擠至水草不好之處，又派章京延年設法虐害我七旗之處，一言難盡。近來卑旗大衆聞借地雖經奏准收還，奈新疆偏向塔城，均有齊心將借地並私佔之地從此改為塔城產業，竟不稍為察酌烏梁海困苦流離情形，卑旗官兵老少人等無不同聲憤怨新疆不公不平，章京延年從中作主獻計，現在所屬人等一萬一千餘人，多有不服職等約束之意，且有科布多大臣亦不能約束之言，職等甚為驚惶憂慮。看來七旗人等實難免渙散，老弱者尚不過飢寒待盡，其狡強者即不免變為盜賊，設再有外人乘機（句）『勾』引誘往彼方，其為害更不可言矣。刻下七旗人心慌亂已極，職等無法彈壓，誠恐激變，將有不測之虞。職等伏思我皇太后、皇上待蒙古最為優異，天高地厚，職等知旗漢自己產業，皇家止徵租賦，從不無端追奪，今烏梁海七旗自有游牧養命之根基，諒我聖主必不加罪而抄沒之也。職等值此艱難，萬分急迫，惟有叩懇參贊大臣再為據情入奏，代求天恩俯恤，敕令塔城仍遵兩次諭旨，即行交還烏梁海自行管理，以資安置謀生，不至失所，貽憂國家。職等七旗之人均有天良，自當照舊供差，永圖竭誠，報效於聖世，無任悚懼，謹率同七旗人等上呈。

《散木居奏稿》卷之十四　門人鈴木吉武校字

卷之十五　讓賢集

幹難　瑞洵

光緒癸卯

1. 懇開差缺並請另簡賢能摺
2. 阿勒台山防務請敕（故）[新]撫妥籌布置片
3. 邊防用欵報銷開單具奏摺　附清單
4. 暫安台站片
5. 奏保委員片

1. 懇開差缺並請另簡賢能摺

奏為邊務日益艱難，臣病勢日益沈劇，實屬不勝鉅任，深恐貽誤。籲懇天恩開去臣差缺，回旗調理，並請速賜另簡賢能前來接替，以重嚴疆，瀝陳實在下情，仰祈聖鑒事。

竊臣以駑鈍之資，過蒙倚任，光褚二十五年九月由翰林院侍讀學士超擢科布多參贊大臣，臣感激馳驅。抵任以來，雖與水土不宜，然齒戟方強，心力尚可支拄。故於公事奮勉籌辦，從未稍即怠荒。詎料庚子秋，軍務猝啟，口外烽煙告警，風聲鶴唳，草木皆兵。旋聞鑾乘西巡，聯軍深入，大局不絕如縷。臣憂憤之極，遂以致疾。自時厥後，諸證踵增，而以去歲病為尤多，時乃最久，先後蒙恩賞假三次，嗣因冬防緊要，又值新疆有勘察阿爾泰山借地之舉，蒙哈驚疑，人心不靖，臣不得不力疾強起，照常視事，以資鎮撫，其實病猶未愈也。滿擬公餘靜攝，體氣漸復，尚欲遵旨前往阿爾泰山，將哈民清查，妥為安插，再將該處應辦事宜詳察實奏。故臣去年十一月仍有暫駐阿爾泰山之請，比接長庚函商，願於今春定地會晤，面商公事，亦經臣附片請旨遵行，誠以臣子之義厥重，匪躬力苟能為，不容諉謝。

豈意一交春令，二豎復又侵尋，自元旦至今日重一日，不惟腦鳴加甚，更添下部之證，晝夜不止，危篤萬分，氣血既虛，變態百出。正月初六日早晨，忽舌強不能言語。現話雖能說，而左臂左骽麻木不仁，竟如痿痹，神志忽明忽昧，又似庚子秋間光景。始患心悸僅止夜間，今則白日亦動輒驚惕，尤畏金木之聲。公牘不能閱視，屬僚不能接見，呻唫衾褥，一息僅存。塞上既無明醫，又乏良藥，愈治愈壞，直無術以起沈疴。夫臣疢疾纏綿，此猶一身之災，無足輕重，乃至外人乘之，而益肆欺凌鄰境，因之而更圖傾害，則且有礙大局，其患將中於國是，此實臣所大懼也。

伏維科布多為北路要區，邊務本已殷繁，加有哈薩克錯居，種族紛龐，號稱難治。當此事會艱難，百端待舉，即勤明強固、精力過人者猶不足以幹濟。臣則既短於才，復困於病，久膺鉅任，萬不能勝。矧密邇強鄰交涉，動關重要，忍辱因應，尤覺智盡。能索有過無功，委緣臣不諳洋務，辦理失宜，頗為俄人所不喜。前彼公使照會外務部，已有責言。是臣即不以病去官，亦將因事去官矣。臣晝夜以思，邊務如此之棘，病勢如此之深，若不退避賢路，仍戀棧以圖苟安，覆轍償轅，終將顛躓。彼時即將臣治罪，已屬無及。

再四籌維，前蒙屢賞假期，今病已至此，理應解職，惟有迫切陳情，籲懇天恩垂念邊疆重要，久病之人不勝鉅任，俯准開去臣差缺，感荷矜全，實無既極，並求速賜另簡賢能之員前來接替，整頓一切，俾不終於貽誤，地方幸甚！臣年甫四十有五，如得仔肩暫釋，不蹈愆尤，或可興疾回旗，安心醫治。儻蒙福芘，調理就痊，即當泥首宮門，求賞差使，再圖犬馬之報。至謂規避苦寒，飾詞引退，臣忝為世臣，不敢出此。

謹繕摺瀝陳實在下情，不勝惶悚，依戀待命之至。伏祈皇太后、皇上聖鑒訓示。謹奏。請旨。

光緒二十九年二月十九日拜發。

本年四月初九日遞回。

奉硃批：著再賞假三個月，毋庸開缺。欽此。
三月十五日

2. 阿勒台山防務請敕(故)[新]撫妥籌布置片

　　再，臣前奏阿爾泰山一帶地方橫被侵佔，蒙哈憤怨。塔城駐防委員延年辦理乖方，需索苛斂，任令塔哈廣佔烏梁海游牧各情，欽奉寄諭：事關北路大局，著潘效蘇確切查明，妥籌整頓，並將該地方應辦事宜，如何布置詳悉具奏等因。欽此。具仰聖明，眷顧邊疆，孜孜求治之至意，曷勝欽服。臣伏查該處借地，現在應聽長庚察勘覆奏，歸還計尚需時。惟阿爾泰山一帶久為俄人所垂涎，往者中法交綏，俄人潛越邊界，直抵布倫托海，以求魚為名，窺探路徑，不為無因。今俄情叵測，仍未寢謀，既奉諭旨責令新疆整頓，撫臣潘效蘇曾茬戎行，辦事明決，不似饒應祺之顢頇敷衍。應請密敕該撫妥籌布置，思患豫防。臣現已因病籲請開缺，萬不可稍存退讓，總以地方為重。況該處借地尚隸塔城，本歸該撫統轄，抑亦責無旁貸也。
　　管見所及，謹附片密奏，伏祈聖鑒訓示施行。謹奏。
　　光緒二十九年二月十九日拜發。
　　本年四月初九日，承准軍機處知會：原片奉旨留中。欽此。
三月十五日

3. 邊防用欵報銷開單具奏摺　附清單

　　奏為光緒二十六年布置邊防，辦理蒙古團練暨護城、護卡蒙軍用過口分津貼，隨營各處文武薪費，一切犒賞、修理等項銀兩，並挑留蒙兵，發給薪費口分，謹將收支欵目遵旨開單報稍，繕摺具陳，仰祈聖鑒事。
　　竊照光緒二十六年軍務猝啟，北路戒嚴，臣是年六月到任後，即接理藩院飛咨祗錄諭旨，飭令蒙古各旗簡練隊伍，辦理邊防。旋欽奉寄諭，令臣就所轄地方妥籌布置，嚴加防守。復奉諭旨：准令挑練蒙兵，自固邊防等因。欽此。

當以換防屯田兵丁額數既稀，又別無滿漢軍隊可資調度，祇有舉辦蒙古團練並參用清野之法，安其游牧，即以效我扞禦，杜彼侵掠。因令杜爾伯特、土爾扈特、霍碩特、明阿特、額魯特、札哈沁、烏梁海諸部三十旗，每旗挑選兵丁二百名，一半馬隊一半步隊，駐防本旗，通合六千名。又另於杜爾伯特、明阿特、額魯特三旗復行挑選兵丁、馬隊二千名，以一千名餇調來城駐防，以一千名分派前赴阿拉克別克、昌吉斯台八卡倫助守，其團兵營制餉章酌照光緒六年駐練札薩克圖汗蒙兵成案辦理，護城、護卡之兵營制餉章則按同治十一年前大臣長順練兵成案辦理，所有團練並護兵辦齊，起支口分日期均經奏明在案。

旋因經費難繼，防務稍鬆，復經臣附奏，先行裁撤團兵三千名、護城護卡兵一千名，截至光緒二十六年閏八月底止，嗣奉諭旨令將團練蒙兵全行裁撤，護城護卡兵裁撤一千五百名，暫留五百名，認真挑選分防各處等因，臣謹即遵旨辦理。算至是年十月底止，復共裁撤三千五百名，其月支津帖、口分、薪費各項全係動用庫存平餘雜欵及挪借商欵等項撙節開支，以上各節節經臣陸續奏陳，隨時咨行戶、兵二部查照。至奉旨留兵五百名，臣於去年四月又經奏明，減數改為保護洋商之兵，奉旨允准。

嗣於十月間，並奉戶部咨令，辦理聲覆。惟以餉項尚無的欵，祇於上年十二月底先行裁撤三百名，仍未能按照每旗十兵餇令挑補，以事關護商，計授不宜，或放或停，恐滋懈弛，轉致疏虞也。所有辦防用欵及留兵餉需，值庫儲虛竭之秋，邊防喫緊之際，全仗騰挪乞貸，催索欠餉，設法支應，煞費苦心。既無不合例之動支，更無不覈實之欵目。前經臣奏請免造細冊，欽奉恩旨：准其開單報銷。欽此。臣感激之餘，倍增悚惕。即飭前管籌防支發委員會同糧餉處詳悉鉤稽，覈算辦理。茲據該委員等分晰開報，繕列簡明清單，呈請奏咨前來，臣詳加覆覈，舊管無項，新收提用庫存平餘雜欵經費、挪借商欵、新疆墊撥奉旨飭部撥給山西、河南協解舊欠台費暨糧石變價扣收一分平餘，六分減平，一併列入正項，統共合收庫平銀十五萬四千八百九十七兩三錢六分。開除團練蒙軍、護城護卡蒙軍、奉旨暫留蒙兵各營官弁、兵丁口分，並籌防文案、支發各處、派辦清野、駐台駐卡、督催文報、偵探軍情，隨營文武員弁酌給薪水、津貼及修補器械、鞍韉、添購馬匹、氈房、皮衣暨一切雜支各項，共實支庫平銀十五萬八千六百一十八兩，應扣減平平餘銀兩悉遵部章辦理，實在仍不敷銀三千七百二十兩六錢四分，欠借商欵銀四萬九千三百兩，其不敷銀兩已於糧餉處存留雜欵項下如數撥補。至商墊之欵自應俟山西、河南兩省將舊欠台費銀兩解到陸續歸還。惟近年興辦屯工及整頓地方，各事時有通融，既不宜失信商民，而市廛枯窘異常，尤賴官力維持，方與地方有益。除山西舊欠台費銀兩據該藩司許俟今年夏間撥解清欵外，應乞天恩敕部再為行催河南巡撫轉飭藩司，仍將欠解台費銀兩速予籌撥，俾資彌補而免賠累，出自鴻慈，所有辦理邊防、挑留蒙兵一切動支各欵逐一確覈，委係實用實銷，毫無浮濫，仰懇敕部准銷，以清欵目。

除將清單分咨戶、兵、工三部查覈外，理合繕摺具陳並敬繕簡明清單，祇呈禦覽，伏祈皇太后、皇上聖鑒，敕部准銷施行。謹奏。

光緒二十九年三月二十七日拜發。

本年五月十六日遞回。

奉硃批：該部知道，單併發。欽此。

四月二十三日

謹將光緒二十六年辦理邊防團練、蒙兵調練、護城護卡蒙兵各項收支欵目暨留兵五百名，截至裁撤日止，開支餉費，遵旨開具簡明清單，祇呈禦覽。

計開：

舊管無項。

新收：

一、收奏提糧餉處扣平雜欵等項庫平銀二萬兩；

一、收奏提糧餉處經費庫平銀一萬二千三百六十九兩；

一、收陸續挪借商號科平銀五萬兩，合庫平銀四萬九千三百兩；

一、收戶部撥給庫平銀一萬兩；

一、收新疆墊撥湘平銀二萬兩，合庫平銀一萬九千一百九十四兩；

一、收山西撥解舊欠軍需台費庫平銀二萬兩；

一、收河南撥解舊欠軍需台費庫平銀一萬兩；

一、收借動糧餉處存儲六分，減平庫平銀一千六百兩；

一、收本案支發各項扣回六分，減平庫平銀九千五百一十七兩零八分；

一、收本案支發各項扣存一分，平餘庫平銀一千五百八十六兩一錢八分；

一、收動用倉糧五百石，按照時值每石二兩七錢，變價科平銀一千三百五十兩，合庫平銀一千三百三十一兩一錢，

以上共收庫平銀十五萬四千八百九十七兩三錢六分。

開除：

一、支光緒二十六年分杜爾伯特左翼十二旗、右翼四旗，土爾扈特二旗，霍碩特一旗，札哈沁二旗，烏梁海左翼四旗、右翼三旗，明阿特一旗，額魯特一旗，共三十旗團練蒙兵六千名，一半馬隊一半步隊，每名月給口分銀三兩，自是年八月初一日起連閏算至十月底止，計四箇月，共發銀五萬四千兩；

一、支分帶團練蒙兵杜爾伯特等三十旗營總三十員、帶隊章京三十員、隊官三十員、畢齊業齊三十員、蒙古醫生三十名、蒙古獸醫三十名，自是年八月初一日起連閏算至十月底止，計四箇月，應領口分，共發銀三千零六十兩。

以上團練蒙兵並官弁、官醫等每月支銀一萬九千零二十兩。自光緒二十六年八月初一日起至閏八月底止，計兩箇月，共支銀三萬八千零四十兩。

旋於是年閏八月底奏明裁撤團練蒙兵三千名，仍留團練蒙兵三千名。又自是年九月初一日起至十月底裁撤之日止，計兩箇月，每月支銀九千五百一十兩，共發銀一萬九千零二十兩。二共發銀五萬七千零六十兩，係照光緒六年前參贊大臣清安調練蒙兵准銷成案支給。

一、支團練各旗添補馬匹、修理鞍韉、器械，每旗發銀五百兩，計三十旗，共發銀一萬五千兩；

一、支光緒二十六年分杜爾伯特、額魯特、明阿特選練護城、護卡蒙兵、馬隊二千名，每名月給口分銀四兩。

自是年八月初一日起連閏算至十月底止，計四箇月，共發銀二萬四千兩。

一、支護城、護卡蒙兵管帶四員，營總八員，帶隊章京八員，隊官八員，畢齊業齊八員，蒙古字識八名，通事八名，官醫生八名，獸醫八名，自是年八月初一日起連閏算至十月底止，計四箇月，應領口分、心紅、柴炭，共發銀一千三百四十四兩；

一、支印務蒙古糧餉等處翼長二員，蒙古書手四名，漢字識四名，聽差兵四名，自是年八月初一日起連閏算至十月底止，計四箇月，共發津貼銀八十四兩；

一、支印務蒙古糧餉三處，月支心紅、紙張，自是年八月初一日起連閏算至十月底止，計四箇月，共發銀七十二兩。

以上護城、護卡官弁、官醫、字識等並各處翼長心紅、津貼等項，每月支銀八千五百兩。自光緒二十六年八月初一日起至閏八月底止，計兩箇月，共發銀一萬七千兩。旋於是年閏八月底奏明裁撤護兵一千名，仍留護兵一千名，又自是年九月初一日起至十月底裁撤之日止，每月支銀四千二百五十兩，計兩箇月，共發銀八千五百兩。二共發銀二萬五千五百兩，係照同治十一年前參贊大臣長順練兵成案支給。

一、支分赴蒙旗督催清野委員差弁三十員，隨營差遣文員二員、武員一員，武弁二員，籌防處筆帖式八員、書識八名、兵役十六名，自光緒二十六年七月初一日起連閏算至二十七年五月底裁撤之日止，口分、津貼共發銀五千七百七十二兩；

一、支奏設籌防處，月支心紅、紙張，自光緒二十六年七月初一日起連閏算至二十七年五月底止，計十二箇月，共發銀二百八十八兩。

以上各旗督催清野委員，並隨營差遣員弁及籌防處筆帖式兵書人等，月支津貼、心紅銀五百零五兩。自二十六年七月初一日起連閏算至二十七年五月底裁撤之日止，計十二箇月，共發銀六千零六十兩。

一、支光緒二十六年十一月以後，奏留杜爾伯特、烏梁海蒙兵、馬隊五百名，每名月支口分銀三兩，自是年十一月初一日起至二十八年十二月底止，計二十六箇月，共發銀三萬九千兩；

一、支留兵馬隊管帶三員、參領委營總三員、帶隊章京十員、隊官十員、畢齊業齊十員、漢字識十名、通事十名、醫生十名、獸醫十名，自是年十一月初一日起至二十八年十二月底止，計二十六箇月，月支口分、心紅、柴炭，共發銀一萬二千九百七十四兩，此項官弁兵等原擬每月加給口分官二兩、兵一兩，係經奏咨奉准，嗣因餉項支絀，並未照加。

以上奏留蒙兵並官弁兵等及心紅、柴炭、口分，月支銀一千九百九十九兩，自光緒二十六年十一月初一日起至二十八年十二月底分別裁留之日止，計二十六箇月，共支銀五萬一千九百七十四兩。

一、支賞給蒙兵五百名皮衣銀，每名二兩，共發銀一千兩；

一、支光緒二十六年六月初一日起連閏算至二十七年五月底裁撤之日止，派駐內地及蒙古各旗偵探敵情委員弁兵十六員名，每員名月支津貼銀四兩，計十三箇月，共發銀八百三十二兩；

一、支光緒二十六年七月初一日起連閏算至二十七年五月底裁撤之日止，派駐東、南兩路台站經理遞送摺報、公文筆帖式二員，月支津帖銀四兩，兵書四名，每名月支津帖銀二兩，每月共支銀十六兩，計十二箇月，共發銀一百九十二（銀）〔兩〕，係照舊案減半支給；

一、支蒙古護城、護卡兵添購氈房一百頂，每頂價銀十兩，共發銀一千兩。

以上統共開支餉費及各項庫平銀十五萬八千六百一十八兩，以上統收各項並挪借商號共合庫平銀十五萬四千八百九十七兩三錢六分，實在不敷庫平銀三千七百二十兩六錢四分。查此已由糧餉處雜欵項下撥補，尚欠挪借商號庫平銀四萬九千三百兩。查欠借商欵應咨催山西、河南兩省撥解舊欠台費陸續歸還並俟有欵酌量彌補。

4. 暫安台站片

再，布倫托海距科布多城計程已及二千里之遙，自去春設局開渠布屯，檄、諭、稟、函往來絡繹，皆須交由札哈沁、土爾扈特、烏梁海右翼紆繞接遞，不能直達，動延時日，難期迅速，竟有一文三月始經接到者，殊誤事機，自非暫行安台不可。現值接修渠道，工作繁興，除籽種、農具各項業已陸續派員解往，兵工匠役人等日食糧麫並飭就近採買。惟局中需用銀茶仍須由城運濟，而工屯緊要，創始經營尤資指示。當經檄飭札哈沁、土爾扈特、烏梁海左右兩翼各行擇定水草較好地方分安台站，止供接遞文報，計從札哈沁沙紫蓋台起至布倫托海止，共接安十三台，每台派駐蒙兵二名，並隔三、四台各加派筆齊業齊一名，按台各設駝二隻、馬四匹，筆齊業齊每名月支口分銀二兩五錢，兵每名月支口分銀二兩、各月支糧四斗二升，駝馬均按向來採買價值購置。至台站向有羊價一歀，係為來往差使官兵支食之用，不能不給，令酌照南北台站章程覈發。已據各旗覆報，均於三月初一日設齊，此項作為暫安台站，至將來屯田有效，轉運一切更資台力，尚應體察情形從新更置。

除咨部查照外，理合附片陳明，伏祈聖鑒敕部立案。謹奏。

光緒二十九年三月二十七日拜發。

本年五月十六日遞回。

奉硃批：該部知道。欽此。

四月二十三日

5. 奏保委員片

再，籌防出力章京各員，臣已於前年十二月間具摺奏保，欽奉硃批：著照所請，該部知道。欽此。嗣准部咨均已欽遵註冊。此外尚有當時在事同一出力之文員，自未便獨令向隅。查有州同職銜崔象侯，前經臣奏明留營，派在文案處辦事並籌防處當差，祇以到營未久，止將其勞績錄記候獎，未肯遽加保舉。惟查庚子之變，北路戒嚴，敕籌邊備，當以兵力太單，難資禦侮，惟有試辦蒙古團練，參用前人清野之法，保游牧以支危局，遂委該員專任督查，周巡諸部，綿歷三秋，辛劬罔懈，其於隨辦城防，迭奉差委，亦均奮勉。去春派赴布倫托海勘修渠工，布置屯務，百端草創，煞費經營，該員備嘗險艱，毫無畏縮，且留營瞬及三年，查看該員雖無過人才智而肯任勞怨，即為難得。現值籌邊用人之際，似當量加激勵，獎其前勞，即以策其後效。合無仰懇天恩，俯准敕部，將州同職銜崔象侯以直隸州州同，不論雙單月，遇缺儘先即選，並請賞加五品銜，以昭勸勉。出自鴻慈逾格。

除飭取該員履歷咨部外，理合附片具陳，伏祈聖鑒訓示。謹奏。

光緒二十九年三月二十七日拜發。

本年五月十六日遞回。

奉硃批：吏部議奏。欽此。

四月二十三日

　　　　　　　　《散木居奏稿》卷之十五　門人鈴木吉武校字

卷之十六　讓賢集

斡難　瑞洵

光緒癸卯

1. 屯工需欵請敕部撥摺
2. 加種賞銀片
3. 借駝幫價〔等項〕片
4. 屯田局召募民勇片
5. 賞假謝恩摺
6. 接任謝恩摺　代
7. 請補屯田蒙古參領摺　代
8. 並無私〔窆〕〔挖〕片　代
9. 洋務局另刊關防片　代

1. 屯工需欵請敕部撥摺

奏為屯田緊要，工用浩繁，借墊已多，力難為繼，籲懇天恩敕下戶部，先於允協籌邊經費暫行酌量撥給，以濟急需，期收成效，繕摺具陳，仰祈聖鑒事。

竊布倫托海創修渠工暨布置開屯一切事宜，並籽糧係由加種，駝隻借用蒙旗，期節採運之費各緣由，經於上年十一月二十八日具摺陳奏，復聲明一切用欵均係臣設法騰挪借墊，支用不貲等情，本年正月二十二日遞回。奉硃批：著即督飭，認真經理，務收成效。欽此。仰承訓誨之切，責望之殷。臣敢不勉竭庸虛，少圖稱塞，自當督飭承辦各員實力經營，殫心辦理，不使稍有懈怠，功敗垂成，雖在病中，亦復未忘申儆。現據屯田局稟報，已於三月初四日復行開工，將未完渠道接續興修，其開種應辦事宜亦趕緊預備。惟是需用一切，甚屬不敷。去年設局以後，所需工料採買轉運已支用八千數百兩之數，而布置開屯，製購農具、耕牛、駝馬，馱運籽種，借駝幫價，採買糧糈種種用項又已用過一萬四千餘兩。至該局月需甎茶、糧麪或自科布多解濟，或由古城瑪納斯一帶催運，腳價尤昂，加以目下工作方急，添調蒙兵、招募民勇，糧餉彌益增多，凡茲在在需貲，若不預籌接濟，恐無以覩成功而速集事，懇請亟辦等情前來。臣查布倫托海屯田，當同治年間曾頒部帑，特派重臣，竟以辦理無方，終歸寢罷。此次重新修舉，乃仰體聖明，興屯實塞，事期必就，不敢因循。現將作大興，動支頗鉅，庫儲夙非豐裕，既無可挪，市商早罄，蓋藏又難再借。況臣已因病乞休，益覺無術持籌，空嗟仰屋。前閱邸鈔：陝西省籌辦水利，擬懇劃留部歁十萬兩，先行濟工，奉旨照請欽遵有案。茲科布多事同一律，工程固無彼之鉅，工歁亦無彼之多。臣去年遵旨估計辦事需用經費約數，奏奉戶部議准，布倫托海開辦屯田，一切用歁需銀四萬兩，許俟各省將衛所屯田契價一事清查，舉辦集有成數，即由部分撥，作為開辦經費，刻尚不知各省辦理如何，但繳價即未必通行，而稅契為國家令典，萬無不能辦成之理。若照衛屯二十五萬餘頃計之，亦應可得鉅歁。此時當已陸續查報候撥，臣謹擬先向戶部請借銀四萬兩，權濟屯工之急，仍由戶部將來於籌邊經費內扣還清歁，此仍原估之數，於度支非有所耗，而於邊維屯墾得助其成，所益匪細。度部臣力顧大局，不遺邊鄙，必能體諒臣竭蹶之況與窮邊迫切之需也。第工屯方棘，待歁稽時，查前由戶部咨令山西劃撥收還阿爾泰山安插哈民經費銀五萬兩，前已派員赴領，不日即當解到，只可先於此項暫行挪用，俟此次請撥屯費到日，即為歸還，期於開墾、安民兩無耽誤。合無仰懇天恩敕部照撥，俾屯工不至中輟，邊利得以早興，地方幸甚！

　　臣實因現時籌無可籌，借無可借，重以諭旨一再責成，深恐以絀費誤工，有負委任，用敢為此無厭之請，謹繕摺具陳，伏祈皇太后、皇上聖鑒訓示，無任悚切，待命之至。謹奏。

　　光緒二十九年三月二十七日拜發。

　　本年五月十六日遞回。

奉硃批：戶部議奏。欽此。
四月二十三日

2. 加種賞銀片

再，農田籽種必須新糧。科布多十屯每年收穫約在六、七千石上下，以之支放官兵廩糈並接濟烏里雅蘇台，所餘即已無多。布倫托海開屯需籽實不便取資於倉，以致儲峙或絀，但若於新疆購買採運，費亦不貲。臣悉心籌計，惟有加種一法，遂於上年春飭糧餉處於十屯每屯加發小麥籽種二十石、大麥四石，責成屯田參將督率官兵逐屯加種，比屆秋收，已據交納新糧小麥八百三十八石二斗五升，大麥一百六十一石七斗五升，業飭運赴屯局。查加種必須添兵，先據該屯稟請，臣以事屬暫舉，未肯允從，惟既為國家節帑，即不宜過失體恤，已於上年九月間賞給銀六百兩，令蒙古官兵分領，以獎微勞，其綠營官兵需欵不多，並由臣捐廉另行酌賞。

除咨部外，理合附片陳明，伏祈聖鑒，敕部查照。謹奏。

光緒二十九年三月二十七日拜發。

本年五月十六日遞回。

奉硃批：該部知道。欽此。

四月二十三日

3. 借駝幫價[等項]片

再，臣前於具報布倫托海渠工大概情形及布置開屯一切事宜摺內曾經陳明，轉運籽糧、農具等項，官駝不堪多用，民駝腳價太貴，擬向蒙旗借用，期資節省。旋即商定杜爾伯特、土爾扈特、札哈沁三部落共借到健駝六百五十隻，經派官兵督同押駝，蒙古官兵將籽種一千石及農具、甎茶各項連用官駝三百隻，共九百五十隻分次起運。已據報於二月內先後運至屯田局交納，平安無事，駝隻倒（弊）[斃]不過三十五隻，按例亦未逾額，該蒙古官兵等實屬出力，當由臣酌加酬賞，計幫價銀一項給杜爾伯特左翼四百兩、右翼四百兩；土爾扈特王旗一百兩、貝子旗一百兩；札哈沁旗三百兩；蒙古押運官兵一百一十員名，共發給川貲銀五百零六兩；綠營官兵支給治裝在外。至補倒按每隻十五兩，共給銀五百二十五兩，以上通共僅用銀二千三百三十一兩，計省僱駝價銀四千五百餘兩。惟由官借用辦法向來視為苦累，苟非誠信素孚，蒙古絕不情願，即此亦止可偶一為之。

臣意在節省，恐與定例多所不符，謹附片陳明，伏祈聖鑒，敕部立案。謹奏。

光緒二十九年三月二十七日拜發。

本年五月十六日遞回。

奉硃批：戶部知道。欽此。

四月二十三日

4. 屯田局召募民勇片

再，查向來地方辦理工程多資兵力，良以民夫散漫，不如勇隊整齊，而兵餉工貲費亦相埒。北路匠人素稀，工值尤什（伯）[佰]內地，且往往居奇刁挾，布倫托海屯所僅有烏梁海蒙兵二百名，為數太少。去年興辦渠工，於傳調哈薩克之外，尚加招僱民夫，用人已及五百，而七月之久尚未告竣。蓋因此工異常艱險，勞費遂增。現在該處開工接修，據屯田局總辦稟請添調兵工，期速蕆事，爰復檄飭烏梁海兩翼，再行挑選精壯兵丁八十二名，派赴屯所助工，事竣即行撤回。又因該處時有劫掠之案，並令該局於阿爾泰山一帶就近召募務農民夫六十名，俾充屯田護勇，既以巡緝盜賊，兼可隨資差遣。茲據報，於三月初一日募齊點驗，均屬年輕力壯，諳悉農工，堪資彈壓土寇、保護屯田之用。餉則勇每名月支銀四兩二錢，勇目每名月支銀四兩八錢，暫仍挪墊支發，俟屯收有效，尚須通盤籌畫，妥定詳章，奏明辦理。

除咨部外，理合附片陳明，伏祈聖鑒，敕部立案。謹奏。

光緒二十九年三月二十七日拜發。

本年五月十六日遞回。

奉硃批：該部知道。欽此。

四月二十三日

5. 賞假謝恩摺

奏為叩謝天恩，仰祈聖鑒事。

竊臣於本年二月十九日因邊務艱難，病勢沈篤，不勝鉅任。當經瀝情具摺，懇恩俯准開去差缺，回旗調理。茲於四月初一日遞回原摺。奉硃批：著再賞假三箇月，毋庸開缺。欽此。跪聆之下，感激曷勝。伏念臣世受國恩，家承將種，馳驅萬里，荏苒三年，每維倚畀之優加，深愧涓埃之未報。前者自陳苦急，實以病危寄重，貽誤至為可憂，迺荷聖慈不棄，復蒙寬予假期，如此高厚隆施，臣雖捐糜頂踵，猶未足酬答萬一也。惟臣之病已成壞（證）[症]，塞上藥既不全，醫尤難覓，僅有一換防滿兵診治，剛柔雜進，謬誤恒多。邇來日益加劇，非得上工無從挽救矣，辜恩曠官，負疚滋甚，默計將來，恐仍不能不仰籲聖明暫求解職，然使遙蒙福庇，所患儻能見輕，即不復元，亦當強起任事，容俟三月後揣量情形，再為奏明辦理。

所有臣叩謝天恩緣由，謹繕摺具奏，伏祈皇太后、皇上聖鑒。謹奏。

光緒二十九年五月初六日拜發。

本年閏五月二十四日遞回。

奉硃批：知道了。欽此。

閏五月初五日

6. 接任謝恩摺　代

奏為恭報臣馳抵科布多接任日期叩謝天恩，仰祈聖鑒事。

竊於光緒二十八年十月二十三日奉上諭：英秀著賞給三等侍衛，作為科布多幫辦大臣。欽此。適臣於是年十一月初八日奉差至京，初十日當即叩謝天恩，旋於是月二十日跪請聖訓，蒙恩賞假一箇月，回旗省親，並奉旨：著照例馳驛前往。欽此。先後仰蒙召見二次，垂問周詳，誨諭殷切，跪聆之下，欽感曷勝。陛辭後，臣先回綏遠城原旗，本年正月二十二日假期屆滿，臣即起程，仍赴張家口，請傳台站，於三月初六日進發。茲於五月二十四日馳抵科布多，二十六日接任，當經恭設香案，望闕叩頭謝恩。伏維科布多為北路嚴疆，毘連外界，自參贊大臣瑞洵奮力經營，造端宏大，舉凡開闢地利、整飭戎防、柔輯遠人、撫綏部落，在在具有規模一新氣象。徒以人才罕到，經費維艱，急切難收速效，而強鄰偪處，交涉尤益為難。臣猥以駐防末弁，才識庸凡，荷蒙超擢幫辦大臣，每念施恩之逾分，恒覺受寵之若驚，重寄騾膺，亟思力圖報稱，惟有勉策駑駘，用心學習，恪遵慈訓，隨同參贊大臣瑞洵殫竭血誠，將一切事宜認真辦理，不敢稍涉敷衍，致萌廢弛，以冀仰答高厚鴻慈於萬一。

所有臣馳抵科布多接任日期，謹恭摺具陳，叩謝天恩，伏祈皇太后、皇上聖鑒。

再，臣經過內外蒙古，游牧均極安謐，雨水亦調，合併附陳。謹奏。

光緒二十九年五月初六日拜發。

本年閏五月二十四日遞回。

奉硃批：知道了。欽此。

閏五月初五日

7. 請補屯田蒙古參領摺　代

奏為請補屯田蒙古參領員缺，仰祈聖鑒事。

竊查科布多屯田蒙古參領員缺，每屆班滿，向係飭由三札兩盟保送人員奏明更換。前於上年十一月間因屯田參領圖布敦已屆三年期滿，當經札飭駐班札薩克等轉行該盟揀派妥員前來更替。茲據駐班公衘三等台吉色埒賚呈據札薩克圖汗部落盟長文稱：該缺請以現任屯田驍騎校札木色楞擬正，以屯兵薩木丹擬陪，請補屯田參領員缺等情，保送前來。臣覆查該員札木色楞，現年四十五歲，係札薩克圖汗部落人，在屯有年，既據擬正，自應以之請補屯田參領員缺，如蒙俞允，實於屯務有裨，其所遺屯田（饒）『驍』騎校之缺，另行揀補，咨院查照。

所有屯田參領員缺照依該盟保送擬正人員揀補緣由，理合繕摺具奏，伏祈皇太后、皇上聖鑒訓示。

再，參贊大臣瑞洵現在奉旨賞假，是以未經列銜，合併聲明。謹奏。

光緒二十九年五月初六日拜發。

本年閏五月二十四日遞回。

奉硃批：著照所請，該衙門知道。欽此。

閏五月初五日

8. 並無私(㪍)［挖］片　代

再，查札哈沁部落都蘭哈喇地方舊有鉛鑛，久經封禁，向由科布多、新疆兩處各派官兵於每年三月十五日前往該處會查有無私（㪍）［挖］以重邊禁在案。本年三月因屆會查之期，當經派委筆帖式惠陞，帶領兵丁馳往都蘭哈喇地方，會同巴里坤總兵所派委員於三月十五日會同巡查。茲據該員稟稱，查得該處並無偷（㪍）［挖］鉛砂情形，取具該總管等印結，稟請具奏前來。

除飭札哈沁總管等隨時稽查外，理合附片具陳，伏祈聖鑒。謹奏。

光緒二十九年五月初六日拜發。

本年閏五月二十四日遞回。

奉硃批：知道了。欽此。

閏五月初五日

9. 洋務局另刊關防片　代

再，查科布多原設稽查俄商局改為洋務局，前經奏奉外務部議准咨行遵辦，茲已另刊總辦科布多洋務局關防，於四月十七日發交該局領用，其舊關防並令銷毀，謹附片具奏。

光緒二十九年五月初六日拜發。

本年閏五月二十四日遞回。

奉硃批：知道了。欽此。

閏五月初五日

　　　　　　　　《散木居奏稿》卷之十六　門人鈴木吉武校字

卷之十七　維谷集

榦難　瑞洵

光緒癸卯

1. 代奏達賚汗謝恩摺　原摺滿漢合璧
2. 屯田收穫糧石摺　附單
3. 十屯播種完竣摺　附單
4. 蒙古保舉摺
5. 山西換防官兵變通辦理片

1. 代奏達賚汗謝恩摺　原摺滿漢合璧

奏為據情代奏叩謝天恩事。

竊照杜爾伯特左翼副將軍一缺，前經奏請，以該翼正盟長達賚（罕）[汗]噶勒章那木濟勒兼任等因，奉旨：著照所請，該衙門知道。欽此。當即檄知該（罕）[汗]，欽遵來城，祗詣萬壽宮叩謝天恩，並據該（罕）[汗]呈稱，噶勒章那木濟勒，蒙古世僕，知識庸愚，甫荷鴻慈，補授正盟長，茲復渥蒙聖恩，仍令兼任副將軍，隆施稠疊，感激靡涯。惟有勉循職分，將所屬官兵認真鈴轄訓練，期漸轉弱為強，以仰答高厚，生成於萬一。

所有感激下忱，懇請代奏叩謝天恩等情前來，理合專摺據情具奏，伏祈皇太后、皇上聖鑒。

再，參贊大臣瑞洵現在奉旨賞假，是以未經列銜，合併聲明。謹奏。

光緒二十九年閏五月初三日拜發。

本年六月十九日遞回。

奉硃批：知道了。欽此。

閏五月二十九日

2. 屯田收穫糧石摺　附單

奏為具報屯田收穫糧石分數，照章請將該管官員、兵丁分別給予獎賞，繕單具陳，仰祈聖鑒事。

竊查科布多光緒二十八年所種屯田十分，共收大麥、小麥、青稞三色糧六千七百六十六石，當派筆帖式春普會同屯防參將世襲騎都尉祥祐等，將所收糧石內揀擇乾潔三色糧七百石收入屯倉，以為今年籽種，其餘糧石均運交城倉收納。查例載種地官兵各視其收穫分數量加鼓勵等語。此次該屯田兼管、專管把總，蒙古兼管、專管參領、驍騎校、委章京及綠蒙各兵丁應得議敘賞項，據屯防參將世襲騎都尉祥祐呈請覈辦前來，臣覆查無異，應懇天恩將該參將祥祐交部照例議敘，其餘官弁、兵丁謹繕清單，恭摺具陳，伏祈皇太后、皇上聖鑒，敕下部院覈覆施行。

再，參［贊］大臣瑞洵現在奉旨賞假，是以未經列銜，合併聲明。謹奏。

光緒二十九年閏五月初三日拜發。

本年六月十九日遞回。

奉硃批：該衙門知道，單併發。欽此。

閏五月二十九日

謹將光緒二十八年十屯收成分數暨綠蒙官弁、兵丁應給議敘賞項，敬繕清單，祗呈御覽。

計開：

發領籽種小麥三百八十石，今收小麥四千二百六十四石四斗五升；

發領籽種青稞二百五十石，今收青稞一千一百二十五石；

發領籽種大麥七十石，今收大麥六百七十六石五斗五升。

查每歲十屯地內例應動用籽種糧七百石，上年共收穫三色糧六千七百六十六石，統計收成分數九分六釐六毫五絲。今將所收三色糧石仍照舊例存留籽種七百石收入屯倉外，其餘糧六千六十六石均收入城倉訖。

統轄屯田直隸昌平營參將世襲騎都尉祥祐，兼管屯田宣化鎮屬張家口營洗馬林堡把總丁喜，兼管屯田山西大同鎮屬河曲營把總馬根義，以上三員均係屯田員弁，統計十屯收成分數九分六釐六毫五絲，均應交部議敘；

專管頭、二、三、四屯宣化鎮標右營把總盧慶雲所管四屯，拉展收穫糧石九分二釐四毫七絲零，應交部議敘；

專管五、六、七屯宣化鎮標城守營把總張存德所管三屯，拉展收穫糧石八分二釐三毫五絲，應毋庸議敘；

專管八、九、十屯宣化鎮屬張家口營膳房堡把總趙金鼇所管三屯，拉展收穫糧石十二分六釐五毫二絲，應交部議敘；

兼管頭、二、三、四、五屯委署蒙古參領阿畢爾米特所管五屯，拉展收穫糧石九分二釐四毫九絲零，應給二等，賞小彭緞一疋；

兼管六、七、八、九、十屯委署蒙古參領圖佈敦所管五屯，拉展收穫糧石十分零零八毫一絲零，應給頭等，賞小彭緞二疋；

專管頭、二屯委署蒙古章京圖們額爾哲依所管兩屯，拉展收穫糧石九分一釐一毫七絲零，應給二等，賞小彭緞一疋；

專管三、四屯委署蒙古驍騎校札木色楞所管兩屯，拉展收穫糧石九分三釐七毫八絲，應給二等賞小彭緞一疋；

專管五、六屯委署蒙古驍騎校察杭班第所管兩屯，拉展收穫糧石九分一釐四毫九絲零，應給二等，賞小彭緞一疋；

專管七、八屯委署蒙古驍騎校濟克札布所管兩屯，拉展收穫糧石九分五釐零三絲零，應給二等，賞小彭緞一疋；

專管九、十屯委署蒙古章京那木濟勒多爾濟所管兩屯，拉展收穫糧石十一分一釐七毫八絲零，應給頭等，賞小彭緞二疋。

收穫糧石在十分、十一分以上二、八、九、十屯綠營兵三十二名，每名應給頭等，賞銀一兩五錢，蒙古兵一百名，每名應給頭等，賞茶二塊、煙二包；

收穫糧石在九分以上三、四、五、六屯綠營兵三十二名，每名應給二等，賞銀一兩，蒙古兵一百名，每名應給二等，賞茶一塊、煙二包。

以上共賞銀八十兩，除扣二成銀十六兩外，實給銀六十四兩，共賞小彭緞九疋，每疋折布八疋，每布一疋折銀三銀三分，共合銀二十三兩七錢六分，除扣二成銀四兩七錢五分二釐外，實給銀十九兩八釐，共賞茶三百塊，共賞煙四百包。

3. 十屯播種完竣摺　附單

奏為十屯播種完竣，繕單奏報仰祈聖鑒事。

竊照科布多屯田向於每年春雪消化，地氣開通，始行播種。前飭管屯官弁將去年倉存新收小麥、大麥、青稞籽種共七百石領出分給陸續布種。茲據報於四月二十九日一律播種完竣，謹將動用籽糧數目繕單衹呈御覽，伏祈皇太后、皇上聖鑒。

再，參贊大臣瑞洵現在奉旨賞假，是以未經列銜，合併聲明。謹奏。

光緒二十九年閏五月初三日拜發。

本年六月十九日遞回。

奉硃批：知道了。欽此。

閏月二十九日

謹將十屯播種動用籽糧數目繕單衹呈御覽。

計開：

小麥三百八十石，種地五十二頃七十七畝七分七釐；

大麥七十石，種地十一頃六十六畝六分六釐；

青稞二百五十石，種地四十一頃六十六畝六分六釐。

十屯通共動用小麥、大麥、青稞籽種七百石，十屯通共種地一百六頃十一畝九釐。

4. 蒙古保舉摺

奏為蒙古各旗前保盟長、總管等員力顧大局，功難軒輊，理藩院奏令分（註）［注］著實勞績，另行擇尤擬獎，無從遵辦，謹將所保黃韁酌請改賞，並依烏里雅蘇台、庫倫奏准之案，籲懇天恩，將其餘各員仍照原保給獎，以昭公溥而維蒙心，繕摺奏陳，仰祈聖鑒事。

　　竊前因蒙古各旗經理俄商遺棄貨物，毫無損失，有裨大局，經參贊大臣臣瑞洵將各旗正副盟長、散秩大臣、總管等遵旨奏請獎敘以昭激勸，並將各旗及台站、卡倫出力應保員弁開單另咨理藩院覈辦。嗣於光緒二十八年十二月十九日遞回原摺，奉硃批：該衙門覈議具奏，單片併發。欽此。旋准理藩院議奏：所保各員均未分別著實勞績次第，無從覈議，奏令分（註）［注］各員實在勞績，擇尤另行酌擬獎敘等因，恭錄諭旨咨行前來。臣細繹院奏自係為嚴防冒濫起見，亟應遵照，惟當日辦理為難，一切委曲情形尚有院臣所不及知者。查庚子年拳匪揭竿，軍務大起，畿輔、內地以及東北各省無不遭其蹂躪，獨此邊漠聯俄之地，轉能保全無事，實賴蒙古部落布置得法，而遵守約束，則各盟長、總管等出力為多。比時俄境諸卡皆已增防，且於阿拉克別克屯糧運械，更以兵輪駛入哈巴河口，軍容甚盛，意在耀兵。當此地方存亡呼吸之際，設使當時稍失機宜，或取其貨物，或殺其商人，必致立召外兵，全境糜爛。一茶、一毛、一矢、一石均能招邊疆無窮禍患，不惟勞師費餉，而游牧淪胥，人民塗炭，事後且添北路賠償鉅欸。故瑞洵深防後患，疊頒文告，並派員前往勸諭，蒙古務以團兵各守各旗，照舊保護俄商，不許妄動，或至失地殞師。如能照此辦理，將來許照軍功請獎。曾經附片奏明，並於上年專摺奏請，奉旨：准其擇尤酌保，毋許冒濫。欽此。茲按其成勞擇尤遵保，本係酌照蒙古保舉辦法，並未稍有冒濫，在該院原可酌量議准，俾益激蒙古忠義之心，永作朔方保障。乃院臣拘牽文義，仍以為破格之舉，亦可謂不諒苦心矣。又查烏里雅蘇台、庫倫均有蒙古請獎之奏，先經該院駁改加級紀錄，嗣經該將軍、大臣復奏，仍照原保，均奉旨允准。茲院臣於科布多保案，僅令分別勞績，另覈請獎，是院臣於寬嚴之間，尚非竟無斟酌，但臣細加審度，反復思維，於分（註）［注］勞績一節，實屬無從遵辦，蓋能保護洋商，不與開釁即是顧全邊境，力維大局，論功既無分軒輊，請獎即難判等差。至擇尤一節，查該蒙古杜爾伯特、和碩特、明阿特、額魯特、土爾扈特、烏梁海、札哈沁諸部，合共三十旗，原保三十員，即係按一旗一員請保，已屬拔尤，無可再擇。臣愚見，今昔情形不同，西北防務無殊東北，不能不用蒙古以為藩蔽。況各旗均有俄商貿易，近來英、法、德各國前來遊歷，洋員又復踵至，為日方長，尤資保護，所恃以駕馭蒙古者，惟此保獎從優，藉可鼓勵耳。若事急則許其重賞，時平則抑其前勞，亦殊不足以昭大信。現在變法求強，似未便以常例相繩也。今將杜爾伯特左翼正盟長、副將軍特固斯庫魯克達賚汗噶勒章那木濟勒、土爾扈特正盟長札薩克多羅郡王密錫克棟古魯布原請黃韁，擬請改賞紫韁，其餘各員均請毋庸更易，合無籲懇天恩，許依烏里雅蘇台、庫倫之案，將科布多前保蒙古各員仍照原保給獎，出自逾格鴻慈。其片保駐班台吉色埒甯一員已聲敘實在勞績，另單咨保台站、卡倫蒙員八十員，均係保護俄商出力，且所保僅止頂戴，本照尋常辦理，應併請毋庸再改，謹繕摺奏陳，伏祈皇太后、皇上聖鑒訓示。

再，參贊大臣瑞洵現在奉旨賞假，是以未經列銜，合併聲明。謹奏。

光緒二十九年閏五月初三日拜發。

本年六月十九日遞回。

奉硃批：著照所請，該衙門知道。欽此。

閏五月二十九日

5. 山西換防官兵變通辦理片

再，科布多額設換防屯田官兵，除直隸宣化鎮派撥外，尚有山西大同鎮標把總一員、馬步兵十八名，向係五年班滿，分別更換。前因該官兵將屆更換之期，當經先行奏明，並分咨辦理，嗣准護理山西巡撫趙爾巽咨稱：此項官兵均在奉旨裁撤之列。第念邊事緊要，戎備不容空虛，而鎮邊又例無額兵可資調遣，已籌定辦法兩條：一云將山西換防官兵盡行遣回，即由本城就近召募；一云儻必須由晉派往，止可將此項官兵改作續備名色，至於餉項，一切照章解往應用等因咨商疊覆前來。臣查山西省綠營既以全裁，自難仍拘舊例，而科布多換防綠兵積習太深，亦正籌商整頓，再三審酌，自應照該撫第一條辦法較為覈實，此後應將此項馬步兵等改為就地召募。至前者辦理換防一案，初議將大同官兵更換官一員、兵六名，今查班滿之山西大同鎮河曲營把總馬根義原缺已裁，無可派換，應請將該把總暫行留營，為約束兵丁之用，其應換兵六名，甚屬疲弱，仍應沙汰，另行募補。其該官兵一年應支俸餉，並應如來咨，由大同鎮覈計餉乾糧米共合銀若干，附入常年經費，搭解來防，以備支放。如此變通辦理，既免萬里徵調之煩，更易責塞上屯防之效，似於邊維不無裨益。

除咨覆山西巡撫暨分咨戶、兵二部查照外，事關改制，理合附片具陳。伏祈聖鑒訓示。謹奏。

光緒二十九年閏五月初三日拜發。

本年六月十九日遞回。

奉硃批：該部知道。欽此。

閏五月二十九日

《散木居奏稿》卷之十七　門人鈴木吉武校字

卷之十八　棒喝集

斡難　瑞洵

光緒癸卯

1. 力疾銷假籲請事竣陛見摺
2. 刊用木質關防片
3. 隨帶員弁兵丁片
4. 查照分界前案僱用烏拉等項酌量發價片
5. 幫辦大臣接護參贊大臣印務摺　代
6. 會奏改設行省有害無利摺　稿佚
7. 請飭加撥安哈經費片
8. 需欵急切請敕戶部妥議實在辦法摺
9. 請仍籌撥屯田經費片
10. 具摺自劾摺
11. 署理蒙古處承辦章京片
12. 參贊大臣中途墜馬回城調治摺　代

1. 力疾銷假籲請事竣陛見摺

奏為假期已滿，病仍未痊，力疾銷假，謹遵前旨前往阿爾泰山辦理接收借地及清查安插哈民事宜，附報啟程日期，並請俟差竣，籲求天恩准令臣晉京陛見，具摺奏祈聖鑒事。

竊臣於上年四月間奏請索還阿爾泰山借地，安插哈眾等因。奉硃批：著即親往履勘，將該處哈民清查，酌度情形，妥籌安插，務令各得其所，以順輿情，而重邊要，餘依議。欽此。比擬承命卽行履勘妥辦，嗣因漸交秋令，大雪封山，厚至數尺，人馬難行，當經奏明，容俟今夏天氣清和，再行前往，詎意入春以來，臣之病忽又加劇，深懼以孱弱之體，曠廢職司，（因）因於二月十九日瀝疏懇祈俯准開去差缺，回旗調理，蒙恩賞假三箇月，計至閏五月二十九日卽已屆滿，刻下所患偏痹風證雖漸止息，而腎疾總未（全）[痊]愈，腦鳴心悸仍如平時，且用心稍過，說話稍多，夜中卽必驚恐，不能成寐，精神大減於前。若以臣病情而論，仍應再懇開缺，謝絕世事，息心靜養方可望其大痊。惟現因阿爾泰山借地業經長庚等查明會奏，仍歸科布多收管，欽奉上諭應如所請辦理，並以潛居哈民人隨地歸，責成臣妥為安插約束，和衷會商，悉心經理，其應辦事宜，以安哈為最要，亦惟安哈為最難，臣若因病不能去，則（须）[需]派委員前往，而環顧僚屬，竟無其人，且佔牧之哈民，人數太多，又性情獷悍，不守官法，非臨之威重大員難資（鎮）[震]（攝）[懾]，更須體恤蒙情，酌度地勢，商量安置，方昭妥慎，脫有失宜，不免啓爭貽患。並查阿爾泰、額爾齊斯均為邊防最要之區，欲為保疆禦侮之謀，似應查照臣前奏專設大員督辦，布置一切，事彌艱鉅，自非灼考其便宜周知其情狀，身親閱歷，得其要領，通盤籌畫，不足以振全局，而恢復遠謨，此則關係重大，苟非其人，尤未易以輕舉也。伏思臣前請開缺，原因沈痾久抱，不堪負荷重任，非敢顧惜微軀，再四審量，邊疆事大，身家事小，而上維聖明倚毗之切，下體蕃部喁服之殷，一息尚存，難耽安逸，自宜舍命前驅，力疾自任，略副古人盡瘁之義。謹擬欽遵前旨，前往阿爾泰山，將該處哈民一律清查相地，妥為安插，設法約束，一面督率烏梁海兩翼辦理接收借地，並將邊防布置統籌詳議，據實上陳，期仰稱朝廷慎固封圻子惠邊黎之至意。臣所管參贊印鑰茲於六月初二日移交幫辦英秀暫行護理，臣現正料簡行裝，定於十二日啓程。抑臣更有請者，臣自違京輦已越三年，犬馬戀主之忱無時或釋，雖北路差使向無述職，而睠懷君國，忠愛出於至誠，初非有一定之成例，以奉行故事，臣懇欸之愚，惟求天恩俯准臣在阿爾泰山差竣之後，晉京陛見，庶稍遂仰聖瞻天之願，卽邊防要政，亦得叩求宸訓，有所遵循，臣不勝欽企，感激之至。

所有假期已滿，病仍未痊，力疾銷假，謹遵前旨，前往阿爾泰山辦理接收借地及清查安插哈民事宜，附報啟程日期，並籲求陛見各緣由，謹具摺奏陳，伏祈皇太后、皇上聖鑒訓示。謹奏。

光緒二十九年六月初二日拜發。

本年七月十八日遞回。

奉硃批：著俟事竣後，再行請旨。欽此。

六月二十八日

2. 刊用木質關防片

再，臣現已前往阿爾台山，業將參贊大臣印鑰移交幫辦大臣英秀暫行護理。臣另刊木質關防一顆，文曰："欽差辦理阿爾台山安輯事宜科布多參贊大臣行營關防"，即於六月初二日開用。查阿爾台山地在極邊，接近俄界，離科布多城十一站，約千有餘里，若再至額爾齊斯河，則又遠五站矣。且值大雪封山，即聲氣隔絕，實屬無從兼顧，臣起身之後，科布多應辦事宜應由英秀照常辦理，徑行具奏，不必再與臣往返咨商，或以周折而致耽誤。臣遇事亦即專奏，謹將報匣勾帶兩分應用。

除分咨查照外，理合附片陳明，伏祈聖鑒。謹奏。

光緒二十九年六月初二日拜發。

本年七月十八日遞回。

奉硃批：知道了。欽此。

六月二十八日

3. 隨帶員弁兵丁片

再，臣現隨帶章京三員，驍騎校、筆帖式八員，千總、把總、外委十員分任差遣，換防營兵、匠役、蒙古親軍、書手、通事亦分別擇帶，約不逾二百名之數，但取足供驅策而已。伏思臣此行本為安民，自宜先除苛政，與之更始，以切撫綏，應將向來行走台站所有遞禮折羊前站通事跟役各項規費，一概革禁，不准絲毫需索，當於沿途明白牌示，該官兵等遠役極邊，差使艱苦，亦應量加體恤。現擬隨往之官員、兵丁，每員名均酌照《軍需則例》支給盤費銀兩，俾資食用，差竣即行住支。臣亦遵照出差定章，按日支領盤費，如此則蒙哈不至受累，經費所支無多，而於邊氓似屬有益。

除咨部查照外，理合附片陳明，伏祈聖鑒。謹奏。

光緒二十九年六月初二日拜發。

本年七月十八日遞回。

奉硃批：該部知道。欽此。

六月二十八日

4. 查照分界前案僱用烏拉等項酌量發價片

再，光緒九年間，前幫辦大臣額爾慶額奉旨前赴哈巴河勘分界址，隨帶文武員弁、兵丁應用騎馱、馬匹、駝隻、烏拉齊等項，因為數較多，間係僱用，並加賞犒以輔台力之不及，均經造冊報部，奉准覈銷有案。臣此次前往地方即是阿爾泰哈巴河一帶，蒙哈情形較前益形困苦，更不能不少加體恤，擬即查照前案辦理，斟酌發價，事竣覈實報銷。

除咨部外，謹附片陳明，伏祈聖鑒。謹奏。

光緒二十九年六月初二日拜發。

本年七月十八日遞回。

奉硃批：該部知道。欽此。

六月二十八日

5. 幫辦大臣接護參贊大臣印務摺　代

奏為恭報臣接護參贊大臣印務日期，仰祈聖鑒事。

竊參贊大臣瑞洵現已具摺陳明銷假，前往阿爾台山辦理收地安哈事宜，並將參贊大臣印務奏交臣暫行護理，茲於六月初二日業經臣接受，應將一切公事照常辦理，隨時奏陳。伏查參贊大臣瑞洵自到北路，不服水土，此次患病較久，總未大痊，原擬俟假滿仍欲懇請開缺，惟現因交收塔城借地，欽奉寄諭，以潛住哈衆人隨地歸，令該大臣妥為安插約束，悉心經理。此項哈薩克性夙剽悍，憨不畏法，本難管轄，又兼人數太多，前以强據烏梁海牧地，蒙古已懷不甘，然欲令其遷回，又恐塔城不能辦到。今奉恩旨准其人隨地歸，揆度情勢，亦惟有如此辦法，但開導烏梁海，使之遵從，必費氣力，又須將此數萬之衆一一安置，妥帖編立戶口，分設官長，籌及久遠，方能少杜後患，自非得蒙哈向所信服之人，無從辦理。至安插科布多哈衆，尤在其次，此事關繫至為重大，操縱頗不容易。前因該大臣患病，正慮無人能了。茲該大臣深知其難，仍欲扶疾前往，其忠勇之概，實足令人起敬。雖塔哈久佔烏梁海游牧，能否相安，尚不可知。然以瑞洵之聲威謀略，誠信素孚，必能措理合宜，似較他人猶易為力也。

　　所有臣接護參贊大臣印務日期，理合恭摺具奏。伏祈皇太后、皇上聖鑒。謹奏。

　　光緒二十九年六月初二日拜發。

　　本年七月十八日遞回。

　　奉硃批：知道了。欽此。

　　六月二十八日

6. 會奏改設行省有害無利摺　稿佚

7. 請飭加撥安哈經費片

　　再，布倫托海開屯需費，另經臣附片切陳，當蒙慈鑒。惟辦理安插哈薩克較開墾尤為緊要，於邊局殊有關繫，措置稍失機宜，即不免滋釁生事，臣甚以為憂。當去年奏請撥欵時，並未計及塔哈隨地來歸，臣生長膏粱，既不工於綜覈，營中又無助理之人，匪其不逮一任，臣約略估計，即行具奏。故收地安哈，僅請銀五萬兩；開辦渠屯，僅請銀四萬兩，今皆已知其不敷。臣查科布多與新疆不同，伊犁向有歲協善後經費十一萬餘兩，塔爾巴哈台亦有三萬兩，烏魯木齊為數尤多，各省年年照撥，各部亦年年准銷。科布多則一年止得山西協濟經費四萬九千餘兩，直隸兩千五百兩，額支僅能敷衍，安有餘力旁及，此其所以諸務廢弛似不能盡諉咎於不辦事也。若戶部再不體諒邊艱，稍稍接濟，則屯事中輟其過尚輕，儻於哈薩克撫馭失宜，甚至釀成邊患，則臣實無可辭咎。臣瑞洵夙性嚴急，本非好博寬厚之名者，但我無一兵，彼乃動逾數萬，且虎狼之性，斷難馴擾，俛察時勢，不得不略示恩意，以為羈縻。此中權度，臣固不敢稍涉大意，第歸科布多之塔哈既奉諭旨，令臣妥為安插約束，悉心經理，似有不得不請戶部代為籌畫者，應懇天恩敕下戶部監察苦衷，無論如何為難，再行撥給銀五六萬兩，俾有可措手，不至因惜小費而誤大局。儻所用無多，仍即覈實報存，絕不任令藉端糜費。

萬不得已謹再附片籲陳，伏祈聖鑒訓示。謹奏。

光緒二十九年六月初二日拜發。

本年七月十八日遞回。

奉硃批：覽。欽此。

六月二十八日

8. 需欸急切請敕戶部妥議實在辦法摺

奏為瀝陳辦事為難，需欸急切情形請敕部臣統籌全局，再行妥議實在辦法，以重邊要，而免貽誤，全大局，而便遵循，仰祈聖鑒事。

竊臣瑞洵前於本年三月二十七日曾因布倫托海屯田緊要，工用浩繁，奏請敕由戶部暫行酌撥經費，以濟急需。奉硃批：戶部議奏。欽此。頃准戶部將議覆原奏祇錄諭旨咨行，欽遵查照到營。查原奏內云：臣等伏查上年五月據科布多參贊大臣瑞洵奏請，清理各省衛所屯田分別繳價稅契，抵充科布多籌邊經費。當經臣部議令各省妥議章程，奏明辦理。今該大臣奏稱屯田緊要，工用浩繁，請由臣部暫行撥給銀四萬兩，將來由籌邊經費內扣還等語。查該大臣所稱籌邊經費，蓋指各省清理屯田繳價納稅之欸而言，而各省清理屯田，現惟山東奏定章程，分年繳價，其餘安徽、湖北等省辦理均未就緒，不知何日有欵可解。該大臣豈得竟以此項籌邊經費為辭，先請由部撥給銀兩作為布倫托海屯田經費，且布倫托海之開屯，既據該大臣請催山西、河南兩省欠餉以資應用，何得又請由部撥給？臣等查閱該大臣奏報二十六年布置邊防銷欵摺內，乃知該大臣現在尚欠商欵四萬九千餘兩，亦指山西、河南欠餉歸還，此其所以不能不另請部欵為開屯經費也。惟山西、河南兩省共應先行解還科布多經費銀七萬四千兩，如果全數解到，計抵還商欵外，尚可餘銀二萬數千兩以供布倫托海開屯之用。臣等公同商酌，擬仍請旨敕下山西、河南各巡撫，轉飭藩司，遵照臣部上年六月奏案，迅將欠解科布多經費銀兩設法籌解，毋任延宕，其布倫托海開屯經費，即於山西、河南籌解欠欵內撙節動支，如有不敷，再由該大臣隨時設法籌措彌補等語。

　　臣等於部臣指駁各節不必深辯，惟現在任事之難，待欵之急，與夫防務之不能不整飭，邊務之不能再廢弛各情，部臣尚不及知，臣等殊難緘默，若欲邊吏獨任其難，而部臣不諒其苦，朝廷責其辦事，而部臣又斥其用財，竊以為勢成柄鑿，恐有宜請部臣設身處地悉心審察者，臣等敢將目下科布多應辦之事與需欵實在情形為聖主披瀝陳之。現在阿爾泰山借地已奉寄諭，飭令定期交收，潛住之哈民人隨地歸，責令臣瑞洵妥為安插約束。查臣瑞洵前奏請由戶部借墊銀五萬兩，係止籌備安插科屬哈民而言，已慮不敷，曾經奏明。茲塔屬之哈民又隨地來歸，豈能歧視，且為數太多，雖尚未清查，然聞其人丁約有三千餘戶，合之科屬哈民，當以五六萬計，應俟詳查具奏。尚幸塔哈多富，無須普加體恤，但亦不能家家饒足，人人樂業。其窮苦者亦應一律施惠，斷非五萬之數所能足用，若再撥給牛具、籽糧、分授田畝，則需欵彌多，更屬無從措辦，此一端也；阿爾泰山額爾齊斯河等處地介極邊，形勢稱勝，然外有強鄰之窺伺，內有哈眾之縱橫，東南又與伊犁塔爾巴哈台、瑪納斯接壤，四通八達，為回匪出沒之路，抦飛未已，伏莽堪虞，憂患交乘，動關大局，一有疏失，不惟北路切近之灾，亦臣等難辭之罪。今者借地不久歸還，金山南北沿邊千餘里豈能置之不顧，茲乃並無一兵，殊不足以嚴守禦而資彈壓。臣瑞洵前於具奏應辦事宜摺內曾經陳明，將來阿爾泰山尚須設兵置戍，以固塞防，即已有見於此，惟兵以餉為命脈，軍火、器械為根本，若經費尚非十分有著，則派兵接防即不能一氣呵成，此又一端也；科布多俄商最夥，散之蒙古游牧者多於漢民近，俄、英、法、德諸國前來遊歷人員尤復絡繹，全須保護，一有疏虞則滋大釁，臣瑞洵去年四月有請將留防蒙兵五百名減數改為護兵，按照各旗十名分布，專護洋人之奏。奉旨（俞）［諭］允，嗣並接戶部咨，令辦理聲復，亦以月餉尚無的欵，祇於去年十二月底先行裁撤三百名，以節餉需，仍未能飭令選派以符初議，蓋以事關護商，計口授食，若忽放忽停，轉恐懈弛而生事，此又一端也；科布多所管各卡倫，以阿拉克別克一卡為最喫緊，近年頗覺多事，昌吉斯台卡亦為俄人往來孔道，其所隸之分卡，又處處聯俄，無不關緊要，本宜整肅戎防，加意戍守，乃自光緒七年復設以來，兵額減至每卡十名，氈盧之敝破，器械之朽窳，直已不成氣象，而對境俄卡則堡壘整潔，甲兵堅利，未免相形見絀，且易啟盜賊輕侮之心，體察情形，亟宜整頓，臣等嘗閱前伊犁將軍長庚籌邊奏稿，見其修築卡堡辦法與科布多情事相宜，其法係土堡、石壘各就地之所宜，工之難易，料物之遠近，斟酌辦理，用欵亦不甚多，似可照辦。至卡倫兵額，原設每卡有五十名者，有四十名者，臣等本有奏請規復之議。至卡倫交涉難辦，駐守之侍衛不能勝任，曾經臣瑞洵電商外務部，設法變通，嗣奉覆電，以所擬係為因時制宜起見，令由臣瑞洵自行奏辦，乃亦均以無欵可指，因循未及舉行，此又一端也。

此上數端僅就現在急應舉辦者約略言之，其實應辦之事，尚不止此。至如練兵以固圉，考牧以實邊二者尤為切要，以其需欵較繁，未敢陳及。若夫阿爾泰山借地收還，彼處密邇俄疆，錯居蒙哈，內訌外患均屬可憂，權量重輕，自與東北邊防無分軒輊，不能不力謀防守，亦豈無兵無餉所克濟事。臣瑞洵前因籌邊需費，奏請清查衛所屯田，取其價稅，本係因戶部集欵維艱，代為籌畫，實則疆臣、邊臣但當籲恪辦事，不應干預部務，初謂各省果能將此項認真查辦，則繳價稅契固已可得鉅欵，即常年租賦亦有增益，不但濟邊疆之要需，並可省部臣之籌措，本屬一舉兩得。乃今閱戶部奏章，則謂各省清理屯田不知何時有欵可解，則是此舉將不可靠，在部臣雖未明指如何，而其不能分撥協濟以應邊需之急，已在言外。臣瑞洵去年四月遵旨估計應辦事宜需用經費約數摺內曾有臣所請未知是否可行，其不可行，即當另為設措，是所望於公忠體國，力顧大局之部臣之語，竟不料前言之微中也。大抵庚子之變，議和賠歀，為數太鉅，部臣、疆臣無不視為剝膚之災，（然）［燃］眉之痛，但得剜肉補創，以顧洋債，便為盡職，其他政事均若可從緩圖。至遇事涉邊疆則更有無足重輕之見，橫亙胸中，從前科布多亦曾議及增防，皆被部臣嚴駁，而止不知邊患如此，其深時艱如此，其棘斷非粉飾因循蹈常襲，故所能補救我朝既處列強爭馳之世界，自應建千古未有之奇勳，事在必行，雖費不惜，特須視所任之人與所辦之事以為衡若，但知節用，而並不事事，恐日即於危弱，而終無以自強，久將隱釀患萌，且至有大費帑項之一日，此當事者不可不知也。此次部臣所奏布倫托海屯田經費，仍令山西、河南兩省籌解欠歀撙節動支，如有不敷，由臣瑞洵設法籌措。雖經奏奉諭旨，然臣等實苦無從遵辦，已於另片詳陳。查山西舊欠台費三萬四千兩，去年已解過二萬兩，尚欠一萬四千兩；河南舊欠台費，據該撫文稱，本欠七萬三千兩，內有光緒三年河南旱災由部改撥湖北、廣東等省銀一萬六千兩，實祇欠五萬七千兩，綜計兩歀，必須全數解清，除還商欠，方能餘出二萬數千之數，然萬無如數報解之事，豫料今年河南止能酌撥一萬兩，聊為點綴，且亦不敢說定。此中為難，曾任封疆辦事者，亦不容不知也。夫屯墾止邊務之一端，臣等所深憂過慮者，哈民既已歸附，固當妥為安置，洋務雖尚平靖，終宜暗為設防，此外應辦各事，皆與防務相表裏，可並行而不可偏廢。若欲臣等照舊敷衍，徇情苟安，按之時局，既已有所難行；揆之寸心，亦實有所不敢。臣等愚見，竊謂經費縱屬難籌，邊防未容稍弛，臣瑞洵本無才望，不工理財，自當在罷斥之列，前已附片奏請另簡大員前來督辦，已邀慈鑒。究竟此後阿爾泰山、科布多均應如何布置，臣瑞洵擬辦各條應否遵旨次第舉行，衛屯各節既難指準，當如何由戶部另行妥籌之歀以資接濟，戶部筦領度支，義無旁謝，敢求敕下部臣統籌全局，再行妥議實在辦法，指示奉行。俾臣原議籌邊要政，不至徒託空言，亦免屢瀆聖聰之咎，叨沐鴻施，永無涯涘。伏思臣瑞洵痼疾侵尋，精力日遜，原不堪再膺重任，自蹈曾尤，徒以阿爾泰山一役無人能了，關係重大，不能不扶病前往，上副聖意，下順衆情。其防務擬辦一切，亦實迫於事勢，不得不然，其不敢誤邊局者在此；其不敢欺朝廷者亦在此。此心可質天日，初無絲毫意見，敢與部臣背馳也。尚冀聖主垂察，敕下部臣曲為原諒，臣等幸甚！

所有瀝陳辦事為難需欵急切情形，請＜敕部＞臣統籌全局，再行妥議實在辦法，以重邊要而免貽誤，全大局而便遵循各緣由，理合具摺馳奏，伏祈皇太后、皇上聖鑒訓示。謹奏。

光緒二十九年六月初二日拜發。

本年七月十八日遞回。

奉硃批：戶部議奏，片二件併發。欽此。

六月二十八日

9. 請仍籌撥屯田經費片

再，戶部奏覆布倫托海開屯需用經費仍指山西、河南兩省欠餉濟用，如有不敷並令隨時設法籌措彌補等因，理應遵照竭力辦理。惟查布倫托海之開屯，同治年間已經辦過，並非臣瑞洵創始，彼時係布倫托海辦事大臣李雲麟經理，旋以激成兵變，並未辦成，李雲麟亦革職遣戍。而事後開銷，聞屯墾報銷十萬兩，布置地方一切又報銷六十萬兩，浮濫實不能免，不聞戶部駁斥。今臣瑞洵辦理開墾事同一體，原估僅止四萬兩，較之昔日孰實孰虛、孰省孰費自在聖明洞鑒之中，刻下渠工告蕆，農作方興，舉凡委員薪費、兵役工匠餉資、日食糧籹犒賞，何一不須用銀，現計渠屯各工將次完竣，用欵三萬四千餘兩，而建倉、安磨、設立公所尚須次第經營，又豈所指欠餉所能救急。並查山西舊欠台費僅三萬四千兩，除已解二萬兩外，止欠一萬四千兩。臣瑞洵不避嫌怨，再四（資）［咨］催，該藩司來文尚有怨詞，河南所欠亦止五萬七千兩，除已解一萬兩外，不過尚欠四萬七千之數，若如部臣所云全數報解，亦僅能敷衍。況近年各省多為洋債所迫，司庫皆極竭蹶，無可如何，安有餘力兼顧邊地。今部臣以萬不可靠之欵，撥作屯田之用，是不啻畫餅以予科布多，而使飽唊以充飢也。臣等仰屋徬徨，殊苦無從遵辦。且臣瑞洵去年雖曾片陳辦事需欵情形，於山西、河南欠餉僅約略言之，並未確指為開屯之用。至令臣等設法籌措彌補云云，科布多常年經費止得五萬一千餘兩，非如伊犁、塔爾巴哈台之多，又處邊瘠之區，尤屬無從羅掘。臣瑞洵素性迂拘，臨財尤有斟酌，當用則用，不稍惜費，當省則省，不敢濫支，試以改行省而論，即因其舉動窒礙，需款浩繁，另摺瀝陳奏請罷議，不然則以數千里游牧而改置省，會能無協撥大帑，又豈可以區區欠餉了之耶。布倫托海屯田正當喫緊之際，仍應請旨敕令戶部暫行照數墊撥，無致前功盡棄，則邊陲幸甚！

　　謹附片陳請，伏祈聖鑒訓示。謹奏。

　　光緒二十九年六月初二日拜發。

　　本年七月十八日遞回。

　　奉硃（祈）[批]：覽。欽此。

　　六月二十八日

10. 具摺自劾摺

　　奏為具摺自劾請旨從重治罪仰祈聖鑒事。

　　竊臣前於六月初二日專摺奏陳力疾銷假並定期馳往阿爾泰山辦理接收借地，安插哈薩克各緣由。旋於是月十二日啟程，因山路太多，駕杆車窒礙難行，騎馬前往，不料於是月十七日未刻至第六台過薩克賽浩喇什大壩，臣因馬逸被傷，情形甚重，萬不得已，現已回城醫治，仍接管參贊印務，收安之事，英秀力顧大局，願效馳驅，英秀另摺詳細奏報，臣已囑其一切遵旨辦理。伏念臣受恩深重，未報涓埃，計自邊寄忝膺，屢以病狀上瀆宸聽，已極悚仄。茲於奉旨交辦之件，又不能始終其事，竟無由收一簣之功，午夜捫心，愧憾無地，辜恩溺職，實屬咎無可辭，惟有籲懇天恩，將臣從重治罪，庶稍釋隱微之疚，略贖貽誤之愆，叨沐生成，永深銜結。

　　謹具摺自劾，伏祈皇太后、皇上聖鑒訓示。謹奏。

　　光緒二十九年七月初六日拜發。

　　本年八月二十二日遞回。

　　奉（殊）[硃]批：瑞洵著交部議處。欽此。

　　八月初二日

11. 署理蒙古處承辦章京片

再，知府銜分省遇缺即補，直隸州知州穆騰武已據銷假回營，臣等公同商酌，該員曾充蒙古處承辦章京，現此缺尚未奏補，應令該員先行署理蒙古處承辦章京主事職銜，俟一年後，如能遇事整頓，再為請旨充補。

除分咨查照外，謹附片陳明，伏祈聖鑒。謹奏。

光緒二十九年七月初六日拜發。

本年八月二十二日遞回。

奉硃批：知道了。欽此。

八月初二日

12. 參贊大臣中途墜馬回城調治摺　代

奏為參贊大臣中途墜馬回城調治，由臣馳往阿爾泰山辦理收地安哈事宜，恭摺馳奏，仰祈聖鑒事。

竊參贊大臣瑞洵於本年六月初二日具摺陳明力疾銷假前往阿爾泰山辦理收地安哈事宜，並於是日將參贊大臣印務奏交臣暫行護理，該大臣旋於十二日啟程，乃於六月十九日據隨帶章京錫齡阿等派兵馳來科稟報，據稱該大臣於六月十七日行抵六台薩克賽浩喇什大壩，騎馬驚逸，墜於岸畔，左邊半身自頂至踵均為怪石碰傷，鼻口出血，面目全腫，腰脊骶足筋骨且有傷損，尚幸樹林遮護，未陷深澗之中，跌傷之處疼痛異常，骨雖未折，已有脫節，每一呼痛，立即昏迷，不省人事等情飛報前來。臣當即派員星馳看視，並令勸其回城調治，另商辦法，該大臣志在盡瘁報國，一意堅執，仍欲扎掙前往，復經臣派員致函，再三勸慰，以該大臣為國家有用之人，總當葆愛此身，以備朝廷任使，若明知不能支持，而必貿然輕進，儻有差池，亦於大局何補？況如此重傷，何能騎馬？不如暫行回城醫治，另議辦法。隨行員弁、跟役等亦再三稟阻，該大臣始勉強允從。現於六月三十日回城，延請在科貿易通曉外科洋人醫治，又兼該大臣夙疾本未大痊，因亦觸發，萬非旬月所能全（愈）[癒]。伏思臣身膺邊寄，原有幫辦之責。茲該大臣既不能前去，自當由臣前往，將收地安哈事宜竭力辦理，以期稍效犬馬之力，藉圖報稱。竊幸該大臣與臣早經議有章程，現應仍將參贊印務移交該大臣接收，力疾辦理地方公事，臣即馳往阿爾泰山，將借地哈民仍照該大臣所定辦法蕭規曹隨，隨宜籌辦，以期無誤事機，其收還借地後，將來如何布置，邊防事體重大，誠非臣才力所能及，亦非臣所敢任，應俟將該處情形查明回科後，與該大臣妥慎籌商，再行據實具奏。至臣此行原應奏明請旨，再行前往，第前已咨商春滿，頃准來咨，派定領隊大臣圖瓦強阿前往交還，現在已交秋令，轉瞬即大雪封山，無從前進，事關大局，萬不敢拘泥貽誤。臣現於七月初六日將參贊印務仍交該大臣接收，臣即於是日啟程，除臣應帶差官、跟役外，所有該大臣奏明隨帶文武人員暨蒙兵通事各項人等均照舊帶往，以資差遣，並仍用原刊關防。

所有參贊大臣中途墜馬回城調治，由臣馳往辦理收地安哈各緣由，謹恭摺馳奏，伏祈皇太后、皇上聖鑒。謹奏。

光緒二十九年七月初六日拜發。

本年八月二十二日遞回。

奉硃批：另有旨。欽此。

八月初二日

《散木居奏稿》卷之十八　門人鈴木吉武校字

卷之十九　造塔集

幹難　瑞洵

光緒癸卯

1. 侍衛躁妄生事委員附和助虐先行奏參摺
2. 密陳塔城電奏不免挾嫌及本城戍防滿員清苦情形片
3. 幫辦大臣馳抵承化寺後前往哈巴河片
4. 運判徐鄂到營派委差使飭往英秀行營辦事片
5. 遵旨酌保換防差委武職各員弁防戍出力摺
6. 綠營換防官兵到防日期暨回營官兵照案由台行走摺
7. 防兵互相對調片
8. 額外驍騎校文普再留三年片
9. 請勸倉糧放賑片　以上九月初二日拜發
10. 電陳阿勒台收安現定從緩摺
11. 阿勒台收安議緩謹陳可疑可慮情形摺

1. 侍衛躁妄生事委員附和助虐先行奏參摺

奏為駐卡侍衛躁妄生事，委員附和助虐，先行奏參，摘頂撤差，認真查辦，恭摺仰祈聖鑒事。

竊於本年八月二十六日接准伊犂將軍馬亮咨稱，光緒二十九年七月二十八日准軍機處電開：伊犂將軍鈔電飛遞科布多參贊大臣並轉塔爾巴哈台參贊大臣，奉旨：春滿電奏稱，阿爾泰山交還科城一案，遵旨派令領隊大臣圖瓦強阿前往督飭辦理交割事宜。茲據該領隊函稱：有科城委員溥湧等因詐索科屬哈薩克總管不遂，將該總管鎖押卡倫侍衛處，旋經哈衆搶去，彼此戰鬪，互相受傷，該委員等專差持文到城借調礮械，意欲復仇，經章京拒絕，風聞猶有在科城調兵之說等情。著瑞洵迅即馳往哈巴河阿爾泰山一帶，將安輯交收事宜妥爲辦理，並彈壓科屬哈衆總管等各安游牧，毋任滋事。委員溥湧等詐索情事並著瑞洵查明參辦，毋稍（迴）[迴] 護。欽此。跪讀之下，曷勝悚惶。伏查瑪呢圖噶圖拉幹卡倫阿拉克別克河地方住牧哈薩克，屢經俄員以界務未清，迫令遷移，臣以事關邊要，尚在堅持，嗣於五月十六接奉外務部函開，因俄使照催速辦，王大臣以相持過久，深恐釀成事端，更難收束，令臣察度情形，如在彼實難住牧，即將此項哈衆移置離彼較遠之區，少茲膠葛，商屬統籌，妥辦前來。

臣詳慎圖維，王大臣恐妨大局，臣亦未可偏執己見，維時臣尚在賞假期內，當經商由英秀遴員往辦，英秀以即補驍騎校溥湧情形尚熟，因即派為遷哈委員，切諭慎勿滋擾。去後，旋於七月初六日據署理該卡侍衛英紱與委員溥湧各稟稱：查訪得哈目堆森博特、總管梅林拜等有謀殺哈薩克札蘭敖斯班情事，侍衛英紱當即傳詢，梅林拜伊推諉不知，口出強言，暫將其頂戴摘去看押。次早有哈薩克數十人來將侍衛房屋打壞，將梅林拜搶去，又將房內物件搶去多半，並打傷卡兵十數名，搶去官馬八匹，職溥湧前往彈壓，該哈衆仍然不遵，手執火鎗、刀矛亂打，當令卡兵開鎗虛擊，哈衆始暫退去。查堆森博特、梅林拜所屬哈衆不法，任意滋事，若不及早懲辦，侍衛難以管轄等情，臣接閱稟詞，以其情節支離，即料及不免有藉案勒索之事，值英秀適往阿爾泰山哈巴河辦理收安事宜，隨將稟中疑竇逐層指出，咨令查究，並以該侍衛委員辦理不合，應即加以參處。嗣於七月二十六日復行咨令，將該侍衛委員嚴切訊究，慎勿專責哈官，致有偏斷，並另致函告，以當此安插哈衆之時，綏戢尚且不暇，何可再有擾累，務期訊得確情，持平辦理，方能折服哈衆之心，萬不可輕聽一面之詞，致失朝廷體恤邊氓恩意。此皆未奉諭旨以前辦理此案之實在情形也。臣本擬俟英秀查訊明確，再行從嚴參辦，茲既經春滿電奏奉旨交查，臣遵即恭錄，咨令英秀就近欽遵辦理，毋稍袒護。惟該委員等有無詐索，及如何向塔城借調礮械等情，現雖尚未查明，然侍衛英紱既稱訪聞哈官有謀命重情，何以早不具稟來城請示覈辦，直待委員溥湧到後忽加傳訊，並遽將哈官梅林拜摘頂（管）［関］押辦理，殊屬躁妄，溥湧係奉檄遷哈，並非派令訪案，乃竟橫生枝節，狠狠為奸，致激成毆搶重案，即此已均咎無可辭，相應請旨，將三品頂戴三等侍衛英紱、四品頂戴即補驍騎校溥湧均先摘去頂戴，撤去差使，聽候查辦。其遷哈之事，已早咨由英秀就近一手督辦，至該卡侍衛現實無人可以接替，前准兵部咨稱，侍衛處已經揀派護軍校鐵齡，應請敕下兵部傳令該員迅速前來，以重卡防。

除將前致英秀疊次咨函鈔稿咨呈軍機處查照外，所有駐卡侍衛躁妄生事，委員附和助虐，請先摘頂撤差，認真查辦緣由，理合恭摺具陳，伏祈皇太后、皇上聖鑒訓示。謹奏。

光緒二十九年九月初二日拜發。

本年十月二十一日遞回。

奉硃批：著照所請，該衙門知道。欽此。

九月三十日

2. 密陳塔城電奏不免挾嫌及本城戍防滿員清苦情形片

再，侍衛委員辦事乖方，已遵旨認真查辦，另摺先行奏參，將來查究明確，如果屬實，再當從嚴劾治，斷不敢稍涉迴護，致負委任。惟臣尚有下情，幸際聖明，不敢不委曲密陳者。臣前接英秀承化寺行次函稱：詢問該處民戶究願歸塔，抑願歸科，該民戶不免游移，及塔城章京延年到後，次日即眾口一詞，齊願歸塔等語。在英秀固屬多此一問，致生枝節，而該民戶等墾田畝、安廬舍耕鑿有年，已同土著，何所疑懼，何所希冀，一朝盡棄其田畝房屋，而毅然離科就塔，此豈情也哉，其為該章京延年之從中教唆已可概見。臣伏查延年係欽奉諭旨撤差查辦之員，豈盡一無可議，乃新疆撫臣竟以全行查無實據，奏請毋庸置議完結，而於不能掩飾如與春滿兒女姻親一節，則置不復提，諸如此類，尚難枚舉，且塔城文武亦當不乏，而春滿必派該章京前來隨同辦理交還事宜，一似該城除延年外別無可用之員，均難索解。凡此一味偏袒，有心與臣為難，而詔旨可以不遵，大局可以不顧，臣傷病顛連，亦何心與之計較，且臣之參延年原因蒙衆呈請，不敢壅於上聞，初非與春滿別有（竟）[意]見，即春滿自臣到任後，亦復函問時通，素無芥蒂，特因借地索還，不免側目，又奉旨人隨地歸，益失所望，而臣復奏參延年，遂致惱羞成怒矣。此次該侍衞委員等辦理，固有不合，然使向無嫌隙，亦何至動行電奏，究其所謂詐索，不過為爭五六隻臝羊耳，臣久有所聞，早經咨令英秀嚴究，夫王道不外人情，北路戍防人員缺乏，經費支絀，應支鹽菜銀糧為數甚微，辦事章京一年所入二百九十餘金，筆帖式且不過一百二十金，地處邊瘠，百貨奇貴，平居一身飲食服用已形竭蹶，遇有出差等事，整治行裝鞍轡，往往設法張羅，多方借貸，始克成行，既無以養其廉，勢未便苛責其貪。況長途跋涉，多索數羊以稍資盤費，論理固屬不應，原情亦尚可恕。若竟察見淵魚，概加查劾，將至營署一空。況此等事，不僅北路為然，即西路亦所常有，若咸加以詐索之名，鋪張上達，則且奏不勝奏。夫事有重於此者多矣，即如春滿前在伊犁時佔一回婦及調塔城竟攜之赴任，而回婦之戚族遂盤踞署內把持公事，竟至并豬肉不准入城，此為新疆人所共知者，其為隱患，關乎西北全局，而何人肯舉以入告；又如延年平日之詐索纍纍，屢釀重案，而新疆撫臣却為之洗刷乾淨，又有何人肯向朝廷一再陳之耶？且英秀辦事用人向來膽小，無如本城經費太少，人員無多，間有一二明白曉事之員均各有專差，未便遠離，如溥湧者，已係捨短取長，夫塔城經費歲餘三四萬兩，科城經費歲止五萬餘兩，若科城亦如塔城之有，善後軍裝各費可以通融，則人材何患不多，津貼可以增給，即盡人皆可責以自愛。凡此種種，春滿夫豈不知，此次電奏雖云因公，然已迹近報復，蓋其蓄怨已久，適有不知輕重之侍衞、委員授以口實，遂乘機而發也。若臣不顧公義，亦任性使氣，則塔既參科，科復參塔，互相攻訐，伊胡底止，為臣子者不能為國家分憂，乃反挾其私忿，紛瀆宸聽，臣雖愚亦不敢出此，臣之瑣瑣上陳者，非敢分辯，實因深知延年居心險詐，常與駐塔俄員往來甚密，其幸災樂禍，一惟恐科城之無事者，若以搖惑民戶之伎倆，更煽俄員以與臣為難，則一己之身名原無足重，特慮北路邊防從茲多事，有礙大局。阿爾泰山、科布多皆嚴疆鎖鑰，自將齊桑淖爾畀俄之後，形勢日偪，因應彌難。竊幸三年以來，臣密籌堅持，力謀抵拒，雖於交涉舊案未能挽回，但土地未失尺寸，洋商相戒勿越，未敢滋事，不知費幾許苦心，始克臻此。此後若竟有奸邪居中，播弄助其狡謀，則朝廷之倚臣以杜患安邊者，轉將因安邊而啓患，此臣所大懼也。若將來邊患竟從臣而起，則臣獲罪滋甚，臣心益不安。伏念借地不日收回，阿爾泰山一帶山河要區，防務喫重，亟宜妥籌整頓。臣嘗與英秀熟計再三，尚擬奏請另簡專員劃疆分理，科布多參贊事權較輕，循章即可為治，臣去留似屬無甚關係。因思前此自劾，幸已蒙恩交部議處，惟有籲懇俯鑒愚拙，曲予矜全，可否將臣酌量撤回，以息爭端而杜患萌，大局幸甚！臣幸甚！

臣受恩深重，備荷優容，用敢不揣冒昧據實密陳，伏祈聖鑒，不勝感激悚惶之至。謹奏。

光緒二十九年九月初二日拜發。

本年十月二十一日遞回。

奉硃批：該大臣旣知杜患安邊為重，應即彼此和衷商辦，不得各懷成見，意圖諉卸。欽此。

九月三十日

3. 幫辦大臣馳抵承化寺後前往哈巴河片

再，接幫辦大臣英秀函稱：自起行後兼程前進，於七月十七日馳抵阿爾台之承化寺，暫駐塔城，辦理交還事宜，領隊大臣圖瓦強阿在哈巴河等候，英秀已往該處，屆時將交收事宜和衷商辦，再為詳陳等語。臣忝膺邊寄，不敢以傷病未痊，少耽安逸，收地安哈之事，臣未能往辦，深切疚心，尤復晝夜圖維，未嘗忍置。蓋地原烏梁海游牧，現雖仍歸科布多，哈族從此將復久居，深慮該旗未必能容，而哈衆猥多，性復剽悍，耕牧年遠，安土重遷，若迫令他徙，必因操切而生事。臣於閏五月間調集烏梁海散秩大臣、總管等來城，切實開導，並宣示人隨地歸之諭，該蒙古等同聲感激，謂當懍遵朝旨，相安無事，辭意極為馴順。臣查安插哈民以此為最要關鍵，蒙古旣無梗阻，當可迎刃而解，但看英秀辦理何如耳。

謹附片具陳，伏祈聖鑒。謹奏。
光緒二十九年九月初二日拜發。
本年十月二十一日遞回。
奉硃批：著遵前次電旨妥籌辦理。欽此。
九月三十日

4. 運判徐鄂到營派委差使飭往英秀行營辦事片

再，臣前調之鹽大使徐鄂，現已馳抵科布多城，該員才長識達，志切匡時，於內治外交講求有素，當經派充洋務局總辦，並新設籌邊處責成綜理一切事宜。伏念阿爾台借地現正辦理交收，山河要區亟宜妥籌布置。今年逢閏，邊城氣候和暖，大雪尚未封山，已令該員兼程前往英秀行營，隨同辦事，俾收指臂之助。再據該員面稱，已於光緒二十七年七月在順直賑捐案內由鹽大使加捐鹽連使司運判，呈驗部照屬實。

理合附片具陳，伏乞聖鑒敕部查照。謹奏。
光緒二十九年九月初二日拜發。
本年十月二十一日遞回。
奉硃批：知道了。欽此。
九月三十日

5. 遵旨酌保換防差委武職各員弁防戍出力摺

奏為遵旨酌保換防差委武職各員弁戍防出力，懇恩照擬給獎，以昭激勸，分別繕單專摺具陳，仰祈聖鑒事。

竊臣前經附片具奏，請將防守出力之換防暨差委武職各員從優奏保十數員，以章勞勤，而免向隅等因，欽奉硃批：准其擇尤酌保，毋許冒濫。欽此。仰見聖恩寬大，不薄邊功，宣示閫營，同聲感頌。查科布多僻在極邊，接近俄界，庚子之變，軍務猝興，口外人心浮動，將發難於俄商，中外哈薩克又頗隱圖煽變，情形岌岌。彼時並無得力兵隊，蒙軍復皆新集，儻措置稍有不慎，即釀釁端，全局且將大震。當經遴委換防參將世襲騎都尉祥祐，督率隨營武弁會同蒙員，帶領護城蒙兵分任防守彈壓地面、緝拏盜賊、保衛洋商、晝夜徼巡、雨雪無間，遇有窺匪，立即捕獲懲辦，不令滋蔓。其派往各游牧偵探各台卡助防各員亦能堅忍自持，於外人並無齟齬，地方賴以敉平，彼族未滋口實。迄今已越三年，中外輯和，邊境安堵，是該員弁等認真防護，克保危疆，綜厥勤勞，實與軍功無少殊異，洵屬異常出力，自應遵旨從優列保，以昭激勸。臣悉心察酌，既未便仍照尋常覈辦，亦不敢稍涉冒濫，並查換防參將暨千總、把總等員去年十二月已屆五年班滿列保之期，平日屯防尚屬出力，前經奏請併案覈保，奉旨允准，茲並差委員弁分別勞績，遵照兵部新定章程，覈實擇尤擬保十數員，敬繕清單，祗呈御覽，合無仰懇天恩，俯念科布多地當極徼，防守彌艱，准予照擬給獎，出自逾格鴻慈，其在事出力應歸外獎之弁兵另由臣咨部覈辦，並有應給頂戴者，亦均酌賞功牌，彙案咨部。

除飭取該員弁等履歷咨部外，所有遵旨酌保換防差委武職各員弁戍防出力分別請獎緣由，謹繕單專摺具陳，伏祈皇太后、皇上聖鑒訓示。

再，幫辦英秀現赴阿爾泰山，未經列銜，合併聲明。謹奏。

光緒二十九年九月初二日拜發。

本年十月二十一日遞回。

奉硃批：兵部議奏，單併發。欽此。

九月三十日

謹將擬保換防差委武職各員弁銜名敬繕清單祗呈御覽。

謹開：

直隸提標昌平營參將世襲騎都尉祥祐，擬請在任以副將儘先補用，並請賞加總兵銜。該員在防已閱五年，整頓屯務，連歲收穫倍加，管教兵丁，差操無懈，且庚子年督理邊防尤著勞勩，實屬異常，尤為出力；

宣化鎮懷來路岔道營永寧汛千總儘先即補守備馬成英，擬請俟補守備後以都司儘先補用，先換頂戴；

五品頂戴宣化鎮多倫諾爾協中營千總傅鎮海，擬請賞換四品頂戴；

五品頂戴宣化鎮張家口營膳房堡儘先千總把總趙金鼇，擬請俟補千總後，以守備儘先補用；

六品頂戴宣化鎮標右營把總盧慶雲，六品頂戴宣化鎮標城守營把總張存德，五品頂戴宣化鎮標城守營雞鳴堡把總丁恩，六品頂戴宣化鎮張家口營洗馬林堡把總丁喜，以上四員均擬請以千總儘先補用，並請賞加守備銜；

五品頂戴宣化鎮獨石口協君子堡新鎮樓口經制外委吳堃，擬請以把總儘先補用；

藍翎五品頂戴山西大同鎮裁缺河曲營儘先千總把總馬根義，擬請賞換四品頂戴，該員弁均係直隸、山西五年班滿換防人員，守護倉庫，禁暴詰奸，屯田衛商，咸能奮勉，均屬實在出力；

花翎五品頂戴儘先千總張順清，藍翎五品頂戴儘先把總陳炳魁，以上二員均擬請免補千把，以守備補用，並請賞加都司銜，該二員帶隊分防，不辭艱險，安輯蒙哈，保護商貨，均屬異常出力；

六品軍功宣化鎮標中營候補經制外委呂明義，擬請免補千把，以守備儘先補用，並請賞戴花翎，該員當邊防喫緊時，因與俄人習熟，派令聯絡洋商，力任保護，並馳赴蒙旗查辦團練，緝獲哈匪多名，辦理城防，徹巡無間，邊情賴以安定，實屬異常，尤為出力；

六品軍功呂效忠、六品軍功翟廣俊均擬請免補把總，以千總儘先補用，並均請賞戴藍翎，該二員派赴蒙古各旗查辦清野，帶隊梭巡邊要，緝獲哈匪多名，並於保護洋商，防守城池，尤著勤勞，均屬異常，尤為出力；

五品頂戴宣化鎮標中營候補經制外委程兆雲，擬請以把總即補，並請賞加守備銜；

五品頂戴宣化鎮張家口營儘先經制外委張發，擬請以把總儘先補用；

六品頂戴宣化鎮標左營候補經制外委張印擬，請以把總遇缺即補，並請賞換五品頂戴；

六品頂戴大同鎮標右營儘先即補經制外委邢掄元，擬請以把總補用，並請賞換五品頂戴；

五品軍功陳作忠，擬請以把總補用，該員等分防要隘，偵探軍情，駐守台卡，經年之久，備嘗艱苦，程兆雲當軍務喫緊之際，派赴陝西行在呈遞奏摺，不避險阻，尤屬異常出力。

以上均係差委員弁，查前准兵部咨行奏定嚴飭保獎章程內開：凡各項異常勞績並未建功者，如係實在尤為出力者，一案內准保免補儘先者不得過一、二人，准保免補者不得過三、四人，准保儘先者不得過六、七人，准保翎支者不得過三人等語。茲所擬請各員弁免補儘先及翎支均未有逾限制，合併聲明。

6. 綠營換防官兵到防日期暨回營官兵照案由台行走摺

奏為具報綠營換防官兵先後到防日期，暨回營官兵照案由台站行走，以示體恤，恭摺仰祈聖鑒事。

竊科布多綠營換防一案，前准直隸總督袁世凱咨開：奏派遊擊榮厚一員，並由宣化鎮揀派千總唐義、王錫三，把總張天錫、庫正邦、馮得昌、丁慶、丁禎，經制外委王廷喜，管帶馬步兵丁五十一名派赴科布多換防等因。茲於本年六月中旬該官兵陸續到營，臣正在假內，（輕）［經］幫辦英秀於六月二十六日親赴教場點驗，即於七月初一日分派屯田及各衙門當差，其應行換回之官兵，除參將祥祐、千總傅鎮海、把總張存德、盧慶雲等四員暨馬步兵八名均尚有差遣，應俟事竣飭回，並先經咨回之兵五名外，現計應遣回千總馬成英，把總趙金鼇、丁喜，經制外委吳堃四員，飭令管帶馬步兵三十八名，分起啓程，援照成案，仍由台站行走，以示體恤。至在差官兵月支鹽菜銀糧為數無多，擬俟住差之日再行停支。又據游擊榮厚呈稱：把總丁慶因病懇請回營，把總丁恩仍請留防當差各情，另片奏明辦理。

理合恭摺具陳，伏祈皇太后、皇上聖鑒。

再，幫辦英秀現赴阿爾泰山，未經列銜，合併聲明。謹奏。

光緒二十九年九月初二日拜發。

本年十月二十一日遞回。

奉硃批：該部知道。欽此。

九月三十日

7. 防兵互相對調片

再，據換防屯田遊擊榮厚呈稱：新到換防把總丁慶不服水土患病，恐致誤差，應遣回營。把總丁恩請與對調、留防當差，懇祈察覈等情，由軍營兵部印務處呈請覈辦前來。臣當經飭查所請，覈與光緒十二年十一月新到外委庫成邦因病回營與應換回營之外委姚富對調一案情事相同，似可照准。

除由臣照會宣化鎮總兵查照辦理外，理合附片具陳，伏祈聖鑒。謹奏。

光緒二十九年九月初二日拜發。

本年十月二十一日遞回。

奉硃批：該部知道。欽此。

九月三十日

8. 額外驍騎校文普再留三年片

再，科布多戍守滿員原設額外驍騎校二缺，向由軍營揀補，三年期滿。茲查補驍騎校後，以防禦即補先換頂戴額外驍騎校文普，自光緒二十六年四月二十三日奉旨補缺之日起扣至本年四月二十三日，已屆期滿。臣覆查該員通曉滿蒙，當差勤苦，現在昌吉斯台代辦卡倫侍衛，事務尚無貽誤，合無籲懇天恩，准將額外驍騎校文普再行留駐三年。

除分咨外，理合附片具陳，伏乞聖鑒訓示。謹奏。

光緒二十九年九月初二日拜發。

本年十月二十一日遞回。

奉硃批：著照所請，兵部知道。欽此。

九月三十日

9. 請動倉糧放賑片　以上九月初二日拜發

再，臣前因科布多城附近窮苦蒙民老弱廢疾，無所存恤，不能自食，曾於光緒二十七年十二月附奏懇恩准於每屆冬令提用倉糧小麥、大麥各五十石，按人散放，先期具奏，奉旨俞允，欽遵辦理在案。查去年原奏查明窮苦蒙古人等二百四十餘名口，迨至散放之時，各旗及烏城蒙民聞風而集，竟及四百餘人，當由臣添購大小麥百餘石以補不足。本年五月間，久雨傷稼，八月中又連次狂風，麥穗強半吹落。現查窮民已較上年為多，將來遠道就食更必不少，應請循照舊章，動支倉糧小麥、大麥各五十石，交磨房碾磨。俟十月初一日起至十二月底止，仍每月分作六次以米麵按人放給，俾霑實惠而廣皇仁，並再由臣捐資採買，隨同散放。

理合附片陳明，伏祈聖鑒。謹奏。

光緒二十九年九月初二日拜發。

本年十月二十一日遞回。

奉硃批：知道了。欽此。

九月三十日

10. 電陳阿勒台收安現定從緩摺

新疆巡撫轉北京外務部鈞鑒，幫辦英秀辦理阿勒台山借地交收一案並未遵旨，僅執一二，儘可商量之末節，輒行定議從緩另籌辦法，未知已否，由電奏明，瑞洵事後始據咨知，無從商阻，憂憤萬狀。查英秀向不以收地為然，曾有將阿勒台山借地不如割歸塔城，樂得無事之語，全未計及烏梁海萬餘戶口失此膏腴不能帖服，科哈無此曠土難以安插，於阿勒台山邊防扼要更未籌及，人隨地歸尤不以為然。然於迭奉諭旨，竟不料其不顧也。守土安民皆邊吏分內應辦之事，並非瑞洵好大喜功，況上而歷次諭旨，下而將軍、督撫奏覆，豈盡一無是處，有何窒礙。長庚去冬親查亦極覈實,乃英秀膠執成見,陽託慎重,實則欲藉推展以陰圖翻案。在英秀恐收地之後便事繁責重,考成隨之不知。大臣謀邊亦當統顧全局,若明知禍患,必概推於鄰境,似亦非公忠之道,反不如塔城此次尚知朝旨為重也。科城蒙哈望恩待撫有同望歲,今仍將化為烏有,能無携貳?現在烏蒙科哈漸已譁然惶駭,咸抱不平。瑞洵恐邊患不在塔城,而將先起科境也。查科城原因無閑地安哈,是以索還借地。今仍以冬牧之地認籌,雖云回科籌商,已同默許。又英秀接圖瓦強阿文稱請人地兩收,明春雪消再各遷徙,英秀即覆咨商,將哈民暫從緩交,先行交還借地,是明將人地分辨,圖瓦強阿駁以既不收哈,亦不便還地,英秀即以惟有將借地哈民均從緩議,另籌辦法咨覆,且於諭旨人隨地歸上加"雖"字,商請交地文用"可否交還借地",語氣抑揚,可見意指。瑞洵前派參將祥祐赴新收哈,時閱年餘,始招徠十分之九,約四千餘人,漸次押至南台一帶,以待安輯。曾先咨英秀督催哈官往接,乃據南台委員禀稱:哈官未到,若不速收回牧,仍必譁散。不特瑞洵與潘效蘇枉費年餘經營,且恐羣哈聞風解體,大碍邊局。蓋因委員溥湧前在卡倫滋鬧,歸哈均致驚疑,若再激成哈變,邊界毘連,亦難不竄入彼境,外人有詞,更難收拾,此等重咎,瑞洵不能當也。伏查阿勒台山係烏梁海自有游牧,不能不索;此項哈衆又係早年科城舊撫,不能不安。人隨地歸乃長庚等所議,叠奉諭旨飭遵,並非全係瑞洵之私見,地哈兩事即有須稍通融,總難出此範圍,無論何人前來,恐未必別有辨法。英秀欽奉妥慎籌辨至為切要之旨,極應與圖瓦強阿磋商詳議,有應變通亦當據實由塔電奏請旨,何得擅專?乃抵哈巴河纔半月,與圖瓦強阿晤面次數無多,行文三次,僅空文相持,於緊要關鍵轉未開誠布公以實情,彼此商有歸宿,率以均從緩議,另籌辦法暫結,圖瓦強阿遂即回塔,英秀聞亦起程,如此草率,實出意外。況此案膠葛多年,至今始有成議,似未便據英秀一人之見,復翻定案,失信啓爭,自應請旨定奪。瑞洵病雖未痊,傷已見好,刻因地事復緩,蒙古觖望,哈衆聳動,邊情岌岌,不容無人前往收籠附循,祗好俟英秀回城後,瑞洵仍即力疾前往,確查實在情形,務得究竟,並遵前旨,將哈薩克認真彈壓,俟得確情即詳奏。現在北道已為雪阻,須由札哈沁南台設法繞道,寒天病體,不敢顧惜。至收安已緩至明年,應派何人辨理,仍請欽定,瑞洵不敢擅便,謹請代奏候旨。科布多瑞,九月二十二日咨新疆代奏。

　　十月十九日奉到十月初八日電旨:瑞洵電奏具悉,著該大臣即行前往彈壓拊循,查明確情,詳晰具奏。所有明年接收事宜仍著瑞洵經理,並會商春滿等妥為籌辦,務於守土安邊均有裨益。欽此。

11. 阿勒台收安議緩謹陳可疑可慮情形摺

　　奏為幫辦英秀辦理收安現已議定從緩,另籌辦法,敬陳可疑可慮情形,恭摺馳奏,仰祈聖鑒事。

　　竊幫辦英秀辦理收安擅定從緩各情業於本年九月二十三日飛咨新疆代為電奏,詞句甚多,然意猶有未盡,且臣疑慮交縈,亦有不能不再詳陳者。

　　臣查閱英秀鈔來文件,其塔城領隊圖瓦強阿初咨議將總管巴依巴克、副總管加開兩屬哈眾歸於河南,隸塔城;將哈薩克公徵斯罕率台吉札雅爾、札達克,總管邁敉鄂斯班額敉爾台等所屬歸河北,隸科城,無論冬夏均不准再越界限。惟值此秋深,邊地早寒,哈民等已歸冬窩,自難令其遷移,俟明年春暖,該哈薩克頭目等再行各將所屬人眾互相遷徙,以示體恤。英秀隨據該哈公徵斯罕等稟稱,歸科之哈非在河南賽里山過冬牲畜不能牧養,歸塔之哈非在阿勒台山一帶過夏,牲畜不能存留,稟請英秀轉商,英秀即據呈咨行有不敢冒為接收之語,圖瓦強阿復以哈薩克公、台吉、總管、大小頭目人等均在此間守候,當此正移冬窩,未便令其廢業失時,仍咨請英秀遵照兩次諭旨,先將人地兩收,俟明年春暖雪消後再為籌地安插,英秀覆駁以仍難接收,請先將交哈一節暫從緩議,應俟明年籌定冬季牧畜地方,再為接收,圖瓦強阿遂以既不收哈,亦不便還地咨覆。於是英秀始願從定議,此英秀等往返咨文,及哈呈所稱大略情形也。惟英秀亟致臣謂由承化寺前往哈巴河時,沿途密詢,即經查悉潛住借地之塔哈,僅於四、五、六、七月間在阿勒台山一帶住牧,是為夏窩,迨由八月以至次年三月,除在額爾齊斯河南北兩岸過冬外,其餘均行移入塔境賽里山一帶地方過冬,各項牲畜皆在該處牧放,是為冬窩,年年如是。及到哈巴河訪詢所言皆同,是英秀於塔哈情形知之不為不詳，籌之即不當不盡，商之更不可不力，勢必須逐一辨論，不憚筆舌，必無憾而後即安。而函中轉謂若必逐一辨論，徒煩文牘，以應與圖瓦強阿反復辨論者，竟以告知臣為了事，此臣之未解一也；臣夏間未往阿勒台山之先，屢與英秀議及上年所奉硃批：著將哈薩克清查，酌度情形，妥籌安插，務令各得其所以順輿情而重邊要之旨，至為明允，即應欽遵辦理。其中節目或有應變通之處，儘可彼此商量，歸於至當。惟潛住之塔哈不能令其紛紛遷徙，祇當擇其不安者措之而使之安。至於如何立法約束自應酌定能行章程，乃英秀習聞此說，並不將不能遷之所以然與圖瓦強阿熟商，且來文仍以一遷即變為言，此臣之未解二也；查科布多難籌塔哈冬牧之地，英秀與圖瓦強阿文一再申明，然一咨之內，既云現在科屬各處亦無妥地安插該哈住牧過冬，繼又云應俟明年籌有該哈牧畜地方。夫既云該哈冬牧科屬所無，何以又自認籌？豈一到明年便可籌定乎？此臣之未解三也；塔哈不收，英秀既託詞冬牧之地須籌矣，此猶可謂鄰疆之子民不必攘歸於我也。阿勒台山哈巴河借地為烏梁海游牧，不當汲汲商定收回，以安藩屬乎？此臣之未解四也；英秀來文謂塔哈自擬歸科後人心惶惶，總未相安，此與臣平日所聞、所知情形大異，然英秀正宜詰其不願歸科之故，詳加開導，告以既住科境即應歸科布多管轄，若不歸科，便應離科，百餘年久佔之阿勒台山果能捨去耶？如此明白曉諭，彼亦自可釋然，而英秀竟不及此。英秀來函又謂該哈每年在阿勒台山不過四箇月餘，仍移於塔境，不知英秀將令悉數遷回塔境耶？抑任其不歸地方官管轄耶？此臣之未解五也；英秀來函謂圖瓦強阿咨文強詞奪理，不足與較，實則臣查閱圖瓦強阿兩次咨商之文，咸稱遵旨先將人地兩交，俟明年春融再互遷徙，情理尚順，不過互遷辦法尚欠斟酌，又與塔哈呈詞不無殊異耳，此何不執哈呈與來文所稱不符之處，與圖瓦強阿詳悉計議，且英秀覆文於諭旨則以為窒礙難行，於哈呈反云係屬實情，何其視煌煌天語不足當哈夷頭人之一呈，此臣之未解六也；夫交地與哈者塔城也，收地與哈者科城也，塔哈若有不便，應向塔城圖瓦強阿控訴懇求，乃不之圖瓦強阿而之英秀，此臣之未解七也；哈夷忿鷙梗頑，行盜侵毆直如恆業，收之難可制伏，似以不收便顧，烏梁海之地將因議割科布多之哈，益以滋不安，羣知奉有定期交收之旨，而英秀獨議展緩，適足以疑種族促爭端，慮其遠而忽其近，此臣之未解八也；大員出差隨員、弁兵、輿馬、僕從勢不能少，台站供應烏拉視為苦累，今英秀往辦收安，即使一時難決，正可多需時日，以期辦有歸宿。夫一次辦結與兩番往來，其勞費為何如乃空行空返，反以將來再行接辦為示體恤，此臣之未解九也；而臣猶有說者，則以索還借地始自清安、沙克都林札布、魁福，繼之及已奉諭旨，復准展限三年交還，屆期春滿尚圖反汗，迨臣復申前請，經長庚等覆查會奏，始定人（地歸隨）［隨地歸］。朝廷俯採羣言，折衷一是，迭飭和商妥辦，臣下宜如何懍遵。況此案膠葛多年，至今始經查明，荷蒙欽定，實亦不便再翻。乃英秀未能仰體倡改緩收適償塔城之初願，不與臣同心，轉似為塔城助臂，此臣之未解十也。

查哈族人衆性悍，易難邊疆，臣非不知之，然溯自嚮化以來，從未為患。同治年間西域回匪作亂，該哈非但未嘗附逆，並且幫助軍需，是其心尚知有天朝，直可謂之急公好義，世篤忠貞。若概視為異類，深閉固拒，萬一鋌而走險，為害尤烈。蓋塔哈不收則借地難歸，借地不歸則烏梁海悉索之餘又失膏沃，靡以起彫弊，錯處之哈終無安插，且將致繹騷，緩則患釀腹心，急則變生肘腋。儻再闌入俄界，猝有不虞，更難收拾，此地與哈不容不收，且萬不容緩收者也。且英秀口銜天詔，宜如何殫心竭慮，劀切籌商，期底成績，即曠日彌久亦自無妨，總須有實在辦法，一日即為百年之計。假如確有窒碍，不能通融，上而朝廷既當請旨，下而僚佐亦可諮諏，英秀乃皆不出此，以奉旨迅即交收，始竟以從緩辦理，終達之九重，必增聖慮，傳之諸部，必撼人心。英秀小心持重，蕃夷情數具所夙知，孰意其輕率專輒之至於斯也。臣細繹英秀咨函，不過為科無冬牧地以容塔哈，必須仍准過賽里山。歸塔之哈亦須仍准過阿勒台山照舊牧放，初非大有為難，竟不能互相商榷。查上年長庚等覆奏，原有應如何安插約束由各該大臣自行妥為經理之語。蓋統籌安插本非一二空文便能蕆事，此等大致尤非從容擘畫、詳細推求，不能周妥也。臣伏思西路、北路莫非皇朝疆土，歸科、歸塔皆是國家子民，似難畛域，過分限其不通來往，據理而爭，圖瓦強阿諒亦不能固執。至應如何約束稽查，自應另具科條，亦不得漫無限制，要不離乎？重邊要順輿情，期於兩有裨益。惟究竟如何情形，容臣到彼查實具奏，但事原重大，萬不敢挾一已之見遽謂鐵案如山，況臣係原奏索地安哈之人，更不能不格外虛心，集思廣益，可否再請另派大員會辦此事，並應否將英秀傅旨申飭，令其毋庸預聞，以免掣動全局，出自聖裁。

　　所有幫辦英秀辦理收安已議從緩另籌辦法敬陳可疑、可慮情形各緣由，謹恭摺馳奏，伏乞皇太后、皇上聖鑒訓示，不勝惶恐待命之至。謹奏。

　　光緒二十九年十月初五日拜發。

　　本年十一月二十六日遞回。

　　奉硃批：著仍遵前旨，會商春滿等妥籌辦理，務於守土安邊均有裨益。欽此。

　　十一月初三日

《散木居奏稿》卷之十九　門人鈴木吉武校字

年交收借地後，其歸科之哈仍在賽里山等處照常住牧過冬，其歸塔之哈仍在阿勒台山一帶照常住牧過夏，彼此毋庸遷移，以順哈情而免滋釁。臣回城後與瑞洵會商，意見相同。容俟臣等與春滿商有成議，再行奏明請旨。至辦理接收借地一（帶）[事]，疊奉諭旨，人隨地歸，飭令和衷會商，悉心經理。茲又飭令妥慎籌辦，至為切要。臣曷敢操切從事，實因該哈薩克公、台吉、總管等既無賽里山過冬，牲畜不能存活，臣自不敢絕其生機，迫之外向。又值移歸冬牧之際，若持之日久，恐該哈眾生疑，彼處接近俄界，儻被人煽惑，更恐別生枝節，兼以圖瓦強阿厱以現在該哈眾移歸冬窩之序，未便令其廢業失時為言，所稱亦係實情。臣默念摺報往復，至速亦須兩月有餘，時已隆冬，哈眾久候，實恐妨其生計，是以未敢拘牽，未曾請旨，遽定暫緩接收，實為惶恐，且事無端倪，虛勞往返，負咎殊深，臣已於九月十六日由哈巴河啟程，十月十五日到科任事。

除委員溥湧一案，臣謹當欽遵諭旨，認真查明，另摺據實奏明外，所有隨地歸科哈民冬牧無地，同商辦法，暫緩接收，附報到科日期各緣由，理合繕摺奏陳，是否有當，伏祈皇太后、皇上聖鑒訓示，不勝惶恐待命之至。謹奏。

光緒二十九年十一月初六日拜發。

本年十二月二十九日遞回。

奉硃批：知道了。欽此。

十二月初五日

10. 收地暫緩撫哈不便並停摺

奏為收地暫緩，科哈撫恤不便並停，現已派員分往覈實察辦，並擬由臣瑞洵前往督率，藉資拊循，恭摺仰祈聖鑒事。

竊科布多舊撫之哈薩克因無準地住牧，定章約束，以致四出紛竄，潛入新疆腹地，前經臣瑞洵奏委屯防參將祥祐帶領筆帖式、兵丁及哈薩克通事等前往各該處查收，並由新疆撫臣潘效蘇派員會辦。本年五月間，據該參將等報稱，已收有四千餘名口，陸續押至札哈沁鄂倫布拉克台一帶地方，因該哈衆竄入新疆後，屢遭災歉，牲畜倒（斃）[斃]垂盡，流離困苦，不堪言狀，請飭哈官備帶氊房、駝馬前往接收。經由臣英秀督催該哈目、總管等遵照辦理，祇因科哈多貧，牲畜、氊房未能剋期集事。現在收回之哈復將潰散，若不亟以撫恤為收籠，一朝譁變，必至大擾，邊疆殊為可慮。臣等伏查此項收回哈衆與接收借地，原屬兩事，自未便概行停緩。況安哈經費止銀五萬兩，現除歸糧餉處墊銀三千兩，臣英秀往（辦）[辦]收安隨帶員弁盤費、蒙兵月餉、犒賞及添僱烏拉、駝馬等用銀四千餘兩，又購買賞件等項約一千餘兩，共已用去銀八千餘兩。茲查將來隨地應歸塔哈尚能自贍，但不加以需索便可無庸議撫，即此四萬餘兩以（振）『賑』科哈之窮乏者，已難徧及，悉心商酌，惟有先儘歸哈極困者，按照臣瑞洵去年預籌布置摺內所陳，每二人牛一隻、每一人羊五隻、甎茶二塊章程給發，其不敷銀兩，容臣等設法挪墊，不敢再另請欵。刻經派員分投，清查戶口，察看情形並採運牛、羊、甎茶。臣英秀現已回城，臣瑞洵即擬日內前往督率辦理，並催令該哈目、總管等各率歸牧，俟明年借地收回後，再為定地安插，藉示拊循，如此寓彈壓於羈縻。又得臣瑞洵親往，似較委員更為得力。

所有收地暫緩，科哈撫恤不便並停，現已派員分往覈實察辦，並擬由臣瑞洵前往督率，藉資拊循各緣由，理合恭摺具奏，伏祈皇太后、皇上聖鑒訓示。

再據參將祥祐等稟稱，古城西北山內尚有逃哈二百餘戶，多有槍械，時出搶掠，狂悍異常。前聞地方文武曾擬請兵驅逐，經新疆撫臣駁斥，然非得大員前往彈壓，仍恐不能懾服其心，懼然歸牧。臣瑞洵擬先至鄂倫布拉克暫駐，督辦其古城一帶潛哈，如果必須親往察辦，亦應前赴該處，督同委員認真招收，並一律給予茶畜，宣布恩意，俾期柔附，總以審察機宜妥辦為主，不敢執定。合併預陳。謹奏。

光緒二十九年十一月初六日拜發。

本年十二月二十九日遞回。

奉硃批：知道了。欽此。

十二月初五日

11. 先赴南台鄂倫布拉克撫綏歸哈片

再，臣瑞洵於光緒二十九年十月十九日奉到新疆轉遞十月初八日外務部密電，奉旨：瑞洵電奏具悉，著該大臣即行前往彈壓拊循，查明確情，詳晰具奏。所有明年接收事宜，仍著瑞洵經理，並會商春滿等妥為籌辦等因。欽此。臣仰維聖意，重在彈壓拊循，臣自應就有哈之處，前往辦理，臣正摺所陳擬將新疆歸哈撫恤，由臣馳往札哈沁南台鄂倫布拉克一帶督辦，即因該哈現均在該處等候接收也。臣此行不能不帶文武隨員以資差遣，需用烏拉、駝馬較多，台站艱於支應，現已飭傳，並加僱覓，期速就道。惟刻已節逾冬至，時方盛寒，蒙古多入山過冬，調集不易，且臣與英秀尚有會商要件，一俟商有就緒，台站備齊，即行啓程，先赴南台鄂倫布拉克一帶暫駐，切實察辦。至明年接收事宜，自應由臣妥為經理。

謹附片陳明，伏祈聖鑒。謹奏。

光緒二十九年十一月初六日拜發。

本年十二月二十九日遞回。

奉硃批：知道了。欽此。

十二月初五日

12. 無從籌撥冬牧摺

奏為隨地歸哈冬牧地方，科布多無從撥給，繕摺覆陳，仰祈聖鑒事。

竊於光緒二十九年十月十九日准伊犁將軍馬亮咨開，光緒二十九年九月二十五日承准軍機處電開，伊犁將軍轉科布多大臣奉旨：春滿電奏悉，著暫緩交割，仍著瑞洵等詳細妥籌如何撥給該哈薩克過冬牧地，再行會商春滿，奏明辦理。欽此。臣等伏查科布多所統蒙部，東北則為杜爾伯特十六旗、明阿特一旗；北則為額魯特一旗；南則為札哈沁二旗；

西南則為新霍碩特一旗、新土爾扈特二旗；西北阿勒台山前後則為烏梁海七旗，除霍碩特、札哈沁、額魯特、明阿特游牧瘠苦不計外，其杜爾伯特、新土爾扈特各旗所屬游牧本旗居住已形擁擠，實無餘地可以旁及。近年杜爾伯特、新土爾扈特各旗常以哈衆闌入，呈請驅逐，蓋以哈薩克性多強悍，往往搶奪牲畜，霸佔草場，羣皆目為盜賊，不願與之錯居，兼亦由地窄人稠，不能相安也。昨歲潛入新疆之哈，正以科屬無地可容，故四出竄逸，且杜爾伯特游牧接畛喀爾喀札薩克圖汗部落，若為弭患安邊久遠之謀，尤不宜於容納。現查烏梁海之允其雜處者，亦實出於萬不得已，惟是烏梁海游牧自同治八年、光緒九年兩次與俄勘界，捐棄膏腴十之大半，以致牧地偪隘，日益困窮，刻計新疆逃哈漸已陸續收回攏住，各旗哈衆亦均待地安插，其阿拉克別克地方居住哈民前奉外務部函商，仍令遷移，現均遵照辦理。合之科屬舊管各鄂拓克哈衆，其名口約在四萬以內，全須分別夏牧冬牧擇地安插，別旗蒙古旣不能容，自未便強令同牧，致啓爭端，仍須安插烏梁海境內。現計哈衆名數轉比烏梁海蒙古多至二萬有餘，地面日蹙，丁口日繁，殊有人滿之慮，故臣瑞洵屢有索還阿勒台山借地之奏，目今安插科哈尚且籌辦維艱，實無從更籌塔哈牧地，若使有地可以自籌，早將科哈妥為安置，自無事汲汲索地上瀆宸聰。臣等伏念安邊之道不擾為先，旣據哈薩克公、台吉、總管等呈稱，該哈衆等向在額爾齊斯河南賽里山等處過冬，額爾齊斯河北阿勒台山一帶過夏，自可准其照常住牧，似無須以分隸科塔，限其不通往來。況塔城領隊圖瓦強阿覆咨，亦有賽里山本屬窮山戈壁，並非肥美，惟較他處稍暖，故人畜皆樂棲止［之］語。則塔城之視賽里山亦在無關緊要之數，如能彼此妥定互相約束稽查章程，切實奉行，即可杜膠葛而安主客。臣等悉心斟酌，此項哈衆旣經跨牧有年，若遽使其分別部居，不相雜廁，殊覺行之惟艱，詳細妥籌，與其互遷而枉勞權力，何若仍舊而無拂輿情。臣等愚昧之見，如將此節許以通融，似尚無大窒礙，容臣等與春滿和衷咨商，俟有成議，再行奏明請旨辦理。

　　所有隨地歸哈冬牧地方科布多無從撥給緣由，理合繕摺覆陳，伏祈皇太后、皇上聖鑒訓示。謹奏。

　　光緒二十九年十一月初六日拜發。

本年十二月二十九日遞回。

奉硃批：仍著與春滿妥籌辦理。欽此。

十二月初五日

　　　　　《散木居奏稿》卷之二十　　門人鈴木吉武校字

卷之二十一　彌節集

幹難　瑞洵

光緒癸卯

1. 布倫托海渠屯各工告蕆請將用欵開單報銷摺
2. 布屯秋收擬提一成撥給烏梁海預用片
3. 前往南台督辦撫哈具報啟程日期片
4. 奏調知縣隨辦收安片
5. 阿拉克別克河口交界擬請派員會勘摺
6. 電陳籌議阿勒台接收事宜請旨切諭春滿速議勿延摺

1. 布倫托海渠屯各工告蕆請將用欵開單報銷摺

奏為具報布倫托海渠屯各工早經告蕆，暨農田約收分數似有成效，請將用欵開單報銷，恭摺仰祈聖鑒事。

竊布倫托海開渠布屯辦理情形，疊經奏明在案，臣瑞洵前經奏候派選州同崔象侯馳往烏梁海部落布倫托海，安設總局，調集兵工，辦理一切，令其先修渠道，祗以邊地早寒，去年未及完工，今年三月初四日復行接修，四月十一日大渠支渠一律告蕆，先經臣札飭，一面工作，一面乘時播種，現已據報秋收均在八分以上等情。臣瑞洵以工程必須驗收，墾務尤當查看，爰（屬）〔囑〕臣英秀由哈巴河回城之便，繞赴屯所，詳細察勘。

查得工程甚屬嚴實，蒙兵尤為出力。今年開屯本屬趕辦，惟以遭災稍覺減色，然尚可稱中稔，茲將辦理詳細情形敬陳如左。西北田畝多資山水，渠流潤沃，水利之修，農耕為亟，邊荒之域，灌溉尤先，故必就濱河之區，始能墾種。布倫托海即赫色勒巴斯淖爾，前元名為乞則里巴失海子，凡阿勒台山東南烏龍古河、布爾干河、青吉斯河諸水皆匯於此，淖爾東西廣七十里，南北袤三十里，田所在淖爾之東北，地高河下，必須設法挽水，使之上激。又須束水使之分流，是非堅築堰壩，多穿支渠不可。惟是河流湍悍，徧地荊榛，從前李雲麟所修渠堰，衝決淹沒，遺址無存，雖不乏可墾之地，而實尟易墾之地，加以河寬溜急，中流深逾二丈，底係流沙，施工不易，直是無從措手。該員以疊經臣嚴札，知事關欽奉，不得不勉為其難，隨由古城一再招雇當年曾修堰壩之工匠四十名，又幸有熟悉工作之蒙古昆都巴圖瓦齊爾與阿比二人督催教導，當率同烏梁海蒙兵及哈薩克等相度地理，分任承修，於阿布達爾、烏梁蘇及相隔三十里之普爾罕埃勒克地方各開大渠，修築龍口，安滾水壩、攔水壩各一道，以資畜洩。又各溍分渠四道，以便股引，復多疏畎澮，使之脈絡流通，得以隨時消長。渠工之要，首在堰壩，必築堰障水，開壩進水，而渠流始暢，其築壩之法因無內地之條石，係用柳條、葦索捲成大梢，底襯氈絮，中實沙土、石子，以木樁密排堅釘，並用粗木做成三尖式木架，以護壩根，用梢之多寡視河之淺深，溜之（綏）〔緩〕急為度，有用至十餘層、七八層不等者，務期水土融結，經久便可堅固。去歲夏秋河流盛漲，儘先伐運木料就兩岸，偪入河心，迎溜處層層排釘壩樁，迨交冬令河冰凝合，仍在上游督率兵工，編梱大梢，高及丈餘，長則百數十丈，一一堆列，以備冰化沉底。水勢較淺，則在上工作者稍易，計雖近拙，尚稱得力。今年三月中河冰渙釋，卽選熟諳水性者百數十人，借水力以推梢，兩旁緊拴巨綆，使兩岸兵工一齊拉繫，俾梢不致為水衝走，送至壩樁，逐層偪壓到底，一面仍急用木樁釘固兩旁，挨次運料填築，並又築埽鑲護，大致多用長庚修築伊犁特古斯塔柳渠工辦法。計自上年三月二十二日開工至九月初二日停工，又自今年三月初四日接修，迨四月十一日完工，凡七閱月，大小各渠次第告成，放水入田，足供屯用，並經夏秋盛漲，堰壩一律平穩，但使歲修無缺，似可持久無虞，此築渠工作情形也。

至農田種植，隨處不同，氣候有寒燠之殊，土性有宜忌之別，原未可鹵莽從事，亦非盡人皆能，蒙古向以游牧為生，罕諳耕種，而北路漢

卷之二十二　　西征集

斡難　瑞洵

光緒甲辰三月起，六月訖

1. 遵旨加意布置懇敕部撥給庫欵摺
2. 安哈經費不敷派員分向商家挪借茶畜應急尚須竭力籌措片
3. 現收哈數及願歸塔哈隸科暫收片
4. 哈目總管頂翎懇准照舊戴用片
5. 奉旨賞假叩謝天恩並力疾辦事就近前赴古城摺
6. 懇將崧華仍留任所片
7. 請將糧餉章京榮泰仍歸班先引見片
8. 山西布政使吳廷斌力顧時艱請賞軍功加二級片
9. 電陳行抵古城日期並督辦哈事各情摺
10. 電陳呈進馬匹求恩准予展限摺
11. 招收逃哈分押歸牧不久當可告竣摺
12. 附陳收哈索地情形並懇恩續假片
13. 電陳現擬派員先將人地兩收切望迅簡大員督辦摺
14. 電陳借地現經索還應請均歸錫恒管理所有派員接收應作罷論摺
15. 具奏卡倫增兵現尚得力未便遽撤摺
16. 借地允還不必由科接收應俟錫恒到彼即行管理片
17. 差委人員材堪器使現據事竣銷差可否送部引見候旨錄用摺

1. 遵旨加意布置懇敕部撥給庫欸摺

奏為俄情叵測，邊備宜嚴，遵旨加意布置，情形緊要，辦理竭蹶，懇敕戶部速籌接濟撥給庫欸，俾重邊要而免疏虞，繕摺馳陳，仰祈聖鑒事。

竊臣於光緒三十年正月十六日接奉諭旨：現在日俄兩國失和，非與中國開釁，京外各處地方均應照常安堵，本日業經明降諭旨，按照局外中立之例辦理。所有各省及沿邊各地方，著該將軍、督撫等加意嚴防，慎固封守。凡有通商口岸及各國人民、財產、教堂，一體認真保護，隨時防範等因。欽此。並先後准外務部密電，以西北一帶處處毘連俄界，俄人往來境內，蒙漢錯雜，恐滋事端，應嚴密防維，隨時稽查彈壓，務令照常相安，勿稍生事，總期邊界靖謐，毋使外人乘機藉口，致生他變，是為切要。又各省及沿邊內外蒙古均按照局外中立例辦理，兩國兵隊勿少侵越，儻闌入疆內，中國自當攔阻各等因。

臣於未經奉旨之先，查閱中外報章，知日俄相持甚急，勢將交綏，盱衡時局，控揣鄰交，實已默籌防範。及恭奉諭旨，臣已在行次。隨經飛咨幫辦英秀轉飭蒙古各旗盟長、札薩克、散秩大臣、總管及哈薩克頭目、總管等各飭所屬，凡遇外人前來，無論經商、遊歷，務須照常相待，加意保護，毋稍滋事，並嚴札各卡倫侍衛督率卡兵密事巡邏，勿得稍露張皇，轉駭眾聽，以冀稍紓朝廷北顧之憂，勉副部臣綏邊至計，顧無米之飲，巧婦所難，空拳徒張，志士興慨。

現有迫不待請業已舉辦及必須舉辦，應請敕下部臣迅籌的欸接濟者，擇其要端敬為皇太后、皇上覼縷陳之：科布多轄境自昌吉斯台至瑪呢圖噶圖勒幹八卡倫及兼管烏里雅蘇台之索果克罕達蓋圖等十六卡倫，統計與俄接壤不下三千餘里，延邊苦寒，蒙部相率內徙，每卡倫守兵多不過四十名，少止十名，此外絕覷人踪，轉視彼界則隨在屯防，設備整嚴，疏密相形，大相懸絕。況彼在我各游牧內收販駝絨羊毛以營生者鍾趾相錯，其於我之虛實久已瞭若指掌，至纖至悉，藩籬薄弱，易啟戎心，儻有數十騎託故涉境，我即無方阻禁，凡此情形聖慈明燭萬里，無待喋陳。惟強鄰偪處，邊境緜延，彼則窺伺已深，我實鞭長莫及，徹桑之計，何可再涉緩圖？不得已將科布多所管八卡倫每各添派蒙兵馬隊一百五十名，扼要填紮，密加巡防，以杜侵軼。明知械敝兵單，難當大敵，要未便視若無睹，不備不虞，然約計月需弁兵丁薪公口分、軍火、氈房等項每月已需銀五千餘兩，此不得不勞部臣力籌接濟者也。

　　阿勒台山嶺爾齊斯河，凡山之陰面、水之下游悉為俄境，其地土脈衍沃，水草豐饒，材木魚鹽甲於西北諸部，久為彼族所歆羨，現在貿易往來，業已走成熟路，河內時有小輪遊弋。前年俄人在克色勒、烏雍克地方潛來燒房割草、派隊駐紮，上年復來度地建房並擬築城，雖經行文派員詰阻，暫允停工待勘，究其大欲有加無已，彼國之齋桑斯克距阿勒台之哈巴河僅百數十里，其斜米省距齋桑亦止七日程，形勢岌岌，萬不容再有袖視。現正促辦交收且議設官分治，刻已咨商會奏，山河襟帶自宜羅設大防，徐圖整理，然當接收以後，未經設官以前，何可不謀暫時防守之策。儻仍稍存得過且過之心，互相推諉，必有如長庚所言，恐一置之度外，後將補救無及者。現擬酌委文武人員，權令暫駐該處管理蒙哈及營務交涉事宜。此次即由新疆招練壯勇二百名，遴員管帶，擇要屯紮，少張聲勢，以待後圖，庶不致留此大窾大郤，致生覬覦。計採購馬匹、槍支、藥彈約需銀一萬八千餘兩，其營務文案營哨各員弁薪水、辦公經費、勇丁口糧、製辦氈房、操衣韉袴等項每月約需銀二千餘兩，此更不得不勞部臣力籌接濟者也。以上兩端，一為現今阻截設謀；一為將來布置張本，要皆盡我修備之實以禦外侮。不為敷衍，不尚鋪張，本屬邊方應辦之事，即日俄未嘗開釁，亦應及早舉行。今則時異事殊，稍縱即逝，更不能再事稽緩。說者謂北路邊防相安已久，或無意外之虞，不知自同治八年分界，將阿勒台山西北數千里地劃入俄界；光緒九年重訂阿拉克別克界約，則浸淫又及山南矣。現方薦食未已，（烏）〔焉〕可以乾隆、嘉慶軍威正盛時相提並論。或又謂此次戰務，中國方自居局外中立，若遽添兵防卡，似涉張皇，恐貽外人口實。不知中國得設兵防堵本國疆界，不得視為失和，此條久經宣示，況此次日俄交戰，歐洲各國尚且整軍經武以備非常，而我壤地與之相連，且素為彼所注意者，詎可轉忘戒備。

　　查伊犁、塔爾巴哈台均歲撥鉅欵，悉力經營，而科布多形勝實為新疆鏁鑰，本不宜視同甌脫。第常年經費止五萬餘兩，毫無餘蓄閑欵可以騰挪。往者內省撥解偶延，輒須向市商通融告貸。臣到任適逢庚子辦防，復經借墊商欵，迄今尚欠銀四萬九千餘兩，無力籌還。近因開辦屯田、收撫哈衆，又疊向挪借銀兩茶畜，科布多城商鋪無多，一再籌借已同悉索，該商等雖尚曉急公，然每以成本有限難資周轉為言，自係實情。此後不但無法再借，並須設法歸還，方足以昭大信而示體恤。臣忝竊邊符，媿無績效，連年抱病，心力已虧，極應早干罷斥，以免貽誤。茲復蒙恩賞假，實荷逾格優容。然疆場之事瞬息萬變，一日當為百年之計，何敢偷安視息，冀省事而墮狡謀。惟兵械餉糈不能應手，雖有智者亦將坐以待困。況臣才力淺短，百不如人，此所以激切征營不得不呼天請命也。查防卡蒙兵應俟時局大定即當遣撤，所支口分等項須按一年覈算。阿勒台暫防經費則應先以一年計，但止權顧一隅，尚容通籌，詳擬會摺陳奏。

　　凡此皆一定機宜，刻不容緩之需，科布多財殫力竭，迥與鄰省他城不同，實已無從籌措，伏求聖慈俯念邊鎮重要，敕下部臣統籌接濟，無論如何為難，即行撥給庫欵十萬兩，電知臣派員星馳赴領，速解濟急。邊局幸甚！臣幸甚！臣志切憂時，非並不知惜費，顧念方域綦廣，藩扞太疏，我不預防，彼將乘隙，實不能不稍為規畫，聊固吾圉。當與英秀往返函商，意見相同，謹將俄情叵測，邊備宜嚴，遵旨加意布置，情形緊要，辦理竭蹶，懇敕戶部速籌接濟，撥給庫欵，俾重邊要而免疏虞各緣由，繕摺馳陳。

　　是否有當，伏祈皇太后、皇上聖鑒訓示敕部施行。謹奏。

　　光緒三十年三月二十一日拜發。

　　本年五月二十二日遞回。

　　奉硃批：另有旨。欽此。

　　四月二十四日

2. 安哈經費不敷派員分向商家挪借茶畜應急尚須竭力籌措片

　　再，安哈經費前經部撥銀五萬兩內歸墊及支付各欵已用銀八千餘兩，臣前擬即將所餘銀四萬餘兩先儘歸哈之極困者給予撫恤，不敷銀兩由臣等設法挪墊，不再請部撥欵等情，均經奏明。奉旨：知道了。欽此。現經查明歸哈人數，計科布多屬二千九百六十名口，又塔屬願歸科布多者二千零六十四名口，實已共收回五千餘名口，皆以蕩析離居，幾成流冗，業飭普加（振）［賑］贍，其續由新疆收回之哈約猶有二千餘人，困苦相同，並當一體施惠，以廣皇仁而昭公溥。然統巖採買茶畜價值，已需銀九萬餘兩，所短仍鉅。而英秀暨臣兩番往返及官弁兵丁盤費、蒙哈賞件支銀已近萬兩，實不得已復派員分向本城即古城商家挪借甎茶牛羊以應急需，此外尚須竭力籌措。臣深知帑藏支絀，何敢稍任糜費，第事機所迫，欲罷未能，但以此次（振）［賑］濟哈眾，實惠均霑，則羈縻勿絕，其隱裨於邊疆者即已匪細，固不宜吝此區區，致妨大局也。

除咨部查照外，伏祈聖鑒訓示。謹奏。

光緒三十年三月二十一日拜發。

本年五月二十二日遞回。

奉硃批：戶部知道。欽此。

四月二十四日

3. 現收哈數及願歸塔哈隸科暫收片

再，科布多竄往新疆之哈薩克自光緒二十八年八月經臣奏派換防參將祥祐帶領員弁往收，並飭先赴新疆省城稟商撫臣，聽候調遣。時值饒應祺卸事在即，因循月餘，迄無就緒。逮潘效蘇履任後，始妥議辦法，令該委員等會同該省文武印委先就新疆東北一帶查辦，並於迪化縣之蔣家灣、阜康縣之高貨郎廟、孚遠縣之三台及大坑沿、奇台縣之北道橋、木壘河、大石頭、三箇泉、鎮西廳之臥雲磯、花兒茨等地方分設卡座以杜逸越。因哈眾隨畜薦居山僻徑歧，往往此招彼逸。該委員等分投勸導，惕之以威，歆之以利，先將迪化東山暨奇台、孚遠、阜康鎮西廳各境內潛住之哈眾頭目十三名加意拊循，帶至省城，經潘效蘇當堂發落，分飭各歸各屬，並將哈目等暫行拘留，責令將該管哈眾速遷歸牧。奈竄新之哈已極貧乏，遷延觀望，未肯即囘，復經該委員等酌量周恤，帶同哈目仍四出搜尋，日事督催，及聞臣親往鄂倫布拉克督辦（振）[賑] 撫，始幡然來歸，現計收回科布多所屬已逾十之七八。此外有塔城哈衆二千六十四名口，因世居阿勒台，堅稱願回舊地，歸科布多管轄。潘效蘇以該地已奉旨還科，自應人隨地歸，面飭委員等先行收回，以順輿情。疊據該委員等呈報辦理情形，該頭目等旋亦齊來臣行營謁見，臣分別賞給頂翎，令權隸於科布多哈部內暫時同牧，責令各哈目、總管等協同約束，毋滋紛擾，仍諭俟借地收回，再為分部定地安插，哈衆尚皆悅服，差堪仰慰宸廑，謹附片具奏。

光緒三十年三月二十一日拜發。

本年五月二十二日遞回。

奉硃批：知道了。欽此。

四月二十四日

4. 哈目總管頂翎懇准照舊戴用片

再，莫羅霍、哈拉哈斯、車流布齊、章達蓋盧等四鄂拓克哈薩克自光緒八年歸隸科布多時，即經前任大臣清安、額爾慶額飭令珠旺幹、博特木、齊蘇喀爾拜、莫鸞達克等四員名戴用三品頂戴花翎，分充總管，各管所部。又派章嘎爾為頭目，總理各鄂拓克游牧事務，戴二品頂戴花翎。凡此情形，科布多年久司員類能言之。臣詳悉檢查，實無奏請，案據詢之章京等均云未曾奏過。現在該哈官等亦俱知底蘊，深憾各大臣靦視欺紿，踧踖不安，臣竊念此事已閱多年，由於前任大臣之疎漏與私自擅用者有別，若此際遽行撤銷，旣太操切，而刻值辦理安撫，方資鈐束，更不能不稍示羈縻。惟朝廷名器非臣下所得擅專，自應據實奏明，仰懇天恩賞准照舊戴用。又查伊犂現辦哈部章程，阿哈拉克齊係用三品頂戴花翎，並無總管名目，亦無頭目二品者。玆事屬旣往，暫可勿改，應俟將來收撫事竣再行察照舊章，酌加釐訂，期歸盡一，俾資遵守。

理合附片具陳，是否有當，伏祈聖鑒訓示。謹奏。

光緒三十年三月二十一日拜發。
本年五月二十二日遞回。
奉硃批：知道了。欽此。
四月二十四日

5. 奉旨賞假叩謝天恩並力疾辦事就近前赴古城摺

奏為奉旨賞假叩謝天恩，並力疾辦事，擬就近前赴古城緣由，具摺馳陳，仰祈聖鑒事。

竊臣前往鄂倫布拉克督辦撫哈啟程日期業經附片奏明，至上年十二月初九日始勉強行抵該處，維時收哈委員分押哈眾，先已馳至沙窩地方，去鄂倫布拉克止兩日程，在彼等候接收之哈官分別交代。臣已飭查明此起歸哈統科塔兩屬，共有五千餘名口，以困苦情形並無殊異，不得不一視同仁，普加（振）[賑]贍，自未便拘牽初議，致有偏枯。惟採買牛羊有在阿勒台、布倫托海各處者不宜驅之遠來，致滋拖累，尤慮哈性無恒，飽則颺去，體察再三，遂改定在阿勒台散放，以非真歸牧地不能承領也。先由行營按名發給印票一張，寫明哈名及牛羊甎茶隻塊數目，如此嚴實辦理，藉寓牽制，計亦良便。適該管哈目、總管等接奉臣檄傳，相率來見，聽候調遣，臣宣示朝廷德意，責令將哈眾分領歸牧，其在新疆續收未到之哈尚約有二千餘人，具報光景皆極窮蹙。臣令該委員等仍在台守候催趲，並札飭新疆委員於啟行時先酌給麪布茶塊，俾無饑寒以免擾及地方。

現聞新疆巡撫飭用車輛運送，更為妥協，特是前項茶畜僅敷頭起撫案之用，刻仍設法借墊，空籌獨持，支絀萬狀，差幸臣平日稍繫蒙哈之望，尚不至遂滋事端，但臣近來於收安哈眾一事因才具短絀，竭蹶經營，實已煞費心血，若待哈部敉安，臣氣力更不知何似頃接，英秀咨稱，已將臣疾狀奏明，奉硃批：瑞洵著再賞假兩箇月等因。欽此。當即望闕碰頭恭謝天恩，伏念臣猥以負薪之疾，屢荷優容，寬賞假期，臣具有天良，敢忘愧奮，無如報國有心，衛生無術，事繁身弱，願越實在意中。加以阿勒台借地迭經咨商，春滿直不答復，並"不還"二字亦且阻，均為有背中立之條，動妨大局。必須先事綢繆，豫『預』防後患，俾知早有守備，方足以戢拼，飛杜窺伺，是必吾實力充足，確有以自立而後可保中立。爰將所屬昌吉斯台、瑪呢圖噶圖勒幹等八卡趕緊加派蒙兵，扼要川駐，因經費無著，一面借挪墊辦，隨經奏請戶部接濟，現奉寄諭，知已敕交馬亮、潘效蘇等籌議。仰維聖明垂厪邊要，不厭求詳，曷勝欽佩，惟臣前摺所陳尚有非鄰省所盡明者。查科布多境內統計二十四卡倫，內有十六卡倫隸烏里雅蘇台管轄，每卡倫兵數尚有四五十名。惟科布多所管八卡倫，前因分界，俄人偪逐移卡，續經內徙，每卡倫因陋就簡，僅止設兵十名，且烏里雅蘇台之十六卡地尚次衝，而科布多所管八卡則偪近彼疆，且有與齋桑斯克為鄰者，屢年爭執，克色勒、烏雍克之地至今覬覦未已，而俄人每以越界侵佔為能，得步進步已成慣技，彼又設備謹嚴，鄰柝相聞，而我猶鼾睡，似乎不可，東方戰事未艾，邊警宜戒不虞。故烏卡尚可照常，而科卡萬不能不添兵防堵，但限於財力不能大加布置，為可愧耳。蒙兵生長其地，山徑熟習，查察易周，雖云難當大敵，然庚子辦防、按卡、增戍，俄止對壘相持，究未深入，是已著有明效。現在添紮將及半年，烽燧不驚，邊塵安堵，若竟遽行議撤，恐不免啟戎心而懈士氣，似非計之得者。自應俟馬亮等議覆及察酌日俄戰事如何，再行奏明辦理。至預請阿勒台防費，原為接收以後未經派員以前暫支一時之需，今該處已蒙特簡大員駐辦，臣前經電奏，應俟錫恒到彼徑行管理，科城無庸再辦接收，其防費自應由錫恒查照長庚原奏歸於全案估請。惟錫恒到任需時，該處防務不可間斷，究應如何辦理，該將軍等（永）［久］練邊情，統籌全局，自有嘉謨入告。其臣前擬於新疆招募壯勇二百名，派員管帶，暫駐阿勒台一節，刻以無欵，尚未舉辦。既蒙飭議，自應候旨遵行。臣忝司邊寄，責無可辭，不敢稍涉張皇，亦不敢竟疏防範，總期疆圻靜謐，戎馬不來，上紓聖主宵旰之厪，下保北路安全之福。抑臣更有言者，天下事言之匪艱，行之惟艱，凡說者愈覺動聽，卽辦者愈益棘手。科布多形單勢弱，自守尚且不足，更何敢謂有恃無恐，欺飾聖明。區區愚誠諒蒙昭鑒。

所有卡倫增兵現尚得力，未便遽撤，應俟議覆遵辦緣由，理合恭折具陳，伏祈皇太后、皇上聖鑒訓示。謹奏。

光緒三十年六月十三日拜發。

本年八月初十日遞回。

奉硃批：另有旨。欽此。

七月十七日

16. 借地允還不必由科接收應俟錫恒到彼即行管理片

再，臣前以阿勒台已議請設大員畫疆分治，是為烏部收舊牧，非為科城索借地，無所用其爭執，總期急就蕆事，庶朝廷得早簡大員整理，請飭春滿速議交割，勿再推延等情，曾於三月初十日在鄂倫布拉克台轉由古城電奏，奉旨敕催，嗣在途次輾轉籌思，此事業經授柄，恐一時未易轉圜，儻春滿仍欲展緩，則惟有速請簡派大員徑往駐劄辦理，即足藉杜牽制，迨行抵古城，節次與春滿電商催索，經臣切實辯駁，始據覆電定議交割，有派員何日起程候電等語。臣當又以此案翻覆有年，至此始有歸宿，自應即往接收以清膠葛。阿勒台現擬設官，切望迅簡明練清強大員前往督辦，則大局一定，保疆安人，邊治自興等情，於五月十八日電陳。旋奉電旨，敬悉已蒙欽派大員駐辦，一得之見，不期默契天心，曷勝慶幸。同日臣另有擬派員往辦接收一奏。臣伏查阿勒台借地，前擬必須派員往收者，原以塔哈人隨地歸，尚有事在茲，既簡放有人，錫恒年力正強，膺茲重任，自當勇於從事，北來必速。臣悉心酌度，借地一節既經臣與春滿電商，業允交還，即為定議，原不必仍由科布多再辦接收，應俟錫恒到彼即行管理，塔城自不能阻，擬將派員接收毋庸置議。

除由電奏明外，理合附片具陳，伏祈聖鑒。謹奏。

光緒三十年六月十三日拜發。

本年八月初十日遞回。

奉硃批：知道了。欽此。

七月十七日

17. 差委人員材堪器使現據事竣銷差可否送部引見候旨錄用摺

奏為調營差委人員材堪器使，現據事竣稟懇銷差，籲求恩施，可否俯准由臣給咨送部帶領引見候旨錄用，以昭激勸，恭摺具奏，仰祈聖鑒事。

竊臣前因奉旨派辦接收安輯各事，胥關重要，必須得力可靠之員方資佐助，當於光緒二十八年十一月奏調候選運判徐鄂來營派充洋務局總辦兼設籌邊處，責令綜理一切事宜，上年八月復派往阿勒台隨辦接收，均經附片奏明。嗣因地事議緩，該員中道折回，復來新疆經理哈務，隨在行營辦事。茲據稟稱：自到北路即不服水土，恒患腹疾，經久未痊，殊形委頓，初因收安地哈，公務殷繁，既蒙奏調專辦是事而來，未敢率行請假，茲幸均經告竣，洋務局一差業經暫護參贊大臣派員接署，籌邊處現議裁撤，此外並無經手未完事件，稟請銷差給咨，俾得赴部候選，就便延醫調治等情前來。並據該員疊次面求，詞意懇切。查該員向在奉天、黑龍江、直隸、山東等省襄理戎幕，頗著能聲。迨經臣奏調來營，畀以洋務、籌邊各事，均能鉅細兼綜，深得體要，毫無貽誤，於索地收哈尤盡心力，惟系南人，不服北邊水土，所稱確係實情，今事已告竣，自應准其銷差，由臣發給離營咨文，並准循例仍由北路台站晉京，以示體恤。臣覆查該員聰敏勤能、饒有智略，辦事亦頗認真，年逾強仕，磨鍊已深，現當用人理財之際，鹺務為國課大宗，如該員者儻假以尺寸之柄，使得有所藉手，必能於場產引銷切實討求，及時自效，若任其浮沈需次，日久賦閒，未免可惜。且科布多地處極邊，著名瘠苦，人皆裹足。臣奏調各員尚有補用都司緒齡、候補知縣王服昱雖經均奉批准，尚皆託故趑趄，至今未至。獨該員不憚艱遠，應調前來，其勇於從事即可概見。惟是萬里馳驅，載更寒暑，辦理洋務、邊務悉協機宜，深資臂助，論功行賞本應從優議保，以獎其勤。況見在阿勒台建官置戍，草昧經營，若不於邊荒開用人之途，其奚以延攬才賢，毗益庶務，可否籲求恩施，俯念北路軍營差苦事艱，准將奏調來營候選運判徐鄂，由臣出具切實考語，咨送吏部帶領引見候旨錄用之處，出自鴻慈逾格，如蒙俞允，不特該員此役不為徒勞，即嗣後奉調人員亦庶幾有所激勸，免致多方規避，觀望不前，似於邊疆有裨。

所有調營差委人員，材堪器使，現據事竣禀請銷差，籲求恩施，可否俯准由臣給咨送部帶領引見，候旨錄用，以昭激勸各緣由，理合恭摺具奏，伏乞皇太后、皇上聖鑒訓示。謹奏。

光緒三十年六月十三日拜發。

本年八月初十日遞回。

奉硃批：所請著毋庸議。欽此。

七月十七日

《散木居奏稿》卷之二十二　門人鈴木吉武校字

卷之二十三　藏弓集

幹難　瑞洵

光緒甲辰七月起，十二月訖

1. 電陳病勢直難望（愈）〔癒〕應請速擇替人摺
2. 電陳白塔山潛哈出巢抗拒擬回駐鄂倫布拉克台相機查辦摺
3. 電陳收哈事竣起程回抵科城摺
4. 經手事竣欽遵請旨摺
5. 回營任事日期摺
6. 收哈告竣繕單馳報摺
7. 塔哈應歸塔員查收片
8. 銷毀關防片
9. 照章酌保換防員弁摺
10. 請還溥湧頂戴片
11. 動支倉糧散放窮蒙片
12. 開缺回旗叩謝天恩摺
13. 請交英秀暫護印鑰片
14. 撫卹俄商摺
15. 擬保收哈出力人員先行請旨摺
16. 阿勒台分撥專管事宜請俟壽勳酌議片
17. 滿兵到防日期片
18. 具報官廠駝馬數目片

1. 電陳病勢直難望(愈)[癒]應請速擇替人摺

北京外務部洪密，瑞洵五月初九日附奏續假一月，刻又屆滿，病勢有增，直難望（愈）[癒]。科布多嚴疆緊要，且現須為阿勒台籌辦後路，事繁責重，已非病者能勝。況東方戰事日勝俄敗，彼失於東必將取償於西，我居中立，本係從權，終恐兵戎相見，北路邊備素虛，尤非勞傷之軀所能布置嚴密，瑞洵自揣氣力，萬難再任艱鉅。現在差次實係力疾從公，乃馬亮誤為精神尚能辦事，昨因春滿出缺，商欲奏請瑞洵赴塔接辦，瑞洵聞知，當即函電切辭，又託潘效蘇再代懇辭，科防喫重，應請朝廷速擇替人，瑞洵仍於日內具摺奏乞天恩准開參贊差缺，回旗調理，以便自訪中西醫士診治，實感鴻慈，謹乞代奏。

瑞洵佳。

2. 電陳白塔山潛哈出巢抗拒擬回駐鄂倫布拉克台相機查辦摺

北京外務部洪密，哈事現辦頗有端緒，惟新界白塔山近有早年潛哈，因新疆徙遷，出巢抗拒，人眾勢悍。現潘效蘇調隊防逐，並會派大員前往開導，事體較大，恐釀鉅變。瑞洵擬回駐鄂倫布拉克台督率，相機查辦。定七月（念）[廿]四日由古城起身。

再，昨接馬亮、潘效蘇電稱，春滿先是病重，訛傳出缺，應報明更正，謹乞代奏。瑞洵漾。光緒三十年八月二十四日接軍機處電，迪巡撫古轉科布多參贊大臣奉旨，瑞洵電奏悉，據稱白塔山有早年潛哈，因新疆徙遷抗拒，人眾勢悍。現潘效蘇調隊防逐，並派員前往開導等語，歸哈一事不宜操切，著潘效蘇、瑞洵等務當體察情形，善為開導，隨時妥慎辦理，切勿稍事孟浪，致釀變端，是為至要。欽此。

感印。

3. 電陳收哈事竣起程回抵科城摺

北京外務部感電，奉旨欽遵，白塔山哈衆前因新疆驅逐巴里坤潛哈，正在伏暑，人馬不耐，太失體恤，哈情憤激，致委員解送歸哈過山，被其出巢抗拒，偪脅入夥，旋據該哈目等投文行營，要求挾制。經瑞洵分別准駁，先令展緩，一面與潘效蘇函商辦法；一面遴派妥員前往相機開導，並加撫勸，現均遵依。坤哈仍陸續押遷歸牧山中，舊哈並已解散。向阿勒台去訖多年，積患竟得掃除，地方安定，蒙民同感。至瑞洵前奏新疆南北各哈均已收回，據報還牧，現在一律竣事，無可再辦。瑞洵即於八月十四日由鄂倫布拉克台起身，（念）〔廿〕六日回抵科城，知系宸廑，先電聞，容再詳奏，謹請代奏。

瑞洵西範。

4. 經手事竣欽遵請旨摺

奏為臣假期又滿病益增劇，經手事竣，欽遵請旨，恭摺陳奏，仰祈聖鑒事。

竊臣前因假又屆滿，病勢直難望（愈）〔癒〕，擬仍具摺乞恩准開差缺，回旗調理，以便自訪中西醫士診治等情，於七月初九日由電奏明。繼以白塔山潛哈出巢抗拒官兵，派員前往開導，回駐鄂倫布拉克台相機辦理，抵台後就近督飭，尚幸山內各哈均遵遷歸牧，新疆南北各哈招收一律告竣，臣已於八月二十六日回抵科城等情。又經由電馳奏，伏查臣自光緒二十九年六月初二日奏明銷假前往阿勒台一帶辦理收安各事宜，當經聲請，俟差竣之後入都陛見。奉硃批：著俟事竣後，再行請旨。欽此。仰見聖慈慎重疆事，俯體下情至意，莫名欽感。嗣緣中途墜馬，傷重折回，詎料歸地竟又議緩，蒙哈惶惑，比時已交冬令，復奉旨：著該大臣即行前往彈壓拊循，查明確情，詳（昕）〔晰〕具奏等因。欽此。

年痾病，務殷寄重，幾無日不以負乘為虞，光緒二十九年二月曾瀝情懇請開缺，奉硃批：著再賞假三箇月，毋庸開缺。欽此。是年九月復以恐誤大局密片籲請酌量撤回，蒙諭：以杜患安邊為重，不得意圖諉卸等因。欽此。本年三月又據英秀咨稱，於上年十二月代奏病狀，奉到硃批：瑞洵著再賞假兩箇月。欽此。

臣媿以弱才，猥荷聖明不棄，屢沐寬假，深恩未答涓埃，每滋悚疚，故前此具奏經手事竣，雖病體有加，未敢顯言歸職，迺承俯察隱衷，特准開缺，回旗調理。仰維聖主如天之仁，臣何人，膺斯優眷。昔漢西域都護定遠侯班超以久在絕域，年老思土，上疏自陳，至有但願生入玉門關之言，而踰望三年，未蒙省錄，逮超妹昭亦為書請，始得徵還。以臣資材庸碌，略無勛建可比前賢，而聖朝軫恤邊臣，實已超越炎漢。凡此天恩殊絕，誠非臣捐糜頂踵所報萬一。臣惟有強自支厲，督率清釐，俟將一應事宜交代清楚，即於春融輿疾回旗延醫調理，儻蒙宏慈覆護，所患幸獲全瘳，則此後有生之年莫非朝廷所賜，臣自當勉策疲駑，仍效馳驅，報國惘忱，固不敢一息少懈也。

所有臣叩謝天恩緣由，謹繕摺具奏，伏祈皇太后、皇上聖鑒。謹奏。

光緒三十年十二月二十六日拜發。

光緒三十一年二月二十八日遞回。

奉硃批：知道了。欽此。

正月二十三日

此疏篤雅有節，傳世之作。注

13. 請交英秀暫護印鑰片

再，臣奉旨開缺，回旗調理，自應靜俟壽勳到任，面加交代。惟臣恐懼下情，有不得不據實直陳者。臣自到科布多已閱五年，而竟有四年之病，迄今諸（證）[症]駸增，尤以心腎交虧為最甚，雖力疾辦事，實無時不憂貽誤，誠以邊鎖務殷，斷非久病之軀所能勝任，茲已邀恩放還，若猶因循戀棧，則上負生成，下虧職守，臣之罪更大，臣之心奚安？臣反復思維，英秀雖蒙賞假，急欲起程，而冰雪在途，一時尚難就道。若將印鑰仍暫交其護理，當不至遽滋隕越。該大臣俟交卸再行回旗省親亦無不可，應請旨飭令壽勳迅速前來，至為感幸。臣又聞春滿病請開缺，奉旨後不出五日即將參贊印務交所屬章京忠瑞暫護，自係病不能支，而臣氣力羸憊，所患較春滿彌劇，知必同荷天恩體恤也。

臣因疢疾太深，委寄至重，切切以辜恩曠官為慮，用敢不揣冒昧，附片瀝陳，伏祈聖鑒訓示，臣不敢擅便。謹奏請旨。

光緒三十年十二月二十六日拜發。

光緒三十一年二月二十八日遞回。

奉硃批：已有旨，著英秀暫署矣。欽此。

正月二十三日

14. 撫卹俄商摺

奏為俄商查無下落一案懸宕過久，現已酌給卹銀議結，具陳辦理情形，請將此項銀兩敕部撥給，以清墊欠，繕摺馳陳，仰祈聖鑒事。

竊查光緒二十六年俄商阿克索諾福即密錫克隨帶蒙古工人，由科布多、烏梁海游牧撥什庫吉齊納克家前往阿勒台住牧塔爾巴哈台所屬哈薩克酋長巴蘭赤克處收討帳目，失去無蹤一案，疊經臣派員認真查訪，嗣准外務部咨，二十八年正月俄使照請派員會同俄員查辦等因。復由臣遴委幹員會同俄駐庫倫匪索勒施什瑪勒福所派俄官及塔城委員逐細查勘，並無實跡，旋據該匪索勒照稱，此案顯係塔屬哈薩克所害，應行咨部請示，抑或由塔屬哈薩克賠償銀二萬兩，儻有謀害之人，即由中國照例治罪等語。而春滿來咨則謂，失去俄商似仍在科城所屬地界，並未管借地尚未交還，仍歸塔轄。臣未便與之計較，徒費筆舌，遂經飭查昌吉斯台卡倫有無該俄商阿克索諾福過卡折回俄國之事，隨據該處駐卡侍衛英綏呈復，光緒二十六年三月曾有俄商阿克索諾福進卡呈驗執照，報明往科屬烏梁海游牧經商，後惟未見該俄商出卡等語。

臣詳加籌度，該俄商由吉齊納克寓所出門，曾否行抵巴蘭赤克處不得而知，而並未旋回。俄國似無疑（義）［議］，祇以地介兩城，哈係塔屬事無（左）[佐]證，難成信讞，遂致閱時五年案懸未結。本年八月二十八日新任俄駐庫倫匡索勒哩約巴特來科布多商辦此事，值臣甫由新疆馳回，論者多謂此人太是精悍，不易商量，且有以臣不久即請開缺，樂得推到後任相勸者。臣則以該俄商人貨並失，係屬實情，無論其地為科為塔均是中國境內，臣等同為邊吏，未便過分畛域，若仍彼此推宕，深恐日久更難收拾，似非維持大局之道，且既不能置之不問，則此際未查確實，尚可相機辦難，惟若必根究實在，萬一果有謀害情形，則轉圜益覺為難，至推諉辦法臣絕不肯為，因與該匡索勒和衷商辦，期斷葛藤。該匡索勒初猶堅執賠償銀二萬兩之說，經臣再三辯駁，不認賠償，極力磋磨，始經議定以銀三千兩撫卹該俄商阿克索諾福家屬完案，其銀科塔各認一半，由科先行墊給，當與該匡索勒彼此行文照會，並經暫挪庫欵付給，取具收條作據，仍議明此係通融辦理，不得作為定章。

臣伏查中外交涉，往往因遷延諉卸，枝節橫生，以致尋常細故釀成鉅釁。此案膠葛已久，俄人屢以為言，初以索償過多，猝難置議，今由二萬而減至三千，實已煞費說詞，竟得就此和平了結，殊非始願所及。若臣亦如塔城仍復推延，則曠日彌久，愈難清理。臣慎重邦交，顧全國體苦心，必蒙聖明垂察，即外部王大臣亦當鑒諒。惟科布多常年經費皆有定額，一經挪用即成虧欠，此項墊欵應如何酌量撥還之處，請敕戶部覈議遵行。

除咨呈外務部暨分行外，所有俄商查無下落一案，懸宕過久，現已酌給卹銀議結，具陳辦理情形，請將此項銀兩敕部撥給以清墊欵緣由，理合繕摺馳陳，伏祈皇太后、皇上聖鑒訓示。謹奏。

光緒三十年十二月二十六日拜發。

光緒三十一年二月二十八日遞回。

奉硃批：著照所請，該部知道。欽此。

正月二十三日

15. 擬保收哈出力人員先行請旨摺

奏為科布多辦理招收逃哈人員異常出力，籲懇天恩俯准擇尤從優分別保奬，以慰成勞而昭鼓勵，繕摺具陳，仰祈聖鑒事。

竊臣自光緒二十八年八月派委員弁前往新疆招收逃哈，二十九年十一月復親赴鄂倫布拉克台駐劄，相機彈壓，本年四月又馳往古城督率催遷，至八月底始將潛新科哈、隨地歸哈及早年竄往之哈一律收回，業經繕具摺單奏報。

臣伏查新疆潛哈隨畜薦居，閱二十餘年，延數千百里，男女丁口數逾萬計，平日恃其驕捷，工寬侵佔蒙回牧場，動輒糾衆逞兇，日聚日多，隱爲民患，至辦理之難，急之旣虞走險，緩之又類養癰，操縱之間殊非容易。本年六月間潘效蘇遵旨議定功過摺內已陳大槪，臣亦曾奏明謂比臨（陳）〔陣〕禦敵尤爲艱棘，直如招尋數千，出柙走險之虎兕，敺使歸閑就勒，並非過語。卽如前此白塔山潛哈率衆抗官，勢已岌岌，若辦理稍失機宜，則嘯聚日固，解散彌難，其時正値伏暑，戈壁酷熱，該委員等盡瘁馳驅，蹈不測之機，遏已張之逆，以十許員弁開導千百強橫負固之哈夷，不費一兵，不折一矢，卒能使離積年巢穴，帖然西遷，此其勞烈殊常，尤屬難能可貴。各該員弁等無分冬夏，始終其事，寒暑奔馳，餐風履雪，巴里坤一役往返何止再三。上年潘效蘇來函，有該哈始則以暑熱乏水爲詞，繼又以寒凍缺草爲抵，該地方文武派隊驅逐，竟敢排列槍礮抗拒。嗣飭各回原牧，該哈復敢將地方官所派弁役肆行綑縛鐐銬，實屬怙惡已極；又謂此次會查科塔逃哈，該哈等散處各城遊牧，盤踞已久，勢甚蔓延，得委員參將祥祐等會同結實清查，寬猛相濟，始獲辦有端緒，該哈等素稱頑梗，屢次持械抵拒，不遵約束，經委員等多方勸導，咸願仍還舊牧，不復逞刁，實屬異常出力，事竣之後，自應會銜從優保奏，以示鼓勵而策將來等語。則哈衆兇悍辦理爲難情形可見一斑，潘效蘇擬以優保蓋亦實見，該員弁等之功不可泯也。臣查前此科布多辦理籌防出力人員，臣於光緖二十七年十一月具摺奏保，欽奉特旨照准。上年三月臣復將出力之州同職銜崔象侯附片奏保以州同，不論雙單月，遇缺儘先卽選。欽奉硃批：吏部議奏。欽此。旋接部咨，亦照異常勞績議准。

蓋北路軍營著名苦寒，額餉支絀，原與內省情形迥異，差遣每苦乏材，一人恒兼數役，彼旣無實利可冀，不得不藉此虛名以爲奔走羣才之柄，凡此情形知已早邀聖明垂鑒。竊維朝廷論功行賞，必視地之夷險，事之難易以為衡，但使列保之人皆著績之人，即略予從優，亦足示勸。況此次辦理收哈科布多文武員弁兵役跋涉鄰疆，再更寒暑，（獎）[斃]於行役者多至十餘員名，其在事之艱苦卓絕，委非尋常出力可以並論，自不能拘牽例文，苟繩尺寸，致令勇任往事之人廢然自沮，且臣世受國恩，身膺重寄，不避艱險尚係分所應為，獨此微末員弁奮勉從公，勤劬罔恤，辦理垂及三年，茲幸事已告蔵，若不優加保獎，殊無以資策勵而勸方來。

合無仰懇天恩，俯念邊遠軍營餉絀事艱，用人不易，准由臣將尤為出力之文武員弁從優各保數員，餘仍核其功績，按照尋常開保，以慰成勞，出自鴻慈逾格，臣係為鼓勵人材起見，如蒙特允，實於籌邊用人毗益匪淺。

所有科布多辦理招收逃哈人員異常出力，籲懇俯准擇尤從優分別保獎緣由，理合繕摺具陳，伏乞皇太后、皇上聖鑒訓示。謹奏。

光緒三十年十二月二十六日拜發。

光緒三十一年二月二十八日遞回。

奉硃批：准其擇尤酌保數員，毋許冒濫。欽此。

正月二十三日

16. 阿勒台分撥專管事宜請俟壽勳酌議片

再，阿勒台山現已奉旨移駐辦事大臣管理，該處蒙哈事務敬繹諭旨，該處二字實已扼其大綱，則科布多一切公事即屬無須兼顧，且亦不能遙制，若欲互相牽掣，必至均歸貽誤。所有阿勒台山應行管理各項事宜，自當分晰條欸，明定章程，以專責成而資遵守。惟權勢所在，易啟競爭。臣久病，謀慮既多疏失，而事關久遠，亦實不可草率定議，且計錫恒明春繞道新疆抵任，必更需時，擬俟新任參贊大臣壽勳到後，審察機宜，其如何酌量分撥專管之處，應由該大臣悉心擬奏明辦理，庶歸穩慎。

臣愚謂新政自須詳籌，舊制究不當輕廢，總以泯除意見，期裨大局為主，是否有當，理合附片具陳，伏祈聖鑒。謹奏。

光緒三十年十二月二十六日拜發。
光緒三十一年二月二十八日遞回。
奉硃批：著錫恒等會商辦理。欽此。
正月二十三日

17. 滿兵到防日期片

再，前准綏遠城將軍貽穀咨照，派科布多換防戍守滿兵赴科，除內有清安一名俟屯局經手事件完竣即令起程外，現派委署驍騎校恩騎尉瑞廣帶領前鋒瑞壽、五品頂戴領催清泰、領催松林、五品頂戴馬甲胡圖凌額、馬甲官淩薩畢屯就便分解科布多本年前一半經費銀兩，於本年七月十二日自綏遠城起程等因。茲查該委驍騎校瑞廣帶同滿兵六名均於十月二十五日到防，內松林一名據報抵城後旋即病故，現在到防滿兵實止五名，缺額尚多，容另具奏調補。臣當將該兵等面加考驗清蒙文義，分撥各衙門局處當差，例開支銀糧仍俟三月後照章均作為委署筆帖式。

除分咨查照外，理合附片陳明，伏祈聖鑒。謹奏。
光緒三十年十二月二十六日拜發。
光緒三十一年二月二十八日遞回。
奉硃批：該衙門知道。欽此。
正月二十三日

18. 具報官廠駝馬數目片

再查，科布多官廠牧放牛馬駝隻三項牲畜，前遵部議整頓馬政章程，飭令該管蒙古員弁認真經理，秋季派員稽查，年底奏報一次，節經循辦在案。本年八月間業經派員查驗，該廠舊管馬二百一十九匹，新收無項，共馬二百一十九匹，舊管駝八百八十六隻，牛隻無存。除動用並例倒外，實存馬一百六十九匹、駝八百一十八隻，尚無缺額情弊。當飭逐一烙印，仍責成該管協理台吉等妥為牧放，以備應用。

除咨部查照外,理合附片奏報,伏祈聖鑒。謹奏。
光緒三十年十二月二十六日拜發。
光緒三十一年二月二十八日遞回。
奉硃批：該衙門知道。欽此。
正月二十三日

《散木居奏稿》卷之二十三　門人鈴木吉武校字

隻，均照近日市價發給實銀，催賃食羊若干，如數應付，亦一律給價，期利遄行，業飭承辦人員細加覈算，需銀約在四千兩內外，支差旣畢，即便全撤。錫恒所帶餉銀旣未便商動，科布多雖庫帑極絀，臣適承其乏，即當力任其難，祇好於經費項下暫且挪墊，先應急需，除此實無從設措，此項銀兩應請准其作正開銷。至將來如何撥補，當俟新任參贊大臣壽勳酌辦，惟頃據台員及派往傳調烏拉員弁稟稱，刻下南八台一帶山雪仍未消釋，路徑難於辨認，月內恐難成行。臣復加嚴催，屆時能否全齊，尚難預定。

除仍督飭趕辦曁咨部查照外，所有籌安台站通融體恤辦法，理合附片陳明，伏祈聖鑒飭部立案。謹奏。

10. 具報交卸印務起程日期摺

奏爲臣交卸參贊大臣印務起程日期，繕摺馳報，仰祈聖鑒事。

竊臣於光緒三十一年二月二十八日奉到前奏，請交英秀暫護一片，欽奉硃批：已有旨，著英秀暫署矣。欽此。先是英秀接新疆遞到電旨，經臣商請宣示，敬悉正月二十日奉旨：壽勳尚未到任，科布多參贊大臣著英秀暫行署理。欽此。跪聆之下感激無極，臣當於三月十七日派委署印務章京、糧餉處幫辦章京、主事職銜即補佐領雲秀，屯防遊擊榮厚將科布多參贊大臣銀印一顆暨令箭、鑰匙、御押、報匣、文卷各件齎送英秀接受，倉庫銀糧等項亦交代清楚，並由承辦章京具結。臣即於是日交卸，因台站蒙員以天氣尚寒，青草未長，馳馬饑罷，懇求緩俟夏初起身，臣乃徇其請，以示體恤。今定於四月初八日由科布多啓程，遵旨回旗。

所有臣交卸參贊大臣印務起程日期，謹繕摺馳報，伏祈皇太后、皇上聖鑒。

再，臣長子二品廕生崧華前曾奏明暫留任所，今亦隨臣回京，合併陳明。謹奏。

11. 代奏丁(憂)[懮]片

再,據暫署參贊大臣三等侍衛英秀遣丁呈稱,具呈家丁陳慎武,竊家主現署參贊大臣英秀,於本年三月二十九日接到家信,家主之母臧佳氏於光緒三十年十二月十八日因病身故,家主係屬長子,自應循例丁(憂)[懮],回旗穿孝,理合呈報,懇祈據情代奏,為此謹呈等情。臣伏維北路現在僅止籌防,非軍務喫緊可比,自不應在奪情之例。惟該大臣已經接印,無人可代,衹可俟參贊大臣壽勳到任,再行交卸回旗,補行穿孝。臣現已卸事,此事本可毋庸干預,第英秀疊懇代奏,臣亦未便諉謝,謹附片據情具陳。

是否可行,伏祈聖鑒訓示。謹奏。

12. 請留文案處片

再,臣前因辦理公事須防漏洩,當於光緒二十六年冬間奏設文案處,凡遇重大事件,文牘均由承辦,以昭慎重。嗣因奉派收地安哈,邊務填委,不得不另設局處,遴派專員經理,以重其事。復於光緒二十九年特立籌邊處,即委奏調來營洋務局總辦運判徐鄂兼理該處一切事宜,並經附片聲明辦理,漸及兩年,機要幸無貽誤。現在收哈竣事,阿勒台已欽派大臣駐劄,科布多事務頓減,籌邊處應即裁撤,其薪公各項並於三月底住支。惟文案處自設立後,臣就近朝夕督飭委員筆帖式等辦理緊要公事,隨時教令,加意練習,數年來頗見實效,因循壓閣諸弊一(埽)[掃]而空,各員等於撰擬繕寫皆能自為,甚見出色。此次錫恒調用四員,即由此選拔,是文案處之設不獨裨益公務,兼可培養人材,歲需津帖、心紅不過四百餘金,但能有益要公,即亦不為浮費,若竟一律全裁,必至仍復舊轍,枉費整頓苦心。當與英秀商酌,應將文案處照舊辦理,津帖、心紅銀兩仍准支給,以資整飭。

除咨部外,理合附片具陳,伏祈聖鑒。謹奏。

13. 辦理收安委員斟酌去留片

　　再，臣前因辦理收安需人，委用曾於換防班滿人員內奏請暫留委驍騎校吉拉敏、千總馬成英、把總張存德、盧慶雲四員，續又奏調同知銜新疆候補知縣王服昱用資指臂，均蒙俞允。現在臣經手事竣，奉第旨開缺，該員等亦均陸續銷差。千總馬成英前因患病，已准管帶防兵先回直隸；把總盧慶雲緣事參革；臣在古城時，並飭知縣王服昱就近仍回新疆候補；把總張存德上年派赴布倫托海辦理屯田，尚資得力，臣（屬）〔囑〕由英秀斟酌去留；委驍騎校吉拉敏應飭即回綏遠城滿營當差。理合附片陳明，伏祈聖鑒敕部查照。謹奏。

　　　　　　　　　　《散木居奏稿》卷之二十四　門人鈴木吉武校字

卷之二十五　热歇集

幹難　瑞洵

1. 遵旨酌保收哈出力開單請獎摺
2. 參將祥祐運判徐鄂請量予優保片
3. 酌保蒙哈漢文書手通事片
4. 總兵易盛富請交軍機處［存記］片
5. 請將札哈沁台吉賞給頂戴片
6. 從優議卹片
7. 換防積習仍宜整頓摺

1. 遵旨酌保收哈出力開單請獎摺

奏為科布多招收新疆竄哈在事出力人員，遵旨擇（尤）［优］酌保，籲懇天恩照擬給獎，以示鼓勵，開單繕摺具陳，仰祈聖鑒事。

竊查科布多辦理收哈始自光緒二十八年，其時新疆撫臣饒應祺以哈薩克人衆，在新疆地面強佔蒙牧，貽害地方，咨請臣派員會收。當經臣奏委屯防參將世襲騎都尉祥祐，帶領員弁、兵丁、通事等往辦，並奏調候選判徐鄂來營設立籌邊處，責令綜理索地收哈一應要公。復派員馳往哈薩克各游牧，催調氈房、駝馬，迎投接收。迨光緒［二］十九年夏間，因瑪呢圖噶圖勒幹卡倫滋事，驚擾歸哈，幾至駭竄。是年十月臣欽奉電旨，前往彈壓拊循。比時臣因委員不敷分布，復於察哈爾、新疆各處就近函調數員，隨赴鄂倫布拉克台分任差遣。光緒三十年四月臣進剳古城督辦收撫，正待報竣，詎意六月間突有白塔山潛哈旅拒官兵之事，爾時逆餂已張，勢將滋蔓，經潘效蘇與臣會派現署巴里坤鎮總兵易盛富會同參將祥祐督帶隊伍相機防剿，臣一面密飭運判徐鄂隨帶員弁、舌人星馳勸導，哈眾始知感畏，陸續西遷，至八月底一律還牧，以上各情均經隨時奏報。

是役也，溯自始事以訖蕆功，前後垂及三年，招收數實逾萬，該員弁等盡瘁馳驅，幾更寒暑，餐風臥雪，辛苦備（嘗）[常]，俾茲出柙走巇之虎兕，歸閑就勒，辦理煞費苦心，洵屬勉奮赴功，異常出力，前經臣以援照光緒二十六年籌防保案，擬將尤為出力文武員弁從優各保數員，餘仍覈其勞績，按照尋常開保等情奏請，欽奉硃批：准其擇（尤）[優]酌保數員，毋許冒濫。欽此。臣跪聆之下，仰見朝廷不薄邊功，有勞必錄，宣示閫營，同聲感頌。臣伏查哈性悍黠，操縱皆難羈縻，稍一失宜則豕突狼奔，禍機立致。光緒二十八年塔爾巴哈台收哈武弁李源翰行抵新疆昌吉縣地方，曾被哈眾戕害。上年八月屈莽山之變，竟敢乘夜掩襲，將新疆收哈把總王得勝、張鳳生同時槍（弊）[斃]，並陣亡兵團二十四名，受傷者十五名。此其辦理棘手確有明徵。科布多以數十員弁約束萬眾罔知法紀之哈夷，使之帖然回牧，殊非容易，名為收撫，實比斬馘擒渠尤為艱險，論功行賞即悉予優敘，初不為過。惟現值整齊庶政之際，聖明慎重名器，臣何可瞻徇私情，應仍實事求是，認真刪減。茲覈照軍營異常勞績文武，併計僅保十七員，餘俱存記，俟續著功效，再行奏保，謹繕清單，祗呈御覽，合無籲懇天恩，俯念萬里招收有裨大局，特准照擬給獎，以示鼓勵，出自高厚鴻施。

除將最為出力之參將祥祐、運判徐鄂另片奏保並飭取各員履歷咨部，暨千總以下應獎各弁與蒙哈員弁彙咨部院覈辦外，謹開單繕摺具陳，伏祈皇太后、皇上聖鑒訓示。謹奏。

硃批：該部議奏，單一件、片二件併發。

謹將辦理新疆各處收哈尤為出力文武員弁酌擬獎敘敬繕清單，祗呈御覽。

謹開：

記名理事同知通判四品頂戴科布多糧餉章京委署主事希淩阿，擬請俟選同知後，在任以知府不論雙單月，遇缺儘先選用；

遇缺儘先即選州同崔象侯，擬請免選州同，以知州不論雙單月遇缺儘先即選；

同知銜新疆候補知縣王服昱，擬請俟補知縣後，以直隸州知州補用，並請賞換四品頂戴；

藍翎贊禮郎銜工部筆帖式耆昌，擬請以同知分省補用，並請賞加四品銜；

候補筆帖式舉人英順，擬請以知縣分省補用；

候補筆帖式增祿，擬請俟得缺後以知縣選用；

新疆試用府經歷曾壽鈞，擬請免補府經歷，以知縣仍留原省歸候補班補用，並請賞加同知銜；

縣丞銜徐中盛，擬請以縣丞不論雙單月，遇缺儘先即選。以上文職八員。

已保三品頂戴遇缺即補佐領糧餉處幫辦章京主事職銜雲秀，擬請賞換二品頂戴；

藍翎五品頂戴補驍騎校後以防禦補用已補委署主事印務處筆帖式景貴，擬請以防禦遇缺即補，並請賞換四品頂戴；

五品頂戴儘先補用驍騎校候補筆帖式恒貴、連瑞二員，擬請免補驍騎校，以防禦即補，並請賞換四品頂戴；

儘先補用驍騎校已補額外驍騎校瑞秀儘先補用驍騎校候補筆帖式成秀、卓麟三員均擬請免補驍騎校，以防禦補用，先換頂戴；

補用守備後以都司補用儘先即補守備宣化鎮懷來路岔道營千總馬成英，擬請俟補守備後，仍以都司儘先補用，並請賞加四品頂戴；

五品頂戴已補把總程兆雲，擬請在任以守備升用，並請賞加四品頂戴。

以上武職九員。

以上文武十七員經派新疆南北各路搃查潛哈，馳驅萬里之程，勞苦三年之久，不避艱難，屢經危險，皆能開誠勸導，設計誘擒，督率哈官，按起押解，送往阿爾台安置，並將撫恤茶畜糧布各項覈實散放，窮哈均霑實惠，用俾萬衆生靈還定安集，不致轉徙流亡，十餘萬駝馬牛羊牧養蕃滋，漸基富庶，煞費經營，克收實邊安民之效，較之軍務戰功殊有過之無不及，並屬有益大局，異常出力，勞績相同，難分次第，是以未經強為分註，合併聲明。

2. 參將祥祐運判徐鄂請量予優保片

　　再，新疆土曠民稀，草場豐茂，最宜畜牧，故哈薩克駱驛奔赴，視為樂郊，莫肯他適。查從前塔爾巴哈台委員招收該哈等，恆以賄求邀免，迄今西路人員輒目此差為利孔，每年但有委員收哈之具文，並無哈衆回牧之實事，而哈乃日益滋蔓，害遂隱中於地方。此次科布多派往收哈員弁皆知以循飭為懷，守法奉公，罔敢尤效，實賴參將祥祐督率有方，本身作則，隨時戒勉之力。又白塔山潛哈因伏暑催遷，恃強旅拒，槍傷兵馬，負嵎自固，其勢甚張。臣雖與潘效蘇會商剿逐，默揣哈夷非族異心，官法難可制服，並慮兵力有限，防堵難周，萬一紛竄蒙古游牧，為害滋大，縱能制其死命，而勞師動衆，煩費騷然，不惟有傷天和，且恐轉堅外向，維時新疆文武及隨營各員咸以為非用兵不可，獨運判徐鄂力排衆議，毅然以開導自任，奮袂請行。該員方因病請假，乃不顧危險，迅赴事機，慰諭百端，卒使哈衆悟其執迷，投戈效順，杜遏亂萌，丕彰德化，其膽識亦有大過人者。至於窮搜葸雪，遠涉龍沙，頻歲馳驅，百方綏輯，則該參將、運判實同艱苦。收哈之役自應以該二員勞勩為賞首。

　　臣覆查該參將祥祐，前接潘效蘇來函，屢稱其能，臣以為現在旗族彫零，苟得明白曉事之員，稍示激揚，亦足以資振奮。如該參將之勤廉強幹，器局開張，即膺專閫亦無愧色。至運判徐鄂經臣於上年六月間明保在先，比因邊遠，軍營文報運滯，尚未奉讀光緒二十九年十一月申戒不得指請送部引見諭旨，以致誤有冒瀆。惟查該運判徐鄂本擅才能，夙明吏治，自涖邊方，益深諳練。辦事大臣錫恒甚見賞異，第榷鹽職事稀簡，若使改官州郡，當可展其驥足。

　　方今人材消乏，培植為先，臣世受國恩，宜盡以人事君之誼，況行邊萬里，勞烈備臻，但期甄敍公平，似難拘牽資序。合無仰懇聖慈俯准，將補用副將直隸昌平營參將世襲騎都尉祥祐，仍在任以副將遇缺儘先補用，先換頂戴，並請賞戴花翎；候選運判徐鄂，免選本班，以直隸

卷之二十　微管集

斡難　瑞洵

光緒癸卯

1. 前議練兵畜牧事宜擬請停辦毋庸再行撥欵摺
2. 阿勒台設官分治仍應稍假財力片
3. 筆帖式當差得力擬請酌獎摺
4. 仍照舊放折以符成例片
5. 調補筆帖式各員缺摺
6. 委員溥湧被參詐索已得梗概應由幫辦奏辦片
7. 把總領餉玩誤請敕部斥革片
8. 謝恩准抵銷處分摺
9. 收地暫緩附報到科日期摺
10. 收地暫緩撫哈不便並停摺
11. 先赴南台鄂倫布拉克撫綏歸哈片
12. 無從籌撥冬牧摺

1. 前議練兵畜牧事宜擬請停辦毋庸再行撥欵摺

奏為經費難籌，科布多前議練兵、畜牧事宜擬請停辦，期省財力而體時艱，恭摺仰祈聖鑒事。

竊臣前於光緒二十八年二月間遵旨覆陳應辦事宜，嗣復奏估經費約數，請以三年為期，歲撥二十四萬兩，擬辦練兵、墾田、畜牧、收地四事，皆奉戶部議奏照准，聲明俟各省屯田價稅籌有的欵，再為分撥開辦等因。臣當時復經片奏以籌邊各事臣才望不足取信，應請另簡大員督辦，臣隨同經理。欽奉批旨：著勉力籌辦，毋庸推諉。欽此。臣愧以弱才，猥蒙委任，敢不勉殫駑鈍，少效涓埃。故於索地、開屯兩事萬不能不辦者，奮迅圖成，不遺餘力。第查現在國用浩穰，度支不繼，大農既窮點金之術，疆吏彌懷竭澤之憂。值此時艱，自無餘帑可供邊費，即以練兵而論，蒙兵向不可恃，哈薩克生性梗頑，不宜再教戰鬭，旗卒復難遠調，若由內地招募漢勇，窒礙較多，易滋後患，且軍火、器械概屬闕如，將神尤不易求，實苦無從舉辦。畜牧一事又非得精於此道者不行，此事既恃人力，尤賴天時，一遭瘟灾即紛紛倒（獒）［斃］，經理不得法亦難冀其蕃滋。蒙古雖仗游牧為生，然皆（嬾）［懶］惰，漫不加意，是刱立孳廠亦有難言者矣。況臣本無幹略，近年病未脫體，氣力實不從心，若復強任不辭，竭蹶從事，必致上負聖明，下乖衆望。臣近接戶部來文，深知籌欵不易，夫使部臣獨任其難而臣竟不為之諒，臣亦不忍出此也。且借地總須收回，阿勒台、額爾齊斯山河要區，防務自宜偏重，科布多便為後路，但能安靜不擾即可無事，移步換形未可仍拘前議。所有練兵、畜牧事宜，熟慮再三，似以不輕舉為便，可否停辦，並經費亦毋庸再撥，期省財力而體時艱。相應請旨祇遵，抑懇敕部臣覈議之處，伏候上裁。

臣愚昧之見，是否有當，謹恭摺具陳，伏祈皇太后、皇上聖鑒訓示。謹奏。

光緒二十九年十月初五日拜發。

本年十一月二十六日遞回。

奉硃批：戶部知道。欽此。

十一月初三日

2. 阿勒台設官分治仍應稍假財力片

再，名山大川，國家之寶，阿勒台、額爾齊斯借地迭奉寄諭，飭令定期交收，妥為經運。茲雖小有阻滯，終須遵旨收還，侵疆既歸，亟宜就近設官，及時圖治。彼處田牧肥美，種落錯居，兼有魚鹽林木之饒，南控赫色勒巴斯淖爾，即布倫托海，東達新疆瑪納斯，又瑪呢圖噶圖勒幹、昌吉斯台各卡倫均在左右，輔車相依，且據俄齊桑斯科之上游，險固形便，實為漠北襟要。拊巡填守，尤貴得人，未便仍由科布多參贊遙領，致有鞭長不及之慮。長庚前與臣函商，原有擬遷幫辦於額爾齊斯之議，科布多治所本不當衝，已成後路，無須多置官長，惟幫辦仍須秉承參贊，似不如將參贊移節駐劄更為相宜。第事權尚宜加重，方足以資統率而備非常。布倫托海地屬中權，並宜增設一官，督辦兵屯，俾脈絡貫通，聯為一氣。至應如何布置，尚容逐細察勘，規畫全局，詳悉具奏，嚴疆鎖鑰，經營締造，需欵必繁。臣正摺所稱停辦練兵、孳廠，毋庸再撥經費係專指科布多而言，若阿勒台邊防喫重，似不能不稍假財力。臣謬竊虛聲，未諳遠略，久為病困，難可支持，實係不能辦事，將來自應請旨另簡練習邊情，文武兼資之大員前來詳籌妥辦，應需經費即由彼覈實估請，臣萬不堪膺此重任，區區愚欵不得不預為陳明。

　　理合附片具奏，伏祈聖鑒訓示。謹奏。

　　光緒二十九年十月初五日拜發。

　　本年十一月二十六日遞回。

　　奉硃批：知道了。欽此。

　　十一月初三日

3. 筆帖式當差得力擬請酌獎摺

　　奏為筆帖式當差得力，擬請酌獎，恭摺仰祈聖鑒事。

　　竊查北路軍營章京、筆帖式各員遇有人去，得當差得力者向由臣等隨時奏請鼓勵。現當整飭之際，懲惰獎勤尤為先務。茲查有俟年滿回綏遠城後改武，照例以防禦補用，補防禦後，以佐領即補，先換頂戴，科布多暫署軍營兵部幫辦章京、筆帖式清林，謹飭安詳，才堪造就，辦事亦甚得力，自應量予加獎。臣擬請將該員開去筆帖式，以章京候補，現已派充洋務局委員，應令暫照防禦例支給鹽菜銀糧，如此則該員既當益加感奮，力圖報效，即闔營文武各員亦必共知勸勉，似於戍防公事不無裨益。該員所遺筆帖式之缺，另行揀補。

所有筆帖式當差得力，擬請酌獎緣由，理合恭摺具陳，伏祈皇太后、皇上聖鑒訓示。

再，幫辦英秀現赴阿爾泰山，未經列銜，合併聲明。謹奏。

光緒二十九年十月初五日拜發。

本年十一月二十六日遞回。

奉硃批：著照所請，該衙門知道。欽此。十一月初三日

4. 仍照舊放折以符成例片

再，科布多所管台站屯田駐班官學明阿特、額魯特兩部落各項蒙古官兵等，每年應領糧折銀兩，向由常年經費項下按半開放。前因庚子之變，山西協餉停解，邊費支絀。經臣奏請暫放本色，並聲明一俟經費照常撥解，再當察酌情形，奏明辦理，奉旨允准，欽遵辦理在案。時及兩年，蒙情亦尚允洽，惟查現在常年經費，山西省已照常協解，本年屯田又因夏間久雨傷稼，繼以風災，秋收不免減色。臣悉心體察，應請自光緒三十年春季仍照舊放折，以符成例。

理合附片具陳，伏祈聖鑒。謹奏。

光緒二十九年十月初五日拜發。

本年十一月二十六日遞回。

奉硃批：知道了。欽此。

十一月初三日

5. 調補筆帖式各員缺摺

奏為調補筆帖式各員缺，以資辦公，恭摺仰祈聖鑒事。

竊查科布多糧餉處筆帖式景善，前經奏請充補主事職銜蒙古處幫辦章京，業奉批旨允准。其所遺糧餉處筆帖式一缺，查得四品頂戴即補驍騎校蒙古處筆帖式吉林，樸訥廉謹，惟才欠開展，辦理蒙古事務稍覺竭蹶，該員原在糧餉處當差，應請以之調補糧餉處筆帖式，以期人地相

宜。所遺蒙古處筆帖式一缺，查有候補筆帖式興文，材幹明強，堪以擬補。又印務處筆帖式清林，另摺奏請開去筆帖式，以章京候補，所遺印務處筆帖式一缺，查有候補筆帖式景貴，年富才明，堪以擬補。又前因事多人少，不敷差委，曾經奏准添設官缺，茲值整頓之際，此項添缺歲支鹽菜銀糧，計筆帖式每員七十二兩，加增銀四十八兩，糧九石七升二合，為數甚微。近來事益紛繁，體察情形，尚難遽行裁撤，仍應揀員充補，以裨公務。查有候補筆帖式依罕，明敏勤能，堪以擬補印務處添設筆帖式之缺。又查有儘先補用驍騎校候補筆帖式金奇遇，通曉繙譯，堪以擬補蒙古處添設筆帖式之缺。以上五員應俟五年期滿，如願就武，回綏遠城後，均俟補驍騎校後，以防禦補用，先換頂戴，伏候命下，照章遇有差便給咨送部引見。至該員等所遺候補筆帖式之缺，另行揀員咨部辦理。

所有調補筆帖式各員缺以資辦公緣由，理合恭摺具陳，伏祈皇太后、皇上聖鑒訓示。

再，幫辦英秀現赴阿爾泰山，未經列銜，合併聲明。謹奏。

光緒二十九年十月初五日拜發。

本年十一月二十六日遞回。

奉硃批：著照所請，該衙門知道。欽此。

十一月初三日

6. 委員溥湧被參詐索已得梗概應由幫辦奏辦片

再，委員溥湧被參詐索一案，臣前已遵旨奏參查辦。現在有由瑪呢圖噶圖勒幹卡倫來人，臣皆詳加詰問，已得梗概，並隨時密咨英秀復加查訪以備參酌。該委員與侍衛英紱此次滋鬧，竟至驚動新疆歸哈不敢回牧，有礙安撫，情節似屬（匪）〔非〕輕。臣愚謂屬員被參，內省常有，口外則向少舉發，將來擬結，不但不應迴護，並且難再敷衍，蓋能嚴懲一、二人，即可以儆尤效、服人心。第恐查覆需時，臣不能久待，自當由英秀奏辦。

謹附片陳明，伏祈聖鑒。謹奏。

光緒二十九年十月初五日拜發。
本年十一月二十六日遞回。
奉硃批：知道了。欽此。
十一月初三日

7. 把總領餉玩誤請敕部斥革片

　　再，科布多換防六品頂戴直隸宣化鎮右營把總盧慶雲，上年十一月委令前往山西催提餉項，今年正月復札飭就便提領科城本年前一半經費，閱時已久，杳無消息。前准山西來文，知此項經費已於六月二十二日由省解到歸綏道衙門存儲待領，乃迄今未見該弁報解起程，正深詫異，又接烏里雅蘇台咨稱：現經綏遠城將軍咨催領解，竟不知該弁何往。刻下已屆冬初，而上半年經費尚未解到，庫儲單竭，待帑尤亟，該弁止圖一己之安逸，罔顧萬衆之飢寒，殊為可惡。查直晉換防弁兵，巧媮疲壞，積習太深，臣到任後甘為怨府，時加懲創，無如絕不悛改，視為故常。自經臣病後，無人更為管束，不免益形懈弛，似此弁髦法令，玩誤軍需，若不嚴參，何以儆衆？相應請旨，將六品頂戴直隸宣化鎮右營把總盧慶雲敕部，將頂戴弁缺均行斥革，並不准再來北路軍營，以昭明罰。至經費銀兩另行派員催解。
　　除咨兵部查照外，理合附片具陳，伏祈聖鑒訓示。謹奏。
光緒二十九年十月初五日拜發。
本年十一月二十六日遞回。
奉硃批：著照所請，該部知道。欽此。
十一月初三日

8. 謝恩准抵銷處分摺

　　奏為叩謝天恩仰祈聖鑒事。
　　竊臣前因往辦收安，墜馬折回，自劾請罪。奉硃批：瑞洵著交部議處。欽此。現准兵部咨議，以罰俸六箇月具奏。奉旨：准其抵銷。欽此。恭錄咨行，欽遵到城。臣當即恭設香案，望闕叩頭謝恩。伏念臣宣力無聞，責躬多疚，茲復以應得處分，許以抵銷，如此寬恩，何能報稱？臣惟有益懍靖共，不忘思省。

將現辦事宜和衷籌商，悉心經理，不敢稍存諉卸，再蹈愆尤，冀仰答高厚生成於萬一。

理合繕摺叩謝天恩，伏祈皇太后、皇上聖鑒。謹奏。

光緒二十九年十一月初六日拜發。

本年十二月二十九日遞回。

奉硃批：知道了。欽此。

十二月初五日

9. 收地暫緩附報到科日期摺

奏為隨地歸科哈民冬牧無地，同商辦法，暫緩接收，附報到科日期，繕摺馳陳，仰祈聖鑒事。

竊臣前往阿勒台辦理接收，已於七月初六日一面具奏，一面攜帶關防啓程，前已奏明在案。嗣於七月十七日馳抵阿勒台山承化寺駐紮，靜候塔城派員前來，以便接收辦理。旋准塔爾巴哈台派來交割借地領隊大臣圖瓦強阿咨擬在哈巴河地方會辦，臣即於八月初九日由承化寺啓程，十六日馳抵哈巴河，當與該領隊大臣晤商交收借地哈民各辦法，於本月二十四日接准領隊大臣來咨，擬將哈薩克總管巴依巴克、副總管加開兩屬哈衆歸額爾齊斯河南，隸塔，在賽里山、那拉哈拉山等處住牧過冬、過夏；將哈薩克公徵斯罕台吉札雅爾札達克，總管邁枚、鄂斯班額枚爾台等所屬歸額爾齊斯河北，隸科，在阿勒台山、額爾齊斯沿河一帶住牧過冬、過夏，此後無論過冬、過夏均不准再越界限等語。

臣正擬飭辦間，即據哈薩克公、台吉、總管等稟稱：歸科之哈非在河南賽里山過冬，牲畜不能牧養；歸塔之哈非在阿勒台山一帶過夏，牲畜亦不能牧養，即世代墳墓俱在阿勒台山陽、賽里山北。若如領隊大臣所定辦法，勢所難行，祈請轉行辦理等情。查所稟各節，情形急迫，因即據情咨商該領隊大臣務須欽遵諭旨，和衷會商，悉心經理，以順哈情而裨邊局去後。旋准該領隊大臣覆咨，現在該哈衆正當移歸冬牧之序，實未便令其廢業失時，仍請人地兩收，俟明年春暖雪消後，再為籌地安插，庶使哈衆回牧，以免廢業失時等語。臣即將該哈薩克公、台吉、總管等傳集，明白曉諭，勿滋惶恐，仍各安心住牧，明春始行遷徙。該哈衆仍紛紛呈訴哈薩克等無論歸科、歸塔，同是朝廷子民，但無賽里山地方天暖草好，住牧過冬必將牲畜倒盡，何以謀生，縱今冬不遷，明冬仍是無地住牧。臣復用好言勸慰，暫令散去，聽候辦理。因復與該領隊大臣咨商，哈衆既有為難，應請先將借地遵旨交還，應俟明年籌有該哈冬牧之地，再將哈衆收回，疊經面商，迄無成議。九月初一日准該領隊大臣咨：收哈一節，既請從緩，借地亦可暫從緩交，俟明春籌有該哈冬牧之地，再行兩為交收，庶昭慎妥。

籌商至再，總難兩全，因經擬定借地哈民暫緩交收，各先回城妥籌辦法，據實覆奏，請旨遵行。該領隊大臣已即於九月初二日啓程回塔，臣正擬啓程間，於是月初四日接准塔爾巴哈台參贊大臣春滿八月初七日由塔城咨到公文，內開光緒二十九年八月初六日承准伊犁將軍馬亮電開准軍機處電稱，伊犁將軍飛遞科布多幫辦大臣，並轉電塔爾巴哈台參贊大臣奉旨，瑞洵前往阿勒台山辦理接收事宜，中途墜馬，傷重折回，現經英秀往辦一摺，昨據春滿電奏各情，已諭令瑞洵迅即馳往，妥為辦理。現在英秀既已啓程，即著該幫辦大臣將收地安哈事宜妥慎籌辦，至為切要。委員溥湧一案並著查明，據實具奏，毋稍徇飾。欽此。跪讀之下，不勝悚惶。伏思該領隊大臣圖瓦强阿業已啓程回塔，追之已屬不及，即使追回，仍無辦法。且塔爾巴哈台管理借地三十餘年，深知阿勒台山冬季雪大，人畜不能棲止，該哈薩克等無賽里山草廠住牧過冬，牲畜不能存活，故以遷移後彼此不准越界為詞，致使不能即時接收。

體察哈情，若無賽里山過冬牧畜，萬不能行。臣復將借地周歷，僅有額爾齊斯河北岸並哈巴河、博勒錦河、奇林河等處，住人尚恐不敷，實無餘地可以牧畜。再四籌思，阿勒台山借地既無該哈衆過冬牧地，自應設法通融辦理。臣愚見，此項哈民隸科、隸塔，同係朝廷赤子，阿勒台山、賽里山皆是皇上疆土，自未可顯分畛域，擬與春滿和衷咨商，明民絕少，工匠尤稀，科布多屯防兵丁各有專差，未宜遠役。於是至古城瑪納斯一帶訪覓農工，計口授食，其費倍蓰，乃為權宜之計，僅酌量雇到十名，使之督同蒙兵工作，隨時指點種植各法，並督令蒙兵將地中草根、石子芟除淨盡。其農具則購自古城，牛馬則買諸蒙部，籽種則由城運往，米麪、煙茶、廩羊則視價值之廉否隨處採辦，並擇兩渠適中之地建立局所，各屯分築農舍以及建倉廠以免露積，安磨房以供碾磨，購牲畜以利轉運，設台站以通文報，練民勇以資防護，煩費百端，一時並舉，而尤以兵餉、工資為大宗，應接不暇，右絀左支，此開屯布置情形也。

至工作艱難，實有非內地可相提並論者。緣地不產石，取木在二三百里以外，採取馱運，厥費尤多，止就築壩一項計之，用大木已六千餘根，其餘柳條、草垜、土方則盡由蒙兵就近置辦，繩索、氈塊則分向各蒙部價買，且有購自新疆者，竭蹶經營，實屬不遺餘力。此次修工，蒙古官兵最為奮勇，塞外早見霜雪，又在冰上水中工作，勤苦異常，祁寒無怨，兵丁中溼氣者多至三十餘人，其餘官兵亦無不手足皸瘃，苦難言喻，良以農工緊要，立待灌輸，若少遲延即妨田稼，故不得不同力合作，以期無誤農期，此又工費艱鉅情形也。

統計闢地約三萬畝，令以"豐年為瑞"四字分為四屯，共發小麥五百石，青稞一百二十石，稻米八十石，於五月初旬一律試種完畢，厥田上中，土脈尚好，兼以荒廢已久，一經開墾，良苗勃興，纔及月餘，桿高二尺，遲者亦及尺餘，一本十莖八九結穗，方共相慶豐收，不期六月中旬連經暴雨，莖間禾際驟見黃埃，沾著如塵土，人呼為黃丹，謂由地氣鬱蒸所致，農田經此槁可立待，幸是月下旬連得好風，熱氣稍疏，黃丹漸落，得有轉機，然經此之後，麥已受傷，青稞、稻米更屬無望，現在刈穫已畢，除青稞、稻子外，計收小麥四千一百二十石零六斗四升，已在八分以上，例應獎賞，且覈與戶部則例內載科布多屯田十分，歲額四千餘石無殊。即稽諸舊案，雍正二年振武將軍傅爾丹疏報科布多烏闌古木處屯田穫麥四千一百七十石有奇，亦復相埒，是地之有利已見明徵。

屯之可興，非無成效，該員弁等年餘從事，誠亦不無微勞。惟本年原係試種，尚未擬定考成，應請俟明年秋收後，再行酌予保獎。其蒙古官兵倍極辛苦，尚須常資其力，已由臣將昆都兩員齎給三品頂翎，各兵分賞五六品頂戴、功牌。至屯倉現已蓋成四廠，計二十間，磨房蓋成十二間，並按四屯各蓋農舍三間，局所蓋成二十四間，統計渠屯、倉磨、局舍各工，共用實銀三萬九千八百五十六兩零。

現在秋收已畢，應即截止造銷，惟地處邊荒，百物昂貴，工料求諸遠方，輓運難於行省，且事期急就，犒賞既不能不優，招雇匠夫工值尤未便過減，故所支用有比定例加多者，亦有比定例大省者。以採買牛馬農器均非照市價，無從辦理，而運腳一項則變通借駝，卻又節省五千餘兩，但求務歸實際，即不能牽合成規，若必一一悉準部章，轉失廬山真面。惟有仰懇天恩俯准，免造細冊，當由臣等飭令該局總辦與籌邊支發處委員詳晰覈算，開具簡明清單，分咨戶、兵、工三部查照覈銷。惟發軔伊始，用度不貲，嗣後常年決算，自當損之又損，必期有實效無虛糜，乃為長冊。現已飭將工匠大加裁減，護勇遣撤四十名，所收糧石儲倉並准搭放兵糈，用節財力。容再悉心精覈，參訂章程，另行具奏。

抑臣等更有言者，天下大利在農，籌邊上策曰懇。阿勒台地屬嚴疆，田多沃衍，果能本此意以廣興樹藝，徧立兵屯，事以漸而易行，費以省而可久，二十年後當可化荒漠為膏腴，變門戶為堂奧，此則遠大之效，固未可據責諸目前，而懈馳之萌所宜預防於今日者也。

所有具報布倫托海渠屯各工早經告蕆，曁農田約收分數，並請將用欵開單報銷各緣由，謹恭摺馳陳，伏祈皇太后、皇上聖鑒訓示施行。謹奏。

光緒二十九年十一月十二日拜發。

光緒三十年正月初九日遞回。

奉硃批：著照所請，該部知道。欽此。

十二月十五日

2. 布屯秋收擬提一成撥給烏梁海預用片

再，蒙古游牧最怕官辦開墾，以不便於己且擾累也。此次布倫托海築渠開田，烏梁海不但並未攔阻，該官兵於工作尤甚出力，實屬急公可嘉。查該部落生計日窘，今又於其地屯種，自未便獨專其利，擬每年秋收之後，覈計分數，應提一成撥給該蒙古分領食用，以推上恩而濟蕃艱。是否可行，伏祈聖鑒訓示。謹奏。

光緒二十九年十一月十二日拜發。

光緒三十年正月初九日遞回。

奉硃批：著照所請。欽此。

十二月十五日

3. 前往南台督辦撫哈具報啟程日期片

再，臣瑞洵擬前往鄂倫布拉克暫駐，撫恤歸哈，藉資彈壓，台站備齊即行啟程等情，當於十一月初六日附片奏明在案。旋據管理南台札蘭昆都來城訴稱：現在沿途堅冰積雪、山嶺崎嶇、平路亦土凍石滑、人馬不能插足，絕少行蹤，玉音齊台之那林溝二百餘里全是大小石塊，艱險尤甚，且天寒日短，烏拉、駝馬均畏冷不能速行，台路遠則二百餘里，近亦百數十里，安台處所均須曲折遶避，更形迂遠，每台道里不啻加倍，殊多不便，懇請緩俟春暖等語。臣亦知所稟自屬實情，而事為邊局所關，詎容畏難苟安，重煩聖慮。況新疆歸哈驚疑未定，深恐復行潰散，不但更增勞費，且將大致驛騷。一再躊躇，仍不能不迅赴事機，設法前往。現於拜發報匣後，攜帶行營關防即日啟程，已將參贊大臣印鑰移文幫辦英秀暫行護理。惟臣前因墜馬兩骸受傷，此際一經觸寒即異常疼痛，不能騎馬。南路尚可乘車，只好隨帶蒙古包相時進止，恐未能按站行走，若遇狂風大雪，且須住宿，以期稍示體恤，何時能到，實難預定，約計（振）『賑』撫事竣，當在明年二月間矣。至阿勒台接收一事，當與春滿和衷咨商，如能彼此均許通融，則收地之期似亦不遠。

所有臣啟程日期，理合附片陳明，伏祈聖鑒。謹奏。

光緒二十九年十一月十二日拜發。

光緒三十年正月初九日遞回。

奉硃批：知道了。欽此。

十二月十五日

4. 奏調知縣隨辦收安片

再，明年阿勒台辦理接收及清查安插，事端繁要，在在需人差委。北路軍營辦事司員筆帖式向由綏遠城戍防滿兵積資洊陞，但通曉滿蒙文字語言即為上選，又狃於積習，以因循敷衍為衣缽，遇事多不能了。惟若由內地調員，多因道遠天寒，視為畏途，函商往復，動經年月而其人之願來與否尚未可必，實屬緩不濟急，自可於就近鄰省中擇妥實人員調用。茲查有同知銜甘肅新疆候補知縣王服昱，老練精明，性情忼爽，久莅西陲，曩為左宗棠、劉錦棠、金順諸臣所任使，上年十一月經伊犂將軍馬亮等委勘界務前來科布多謁見，正值隆冬盛寒，六十之年騎馬奔馳，不憚風雪，其能耐勞苦已可概見，且於阿勒台情形具所夙知，又由該省往來亦便，可否請旨准由臣瑞洵咨行新疆巡撫轉飭該員，暫來科布多隨同辦理收安，俾資指臂之助，似於邊事有所裨益，仍俟事竣酌量再令回省。

理合附片奏請，伏祈聖鑒訓示。謹奏。
光緒二十九年十一月十二日拜發。
光緒三十年正月初九日遞回。
奉硃批：著照所請。欽此。
十二月十五日

5. 阿拉克別克河口交界擬請派員會勘摺

奏為阿拉克別克河口交界前經臣與俄官商擬會勘，現在俄人竟在該處蓋房丈地，自立鄂博，並擬築城，經已力爭詰阻，議允暫停候查，請敕外務部照會俄使催辦勘界，並懇簡派大員前來與俄官定期會辦，以重疆索而折狡謀，繕摺密陳，仰祈聖鑒事。

竊阿拉克別克河克色勒、烏雍克地方俄人要索太甚，殊難因應等情，經臣於光緒二十八年四月初四日密摺馳奏。欽奉硃批：著外務部妥為商辦。欽此。嗣承准王大臣來函，仍屬臣由外辦理。臣當即遵照上年六月十六日旋據該國駐庫倫匡索勒官施什瑪勒福前來科布多城與臣會辦商界各案，直至七月底始回，其於阿拉克別克克色勒、烏雍克地方百方詐賴，齗齗相爭，臣抱定主見，竭力抵拒，既引證圖約以為之據，復講論情理以暢其詞，辨說百端，脣焦舌敝，彼意總以為但經臣一言即同成事，且云邊界小事儘可通融，無須拘泥。臣告以職守所在，何能擅許？況此界圖約燦然，原應無庸再議，但既屢啓爭端，兩國邦交方睦，亦無不可商量，特一面之詞均難據為定論，幸有界牌、鄂博可以為準，自非彼此從新查勘，無從證誤，不為持平。計會晤十餘次，往復（辨）〔辯〕駁數千言，該匡索勒始猶支吾，繼以臣執意甚堅，方勉從議定，應由兩國各派大員訂期齊往該河口地方確切履勘，查明實在情形，從新劃定，以為一勞永逸之計。該匡索勒又商將在彼原住之哈薩克先令遷徙，臣以既擬各請派員重勘，應俟查勘之後，自有辦法，且若先令哈衆遷移，須由匡索勒具文擔保，遷出之後，該地方不致有人因而佔踞，即可允許飭即徙往他處，該匡索勒見臣不肯遷就，遂仍就各派大員重勘之議訂，定各報外部請旨辦理。臣當即據咨外務部廑示，不料波瀾復起，俄使又以卡官應撤，向外務部迫促不已。臣迭接王大臣來電，斟酌再三，此等小節難盡拒絕，然究不願授柄於彼，適該卡侍衛常陞染患目疾，具稟告假，借此撤差，意謂可以已矣。詎知彼更投文外部，謂臣暗助卡兵護哈拒俄，為不遵俄國訓條，彼當用兵力保護已權。臣接王大臣密函，謂相持過久，恐釀事端，如將此項哈薩克移置相離較遠地方，亦未始非息事安人之道。一面照催匡索勒派員會勘，以清界限等因，臣以遷哈防變、勘地息爭原可相提並論，隨即派員將該處附近住牧之哈薩克四百九十餘戶悉數遷至畢里子克河東岸，該處離阿拉克別克河已及七十餘里之遙。並密致外務部以所擬會勘界務科布多屬員中無人能了，應仍照該匡索勒原議，兩國各請簡派大員定期會辦，庶免相形見絀。且明年適屆會查牌博之期，若得大員前來，更昭慎重。惟該匡索勒近月於科布多照會，每置不答，應請就近照會俄使，方能得力各等情函商外務部，道途遼遠，尚未奉有復示，乃臣於八月底接據署瑪呢圖噶圖勒幹卡倫侍衛英紱稟報：七月初一日聞得阿拉克別克河上游有俄員在我界內自立鄂博，丈量地址，勢將大興土木，侍衛隨即往查，見有新豎四方房基一間，尚未上頂，有氈房二頂，內住俄屬哈薩克，名俊麻拉拜，詢稱俄官派當此差，事完仍即移回，俄官八員本日已往阿拉克別克卡倫。侍衛即馳抵該處詰問，又值俄官均已潛逸，詢據駐卡俄兵言齊赴杜瓦城，別無他語。侍衛隨向洋稅局索取路照跟蹤而往，及抵該城又俱未見，候至次日，聞姜達朗已於夜間回署，因即投剌通謁，該姜達朗乃賢得各言，稱阿拉克別克河以東至洋稅局東小河名為阿拉克別克河，去年所燒房間地址即現築房基處，係歸俄國界內，業已接見洋文，派洋員前來查收。此地要修城五座，第一阿拉克別克河卡倫處；第二即燒燬房基；第三阿拉克呼巴噶卡倫處；第四噶資勒什卡倫處；第五薩斯卡倫處。侍衛忖度若仍據理詰問，彼亦絕不聽從，惟有飛稟請示辦法等情前來。臣即派明幹員弁馳往查問，與之（辨）[辯]論，大費氣力，現幸辦到。今年阿拉克別克河地方兩國所屬哈薩克均不准居住過冬，各報大員請明年前赴阿拉克別克河查明地界，互換條約。俄人刻下已將工作暫停，此阿拉克別界務擬定另勘辦法，現在俄人狡展力籌抵制之情形也。

臣伏查各國通例，分界為常守不渝之約，阿拉克別克河口交界，光緒九年經分界大臣額爾慶額與俄國分界大員彼此勘定議立專約，會建牌博，定期每屆三年會查一次，條議分明，原應循守勿替。乃當光緒二十一年會勘牌博之際，俄員狡焉，思啟發端圖賴。自是每屆會查之年，必議論繁滋，各不相讓，以至於今延宕既久，枝節業生，茲竟丈量地址，自立鄂博，擬築城垣，一味恃強霸佔，愈出愈奇，漸逼漸緊，揣其貪地無厭之心，勢不使西北方域不盡折入於俄不止，若仍專恃辨阻，則彼方實行其政策，我乃空爭以口舌，竊恐雖以蘇張才辯，亦慮無能為役。該處為額爾齊斯河北門戶，若竟為所割據，則彼氣勢益厚，我之邊界及阿勒台各地皆必岌岌不安，關繫綦重。故臣默籌熟慮，以為欲杜俄人狡謀，只有重勘一議尚屬穩著。上年與該匡索勒竭力磋磨，費盡心力，始將互相重勘之議商定，儻得明白曉事大員臨境履勘，和平商榷，辦理得宜，當不至大受虧損。蓋派員勘定，則出入利害在我猶有操縱之權，在彼亦難大肆矯強之術，縱不敢望將早年失地全行收回，似尚可以清積歲之葛藤，杜方來之侵佔。若再不妥籌辦法，恐俄且視為已得利益，又以邊吏之言為不足信，竟行布置，至彼時再議補苴，譬如障川流而挽既逝之波，探虎口而索已投之食，事之難就無待於言。且前接外務部來函，亦有一面照催之語，是亦並無異議，特是斯事體大，關係中外大局，自須簡派大員，方不乖夫原議，亦有裨於嚴疆。若由臣派員，則科布多現在不惟諳悉交涉、講求邊務、有心計口才者難得其人，即於俄國語言文字及測繪輿圖等事亦無一解者，羣策羣力均實乏才，斷不敢輕加委用，致誤機宜。臣既在差次，又在病中，近來又添心疾，自揣精力亦萬不能勝任，惟有據實奏明請旨，敕下外務部照會俄使催辦勘界，並請簡派忠正明強大員，隨帶熟習洋務及精通繙譯測繪之員迅速前來，俾與俄官定期會辦以重疆索而折狡謀，如當事者尚以此舉為可緩，則請敕外務部諸臣再加覈議，另籌萬全辦法，尤為感幸。臣以邊界鉅要，洋人貪急，不圖了結，後患方長。

謹就愚昧之見，繕摺密陳，是否有當，伏乞皇太后、皇上聖鑒訓示施行。謹奏。

光緒二十九年十二月二十七日拜發。

光緒三十年二月十六日遞回。

奉硃批：外務部迅速查覈辦理。欽此。

正月二十二日

6. 電陳籌議阿勒台接收事宜請旨切諭春滿速議勿延摺

外務部洪密阿勒台事去冬奉電旨：明年接收事宜仍著瑞洵經理，並會商春滿等妥為籌辦。遵將擬議情形具奏，並詳悉咨商春滿，事非更張，能否通融，不難即決，乃自上年仲冬行文，迄今尚未見復。若仍藉展交收，又不知何年？不僅蒙哈惶惑無以慰安，外人耽視邊界情尤可慮。查阿勒台山在科西阿拉克別克卡倫，又在山西，聲氣隔閡，形勢孤懸。上年俄竟來度地蓋房，狡謀不已，實由我鞭長莫及，卡倫侍衛不能鎮攝所致。地再緩收，仍同甌脫，邊事勢必日棘。長庚奏擬設官實為安邊久計，現遵寄諭會議，准潘效蘇咨阿勒台與俄連界，甘肅、伊犁相距過遠，塔城、新省亦非切近，自應由科主辦，設官治理，不宜延宕。此案閱十七年之久,經長庚親往履勘,始定還科。今建置若不速商定,仍恐久無成議等語,誠為明切事機。瑞洵愚謂事關大局,共應仰體時艱,泯成見、重邊要。況已議畫疆分治,是為烏部收舊牧,非為科城索借地,無所用其爭執,若復有意搪塞,其力亦止能制科,終難禦俄,鷸蚌相持,恐為漁人之利。瑞洵因此憂病日深,實難久待,應請旨切諭春滿,速議定局,交割勿再推延,至為切要。瑞洵係特派辦理接收,不敢徇情,亦不敢固執,總期急就蕆事,庶朝廷得早簡大員整理,俾定衆志,而杜窺伺,邊事幸甚!謹請代奏,瑞洵鄂倫布拉克辰采。

光緒三十年四月初六日,在鄂倫布拉克台接到古城電局交奇台縣加封飛遞南台,行次科布多參贊大臣瑞洵,奉旨:瑞洵電奏悉,接收事宜著春滿會同。瑞洵即行定議,妥為辦理,外務部養印。

《散木居奏稿》卷之二十一　門人鈴木吉武校字

不提，臣但有接收之責，並無勒交之權，卽屢奉諭旨責以和衷，臣亦祇能自盡其職分，更無能使春滿之恪奉綸音，夫倒持太阿，授人以柄。英秀旣貽誤於前，臣何可不挽回於後。況現以阿勒台建官置戍，欽承寄諭敕令通籌，設竟推宕如前，必至亡羊而始補牢，竊慮引狼早已入室，此尤臣夙夜焦愁、枕戈不寐者也。日來連接馬亮、崧蕃、潘效蘇函電，皆以阿勒台為西北邊要，壤比強鄰，必須請設專官防守，動關大局，長庚原奏責無可易，同以延閣為慮，均推臣主稿速奏，從以歸地展期，尚多膠葛，究不知春滿是何意見，儻竟因挾私而致擾大計，恐益非大臣籌邊體國之用心。茲旣文牘頻煩，曠日持久，自須另擬辦法，且臣病勢反復，羈留沙漠，醫藥彌難，幸過鄂倫布拉克為漢三塘，卽接新疆轄界，由彼達古城，計四百二十里路，雖艱難尚非（寥）[遼]遠。該處上年接設電局線路四通，商量公事最稱便捷，若將地事改為電商，大可以速補遲。臣今又蒙恩賞假，亦不可拋荒日月，上負生成，並當廣訪良醫，安心調理，現因哈事大致就緒，擬四月初旬卽起身前往，容到古城再為由電奏報。

所有奉旨賞假叩謝天恩，並力疾辦事，擬就近前赴古城各緣由，謹具摺馳陳，伏祈皇太后、皇上聖鑒。謹奏。

光緒三十年三月二十一日拜發。

本年五月二十二日遞回

奉硃批：知道了。欽此。

四月二十四日

6. 懇將崧華仍留任所片

再，臣長子貢生崧華前隨臣出口在任讀書，今年已十八歲，例應回旗，且現蒙恩賞給廕生，亦應以崧華承廕引見當差。惟臣現在病中，不但家務需其料理，且須侍奉藥餌，刻不能離。崧華於滿蒙文字語言均尚練習，有伊隨侍，臣稍可省心。臣於經手事件刻係力疾辦理，應懇天恩俯准，將崧華仍留任所。

除咨部旗查照外，謹附片陳請，伏祈聖鑒訓示。謹奏。

光緒三十年三月二十一日拜發。

本年五月二十二日遞回。

奉硃批：著照所請。欽此。

四月二十四日

7. 請將糧餉章京榮泰仍歸班先引見片

再，前年五月初一日准吏部咨開：本年三月補議正月分滿洲月官出有盛京刑部主事一缺，將年滿科布多糧餉章京即選主事榮泰擬選，行查該員有無事故，出具考語，給咨赴部帶領引見等因，咨行前來。伏查前糧餉章京榮泰，於光緒二十七年十一月間經臣以辦理邊防出力，專片保奏請將該員仍歸京察一等，記名理事同知，遇有缺出仍歸班先帶領引見，俟得缺後（在）[再]任以知府用，先換頂戴。欽奉硃批：著照所請，吏部知道。欽此。欽遵在案。旋准吏部來咨：以該員擬選盛京刑部主事，自係照例辦理，應即給咨送部引見。惟查該前章京榮泰在邊五年，經管糧餉，任勞任怨，實心辦事。其於庚子籌防尤著勞勤，實係章京中不可多得之員，茲選升主事，則該員從前在筆帖式任內京察得保一等，恐不能帶於新任，即不能仍選理事同知之缺。是臣原因其著績而加獎者，乃不啻明保暗劾，似乎未為持平，且自兵燹後，京師旗族家產多遭掠失，十室九空，久困部曹，實亦無力賠墊，當在聖明洞鑒之中。查主事外用不過五品，勞績保舉人員部章又本有准其註銷，保案仍歸原班敘補之文，今擬請將該員仍遇有理事同知缺出歸於班，先由吏部帶領引見，庶不致有虛獎敘而於部章亦尚相符，並足以慰前勞而昭公允。可否籲懇聖恩俯准所請，如蒙俞允，伏候命下，臣即欽遵咨行吏部查照辦理。臣因北路近年餉艱差苦，人皆視為畏途，將來阿勒台建置定局，用人尤極迫切，若不求朝廷格外體恤，則以後更恐無人問津，邊事何所措手，用敢不揣冒昧，附片具陳，伏祈聖鑒訓示。謹奏。

光緒三十年三月二十一日拜發。

本年五月二十二日遞回。

奉硃批：吏部議奏。欽此。
四月二十四日

8. 山西布政使吳廷斌力顧時艱請賞軍功加二級片

再，山西省積欠科布多軍需台費銀三萬四千兩，久束高閣，臣庚子年蒞任，屢咨商撥，迄無以應，迨布政使吳廷斌受事，始陸續籌還，先後共解過銀二萬兩。近經該省撫臣張曾敭督飭該司竭力騰挪，復撥給銀四千兩，雖為數無多，然當司庫支絀之秋，仍能設法協濟，實屬不分畛域，力顧時艱。查該司老成宿望，幹濟宏深，夙以治河著績，本屬方面之才，茲復體念邊垂，公忠篤棐之忱尤堪嘉尚。科布多係北路軍營，可否仰懇天恩，將山西布政使吳廷斌賞給軍功，加二級，以昭激勸，出自鴻慈逾格，如蒙俞允，於塞垣餉需實多裨益。

理合附片具陳，伏乞聖鑒訓示。謹奏。
光緒三十年三月二十一日拜發。
本年五月二十二日遞回。
奉硃批：吏部議奏。欽此。
四月二十四日

9. 電陳行抵古城日期並督辦哈事各情摺

北京外務部洪密，瑞洵四月初八日自鄂倫布拉克啟程，十五日抵古城，哈事節經督催，據潘效蘇函稱，東西兩路已無哈迹，惟南路羅布淖爾、屈莽山等處及北路巴里坤尚未遷動，地方掣肘十分為難，現委員紛來行營請示，容瑞洵、潘效蘇隨時會商，竭力妥籌。查驅哈非地方官切實查辦，委員勢孤力弱，無能為役。瑞洵雖已駐古城督辦，奈係客官，於地方呼應不靈，自非奏明嚴定功過，難期得力。潘效蘇前於瑞洵商定，以收哈委員艱苦出力，事竣應會摺請獎，茲擬增地方文武考成，如實力協助應併廕保，如不認真或反有意容留，即行撤參，委員亦同一律。如此勸懲，冀可稍儆疲玩，事關邊局，不敢引嫌避怨。潘效蘇覆文意見相同，應懇俯准潘效蘇會同瑞洵秉公查覈辦理。至接收借地已電催春滿，俟得復再奏，謹請代奏候旨，瑞洵已黶古城，瑞大臣鑒准軍機大臣電催，光緒三十年五月初三日奉旨：瑞洵電奏收哈事宜，須地方官切實查辦，非嚴定功過，難期得力等語。著潘效蘇體察情形，妥議具奏。欽此。

外務部束印。

10. 電陳呈進馬匹求恩准予展限摺

北京軍機處王爺中堂大人鈞鑒：科布多參贊每年呈進馬匹向於五、六月間派員護送到京，由定邊左副將軍聯銜會摺奏進，瑞洵去冬起身離科時，即託英秀代為物色，務求上選。茲聞科布多來員面稱，馬尚一匹無有，瑞洵深恐遷誤，可否求恩准予展限，容俟回科再親自選擇，專摺派員補進，以昭敬慎。出自鴻慈，謹乞代奏請旨。

瑞洵午董。

11. 招收逃哈分押歸牧不久當可告竣摺

奏為新疆潛哈招收漸次就緒，並將早年舊竄之戶全行捃查，分起管押回牧，止餘北路巴里坤一股，人數較多，辦理為難，刻正切實查催，並力驅收，不久當可告竣，恭摺馳陳，仰祈聖鑒事。

竊臣於本年四月初八日自鄂倫布拉克台啟程，十五日馳抵古城，當將哈事節經督催，據潘效蘇函稱：東西兩路已無哈迹，惟南路羅布淖爾、屈莽山等處及北路巴里坤尚未遷動及地方掣肘十分為難各情於四月二十九日由電奏明在案。

查哈薩克潛住新疆境內事已多年，初不始於前歲，該省幅員遼闊，哈自潛牧大澤深林（興）［與］民纏莊園田畝各不相涉，故初亦無人過問，近年民齒益增，汙萊漸闢，而哈亦日聚日衆，地方胥（隸）［吏］

之需索與哈衆顚越爭佔之事卽相因而至，獄訟糾紛日形捍格，於是始議驅哈，誠亦不得已之舉，否則哈衆積至五、六千之多，其廬帳、牲畜計不下數十萬，決非旦夕所能鬻集，地方官吏豈盡矇瞶，何以絕無見聞，從不一請驅逐，其故蓋可思已。

光緒二十八年饒應祺原奏僅稱，科塔哈衆逃入新疆奇台、昌吉、綏來及哈喇峽一帶或二百餘戶或百數十戶，惟喀喇沙爾一股四千餘人爲最多，亦最悍黠，其流入焉耆府境一股二千餘人染患時疫，人畜傷亡殆盡，爲最窮。此外各屬雖亦間有呈報，其實卽此哈衆東奔西竄，並非別有所增也。

臣前准饒應祺咨請派員會收，隨經查據該管開呈戶口清單，潛入新疆之哈實有九百餘戶。臣卽派委換防屯田參將祥祐帶同委員、哈官、通事前赴新疆會同地方文武印委竭力查收，並經陸續加派員弁前往督催。適潘效蘇涖任，幸與臣同心，卽飭該員等先往沿邊一帶會同扼要設卡以杜回竄，再行分投查辦。

臣復派員率同哈目，傳集氊房、駝馬，備帶餱糧，沿途催趲押送歸牧，時閱兩年，辦理漸有歸宿。前據查報：收回科哈二千九百六十名口，塔哈二千零六十四名口，業由臣附片陳明。茲續據該員等稟報，現又收回奇台縣東北境內哈民男女三百十三名口，業經押交各該總管查收。又羅布淖爾、可克淖爾等處計歸哈四起，亦已起解在途，尚不悉其確數。此外則巴里坤一股人多衆悍，地方官復挾私袖視，一味因循。臣查譯哈結內有在此出有水草銀兩且應官差之語，地方官不肯認眞或反有意容留，當由於此。如現署鎮西廳同知黃廷珍初委會辦哈事，亦嘗太息地方官不肯出力協助，經潘效蘇派署，是缺俾重事權，詎意缺旣到手卽亦變心，且不以潘效蘇派隊驅逐爲然，致哈恃爲護符，旣行復止，委員孤掌難鳴，紛來行營請示辦法。故臣前有電請嚴定地方官考成之奏，良以委員勢單力薄，哈性侮弱畏强，非假官勢軍隊壯聲威，則違抗遷延事所必致。蓋哈薩克狼性野心，良言開導則置罔聞，實力剿辦又嫌太過，非同溰池盜弄可以用兵剗除，故辦理招收比臨陣禦敵尤爲艱棘。饒應祺原奏謂縱之不可迫之生變，可見處置之不易矣。潘效蘇來咨亦云此事費盡年餘之力，功在垂成，而隳之一旦，皆由該文武始勤終怠所致，蓋亦痛恨地方官之不力而深恐前功之將棄也。

查科布多此次辦理收哈實屬不遺餘力，煞費經營，不特已收之數溢於原逃，並將早年竄哈一併收回，復收塔哈願歸者二千餘衆，直如招尋數千，出柙走險之兕虎厰使歸閑就勒，其勞烈殊常，洵非臣始願所及。卽新疆印委營員亦有肯為出力者，該撫前商，擬俟事竣優保誠不為過。至巴里坤之哈，現經潘效蘇嚴飭地方文武，勒限催遷，並由臣加派委員再行前往合力會辦，除塔哈外，務將屬科布多者全數收回，更檄諭哈目宣布聖朝威德，並准委員隨招戶兵按給銀糧，俾助勢力，如此寬嚴並用，或冀易於得手，現當功虧一簣之際，臣未敢鬆勁，仍力疾督飭，切實辦理，務收浮圖合尖之效，期稍副朝廷綏戢邊氓之至意。

理合恭摺馳陳，伏祈皇太后、皇上聖鑒訓示。謹奏。

光緒三十年五月初九日拜發。

本年七月十五日遞回。

奉硃批：著督飭認真辦理。欽此。

六月十七日

12. 附陳收哈索地情形並懇恩續假片

再，臣暫駐古城督辦收哈催索借地並就近調治病症，公事尚屬順手，較未來時頓覺精神一振。惟此處亦無真明醫理之人，未敢嘗試，又以乍換水土，營中多患霍亂，臣所染亦劇，舊恙未痊新症又續，頗形狼狽。四月十五日抵此，潘效蘇卽派員來接函電敦促，謂省垣醫藥方便，且可會籌邊要，近在咫尺，堅約前往。臣以在此商量公事正在喫緊，病體不耐酬應暫辭，炎暑奔馳，人情所憚，況臣病未稍減，疲憊不支，行止亦殊難自主。臣前於四月初八日由鄂倫布拉克起身行走漢三塘，站程加倍，三、四百里戈壁全無水草，隨員、兵役及蒙哈駝馬觸熱痛瘁，逐處僵仆，日恒數起，人有戒心，幸臣夜行，又霑微雨，得以無恙，然亦三日不食，臣刻擬派員帶領工匠前往相泉鑿井以濟行旅。現臣經手事將告竣，實應再請解職，而英秀適有回京之命，錫恒到任需時，臣一息尚存，卽不應棄邊疆於不顧，然已成勞瘵，旣不能任重致遠則亦何可以病軀敷衍，貽誤大局。再四焦思，臣無足為重，邊疆所關匪輕，前蒙寬期賞假瞬將屆滿，惟有仰懇鴻恩，俯准續假一箇月，仍力疾辦事，俟地哈兩件均有成畫，當再欽遵前旨瀝陳下情，籲求高厚，伏候聖主如天之仁。臣之病北路西域人所共知，斷不敢捏飾以圖規避，伏祈聖鑒訓示。謹奏。

光緒三十年五月初九日拜發。

本年七月十五日遞回。

奉硃批著：再賞假一箇月。欽此。

六月十七日

13. 電陳現擬派員先將人地兩收切望迅簡大員督辦摺

北京外務部洪密接收事，瑞洵連電催商，初多艱阻，值春滿病劇，急請開缺，方勉允交割，已得復電。此案忽翻忽覆，迭起波瀾。瑞洵奔馳沙漠二千餘里，文牘辯駁數千百言，至今始有定局，自應即往接收。惟由瑪納斯取道庫克辛倉山一路並無官站，戈壁尤大，炎暑泥淖，人馬直不能行，若折向沙札，蓋由南路進，須過大河數道，漲發溜急，水深輒逾一二丈，無可繞避，此兩道皆須待九、十月方能行。茲查由迪化直赴塔城，再抵哈巴河，設有蒙哈台站，尚可假道，但太艱遠，計程往返總在六千里外，曠日持久，瑞洵痼疾未痊，勞即喘汗增劇，右身腰骽抽痛亦將成不遂，本已不堪跋涉，現擬派員速往，先將人地兩收，以清膠葛。瑞洵仍當力疾移赴科塔適中地方，安營駐紮督辦，期於本任要差均能兼顧。至塔哈如何安插，既云人隨地歸，即應照常住牧。假如窒礙或於形勢蒙情實有不便，亦宜詳細體察，徐圖整理，不動聲色而措邊圉，於乂安方為長策，急切紛擾恐非正辦，阿勒台現擬設官，切望奏上。時朝廷迅簡明練清強大員前往督辦，則大局一定，保疆安人，邊治自興矣。謹請代奏瑞洵午阮。

塔城轉科布多參贊大臣，光緒三十年五月十八日奉旨：瑞洵電奏悉已有旨，派錫恒為科布多辦事大臣，駐紮阿爾泰山矣。欽此。

外部巧印。

14. 電陳借地現經索還應請均歸錫恒管理所有派員接收應作罷論摺

外務部洪密午養奉巧電旨欽遵，仰見體恤臣工，慎重邊要，感激欽佩。瑞洵前奏擬派員接收，原因收回後尚有事在，必須暫駐，俟請簡大員統籌布置。今蒙朝廷燭照萬里，已先特派錫恒駐辦，諒北來必速，又恰值借地現經索還，瑞洵愚見，塔已認還即為定局，原不必仍由科收，應請均歸錫恒到彼即行管理，塔自不能違阻，所有派員接收應作罷論，其哈眾如何管轄須定章程，一時尤難率議。瑞洵前電陳明新哈大股均收回，僅餘零起亦催遷即蔵，業商由潘效蘇奏報撫事，應俟委員稟齊奏銷。瑞洵守邊四年，愧無報稱，但於收安地哈尚知盡心，其間波瀾疊起，倍費經營，茲幸均就竣，惟病轉劇，左半肢體中風煩重，日益掣痛，行動需人，即坐草上飛亦不敢速走。前又附奏續假一月，夏日戈壁酷熱，人馬難行，容秋初稍涼，旋科餘詳疏，除飭遵外，謹請代奏。

瑞洵午有。

15. 具奏卡倫增兵現尚得力未便遽撤摺

奏為卡倫增兵現尚得力，未便遽撤，致啓戎心而懈士氣，應俟議覆遵辦，恭摺具陳，仰祈聖鑒事。

竊臣前以日俄失和，欽奉諭旨飭令加意嚴防，慎固封守；又接外務部密電，俄人往來境內，蒙漢錯雜，恐滋事端，應嚴密防維，隨時稽查彈壓；又沿邊內外蒙古均按照局外中立例辦理，兩國兵隊勿少侵越，儻闌入境內，中國自當攔阻各等因。臣當以綸音訓敕及外務部電示各辦法俱係緊要關鍵而切實奉行，斷宜借資兵力，無可空言塞責之理。況科布多迤北一帶處處與俄接壤，蒙哈雜處，回纏往來，劫掠早成恒事，儻有事端，無法彈壓，必致不能相安，滋人口實，或致外兵闌入，無力攔臣以事關重大，不敢顧惜微軀，即於上年十一月十二日起程馳往鄂倫布拉克台駐辦一切。旋又移劄古城商索借地，督催收哈，力疾馳驅，閱時十月，衝寒冒暑，備歷艱辛，雖中間疊起波瀾，幾生枝節，茲幸均皆就緒。阿勒台鎖鑰嚴疆，宜謀防守，長庚倡議於前，臣復以專設大員畫疆分治，再三陳請，仰邀採察，特簡錫恒駐劄籌辦。臣經手之事俱已告竣，並無未完要件。六月十七日續賞一月之假，又經屆滿，惟心腎痼疾迄未輕減，在新疆時，經潘效蘇、吳引孫公薦名醫診治亦無大效，轉因勞碌過甚，牽觸左體舊傷，半身筋脈抽縮，骨節疼痛，手足動履，全須仗人扶持，竟成偏痺，氣力疲苶已極，實在難再枝拄。計自抱恙以來，過荷鴻施，屢予寬假將理，已逾十箇月之久，原冀強起辦公，勉殫駑鈍，不意事雖告蕆，病乃無已有加，且近月辦事乖方，動勞聖慮，再不解任，其錯謬更不知何似？此尤臣慄慄危懼，寢饋不安者也。

臣竊自維念資材剛拙，學術迂拘，既無樞密之繫援，更少公卿之保薦，獨以戇直上結主知，拔自常僚，畀之重任，非凡殊遇，即鞠躬盡瘁未足云酬，豈宜貪戀身家，輒圖引退，無如負薪之疾積有歲年，勿藥之占，難期旦夕，若再委蛇尸素，措置難免失宜，屬茲籌防喫緊之時，萬一猝有疏虞，則臣之辜（思）［恩］溺職必有甚於今日者。（展）［輾］轉焦思，欲求不負聖明，不誤邊要，竟無兩全之術。先幸經手事竣，自應欽遵請旨，合無籲懇慈恩，准如前請，特賜成全，俾臣得於枯朽之餘，仰瞻天日之表，然後安心休息，設法治療，庶幾可起沈疴仍圖效用。臣不勝感激待命之至。

所有臣假期又滿，病益增劇，經手事竣，欽遵請旨緣由，謹恭摺陳奏，伏祈皇太后、皇上聖鑒訓示遵行。謹奏。

光緒三十年九月二十四日拜發。

本年十二月二十六日遞回。

奉硃批：另有旨。欽此。

5. 回營任事日期摺

奏為臣回營勉力任事日期恭摺仰祈聖鑒事。

竊臣於八月二十六日由鄂倫布拉克台回抵科布多城，到營後，適臣左邊肢體筋骨疼痛太甚，動履不便，未能即時視事。現雖並未少（愈）〔癒〕，而臣假期又滿，不敢再行續請，英秀又急求交卸，於十月初三日經將參贊大臣印信暨鑰匙等件派員移交，臣當即望闕叩頭謝恩，敬謹接受。伏念臣忝膺邊鑰已及五年，措施乖方，動多隕越，深以聖明委寄弗克負荷為懼，茲回本任，益切冰兢，惟有勉竭駑庸，將地方一應事宜愈加持重妥慎經理，不敢為一事求一事之效，祇期在一日盡一日之心，用圖稍酬國恩，不負所學而已。

所有臣回營勉力任事日期緣由，謹恭摺奏報，伏祈皇太后、皇上聖鑒。謹奏。

光緒三十年十月十五日拜發。

本年十二月初五日遞回。

奉硃批：知道了。欽此。

十一月十三日

6. 收哈告竣繕單馳報摺

奏為臣辦理收哈事宜一律告竣，恭摺繕單馳報，仰祈聖鑒事。

竊臣前以新疆潛哈招收漸次就緒，並將早年舊竄之戶全行搜查，分起管押回牧，止餘北路巴里坤一股，人數較多，辦理為難等情，曾於五月間由古城行營具摺奏明，本謂不久當可竣事，不意六月初旬新疆及科布多委員催解，巴里坤境內潛哈三百餘戶由紙坊度戈壁，行抵白塔山口，突有哈衆蜂擁而來，執械放槍，致傷勇丁，並搶奪馬匹等件，要截去路，將歸哈偪脅入夥。該員等以事出意外，攜帶兵勇不及二百，既慮衆寡不敵，又恐猝釀鉅釁，未敢冒昧從事，因將被傷營勇、槍斃駝馬及被劫去槍支、馬匹、糧石各情電報新疆巡撫，並齊來臣行營請示辦法。該處哈目等亦投文聲稱，伏暑人馬不耐，新疆營員偪令速徙，不稍體恤，心實不甘，復要求住牧鄂倫布拉克台，語多挾制。

臣細加體察，該處之哈有自光緒十一、二年時遷往者，潛牧年久，安土重遷。此次以時當盛夏，戈壁旱乾，深恐牲畜倒斃，有礙生機，因率衆鋌而走險，該委員等又但顧考成，一味威偪，遂致激成事端，因即函致潘效蘇妥商辦法。旋准函覆，謂哈事已辦至此地步，未便功虧一簣，況有率衆抗拒情事，尤不能再事姑容，若不趁此稍示懲創，將來恐更肆行無忌，即今日辦理棘手，未始非從前過於寬縱有以釀成。臣以哈衆如此猖獗，勢難禁人剿逐。臣又庸弱無能，遂亦附和。當經商定會派提督易盛富、參將祥祐前往相機辦理，並議調隊遙助聲威。臣即一面檄飭哈目，准其緩俟秋涼再進，為釜底抽薪之計；一面密派邊務處總辦徐鄂隨帶員弁、舌人譯給哈文諭帖，刻期馳往，勸以大義，隨宜體察，設法辦理，並仍責令前派委員等入山，分任開導，詳查會辦，務將原收者悉數押遷歸牧，以竟前功。因事無把握，未便宜露，且古城與白塔山相距十有餘站，聲息遲鈍，臣遂回駐鄂倫布拉克台，就近查辦，指授機宜，以期策應便捷。即經由電馳奏，略陳梗概，迨七月底行抵台次，認真督率，又派員弁往探。隨據徐鄂等報稱，奉派勸導白塔山哈衆曉夜趲行，沿途探知該哈等方號召同類負隅自固，深恐日久勢衆，滋蔓難圖，因冒險馳入，該哈等猝不及防，羣焉思遁，繼見並未帶有兵隊，知係科員，即亦不甚畏懼，爰設法招徠，將譯就哈文諭帖令其捧讀，為之詳明講解，反復譬喻，從權許以自新不究前罪，並告以若能幡然改計，科布多大臣必為庇護。該哈等初猶心存疑懼，從違莫決，復經多方開導，陳說利害，始咸知感戴天恩，並稱遵依願回阿勒台原牧，但求展限，現已一律西遷。復據續派各員先後呈稱，被阻之哈亦經陸續招回，派哈官分起送歸舊牧。自六月二十日起至八月初十日止，所有前收巴里坤歸哈三百餘戶又均招齊，自白塔山東至鄂倫布拉克台一帶之哈埠數遷回，並無遺漏等情呈報到營，並據辦撫委員禀報收哈陸續還集查撫情形。

臣覼閱各禀，甚為放心，隨即函致潘效蘇，將派隊防剿一節（屬）〔囑〕其斟酌停緩。臣即於八月十四日起程，二十六日回抵科城，途次恭奉七月二十七日電旨：歸哈一事不宜操切，著潘效蘇、瑞洵等務當體察情形，善為開導，隨時妥慎辦理等因。欽此。竊幸臣辦法尚能仰符上意。

臣伏查白塔山之哈卽有坤股在內，恃衆據險，早知辦理為難。此次杜遏亂萌，收功迅速，皆由仰賴朝廷威德，因應尚合機宜，實非臣始願所及，當於八月二十九日將白塔山潛哈遵導歸牧及臣回抵科布多城日期由電謹先奏明，旋據易盛富、祥祐等稟稱，派隊四處掺查，復由古城之趙家莊沙窩暨巴里坤之紙坊等地方查出潛哈一百二十二戶，亦均由科暫收解至鄂倫布拉克台，由駐台委員差派蒙官押送歸阿勒台舊牧，在新科哈一律收回等情。臣伏查光緒二十八年八月派員會收新疆潛哈，時逾兩載，該員等不畏艱難，力顧大局，實心從事，統計收回科哈六千四百八十二名口，其數已溢原逃，復收隨地歸哈二千六十四名口，今並將白塔山早年潛哈六百餘名口悉數催遷歸牧。此外新疆再無大股科哈，自應即行報竣，縱尚有零星潛住之哈，自係塔屬，難保必無，是在地方官之隨時查察，非鄰境委員力所能及。至科屬之哈實已全收，兼及隨地歸哈，其塔屬者應歸塔城委員查收乃是定理。前奉寄諭：其潛入新疆之哈民著潘效蘇趕緊設卡查察，並另派委員會同科塔兩城派來之員分別收回，各歸各牧以免紛擾等因。欽此。仰見聖明酌中示則，極應懍遵，惟接潘效蘇迭次咨函，意欲趁勢併驅歸科，且有令科布多代收之語，自為一勞永逸起見，但各有主者，難以越俎代謀，若竟聽從，恐以不分畛域之公心疑為廣攬事權之私意，且臣業已力盡筋疲，實亦不能再辦。仍應請旨敕下潘效蘇、春滿自行查辦奏報，以清界限。至屈莽山竄往青海邊界之哈應如潘效蘇原奏，另案辦理。

所有收哈事宜一律告竣緣由，謹恭摺馳報，並繕單袛呈預覽，伏祈皇太后、皇上聖鑒訓示。謹奏。

光緒三十年十月十五日拜發。

本年十二月初五日遞回。

奉硃批：著潘效蘇、札拉豐阿、錫恒妥籌辦理，單片併發。欽此。十一月十三日

謹將由新疆境內收回科布多哈薩克及早年潛哈、隨地歸哈戶口數目繕具簡明清單，恭呈禦覽。

計開：

一、收由新疆迪化縣東山等處回牧和家阿布賴、巴彥、巴特、哈拉喬拉克等四起，一百四十一戶共七百十三名口；

一、由迪化縣南山等收回登色拜等處十二戶共六十二名口；

一、由奇台縣大坑沿等處收回色勒、哥太、敖特斯巴依等五十三戶共三百十三名口；

一、由阜康、孚遠等縣境內收回哈拉木薩克、哈烏肯等四十九戶共二百五十六名口；

一、由精河、庫爾喀喇烏蘇、綏來、呼圖壁、昌吉等廳縣境內收回別克拜等五十八戶共三百三十三名口；

一、由可克賽地方收回他爾達拜等八起三百六戶共一千四百六十八名口；

一、由焉耆、于闐等府縣境內收回色拉克、拜色達克等六十三戶共三百二十七名口；

一、由吐魯番、鄯善等廳縣境內收回托拉托拜木斯克等六十一戶共三百十四名口；

一、由羅布淖爾等處收回昵牙子等一百六十三戶共八百二十九名口；

一、由喀喇沙爾、托克遜等處收回阿坦八梭羅蒲、沙益長、波和起等三起一百八十二戶共九百十四名口；

一、由白塔山等處收回斯旺等一百五十八戶共九百五十三名口；

一、由巴里坤鎮西廳之紙坊、奇台縣之趙家莊沙窩及白塔山等處收回早年潛哈的里得拜、鄂托斯拜、哈里伯克、畢依奇等四起一百二十二戶，共六百五十六名口，此起哈眾係光緒十一年、十二年間潛往該處者，同牧已久，無從分析科塔，合併聲明；

一、收隨地歸哈哈力、他乙蓋西根、他呢巴依、江南維等三起共四百戶計二千六十四名口。

以上計收科哈一千二百四十六戶共六千四百八十二名口，計收早年潛哈一百二十二戶共六百五十六名口，計收隨地歸哈四百戶共二千六十四名口，統計收回哈薩克一千七百六十八戶，共九千二百零二名口。

7. 塔哈應歸塔員查收片

再，科布多現管之哈本自塔爾巴哈台而來，前任大臣恐其闌入外界，因奏請由科布多收撫，迨後查知內多不逞之徒，祇以意存迴護，未敢再議更張。長庚原奏指為誤收，誠屬確論。哈性狡黠，不易拊循，流竄滋擾勢所必至，若無兵隊鎮懾，實不足以資彈壓。應俟錫恒抵任後，（屬）［囑］其體察情形，妥籌商辦。至長庚所議人隨地歸辦法原屬權宜之策，然亦僅指在阿勒台借牧者而言，並非漫無限制。今若一味濫收，則異族錯居，奪主喧賓終難免不貽後患。臣此次查收科哈十分認真，原期一氣呵成，還定安集，為久遠計。潘效蘇見臣辦理切實，遂並力驅納，又以人隨地歸並不分別科塔，來文至有代收字樣，且因春滿久在病中，乃亦不復催塔城派員會收。查新疆潛哈並非盡隸科布多，塔城屬哈亦非全住阿勒台。上年欽奉寄諭：潛入新疆南北路等處之哈民，著潘效蘇另派委員會同科塔兩城派來之員分別收回，各歸各牧，以免紛擾等因。欽此。仰維宸訓，至公至明，本是一定不易之理，若依潘效蘇而行，自係統顧大局，不分畛域。然似涉以鄰為壑之嫌，雖可省事一時，究恐佔牧滋爭，轉煩安輯。臣仍以欽遵諭旨辦理為主。現在查收科布多逃哈既已竣事，其塔哈不在阿勒台舊牧者應仍歸塔城委員查收，不便再由科布多代收，致令錫恒後來為難。

臣愚昧之見，是否有當，理合附片再行陳明，伏祈聖鑒。謹奏。

光緒三十年十月十五日拜發。

本年十二月初五日遞回。

奉硃批：覽。欽此。

十一月十三日

8. 銷毀關防片

再，新疆潛哈業均清查，陸續收歸科布多阿勒台一帶辦理，已越兩年，實屬不遺餘力，此後如何約束以期久安，應由辦事大臣錫恒就近管理。臣情形較悉，苟有所見亦必隨時參議，不敢稍存推諉，顯分畛域。惟前因奉旨派令臣辦理安輯事宜，當經另刊行營關防，於光緒二十九年六月初二日開用，奏明在案。

臣現在回任接印，已將關防於十月初三日銷毀，除分咨查照外，理合附片陳明，伏祈聖鑒。謹奏。

光緒三十年十月初五日拜發。

本年十二月初五日遞回。

奉硃批：知道了。欽此。

十一月十三日

9. 照章酌保換防員弁摺

奏為綏遠城換防員弁三年班滿，照章酌保，繕摺具奏，仰祈聖鑒事。

竊查光緒十四年間因換防員弁遠戍寒邊，異常勞苦，經前大臣沙克都林札布等援照烏里雅蘇台奏案，擬於屆滿班期擇尤酌保一次，以示鼓勵。奏奉兵部議覆，准將三部院候補筆帖式及委署筆帖式並委驍騎校各員令於班滿時，擇其尤為出力者酌保數員，均以驍騎校補用等因，節經照辦在案。茲查換防委驍騎校廕監魁連、候補筆帖式特合春、鹿壽、恒貴、連瑞、成秀、卓麟，委署筆帖式惠陞、瑞秀自到防之日起扣至本年十月二十日，均屆三年班滿。該員弁等遠戍極邊，備嘗艱苦，又值整頓之際，派充各項差使均能矢慎矢勤，不辭劬瘁，自未便沒其微勞。臣伏查前此每屆期滿請獎，俱蒙特旨批准，仰見聖明不薄邊勞至意。臣此次循章辦理，未敢從優，合無籲懇天恩，俯准將委驍騎校魁連等照案給獎，均以驍騎校儘先補用，以資鼓勵，出自鴻慈。

除飭取該員弁等履歷咨部外，所有照章酌保換防員弁緣由，理合繕摺具奏，伏祈皇太后、皇上聖鑒訓示。謹奏。

光緒三十年十月十五日拜發。

本年十二月初五日遞回。

奉硃批：著照所請，該部知道。欽此。

十一月十三日

10. 請還溥湧頂戴片

再，查四品頂戴補用防禦卽補驍騎校溥湧，前因塔爾巴哈台奏參詐索一案，奉旨交臣與英秀查奏，嗣經該大臣英秀覆奏陳明，按照所參各節逐一詳細究查質對，毫無實據，該員溥湧前已奏參摘頂撤差，擬俟一年無過，再將頂戴給還等情，奉硃批：依議。欽此。欽遵在案。茲查該員自摘頂後跟隨臣辦理行營事件，現在已屆一年，奮勉從公，力圖自贖，邊荒乏人，似難求備，合無仰懇天恩，將該員溥湧頂戴准予賞還，以示懲勸之公。

理合附片具陳，伏祈聖鑒訓示。謹奏。

光緒三十年十月十五日拜發。

本年十二月初五日遞回。

奉硃批：著照所請。欽此。

十一月十三日

11. 動支倉糧散放窮蒙片

再，現交冬令，已由臣飭令糧餉處遵照前、上兩年奏案，動支倉糧大麥、小麥各五十石，交磨房碾磨，按期散放窮苦蒙古人等，仍自十月起至十二月底止，謹附片具奏。

光緒三十年十月十五日拜發。

本年十二月初五日遞回。

奉硃批：知道了。欽此。

十一月十三日

12. 開缺回旗叩謝天恩摺

奏為叩謝天恩仰祈聖鑒事。

竊臣前因假期又滿，病益增劇，經手事竣，拜摺請旨，嗣於本年十二月初五日遞回十月十五日臣拜發報匣，欽奉上諭：瑞洵奏因病懇請開缺一摺，科布多參贊大臣瑞洵著准其開缺，回旗調理。欽此。承准軍機大臣知照前來。臣當即恭設香案，望闕叩頭謝恩。伏念臣奉節典邊，連

卷之二十四　棄肋集

幹難　瑞洵

1. 敬抒管見摺
2. 循案酌保人員摺
3. 請賞給希淩阿頂戴片
4. 保舉將才片
5. 留營差委履歷查明聲覆片
6. 揀補章京及委署主事員缺摺
7. 布倫托海渠屯各工無法墊辦片
8. 更正筆誤片
9. 籌台站通融體恤辦法片
10. 具報交卸印務起程日期摺
11. 代奏丁（憂）[慢] 片
12. 請留文案處片
13. 辦理收安委員斟酌去留片

1. 敬抒管見摺

奏為新疆辦理南路屈莽山驅哈一役宜加慎重，嚴防後患，敬抒管見，具摺密奏，仰祈聖鑒事。

竊臣前於具報收哈一律告竣摺內聲明，屈莽山一役應如原奏另案辦理，已蒙垂察，嗣於上年十二月二十四日接新疆撫臣潘效蘇咨録具奏，屈莽山尾股逃哈不服驅收，傷害弁兵、團丁，現籌辦理情形摺稿內稱，屈莽山哈衆三起，惟尾股哈目布克即伯克一起，氈房三十餘頂，踞昆瑪可利地方，八月十九日把總王得勝、張鳳生，經制張人壽等分帶馬勇、團丁馳往勸諭，布克應允出山，不意是夜五鼓，忽率百餘人掩至，槍棒齊施，該兩把總均登時殞命陣亡，馬勇、團丁二十四名帶傷十五名等語。

臣查哈薩克狡悍成習，操之過急即詭計百出，罔遵法紀。此起尾股哈衆僅百餘人，而派往馬勇、團丁亦有八十餘員名，為數不甚懸殊，乃以本處兵團辦本地之事，尚致誤墮危機，傷亡過半，則前此科布多數十員弁招收新疆全境萬數之哈，其如何慘澹經營，心力並殫，可資借證。臣前摺奏懇恩准從優保獎，蓋亦以邊遠軍營，事艱餉絀，該員弁等跋涉鄰疆，履蹈危險，其辛勤勞苦實有倍異尋常者也。

臣查閱潘效蘇原奏，於此起哈衆初未分析科塔，並有續收之二起逃哈已飭解交科布多委員接收之語，辦理未免朦朧。查哈薩克向不准闌入科布多卡倫，自光緒七年胡圖克圖棍噶札拉參帶兵收哈，擅殺哈目柯伯史之子，哈衆驚竄奔至科布多河源，前大臣清安、額爾慶額等奉諭收撫科布多，始有哈迹。即同治十二年間借地安插該胡圖克圖徒衆，其時亦未聞有哈衆逃亡情事。

查布克之入新疆係在光緒初年，是則此起哈衆不但並非科屬，且不得指為舊牧阿勒台山，故當光緒二十八年春滿派員至新疆收解之際，科布多即未曾派員貿然往收。今若竟以阿勒台為逋逃淵藪併力驅納，似乎尚欠斟酌。臣伏查光緒二十八年前新疆巡撫饒應祺奏請，將逃往南疆之科塔哈衆設法羈縻，以防外出生事一摺，奉硃批：著將該哈衆就地設法安插，毋任出境生事等因。欽此。比時臣亦以為民哈雜處，恐難（醜）『諧』和，不無鰓鰓過慮。洎上年親履新疆，詳察民情，始知該哈潛牧有年，本已相安無事，若聽其遊泳樂郊，尚不至即為民害。潘效蘇到任後，保衛地方不遺餘力，確見此等哈夷本非孝子順孫，習為侵擾，遂翔一律肅清之議，而該地方文武印委未能默體寬猛相濟之義，但顧考成，遂致有不分良莠概被敺逐情事，激變之端率由於此。

竊念新疆現當裁撤營旗、改招土著之際，事甫更張，難言訓練，該哈雖人數無多，已成困獸猶鬭之勢，是處界近英俄，萬一圍剿未能得力，偪之外竄，則走胡走越其患益張，外務部之筆舌且將應接而不暇，新疆土曠民稀，豐草長林，田牧饒衍，若如饒應祺原奏，雖非上策，尚是息事安邊之道。茲既釀成鉅案，自不能不嚴懲首惡，以戢梟風，然必盡殺無赦，不特勞師動衆，耗帑殊多，且亦無此辦法。此股哈衆既非盡屬科布多，亦非舊牧阿勒台，又貪戀水草，安土重遷，與其勢迫刑驅徒滋驚擾，似又不如以欽遵前旨辦理為是。

臣現已蒙恩開缺，亦知事有主者，原不必越俎而代，第以邊局攸關，臣復稍悉哈夷情形，管見所及，不忍不言，用敢竭其愚慮，具摺密奏，伏祈皇太后、皇上聖鑒。謹奏。

2. 循案酌保人員摺

奏為循案酌保科布多軍營章京、筆帖式各員，懇恩照擬給獎以昭激勸，專摺繕單具陳，仰祈聖鑒事。

竊臣前奏請將部院額缺章京、筆帖式等按照邊省軍營勞績擇尤保獎，並定三年為期，數員為度等情，於光緒二十七年正月奉硃批：著照所請，該衙門知道。欽此。當經臣於是年十一月將軍營部院章京、委署主事、筆帖式各員遵旨保獎，均蒙恩特予照准，欽遵在案。

臣伏查近年以來科布多邊務殷繁，索地、收哈、興屯、增防，在在胥關緊要，論經費則支用浩穰，籌措孔棘；論案牘則簿書填委，因應不遑。而管理台卡屯牧、綏戢蒙哈纏民，事尤艱劇。該章京等殫心區畫，竭力維持，昕夕從公，實皆奮勉出力。即如上年日俄開釁，邊垂僻遠，肆起訛言，臣時方駐紮鄂倫布拉克台督辦收哈，深慮蒙情惶惑致有疏虞，疊諭軍營部院各員督飭邊官嚴守中立，鎮靜勿擾。該章京等均能聽受領會，防患幾先，疆圉克臻安堵，臣亦倖免愆尤。本年適屆三載開保之期，臣秉公察覈，該章京、筆帖式等勤事赴功，始終罔懈，洵屬有勞可錄，自應循案奏保，獎成勞以策後效。雖邊營著績甄敘本許從優，第值嚴覈保舉之時，宜防冒竊功名之漸，臣不敢稍涉寬濫，仍按尋常出力列請，均未有逾限制，謹繕清單，祇呈禦覽。

合無仰懇天恩俯准，照擬給獎，以昭激勸，出自鴻施逾格，除飭取履歷咨部外，所有循案酌保科布多軍營章京、筆帖式各員，懇恩照擬給獎緣由，理合專摺繕單具陳，伏祈皇太后、皇上聖鑒訓示。謹奏。

謹將循案酌保科布多軍營章京、筆帖式各員擬請獎敘，敬繕清單，祗呈禦覽。

計開：

補佐領後以協領即補先換頂戴補用防禦印務處承辦章京主事職銜崇文；首先補用防禦後以佐領補用先換頂戴蒙古處幫辦章京主事職銜景蕭，以上二員均擬請俟歸佐領班後賞給二品頂戴。

遇缺即補佐領先換頂戴糧餉處幫辦章京主事職銜雲秀；首先坐補防禦後以佐領即補先換頂戴印務處幫辦章京主事職銜錫齡阿，以上二員均擬請賞給三品頂戴。

補驍騎校後以防禦補用先換頂戴糧餉處筆帖式春普；藍翎五品頂戴補驍騎校後以防禦補用印務處筆帖式景貴；五品頂戴補驍騎校後以防禦補用印務處筆帖式依罕；五品頂戴補驍騎校後以防禦補用蒙古處筆帖式興文；儘先補用驍騎校後以防禦補用先換頂戴蒙古處筆帖式金奇遇，以上五員均擬請賞給四品頂戴。

查加銜定章，四品不得逾二品，六品不得逾四品。以上所請均未有逾限制，合併聲明。

3. 請賞給希淩阿頂戴片

再，查記名理事同知通判科布多軍營糧餉章京委署主事希淩阿，到營以來，正值辦防之後，墊發纍纍，庫空如洗，支應益較平日為難，而常年額支及屯哈邊防皆屬萬緊要需，勢難延緩，每經該員百計維持，向市商廛鋪設法借貸，賴以集事，其兼籌並顧，委屬煞費苦心，至綜理糧餉雖為該員專責，第北路軍營人少事多，恒至料理不遑，輒有積壓，該員認真督飭，將光緒六年起至二十六年止，閱六、七任未經辦結之報銷悉心稽覈，一律造冊，繕單咨部覈銷在案，塵牘一清，亦實不無微績。查內省清釐積案，向有鼓勵之章，獨茲邊遠苦寒，無可調劑，自不得不假獎敘為激厲。前章京記名理事同知現任主事榮泰，曾因清釐欠餉，經前參贊大臣賓昌附片奏保，請歸班先帶領引見，欽奉特旨照准，足見聖明俯體遐荒，雖在微勞且蒙記錄。況該員來營當差荏苒已及三年，現當額缺章京等循案請保之際，似未便獨令向隅，致失公允。

合無籲懇天恩俯准，將同知銜記名理事同知通判科布多軍營糧餉章京委署主事希淩阿，賞給四品頂戴，出自鴻慈，理合附片具陳，伏祈聖鑒訓示。謹奏。

4. 保舉將才片

再，科布多換防補用副將直隸昌平營參將世襲騎都尉祥祐，自光緒二十三年十一月到防扣至光緒二十八年十一月，早經五年班滿，嗣以派赴新疆查收逃哈，又越三年，茲因招收一律蕆事，稟請給咨回省等情。

臣查該參將現在已無經手未完事件，自應發給咨文，准其銷差離營，仍回直隸原省。惟查該參將祥祐廉幹有為，結實可靠，當光緒二十六年辦理城防，該參將督練蒙團、巡緝奸宄，夙夜匪解，地方賴以牧安，辛勤較著。及派往新疆收哈，跋涉山川，履危蹈險，迭更寒暑，艱阻備嘗。從前塔爾巴哈台收哈委員往往私受銀兩，捏報肅清，至目此差為利藪。該參將獨能潔清自勵，不染一塵，其深得哈心，尚受約束，即由於是。故閱時三年，收哈逾萬，未嘗稍有齟齬，而科布多辦理此事遂得及早平安告竣。即以屯務而論，該參將班期之內，每歲收成總在十分以上，為近數十年所未有，其任事勇往，克盡厥職，可以概見。統計該參將在邊已及九年，兩經軍政，若論資序，即在本省亦當早得升補，乃以塞徼換防，轉致遲其遷陟，未免向隅。臣以為似應量予體恤，擬請敕下直隸督臣袁世凱、提臣馬玉崑，俟該參將回省後，察其資勞，酌予升擢，以獎勤事，而為後來之勸。現值振拔旗才之際，臣知督提二臣必能秉公辦理也。

臣為不掩邊勞起見，是否有當，謹附片具陳，伏祈聖鑒訓示。謹奏。

5. 留營差委履歷查明聲覆片

再，留營差委遇缺儘先即選州同崔象侯，前因光緒二十六年籌防出力，經臣附片請獎，於光緒二十九年奏奉硃批：吏部議奏。欽此。旋經吏部按照異常勞績，由該員州同職銜議以州同不論雙單月，遇缺儘先即選，令將該員州同職銜之案查明聲覆具奏，再行註冊等因覆奏，奉旨：依議。欽此。恭錄咨行到營，比即札飭遵照。嗣據該員造具出身履歷，呈送前來，臣以久在差次，未及覈辦。今查該員係直隸永平府昌黎縣人，光緒十四年考取永平府府學附生，光緒二十七年八月在秦晉賑捐案內報捐監生，加州同職銜，領有行在戶部發給執照，並據呈驗屬實。

除將履歷咨部外，理合附片具陳，伏祈聖鑒敕部查照。謹奏。

6. 揀補章京及委署主事員缺摺

奏為揀補章京及委署主事員缺，恭摺仰祈聖鑒事。

竊查署科布多蒙古處承辦章京分省補用直隸州知州穆騰武，前因接算期滿請咨回旗，業由前護大臣英秀咨部辦理，所遺蒙古處承辦章京一缺，管理蒙古各旗暨台站、卡倫、官廠諸務，加有哈部錯牧、俄商交涉，職事均屬重要，亟應揀員充補，以專責成。臣悉心遴選，查有儘先補用佐領即補防禦先換頂戴，現充蒙古處幫辦章京主事職銜景善，熟悉邊務，資勞最深，堪以陞補；遞遺蒙古處幫辦章京主事職銜一缺，查有三品銜補用佐領遇缺即補防禦委署主事文惠，年力富強，差使勤奮，堪以擬補，該員等均俟章京報滿回旗，仍照原保官階補用，其遞遺委署主事，查有藍翎五品頂戴補驍騎校後以防禦補用印務處筆帖式景貴，才識明練，辦事細心，堪以委令，兼充其應支鹽菜銀兩，按照向章辦理，如蒙俞允，俟遇差便，分別給咨該員等赴部帶領引見。

所有揀補章京及委署主事員缺緣由，理合恭摺具陳，伏祈皇太后、皇上聖鑒訓示。謹奏。

7. 布倫托海渠屯各工無法墊辦片

再，布倫托海渠屯各工辦理告竣，試種有效等情，臣曾於光緒二十九年十一月奏明在案。查該處屯田初辦之始，布置一切用欵，業由臣開單咨部報銷。其自三十年起常年局用及添補牛具等項，與夫員弁薪糧、兵工口分計授所需，為費不貲，尚未請有專欵。上年英秀護任，以科布多經費皆有定額，無可騰挪，又未敢率爾籲帑，僅就本地竭力設法酌量減數播種。臣回城後詢悉，止發籽種三百二十石。現據該局呈報收穫新糧二千零一十七石六斗有奇，覈計分數已在六分以上，較科布多城舊屯上年收數已至加倍，是該地之宜禾已有明證。惟借墊之欵亟須補償，現除應提一成津帖烏梁海外，飭將所餘新糧悉數變價歸還墊欵，覈計尚有不敷，徒以窘於財力，致地利不克大興，為可愧耳。臣愚謂邊要屯田，若無專欵濟用，誠恐難以持久。至本年該處屯種轉瞬又屆農時，臣交卸在邇，呼應不靈，亦實無法墊辦。竊計壽勳若能早來，尚不致誤。擬請由該大臣到任後察酌情形，定議接辦。

除咨部查照外，是否有當，理合附片具陳，伏祈聖鑒訓示。謹奏。

8. 更正筆誤片

再，臣於光緒三十年十二月二十六日具奏動欵撫卹俄商，該商原名密海勒阿克索諾福，又名阿克索諾福，又名密錫克，本無一定，惟前與外部行文係云密海勒阿克索諾福，則前奏自應一律。

茲查摺內均將密海勒三字脫漏，臣當時未經看出，理合奏明，伏祈聖鑒敕部查照。謹奏。

9. 籌台站通融體恤辦法片

　　再，臣於上年十二月間據錫恒面商，前赴阿勒台山駐紮，現擬由新疆紆道前往，並咨請督飭，速將沿途台站應用烏拉、駝馬、氈房、廩羊等項早為預備，定於今年二月間起身等因。臣查由科布多城前往新疆，必須取道鄂倫布拉克台，原設八台，每台祇兵十名，氈房、駝馬稱是，僅供傳遞文報及零星差使，不能支應大差。至由鄂倫布拉克台之古城所經漢三塘則是新疆轄境，數百里沙山戈壁，邈無人煙，尤鮮水草，且須由科布多派調烏拉、駝馬等項，權設數台，長途傳送更非易易。從前遇有大員出差過境，咸須發給幫歇，即臣前年冬由城馳往鄂倫布拉克台與去年四月由台進駐古城，亦均優給催價，賞需始克敷衍，集事所費甚多。上年十月間迭據札哈沁、土爾扈特各旗呈報，秋間陡遭旱蝗，野無青草，牲畜倒（弊）[斃]垂盡，求加撫恤，比以度支虛竭，未能如其所願。今錫恒繞由新疆攜眷赴任，行李而外，隨帶文武員弁、兵役、家丁，為數眾多，經過各台，蒙旗窮困，委實無力承應，若僅以空文督責，既失體恤，且恐多延時日，必致遲誤。況當茲草盡馬疲之際，如仍按舊設台路行走，道里過遠，駝馬久饑，勢難一氣直達。儻中途有失，更虞阻滯。

　　溯查同治年間故將軍榮全由烏里雅蘇台前赴伊犁，曾由斯道抵納林，即馬乏雪深，不能前進。往事可徵，堪為車鑒，刻因派員籌設台站，分飭蒙古各旗酌出烏拉、牲畜各項，人（文）[未]甫行，即據札哈沁暨烏梁海、杜爾伯特、土爾扈特各部呈報，大雪屢降，人馬直不能行，傳催烏拉，多不肯應，均恐受累耽咎，懇求改緩日期，拯救蒙艱等情。臣反復籌商，所呈自係實情，此等重要差使本非恒有，斷無勢迫刑驅之理，然亦不便因之過展行期，蓋取道新疆，已覺迂遠，再一遲緩，今年便不能到阿勒台矣。夫以錫恒啟行如此之急，蒙情如彼之苦，若不妥籌通融辦法，俾供差者不生沮力，于役者無慮稽程，殊非正辦。

　　臣現擬自科布多城頭台起至新疆奇台縣止，暫為勻設十六台，每台添設氈房三十頂，烏拉齊一百五十名，馬一百八十匹，駄駝一百五十州知州，不論雙單月，儘先選用，量予優異，以為實心任事者勸。出自特恩，臣以該二員勞績卓著，為振拔人材起見，謹附片陳請，伏乞聖鑒訓示。謹奏。

3. 酌保蒙哈漢文書手通事片

再，辦理收哈一役出力人員，臣已遵旨擇（尤）[优]酌保，其隨帶蒙哈員弁及蒙哈漢文書手、通事等從役萬程，謠譯傳詞，宣上德而通下情，且均能守法赴公，毫無需勒，並屬勞苦相同，非尋常出力可比，未便以差使微末，致慨向隅，自應一併擇（尤）[优]給獎。縣丞衡邵整擬請以縣丞不論雙單月儘先選用；文童左銘請以巡檢不論雙單月儘先選用；貢（主）[生]連奎，文童連泰、忠旭請以七品筆帖式儘先選用；廩生許寶麟請以訓導不論雙單月，儘先選用，以上六員均請賞加六品銜。烏梁海左翼管旗驍騎校巴圖擬請以佐領儘先補用；五品軍功托利請以驍騎校即補並加五品頂戴；哈薩克總管珠旺幹之子塔拉幹請以副千戶長補用；章蓋阿密哈哩將南維他呢拜均請賞給三品頂戴；昆都恩博特綽和拉拜，該二員擬請賞給四品頂戴，其餘出力較次者另由臣飭給六、七品頂戴功牌，分飭承領。

謹附片具陳，伏祈聖鑒訓示。謹奏。

4. 總兵易盛富請交軍機處[存記]片

再，臣前據記名提督儀勇巴圖魯現署巴里坤總兵易盛富、直隸昌平營參將祥祐申稱，新疆自鎮西廳至阜康縣東西縣（互）[亙]數千百里，北與科布多緊相接壤，南連天山正幹，草場甚廣，凡哈薩克遠貿前來者，貪戀此間水草，不願回牧，以至日引月長，視為故土，已成牢不可拔之基。兩年以來，各營將士及收哈委員奔走於冰天雪地之中，馳騁於烈日炎風之下，忍飢受渴，露宿風餐，實屬艱苦，備嘗不辭勞瘁，可否仰懇給獎並聲敘。鎮西哈眾群推胖哈薩即塔哈的里得拜為頭目，哈衆遷匿，聽其指揮，嗣經巴里坤鎮標中營中軍守備劉書質稟，經易盛富、祥祐設計誘擒，設法羈縻，始得將該哈目所營甝房一律交出。其大石頭及穆家地溝一帶匪哈每遇兵民查到即偷越山南，及探知摋查已過，仍復潛來。此次經古城營中旗馬隊守備孔福堂越境，在西鹽池蘆草溝跴獲哈目藿他巴依到營，始得將南山各起匪哈一律收淨。又迪化城守協左旗都司劉清和在四、五廠湖一帶督催南路歸哈，逐起押趲至沙拉套海回牧，天寒人衆，約束尤難，均屬有功足錄等情，懇請覈獎前來。

臣覆查新疆辦理查驅潛哈，地方文官固多因循畏葸，其武職中尚有實心任事之人，自經臣奏請嚴定功過，該員弁等益知奮勉。此次臣與潘效蘇會派易盛富、祥祐等帶隊防剿，遙壯聲威，用得及早戢事，有裨邊垂匪細。除祥祐另片保獎外，查該署總兵易盛富本係故大學士左宗棠湘軍舊部，久涖戎旃，聲績卓著，玆復和衷共濟，督率有方，臣隨事體察，易盛富秉性廉勇，馭兵整嚴，實堪勝專閫之任，可否請以提督總兵施恩仍交軍機處存記，遇有缺出請旨簡放，出自聖裁。

又新疆迪化城守協左旗都司劉清和、巴里坤鎮標中營中軍守備劉書質、古城營中旗馬隊守備孔福堂悉屬異常出力，應請由新疆撫臣潘效蘇酌予奏獎，用昭激勸。

是否有當，理合附片具奏，伏祈聖鑒訓示。謹奏。

硃批：易盛富著仍交軍機處存記。

5. 請將札哈沁台吉賞給頂戴片

再，科布多所轄南八台係往來新疆孔道，而札哈沁供應之五台尤為大雪封壤後前赴阿勒台必由之途，差使絡繹，地當其衝。查札哈沁游牧共二旗，最為瘠苦，札哈沁公所屬一旗更形積弱，戶口甚稀。光緒二十九年十月英秀由哈巴河回科布多及臣馳赴新疆督辦收哈，往返均經該台。札哈沁貝子銜三等信勇公策林多爾濟深明大義，調集烏拉、馳馬，奔走恐後，並率其子二等台吉棍佈瓦齊爾遠道送迎招呼，一切頗為出力。伏維北路比壤強鄰，兵備單薄，惟賴蒙古以為藩蔽，自有彼族交涉，每虞誘惑潛滋，所恃朝廷恩澤龐洪，覊縻勿絕。臣愚以為宜隨事隨時量加鼓勵，俾益堅其翼戴之誠，方足收扞撫之效，合無仰懇天恩，俯准將札哈沁豫保二等台吉棍佈瓦齊爾賞給二品頂戴，以示獎勸，如蒙俞允，實於維繫蒙部大有裨益。

除飭取履歷咨送理藩院查照外，理合附片陳請，是否有當，伏祈聖鑒訓示。謹奏。

硃批：著照所請，該衙門知道。

6. 從優議卹片

再，軍營人員積勞身故例准給卹。從前即補協領補用佐領印務處承辦章京主事職銜玉善、驍騎校崇淩在營病故，疊經臣附片奏請優卹，均奉硃批照准，欽遵在案。茲查有科布多候補章京洋務局委員補缺後以佐領補用，綏遠城即補防禦清林，自光緒二十四年換防來科練習公事，當差甚資得力，本擬保以協領補用，光緒三十年五月派赴綏遠城催提經費餉項，因恐有誤軍需，兼程前進，積勞故於差次；又洋務局委員鹽大使銜朱壽嵩，自光緒二十八年派辦招收逃哈，鞅掌馳驅，艱辛罔懈，本擬以鹽大使加五品銜，俟事竣彙案請獎，上年五月十四日由鄂倫布拉克台前赴古城行營，因戈壁無水，冒暑遄征，馳抵霍萊鄂博，受暍傷生，以上二員平日供差皆能不辭勞瘁，居心亦極樸誠，原應同予獎敘。茲收哈幸已告竣，在事出力人員仰蒙恩准擇保，獨惜該員等（弊）『斃』於行役，未覩成功，迹其從公勇往不顧軀命之苦心實足風勵薄俗，覈與前章京玉善等議卹之案，勞績固屬相同，情形尤為可憫，合無籲懇天恩俯准飭部，將已故擬保協領清林、擬保五品銜鹽大使朱壽嵩均照軍營人員因公殞命例，按擬保銜階從優議卹，出自鴻慈。此外尚有應卹兵丁，另行咨部覈辦。

理合附片具陳，伏祈聖鑒訓示。謹奏。

硃批：著照所請，該部知道。

7. 換防積習仍宜整頓摺

奏為科布多軍營換防滿綠官兵積習太深，仍宜大加整頓，以挽頹風，而飭綱紀，期免貽誤邊局，繕摺據實具陳，仰祈聖鑒事。

竊查科布多軍營額設換防滿兵十七名、綠兵二百二十四名，滿營防兵向由綏遠城駐防內調派到營，三月後即作為委署筆帖式，分撥軍營部院各衙門當差，遇有章京、筆帖式缺出，循資洊升，章京以七年為班滿，筆帖式以五年為班滿，送京當差之外，願回旗就武者，章京以防禦補用，筆帖式以驍騎校補用，如未補缺之候補委署筆帖式三年無過，亦准保以驍騎校補用。其綠營防兵則向由直隸宣化鎮、山西大同鎮兩處調撥。今山西省綠營已裁，其換防兵額二十名，奏由科布多就近募補，直隸現尚仍舊派換。該兵等到防後，分撥屯田正、副犁頭差使暨充當參贊、幫辦兩衙門巡捕、戈什，軍營部院字識，看守倉庫、監獄，分應各項匠役，遞送文報、押解餉銀各差，向五年為班滿，屆期由直隸、山西挑換五成，派撥前來。科布多於新兵到防後，即將當差不得力之兵照額遣歸，此科布多軍營滿綠換防官兵定章之大較也。

立制之初，本甚周密，祇以世變風漓，日趨苟且，舊時良法美意蕩焉無存，軍營部院司員但知習常蹈故，緩慢偷安，每辦一事必執成章老例以相持難，百計阻撓，動成掣肘。即如科哈潛竄新疆，多至九百餘戶，當時臣飭查，承辦司員猶諉為並無其事。又如布倫托海屯田刱辦之始，僉謂該處地同石田，十年難遇一穫。迄今收回竄哈戶口數已溢於原逃，上年布倫托海收成分數幾倍於科域舊屯，而羣言猶未能息，迹其因循畏怯之初心，無非識見淺陋，而即茲顢頇敷衍，已隱釀異時之患，壞邊事於無形，至綠營官兵則原為屯田而設，舊制有大班、小班之分，本不重操練之事，僅知索擾蒙古，欺侮商民，其中尤有一最壞惡習，專好無風鼓浪，造謠生事。就臣所耳聞目睹者，言之如前任參贊寶昌、幫辦祿祥互參之案，事本細微，由於巡捕張喜、史永貴挾嫌挑唆，遂致交章，攻訐上瀆聖聰。

又臣到任之始，喧傳前烏里雅蘇台將軍連順已將臣登諸白簡，而連順亦聞臣有奏劾將軍之事。幸臣內省不疚,置若罔聞,而連順亦不之信,馳書慰問,始共釋然。錫恒到後,人言尤多,要不外錫恒參臣與臣參錫恒而已,互相搆煽,期遂其報復之私。惟臣辦事向尚認真,以力懲伊等朋比把持之習,又嚴於約束官兵,因而蓄恨比歲,時在病中,部卒頗涉懈弛,頓復舊轍。前年春英秀由旗赴任,甫離綏遠數台,即傳言英秀途次病亟,致英秀之母傷慟失明。上年冬錫恒赴任,過科布多暫駐,因臣臥病簡出,錫恒亦體諒,過從不密,該官兵等復竊竊私議,指為意見不和。錫恒曾因臣病不能支,欲代臣詣各廟宇拈香,令巡捕陳作忠來告,臣回答:甚好。可感即請偏勞。該巡捕陳作忠竟敢捏稱臣已允委派,以激錫恒之怒。凡若此類不勝枚舉。幸錫恒(於)[與]臣相知已深,初未輕信,查陳作忠本一馬兵,前年冬間英秀派令赴布倫托海接辦屯務,因抗諭不遵,責懲拘禁。去夏臣奉差古城,英秀遽令監修廟工,乃甫經開釋,故態復萌,似此性非安靜,怙惡不悛,若不及時斥逐,勢將無所不為。阿勒台蒙哈十餘萬,其奚以堪其魚肉,揣其無端簧鼓之意,無非獻勤討好,希冀就中取利耳;而不知誣衊官長,淆亂是非,已足大干法紀。

　　查滿營之習在畏事,其故由於未嘗學問,以一甲兵進身,不事詩書,其上者僅粗通文義,其次者並漢字亦所識無多,到防後學繕文牘,間習蒙古文字、語言已為上選。除奉行文書外即無所知,由其不學遂憒無遠識,馴至一語不敢輕發,一步不敢多行。遇上官稍有交辦事件即相顧愕眙,故歷任大臣苟有心整理,莫不借材異地,遠道調員。然口外與內省風氣不齊,情形亦多扞格,臣前以科布多部院章京、筆帖式員缺已與烏里雅蘇台相埒,而兵額僅及其半,官多兵少,有到防未及三年已補筆帖式者,不免啓躁進之端,擬添調若干名,俾敷指使,且備阿勒台山徵取,嗣因借地議綏,遷延至今。至綠營之習在喜事,其故由於不明紀律,以直晉之兵遠離本轄,雖有實缺,參遊千把為之管帶,然官與兵不相習,甚至兵得美差,優保駕官而上,則官且畏兵,由其無律遂憨不畏法,馴致驕蹇放恣,不遵約束,偶有過失,即欲懲革,而塞外民人罕至,即有來者祇知牽牛服賈,不願屯戍荷戈,挑補無人,不得不曲從寬貸,而若輩遂益肆無忌憚矣。即臣數年抱悁不痊,有竊議由於詛咒者,邪說固不足信,然臣憤氣習之媮薄,心計之嶮巇,鬱懣不能自伸,疢疾即相因而至。是亦理之或然者，窮其弊害之所極，必使大臣捐王法、馳軍令，一聽客之所為而後已，是豈國家建閫設戍之本意哉？臣上年駐劄古城時，曾向潘效蘇借到槍枝二百餘桿，原期就地招募小隊，親加訓練，帶回科布多，將驕惰孱弱之兵陸續汰遣，會以餉需難籌，未及果行。以上兩端皆切要之圖，凡事待人而行，人才不強政務，奚理人心不正，禍亂踵生？此皆臣切切私憂而愧未能施其補救者。臣竊謂取材於臨時，宜先育材於平日。綏遠城將軍貽穀銳意振興旗務，建設學堂，宜可特立邊務一門，專壹培植換防人才，庶冀以學力擴充聞見、教習材能，頹敗痼習亦可望潛移默化，似屬當務之急。擬請敕下將軍貽穀就近體察，妥訂規程，加意訓養，並擬嗣後北路換防非由學堂出身者不得調派，以杜情面而收實用。其直隸綠營久必全裁，將來必至無兵換防，應如何更定辦法，當由新任大臣咨商直隸總督悉心籌圖，奏明辦理。

抑臣更有進者，北路軍營之設，初為拊綏蕃部，今且控制強鄰，事既繁簡攸殊，勢亦輕重迥異，僅恃此不明大義，不安本分之官兵挶拄其間，誠恐非徒無益，物極必反，窮變通久，正在斯時，惟望朝廷深加之意而已。臣經營慘淡，措畫有年，今雖解職回旗，而心繫邊陲，不能自已，用敢專達上聞，尚冀聖明俯憐臣之愚，敕交新任大臣壽勳、錫恒熟察情偽，大加整頓，以挽頹風而飭綱紀，期免貽誤邊局，實為北路之幸。

臣不避嫌怨，謹繕摺據實具陳，伏祈皇太后、皇上聖鑒訓示。謹奏。

旨：留中。

《散木居奏稿》卷之二十五終　門人鈴木吉武校字

（原書）跋

  天城山人為瑞景蘇世丈，排印奏艸，懿涑編摩讐校，益增悽敬。當光宣之際，用人行政，彼時髮未燥即已龘知其失。當於戲家國盛衰，人每歸之運數，豈其然哉？興化李審言徵君嘗述蒯禮卿京卿之言曰：朝著忠讜之士，半皆流宕江海，縱使騰達，有所建樹，勢亦不能安于其位。行見斗筲泄沓厠九列膺重，寄非吾儕之不幸，乃朝局消長一大關鍵，何其言之悲也？丈以喬木世臣，早歷華選，若循默平進可以自容，顧素性鯁直，敢于言事，遂令時流側目。久居邊徼，復為忌者所中，及沈冤甫白，而大局已不可為矣。天留老壽，坐閱滄桑。萬物皆流而金石獨止卒之，抑鬱誰語，齎志以沒。幸有海外門生料理刊行，其志事得以流傳百一，將使後之人尚友論世，得所取資，匪獨風義敦竺之為可欽挹也。

己卯秋日
遼陽楊懿涑謹識于椿蔭堂

後　　記

　　《散木居奏稿》是清代光緒年間科布多參贊大臣瑞洵的奏摺彙編，真實地記錄了其重視邊疆建設，積極治理邊疆，與俄人周旋，維護祖國利益等情狀。此書1939年由其日本弟子鈴木吉武整理出版，並於1947年再版。原為繁體豎排，無標點，現改用繁體標點橫排，個別可能引起歧義或誤解的字，保留異體字。古人雲，"校書如掃落葉"，誠哉斯言。所謂"校"，其實只是將列印的校樣對著原稿校對，並無其他版本互校或參校。因此，校對過程中缺點錯誤在所難免，希望讀者指正。

　　本書在點校過程中，得到諸友幫助。其中卷十八至卷二十一由內蒙古師範大學烏蘭其木格教授負責點校；卷二十二至卷二十五由哈爾濱工業大學鄭紅翠老師負責點校。此外，本人研究生姚敏、許虹在炎炎夏日錄入部分書稿，傅國、裴乃瑩、董殊雅、王娜、蘇倩倩做了最後的校對，一併表示謝忱。

　　此書能夠出版，還要感謝黑龍江大學歷史文化旅遊學院院長段光達教授，感謝黑龍江大學重點處張穎春處長，感謝中國社會文獻出版社編輯郭鵬老師與美編張革立女士！正是因為你們付出的辛勞，此書才能得以付印。

二零一六年三月五日，魏影謹記於黑龍江大學